블록 코딩으로 배우는

컴퓨팅 사고력

Computational Thinking Learned by Block Coding

이 책과 관련된 컴퓨팅 사고력 동영상 강의는 다음 KOCW 홈페이지에 공개되어 있습니다.

http://www.kocw.net/home/cview.do?cid=09f8921137329bdd

블록 코딩으로 배우는

컴퓨팅 사고력

인 쇄: 2023년 2월 28일 초판 1쇄
발 행: 2023년 3월 10일 초판 1쇄

저 자: 문양세 · 임현승
발행인: 송 준
발행처: 도서출판 홍릉
주 소: 01093 서울시 강북구 인수봉로 50길 10
등 록: 1976년 10월 21일 제5-66호

전 화: 02-999-2274~5
팩 스: 02-905-6729
e-mail: hongpub@hongpub.co.kr
http://www.hongpub.co.kr
ISBN: 979-11-5600-095-2(93000)

정 가: 24,000원

• 본 교재는 2023년도 과학기술정보통신부 및 정보통신기획평가원의 'SW중심대학사업' 지원을 받아 제작되었습니다.
• 본 결과물의 내용을 전재할 수 없으며, 인용(재사용)할 때에는 반드시 과학기술정보통신부와 정보통신기획평가원의 'SW중심대학'의 결과물이라는 출처를 밝혀야 합니다.

블록 코딩으로 배우는

컴퓨팅 사고력

문양세 · 임현승 저

Computational Thinking Learned
by Block Coding

도서출판 홍릉

저자소개

문양세

강원대학교 컴퓨터공학과 교수
한국과학기술원 전산학과 학사
한국과학기술원 전자전산학과 석사, 박사

임현승

강원대학교 컴퓨터공학과 교수
연세대학교 컴퓨터산업공학과 학사
포항공과대학교 컴퓨터공학과 박사

머리말

오늘날 우리는 컴퓨터, 인터넷, 핸드폰, 소프트웨어가 없는 세상은 생각도 할 수 없으며, 이와 더불어 매스컴에서는 연일 4차 산업혁명을 이야기하고 있습니다. 인공지능, 빅데이터, 블록체인, 사물인터넷, 모바일, 자율주행, 드론 등의 최신 기술이 4차 산업혁명을 이끌고 있습니다. 이와 같은 기술들은 우리 사회 전반을 진화시키고 있으며, 이에 따라 어떤 일자리는 없어지고 또 어떤 일자리는 생겨나는 등 우리는 빠른 변화 속에서 살아가고 있습니다. 이러한 4차 산업혁명을 주도하는 핵심 요소는 무엇일까요? 저자는 그 핵심에 단연코 소프트웨어와 코딩 기술이 자리 잡고 있다고 생각합니다. 이에 이 책을 통해 소프트웨어와 코딩이 무엇인지 살펴보고, 여러분 스스로 컴퓨팅 사고력을 향상시켜 4차 산업혁명의 주역이 되는 첫걸음을 내딛기를 바랍니다.

이 책은 본래 대학교 저학년 전체 학생을 대상으로 컴퓨팅 사고력을 배양하기 위해 개발되었습니다. 그러다 보니 이공계 학생의 경우 다소 쉽게 느껴질 수도 있는 반면에, 인문사회나 예체능계 학생의 경우 코딩은 물론 소프트웨어의 설치 및 환경 구성 등에서 다소 어려움이 있을 수도 있습니다. 하지만 다년간의 강의 경험에 따르면 대다수 학생이 조금만 노력하면 쉽게 스스로 코딩하고 그 결과를 확인할 수 있으며, 그 과정에서 자연스럽게 컴퓨팅 사고력이 향상됨을 알 수 있었습니다. 대표적 블록 코딩을 다루기 위해 교육 내용은 크게 세 파트로 구성되어 있습니다.

머리말

- 첫째는 컴퓨팅 사고력 개요로서, 소프트웨어와 코딩의 중요성, 생활 속의 다양한 소프트웨어, 재미난 컴퓨팅 사고력 문제를 소개합니다.
- 둘째는 블록 코딩의 원조 격인 스크래치를 설치부터 벽돌 깨기 게임까지 학습하며, 여러 가지 문제들을 논리적으로 해결해 봅니다.
- 셋째는 앱 인벤터로, 마찬가지로 설치부터 두더지 게임까지 배우며, 본인 스스로 모바일 앱을 만들어 보고 실행시켜 봅니다.

이 책은 비단 대학생뿐만 아니라 초중고 학생부터 일반인까지 모두 사용할 수 있습니다. 블록 코딩 자체가 어려운 이론보다는 실습 위주로 쉽게 따라 배울 수 있도록 설계되어 있기 때문입니다. 이 책을 구성하면서 가장 중요하게 강조하고자 한 점은 크게 두 가지입니다. 첫째, 여러분 스스로 코딩해 봐야 한다는 점입니다. 코딩은 눈으로 보는 것이 아니라 직접 손으로 해야 합니다. 꼭 자기 손으로 직접 코딩해야만 내 실력이 되고 내 작품이 됩니다. 둘째, 여러분의 번뜩이는 독창적 아이디어를 발휘해 보십시오. 코딩은 찰흙 놀이와 같아 내 마음대로 융통성 있는 나만의 작품을 만들 수 있습니다. 코드를 이리저리 바꾸며 세상에 하나밖에 없는 자신만의 독창적인 프로그램을 만들어 보십시오.

저자는 이 책을 통해 여러분들이 코딩의 개념을 알고 논리적 사고력을 배양하여, 4차 산업혁명의 핵심인 소프트웨어 기술과 제품들을 훨씬 잘 이해하고 활용할 수 있기를 기대합니다. 이 책의 여러 코딩 내용을 공부하면서 중간에 블록들이 복잡하거나 결과가 잘 안 나오는 어려운 단계가 있을 수 있는데, 디버깅 과정

머리말

을 천천히 거치며 포기하지 말고 잘 극복해 나가기를 바랍니다. 여러분은 여러분 자신만의 분야, 전공, 직업이 있을 수 있습니다. 자신만의 분야, 전공, 직업에 코딩이라는 새로운 능력을 더한다면 여러분은 해당 분야, 전공, 직업에서 누구보다도 앞선 개척자, 혁신가가 될 것입니다. 더불어 코딩에 더 많은 관심이 있으시다면 Python, C/C++, Java 등 텍스트 코딩을 배워 더 앞선 미래를 개척하시길 기대합니다.

이 책을 준비하면서 주위에 많은 분의 도움을 받았습니다. 먼저 주기훈, 방지원, 홍이삭을 포함해 강원대학교 컴퓨팅 사고력 교과목 조교로 활동해 주신 여러 학생에게 깊은 감사를 표합니다. 또한 전체 학생들을 대상으로 컴퓨팅 사고력을 강의할 기회를 주신 강원대학교와 소프트웨어중심대학사업단에 감사를 드립니다. 마지막으로 이 책을 출간하는 데 많은 도움을 주신 도서출판 홍릉 임직원 여러분께 감사를 드립니다.

2023년 2월

저자 일동

차 례

차 례

차 례

차 례

차 례

CHAPTER 09

홍길동님! 안녕하세요?

CHAPTER 10

체질량 지수 계산기

차 례

CHAPTER 11

알람 시계

CHAPTER 12

멀티미디어 플레이어

차 례

CHAPTER 13

두더지 잡기 게임

CHAPTER 1

컴퓨팅 사고력과 소프트웨어

1.1 4차 산업혁명과 소프트웨어

4차 산업혁명이란?

컴퓨터 관련 기술과 산업이 급속히 발전하면서 최근 4차 산업혁명이란 용어가 낯설지 않게 되었다. 그림 1.1에서 보듯이, 1차 산업혁명은 증기기관과 기계화에서 비롯되었고, 2차 산업혁명은 전기의 발명과 이를 이용한 대량생산을 의미하며, 3차 산업혁명은 컴퓨터의 발명과 이를 활용한 산업과 사회 전반의 자동화를 의미한다. 최근의 4차 산업혁명은 인공지능, 빅데이터, 사물인터넷, 자율주행 자동차, 가상현실, 블록체인, 드론 등으로 대표되는 최신 AI(Artificial Intelligence)와 ICT(Information and Communication Technology) 기술들을 망라하며, 이들 기술은 자동화를 넘어서 지능화, 가상화, 자율성, 창조성, 이동성, 예술성 등을 추구하며 인간의 삶을 더욱 풍부하게 만들고 있다.

○ 1차: 증기기관과 기계화
○ 2차: 전기와 대량생산
○ 3차: 컴퓨터와 자동화
○ 4차: AI/ICT와 가상세계

○ 4차 산업혁명 주요 개념
- 인공지능
- 사물인터넷
- 자율주행차
- 가상현실
- 드론

그림 1.1 4차 산업혁명과 주요 기술

4차 산업혁명은 향후 경영, 의료, 예술, 문화, 스포츠, 부동산, 금융 등 우리 사회의 전반에 걸쳐 큰 변화를 가져올 것이다. 그렇다면 이러한 4차 산업혁명을 이룰 핵심 기술에는 무엇이 있을까? 대다수 전문가는 인공지능, 빅데이터, 블록체인, 사물인터넷, 모바일, 자율주행 등 최신 기술들을 손꼽고 있다. 그리고 이들 핵심 기술은 모두 컴퓨터 소프트웨어를 기반으로 발전하고 있으며, 그런 측면에서 4차 산업혁명을 주도할 핵심은 소프트웨어 기술이라 할 수 있다. 그림 1.2는 소프트웨어를 기반으로 인공지능 등 핵심 기술이 발전하고, 그 바탕에서 4차 산업혁명이 완성되는 모습을 보여준다.

그림 1.2 4차 산업혁명의 핵심은 소프트웨어

소프트웨어 교육

4차 산업혁명에 대비하기 위해 미국, 영국 등 선진국은 물론 중국, 인도 등에서도 초등학교부터 코딩(소프트웨어) 교육을 시행하고 있다. 이에 발맞추어 우리나라에서도 그림 1.3과 같이 2018/19년에 교육과정 개편을 통해 초등학교, 중학교, 고등학교에서 소프트웨어와 정보 교육을 수행하고 있다. 이러한 코딩 교육은 단순히 프로그래밍 언어를 습득하는 것이 아니라 이를 통해 컴퓨팅 사고력을 갖춘 창의적 인재를 양성하는 것을 목표로 한다.

구분	교과목 및 시간	교육 내용
초등학교(19년~)	실과 내 SW 기초교육 실시 (17시간 이상)	• 문제해결 과정, 알고리즘, 프로그래밍 체험 • 정보윤리의식 함양
중학교(18년~)	정보 교과목(필수교과)	• 컴퓨팅사고 기반 문제해결 실시 • 간단한 알고리즘, 프로그래밍 개발
고등학교(18년~)	정보 교과목(일반선택 과목)	• 다양한 분야와 융합하여 알고리즘, 프로그램 설계

그림 1.3 우리나라 초중고 소프트웨어 교육 현황

그림 1.4는 EBS에서 수행하는 초등학교, 중학교, 고등학교의 소프트웨어 교육 사례를 나타낸다. 그림을 보면 각 학교의 수준에 맞도록 로봇 청소기를 제어하거나 스마트 의류를 만들어 보거나 자율주행 자동차를 프로그래밍하는 코딩 교육을 수행한다. 이러한 교육을 통해 어려서부터 코딩에 익숙해지고 이를 통해 컴퓨팅 마인드, 즉 컴퓨팅 사고력을 갖도록 유도하는 것이다.

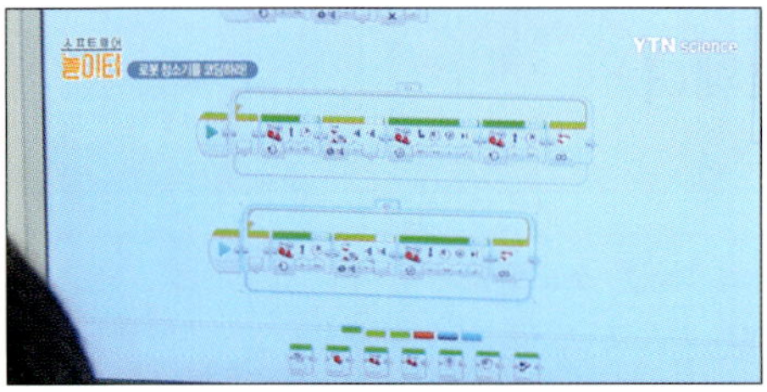

(a) 초등학교: 로봇 청소기를 코딩하라!

출처 https://www.youtube.com/watch?v=-AIPl0a_BSo]

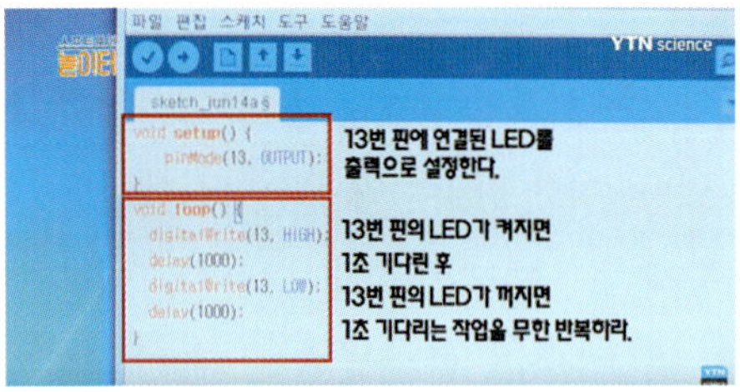

(b) 중학교: 나는 스마트 의류 메이커

출처 https://www.youtube.com/watch?v=GoSyEdQN9O8]

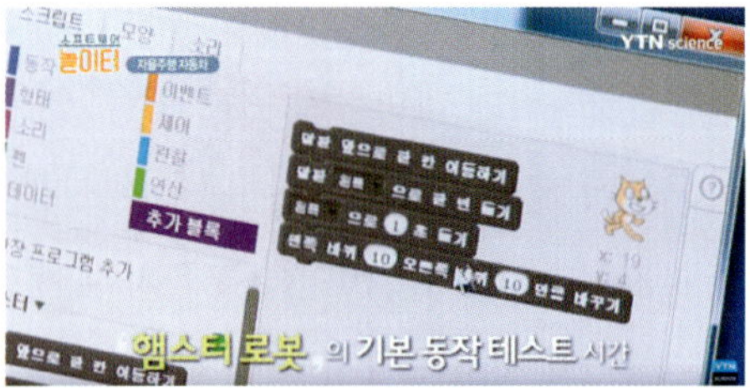

(c) 고등학교: 자율주행 자동차

출처 https://www.youtube.com/watch?v=aMai8IGHPnc]

그림 1.4 EBS 제공 초중고등학교 소프트웨어 교육 사례

대학교에서는 최근 소프트웨어중심대학 사업에 힘입어 여러 가지 소프트웨어 교육이 전교생을 대상으로 진행되고 있다. 과거 대학에서는 공학계열 학생만이 C, Java, Python 등의 프로그래밍 언어를 학습하였고, 비공학계열의 경우 워드, 엑셀, 파워포인트, 포토샵 등의 컴퓨터 활용 교육을 중점적으로 교육받았다. 반면에 최근에는 공학, 비공학 구분 없이 컴퓨팅 사고력, 프로그래밍 언어 교육을 하고 있으며, 이를 통해 교육 전 주기에 걸쳐서 소프트웨어, 컴퓨팅 사고력 교육이 이루어지고 있다. 더 나아가 우리나라 정부는 소프트웨어 교육 확산의 세계적 추세에 발맞추기 위하여 그림 1.5와 같이 소프트웨어 중심사회 실현을 위해 많은 노력을 기울이고 있다.

그림 1.5 소프트웨어 중심 사회(출처: http://www.software.kr)

1.2 생활 속의 소프트웨어

우리 주변의 소프트웨어

오늘날 우리는 아침부터 저녁까지 컴퓨터 혹은 핸드폰과 함께 생활하고 있다. 컴퓨터나 핸드폰을 사용한다는 것은 사실은 컴퓨터나 핸드폰에서 동작하는 소프트웨어를 이용함을 의미한다. 우리가 사용하는 소프트웨어는 실로 매우 많은 종류가 있는데 대표적인 소프트웨어를 차례로 살펴보자.

첫째는 컴퓨터나 핸드폰에서 가장 중요한 소프트웨어인 운영체제(operating system)이다. 운영체제는 컴퓨터 자체를 구동시키고, 각종 소프트웨어(프로그램 혹은 앱)를 실행시키며, 일반인이 쉽게 컴퓨터를 사용할 수 있도록 사용자 인터페이스(user interface)를 제공한다. 그림 1.6은 Windows, Mac OS 등 컴퓨터 운영체제와 안드로이드, iOS 등 핸드폰 운영체제의 화면을 보여준다.

그림 1.6 컴퓨터와 핸드폰 운영체제 예제

둘째는 그림 1.7과 같은 업무지원 소프트웨어로서 대표적인 예제로는 마이크로소프트 엑셀, 파워포인트, 워드, 아래아한글 등이 있다. 이들 소프트웨어를 사용하여 우리는 보고서를 만들 수 있고, 발표자료를 제작할 수 있으며, 가계부를 작성할 수도 있다. 셋째는 그래픽 · 미디어 소프트웨어로서 그림 1.8과 같이 포토샵, 곰플레이어, 벅스뮤직 등의 예를 들 수 있다. 이들 소프트웨어를 사용하여 음악, 영화를 플레이할 수 있으며, 더 나아가 이미지, 영화를 편집할 수도 있다. 넷째는 방송 · 스트리밍 소프트웨어로 그림 1.9와 같이 넷플릭스, 티빙, 웨이브 등이 있다. 이들 소프트웨어를 통해서 우리는 OTT(Over The Top) 서비스, 즉 음악, 영화, 드라마 등의 방송 서비스를 이용할 수 있다.

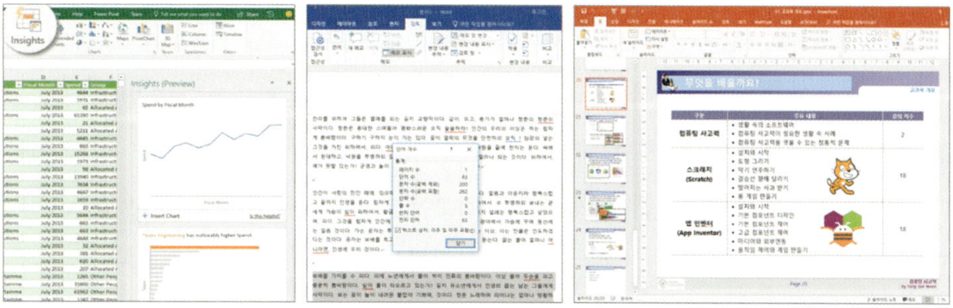

그림 1.7 업무지원 소프트웨어 예제

그림 1.8 그래픽 · 미디어 소프트웨어 예제

그림 1.9 방송 · 스트리밍 소프트웨어 예제

다섯째는 브라우저와 그룹웨어로 그림 1.10은 웹 브라우저와 학교의 그룹웨어 예제를 나타낸다. 웹 브라우저를 이용하여 우리는 인터넷 서핑을 할 수 있고 그룹웨어를 사용하여 학교나 회사의 업무를 수행할 수 있다. 여섯째는 그림 1.11과 같은 SNS(Social Network Service) 소프트웨어로, 페이스북, 인스타그램, 카카오톡 등이 대표적인 예제이다. SNS 소프트웨어는 우리의 생활공간을 사이버 공간까지 확대시킬 수 있다. 일곱째는 우리가 즐겨하는 게임 소프트웨어로, 그림 1.12는 최근 인기를 끌고 있는 LOL, 배틀그라운드 등의 게임을 나타낸다. 게임 소프트웨어는 우리에게 재미나 취미생활로 큰 의미가 있으나 동시에 적잖은 사회적 문제를 야기하기도 한다.

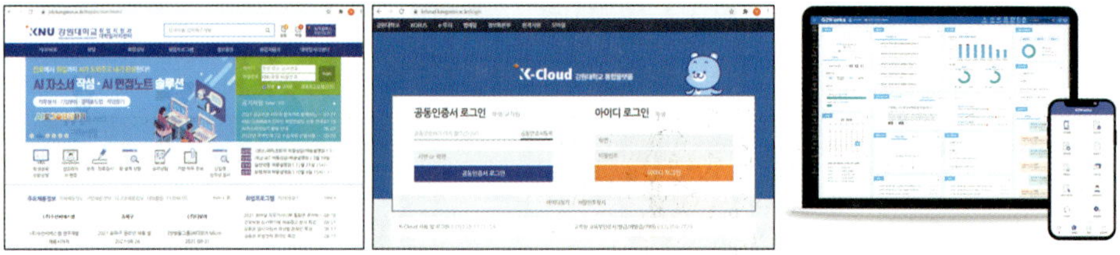

그림 1.10 브라우저와 그룹웨어 소프트웨어 예제

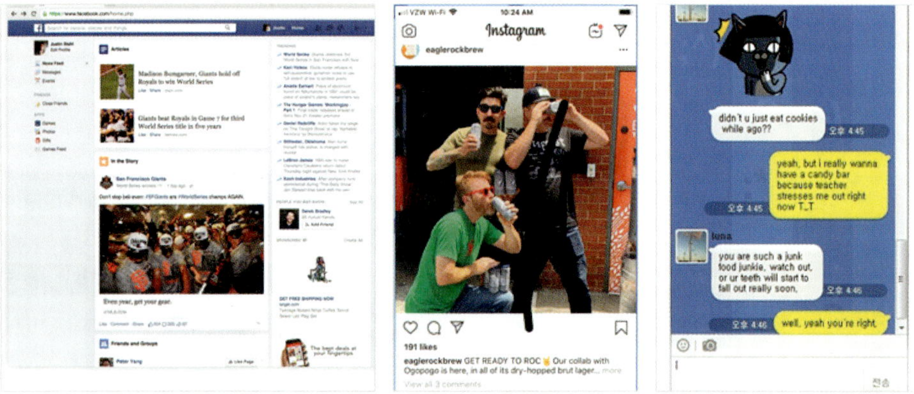

그림 1.11 SNS 소프트웨어 예제

그림 1.12 게임 소프트웨어 예제

여덟째는 호텔 예약, 항공권 구매, 자동차 렌트 등 여행 관련 소프트웨어이다. 그림 1.13은 이러한 여행 관련 홈페이지 예제를 보여주며, 우리는 이런 서비스를 통해서 손쉽게 다양한 숙박, 항공권을 예약할 수 있다. 이외에도 그림 1.14에서 보듯이 백신, 화상회의, 중고거래, 웹 하드 등 수많은 소프트웨어를 우리는 생활 속에서 항시 사용하고 있다.

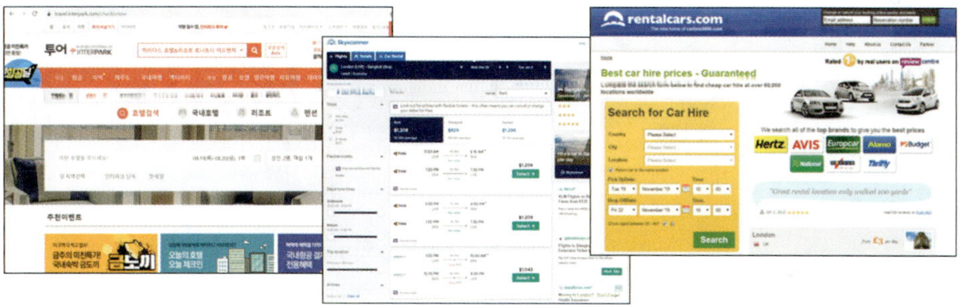

그림 1.13 여행 관련 소프트웨어 예제

그림 1.14 생활 속의 다양한 소프트웨어 예제

진화하는 미래의 소프트웨어

앞서 살펴본 내용은 현재 우리가 직간접적으로 많이 사용하고 있는 소프트웨어들이다. 소프트웨어 기술은 진화를 거듭하며 최근에는 알파고, 인공지능 스피커, 인공지능 화가, 강아지 로봇, 지능형 챗봇 등 전에 보지 못했던 제품들을 쏟아내고 있다. 그림 1.15는 이러한 진화되는 소프트웨어의 예를 보여준다. 21세기 초까지만 해도 컴퓨터가 바둑에서 인간을 이기리라고 예상한 전문가는 거의 없다. 하지만 오늘날은 오히려 바둑에서 컴퓨터가 사람을 이기는 것은 너무나 당연한 일이 되었다. 또한 사람과 유사하게 창조적인 그림을 그리거나 노인들과 함께하는 로봇이나 챗봇도 상용화를 앞두고 있다.

그림 1.15 진화하는 소프트웨어의 예제

더 나아가 미래에는 자동차, 드론, 비서, 원격진료 등에서 소프트웨어가 더욱 지능화되고 자동화될 것으로 예상된다. 그림 1.16에서 보는 바와 같이 자율주행 자동차 안에서 사람들은 오락을 즐길 수 있고, 드론으로 피자 배달을 받으며, 의사와는 원격으로 진료받고 처방을 받을 수 있을 것이다. 이 같은 꿈 같은 미래는 소프트웨어의 발전과 함께 다가오고 있으며, 이 시대를 맞이하기 위해 우리는 코딩을 배우며 컴퓨팅 사고력을 키워나가야 한다.

그림 1.16 미래의 소프트웨어가 바꾸는 우리의 일상

1.3 생활 속의 컴퓨팅 사고력 문제

올림픽 8강에 진출하자!

우리는 일상생활에서 알게 모르게 여러 컴퓨팅 사고력 문제와 만나게 된다. 축구 경기에서 경우의 수를 따지는 것도 컴퓨팅 사고력 문제의 하나인데, 지난 2020년 도쿄올림픽에서 한국 축구의 예를 들어보자. 올림픽 예선 조별리그에서 한국은 뉴질랜드에 0:1로 패배하고, 루마니아에 4:0으로 승리한 후, 온두라스와 3차전을 앞두고 있었다. 조별리그에서는 상위 2개팀만이 8강에 진출할 수 있다.

그림 1.17은 4개국이 각각 2경기씩을 치른 상태에서의 경기 결과를 나타낸다. 그림을 보면 한국은 1등이긴 하지만 온두라스와의 3차전 결과에 따라서 8강에 진출할 수도, 탈락할 수도 있다. 이는 수학에서 다루는 경우의 수 문제인데 논리적으로 잘 따져야 한다. 즉, 온두라스와의 경기 결과에 따라 다음 경우의 수가 발생한다.

- 이기면 조 1위 혹은 2위가 되어 8강 진출 // 2승 1패
- 지면 조 3위 혹은 조 4위가 되어 8강 탈락 // 1승 2패
- 비기면 골득실에서 앞서 8강 진출 // 1승 1무 1패

그리고 이를 프로그램 의사코드(pseudo code) 형태로 나타내면 다음과 같다. 이와 같이 우리가 만나게 되는 경우의 수 문제는 논리적 사고가 필요한 컴퓨팅 사고력 문제로 볼 수 있다.

```
if (한국이 온두라스를 이겼다) then 8강 진출;            // 2승 1패
else if (한국이 온두라스에 졌다) then 8강 탈락;          // 1승 2패
else 골득실에서 앞서 8강 진출;                           // 1승 1무 1패
```

순위	국가	경기	승	무	패	승점	득실차
1	**대한민국**	2	1	0	1	3	+3
2	온두라스	2	1	0	1	3	0
2	뉴질랜드	2	1	0	1	3	0
4	루마니아	2	1	0	1	3	-3

그림 1.17 도쿄 올림픽 축구 예선에서 2차전까지 경기 결과

구슬 대장을 찾아라!

구슬 대장은 "친구 5명 중에서 누가 구슬을 제일 많이 가지고 있는가?"라는 질문에 답하는 문제이다. 궁극적으로 질문의 개수를 최소로 하면서 구슬 대장을 찾는 것으로, 다음과 같은 규칙이 있다고 하자. 그리고 이러한 규칙에서 표 1.1과 같이 친구 5명이 구슬을 가진 경우를 예제로 풀어보자.

구슬대장 찾기 규칙

- 친구 5명이 빨간 구슬, 파란 구슬을 가지고 있다.
- 한 사람이 가질 수 있는 구슬의 최대 수는 빨강 5개, 파랑 5개로 한정된다.
- 술래는 "어떤 구슬 몇 개를 가지고 있니?"라고 친구에게 물을 수 있다.
- 질문의 수를 최소화하며 누가 구슬을 가장 많이 가졌는지 알아낸다.

표 1.1 친구 5명이 빨간 구슬과 파란 구슬을 가진 예제

친구 번호	빨간 구슬	파란 구슬	구슬 합계
친구 1	4	5	9
친구 2	3	3	6
친구 3	5	1	6
친구 4	2	5	7
친구 5	3	3	6

첫 번째 술래는 갑돌이로, 갑돌이는 친구들이 가진 구슬의 수를 모두 알아내어 구슬 대장을 찾고자 한다. 그래서 갑돌이는 친구 1부터 친구 5에게, "빨간 구슬 몇 개야?", "파란 구슬 몇 개야?"라고 각각 질문 2개씩을 던져서 친구들이 가진 구슬 개수를 모두 알아낸다. 그 결과, "친구 1은 9개군, 친구 2랑 친구 3은 6개군, 친구 4는 4개고, 친구 5는 6개야!"라고 알아낸 다음에 친구 1이 9개로 구슬 대장임을 맞춘다. 이와 같이 구슬 대장을 찾기 위해, 갑돌이는 친구 한 명당 2개씩 총 10개의 질문을 하였다.

두 번째 술래는 갑순이로, 갑순이는 "질문 최소화"에 초점을 맞추었다. 표 1.2는 갑순이가 친구들에게 차례로 질문한 방법을 나타낸다. 표를 보면, 갑순이는 총 7번의 질문으로 친구 1이 구슬 대장임을 알아냈다.

표 1.2 질문 최소화를 통해 갑순이가 구슬 대장을 찾아낸 방법

질문 방법	질문 개수
친구 1에게 2개의 질문을 해서 구슬 개수가 9개임을 알아낸다.	2
친구 2에게 "빨간 구슬 몇 개야?"라고 물어 3개임을 알아낸 후, 그렇다면 친구 2가 파란 구슬을 5개 가졌다 해도 최대 8개로 친구 1의 9개에는 미치지 못함을 알아, "파란 구슬 몇 개야?"라고 묻지 않는다.	1
친구 3은 빨간 구슬이 5개이기 때문에 파란 구슬 개수까지 묻는다.	2
친구 4는 친구 2와 같은 이유에 의해 파란 구슬 개수를 묻지 않는다.	1
친구 5도 친구 2와 같은 이유에 의해 파란 구슬 개수를 묻지 않는다.	1
질문 개수의 합	7

그렇다면 갑순이는 어떻게 질문 개수를 갑돌이의 10개에 비해 3개나 줄일 수 있었을까? 갑순이는 친구 2부터, "빨간 구슬 질문을 먼저 하고 파란 구슬을 5개 가진다면 어떨까?"라는 논리적 사고를 한 번 더 함으로써 질문 개수를 3개 줄일 수 있었다. 즉, 친구 2, 4, 5의 경우에 빨간 구슬이 3개이기 때문에 파란 구슬이 5개라 하더라도 총 8개로 친구 1의 9개보다는 작다는 논리적 사고를 한 것이다. 이는 친구가 가질 수 있는 최대 구슬의 한계(bound)를 예측하여 질문 개수를 줄인 것이다. 이는 분기와 한정(branch-and-bound)이라 불리는 소프트웨어의 유용한 계산 기법 중 하나이다.

더하기 하는 원숭이

조금 더 재미있는 문제로 더하기 하는 원숭이를 살펴보자. 조련사의 노력으로 원숭이 4마리가 숫자 더하기를 배웠다 하자. 이들 원숭이는 10초에 한 번 더하기를 할 수 있으며, 조련사는 원숭이들에게 "힘을 합쳐서 숫자 8개를 더해 보라"고 하였다. 원숭이들에게 주어진 숫자는 그림 1.18과 같이 8개이고, 원숭이들의 이름은 각각 몽키일, 몽키이, 몽키삼, 몽키사이다.

그림 1.18 더하기 하는 원숭이 네 마리에게 주어진 여덟 숫자

원숭이들은 모여서 힘을 합쳐? 그거 어떻게 하는 거야? 잘 몰라! 그냥 몽키일이 다 더하면 될 거 같아! 이렇게 논의하고 몽키일이 혼자 앞에서부터 8개의 숫자를 다 더하는 방법 A를 선택하였다. 그 결과 그림 1.19와 같이 총 7번의 더하기를 하면서 70초의 시간

을 사용하였다.

그림 1.19 몽키일 혼자서 8개의 숫자를 차례로 더하는 방법 A의 결과

그러다가 "애들아 힘을 합쳐보라고 했잖아"라는 조련사의 말이 생각나서 방법 B를 생각하였다. 방법 B는 그림 1.20과 같이 원숭이 4마리가 각자 2개씩 더하고, 다시 2마리가 2개씩 더하고, 마지막으로 몽키일이 2개를 더하여 결과를 얻는 방법이다. 이 방법 B는 더하기를 총 7번 하긴 했으나, 시간은 30초밖에 걸리지 않았다.

그림 1.20 네 마리 원숭이가 힘을 합하여 더하는 방법 B의 결과

방법 B는 방법 A에 비해 무려 40초나 시간을 단축하였다. 원숭이들은 어떻게 시간을 줄였을까? 이는 첫 번째 단계에서 4마리 모두 참여하여 더하기 작업을 나누었고, 두 번째는 2마리가 작업을 나누었기 때문이다. 즉, 큰 덩어리의 일을 작은 일들로 나누어 진행한 것이다. 이러한 접근법은 분할과 정복(divide-and-conquer)이라 불리는 컴퓨터 공학에서 매우 중요한 문제 해결 기법의 하나이다. 원숭이를 컴퓨터나 CPU로 생각해 보면, 컴퓨터들 혹은 CPU들이 일을 나누어 수행함으로써 성능을 크게 향상시키는 것이다.

동전 개수를 줄이자!

다음으로 동전을 배우는 유치원생 문제를 살펴보자. 유치원에서 선생님과 아이들이 동전 놀이를 하고 있다. 동전 세는 법을 교육하기 위해 선생님은 아이들에게 문제를 하나 냈다. 선생님은 "여기 있는 100원, 50원, 10원짜리 동전으로 거스름돈 160원을 만들어 주세요! 거스름돈을 만들 때 동전의 수를 제일 적게 하는 친구가 우승입니다!"라고 이야기하였다. 아이들 앞에 놓인 100원, 50원, 10원짜리 동전은 충분히 많은 상태였다고 가정하자.

아이 3명이 동전 개수 줄이기에 도전하였다. 아이 1은 "에이 귀찮아! 그냥 쉽게 10원짜리로 16개 내자"하여 그림 1.21(a)와 같이 동전 개수가 총 16개가 되었다. 아이 2는 "160원이니까 커다란 100원짜리 하나 쓰고, 나머지 60원은 10원짜리 6개로 내자"하여 그림 1.21(b)와 같이 동전 개수가 총 7개가 되었다. 마지막으로 아이 3은 "값어치가 가장 큰 동전부터 내고 남은 것은 다음 값어치가 큰 동전으로 내자"라고 생각하여, 그림 1.21(c)와 같이 100원짜리 1개, 50원짜리 1개, 10원짜리 1개, 합하여 총 3개가 되었다. 결국 아이 3이 동전 개수를 제일 적게 내서 최종 우승자가 되고 선생님께 사탕을 받았다.

(a) 아이 1 – 동전 개수 16개

(b) 아이 2 – 동전 개수 7개

(c) 아이 3 – 동전 개수 3개

그림 1.21 거스름돈 160원을 만드는 세 가지 방법

동전 개수 줄이기는 매우 간단한 문제로 보이지만 컴퓨터 공학에서는 매우 중요한 접근법이다. 이처럼 욕심을 부려 문제를 해결하는 방법을 욕심쟁이 접근법(greedy approach)이라 하며, 컴퓨터 공학자는 이 방법으로 많은 문제를 해결하고 있다.

마침 이번에 정부에서 120원짜리 동전을 새로 만들었다 하자. 앞서 배운 욕심쟁이 접근법을 사용하면, 160원 거스름돈을 위해 120원짜리 1개, 10원짜리 4개를 내야하고, 총 5개의 동전이 필요하다. 이는 100원짜리 1개, 50원짜리 1개, 10원짜리 1개의 3개보다는 많게 된다. 이처럼 모든 문제에 대해 욕심쟁이 접근법이 항시 최적의 해답을 제공하진 않는다.

1.4 컴퓨팅 사고력의 전통적 문제

검색 문제

검색(search)은 컴퓨터 공학에서 다루는 전통적 문제이다. 검색은 주어진 숫자 목록(list)에서 원하는 숫자가 몇 번째에 있는지를 찾아내는 문제로서, 이를 정의하면 다음과 같다. 이 문제에서 중요하게 생각하는 것은 "검색 과정에서 목록에 있는 숫자들과의 비교 횟수를 어떻게 줄이느냐"는 것이다.

입력	숫자 n개로 구성된 목록, 찾고자 하는 숫자 x
검색 문제	숫자 n개로 구성된 목록에서 주어진 숫자 x가 목록의 몇 번째에 해당하는지를 알아내라.
출력	목록에서 숫자 x의 위치

그림 1.22는 검색 문제의 예제를 나타낸다. 그림을 보면, 숫자 7개로 구성된 목록이 있고, 홍길동이 목록에서 검색하고자 하는 숫자가 23, 즉 "x = 23"으로 주어졌다. 이 문제의 경우, 검색의 결과로는 "x가 목록의 여섯 번째에 해당한다"는 것으로, 간단히 6을 결과라 할 수 있다.

▸숫자 7개로 구성된 목록

19	11	9	34	17	23	13

Q/ 홍길동이 제시한 숫자 23(x = 23)은 목록의 몇 번째에 해당하는가?

A/ 목록의 여섯(6)번째에 해당한다!

그림 1.22 숫자가 7개로 구성된 검색 문제의 예제

순차 검색

검색 문제를 해결하는 가장 손쉬운 방법은 순차 검색(sequential scan)이다. 순차 검색은 목록의 첫 번째 숫자부터 차례로 비교하며 주어진 숫자가 어디에 있는지 알아내는 방법이다. 이 과정을 논리적으로 표현하면 다음과 같다.

순차 검색의 동작 과정

① 목록의 첫 번째 엔트리를 검사(비교)한다.
주어진 x와 첫 번째 엔트리와 같으면 첫 번째라 답하고 종료한다.

② 같지 않으면 목록의 다음 엔트리를 검사한다.

③ 주어진 x를 찾을 때까지 ②의 과정을 반복한다.
(목록의 n개 엔트리 모두에 대해 x를 찾을 때까지 반복한다.)

앞서 그림 1.22의 예제를 순차 검색으로 해결해 보자. 그러면 그림 1.23과 같이 주어진 x(= 23)를 찾기 위해서, 첫 번째 19부터 시작하여, 두 번째 11, ..., 여섯 번째 23까지 비교해야 하고, 결국 비교 횟수는 6번이다. 이러한 순차 검색에서 최선의 경우(best case)는 찾고자 하는 수가 첫 번째에 있는 경우로 1번의 비교만이 필요하다. 반면에 최악의 경우(worst case)는 찾고자 하는 수가 맨 마지막에 있는 경우로 그림의 예에서는 7번의 비교가 필요하다.

순차 검색은 목록의 숫자들이 무작위로 있을 때 원하는 숫자를 검색하는 효율적인 방법이다. 그런데 만일 목록의 숫자가 정렬(sorting)되어 있다면 어떠할까? 예를 들어, 목록의 숫자들이 그림 1.24(a)와 같이 정렬되어 있다고 할 때, 숫자 23을 찾기 위해서는 몇 번의 비교가 필요할까? 만일 순차 검색을 사용한다면 앞에서부터 차례로 비교해야 하므로, 그림 1.24(b)와 같이 여전히 6번의 비교가 필요하다. 목록의 "숫자들이 이미 정렬되어 있다"는 정보를 아는데도 우리는 이를 충분히 활용하지 못하는 것이다.

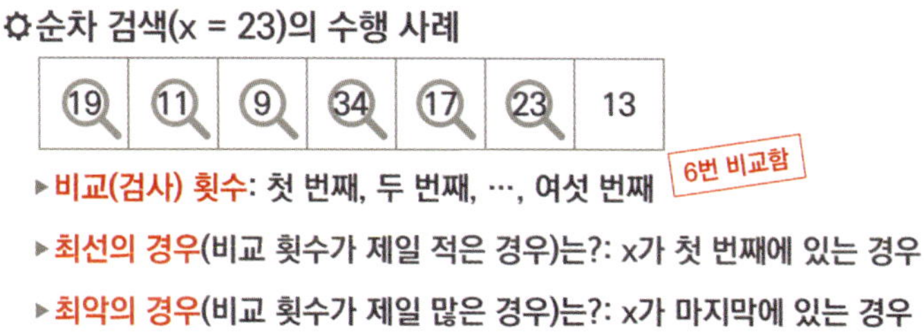

그림 1.23 순차 검색이 수행되는 사례와 최선/최악의 경우 비교

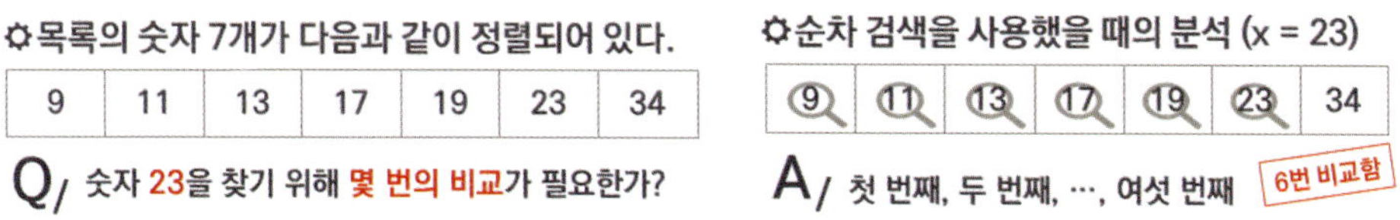

(a) 숫자 7개가 정렬된 예제

(b) 정렬된 목록에 순차 검색을 적용한 예제

그림 1.24 숫자 7개가 정렬된 목록과 순차 검색 적용의 예제

여러분이 사전이나 색인에서 어떤 단어를 찾을 때 맨 앞에서부터 차례로 찾는가? 그렇지 않을 것이다. 사전이나 색인은 알파벳 혹은 가나다순으로 정렬되어 있으므로, 우리는 사전이나 색인을 검색할 때 단어를 알파벳/가나다순으로 비교하며 앞뒤로 뒤적이며 찾아 나간다. 마찬가지로 숫자가 정렬되어 있다면 앞에서부터 차례로 찾을 것이 아니라 앞뒤로 뒤적이며 찾으면 될 것이다. 이러한 방법이 다음에 소개하는 이진 검색(binary search)이다.

이진 검색

이진 검색(binary search)은 사전에서 단어를 찾는 방법과 유사하게 목록을 절반씩 나누면서 검색하는 방법이다. 이진 검색의 동작 과정을 논리적으로 표현하면 다음과 같다.

이진 검색의 동작 과정

① 정렬된 목록에 대해, 가운데 엔트리를 검사(비교)한다.

(경우1) 주어진 x가 가운데 숫자와 같으면, 해당 위치를 답하고 종료한다.

(경우2) 주어진 x가 가운데 숫자보다 작으면, 목록의 왼쪽 부분만 검사한다.

(경우3) 주어진 x가 가운데 숫자보다 크면, 목록의 오른쪽 부분만 검사한다.

② 위 (경우1) ~ (경우3)의 과정을 주어진 x를 찾을 때까지 반복한다.

이진 검색이 동작하는 과정을 그림 1.25와 같이 숫자 7개가 정렬된 사례에 적용해 보자. 그림에서 보듯이, 목록의 가운데 엔트리의 숫자는 네 번째인 17이다. 만일 x = 17로 주어졌다면, 가운데 숫자와 값이 같은 (경우1)에 해당하므로, x가 네 번째임을 답하고 바로 종료한다. 반면에 x = 9로 주어졌다면, 9는 가운데 숫자인 17보다는 작으므로 (경우2)에 해당하고, 다음에는 목록의 왼쪽 부분만 검사하면 된다. 다음으로 x = 19가 주어졌다면, 19는 가운데의 17보다 크므로 (경우3)에 해당하고, 따라서 다음에는 목록의 오른쪽 부분만 검사하면 된다. 이진 검색은 이 과정을 반복하면서 주어진 숫자의 위치를 알아낸다.

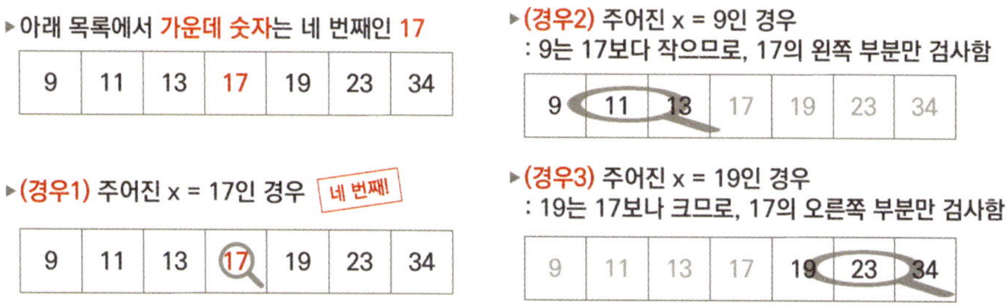

그림 1.25 정렬된 목록에서 이진 검색의 동작 방법

이제 앞서 순차 검색과 같이 x = 23으로 주어진 경우의 이진 검색 결과를 알아보자. 그림 1.26에서 보듯이, 처음에는 7개의 가운데 숫자인 17과 비교가 일어난다. 여기서 23은 17보다 크므로, (경우3)에 해당하여 다음에는 오른쪽만 검사하면 된다. 오른쪽의 3개 중에서는 23이 가운데에 있고, 이는 (경우1)에 해당하여 그 위치인 6을 답하고 종료하면 된다. 비교 횟수를 살펴보면 처음 17과의 비교 1번, 다음 23과의 비교 1번, 합하여 총 2번의 비교만이 필요하다. 앞서 순차 검색(그림 1.23(b) 참조)에서는 총 6번의 비교가 필요했는데, 이진 검색에서는 단 2번의 비교만이 필요하고, 이는 검색 성능을 크게 향상시켰다고 말할 수 있다.

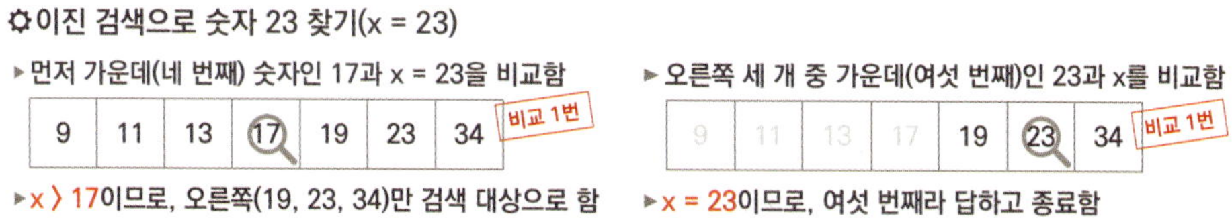

그림 1.26 숫자 7개가 정렬된 목록에서 이진 검색이 동작하는 예제

이진 검색은 최악의 경우에 순차 검색에 비해 우수한 결과를 보인다. 그림 1.27에서 보듯이, 이진 검색에서 최선의 경우는 x = 17인 경우로 1번의 비교만이 필요하고 이는 순차 검색의 최선의 경우 비교 횟수와 동일하다. 반면에 최악의 경우는 x = 9/13/19/34인

경우로서 이진 검색은 3번의 비교가 필요하고, 이는 순차 검색의 최악의 경우인 7번보다는 작게 된다. 이를 일반화하여 목록에 숫자가 n개라 하면, 순차 검색은 최대 n번의 비교가 필요하다. 반면에, 이진 검색은 최대 $\log_2(n)$번의 비교만이 필요하여 순차 검색보다 비교 횟수를 크게 줄일 수 있다. 예를 들어, 2^{30}(= 약 10억)개의 숫자로 구성된 목록이라면, 순차 검색은 약 10억번 비교가 필요하지만 이진 검색은 오직 30(= $\log_2 2^{30}$)번만 비교하면 된다. 이에 대한 자세한 내용은 컴퓨터 공학의 알고리즘 과목에서 다룬다.

✿ 예제를 이용한 이진 검색의 분석

9	11	13	17	19	23	34

▸ **최선의 경우: 찾는 수 x = 17로 가운데에 있는 경우** 1번 필요

▸ **최악의 경우: 찾는 수 x = 9/13/19/34인 경우** 3번 필요

그림 1.27 이진 검색에서 최선의 경우와 최악의 경우 사례

더 많은 재미난 문제들

컴퓨터 공학에서는 검색 문제 이외에도 매우 많은 재미난 문제들을 효율적으로 해결하고자 노력한다. 여기서 '효율적'이라는 말은 통상 보다 빠르게 해답을 찾고, 보다 적은 메모리를 사용한다는 의미를 내포한다. 컴퓨터 공학에서 다루는 몇 가지 재미난 문제들을 살펴보자.

첫째는 정렬 문제(sorting problem)로, 검색 문제만큼이나 많이 다뤄지는 내용이다. 이 문제는 주어진 목록의 숫자들을 오름차순(혹은 내림차순)으로 정렬한다. 그림 1.28과 같이 n개의 숫자로 구성된 목록이 주어졌을 때 이를 오름차순으로 정렬하는 것이다. 그림에서는 8개 숫자로 구성된 정렬되지 않은 목록을 정렬된 목록으로 구성하는 것을 볼 수 있다. 정렬 문제를 해결하기 위해, 버블 정렬, 합병 정렬, 빠른 정렬, 기수 정렬 등 매우 많은 효율적인 해결책들이 소개되었다.

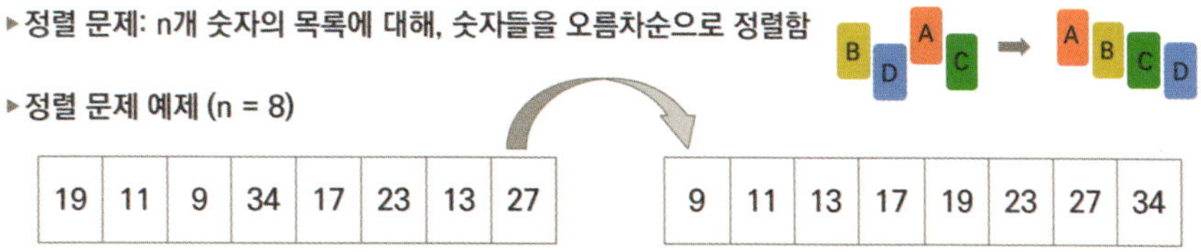

그림 1.28 정렬 문제의 개념과 예제

둘째는 외판원 문제(traveling salesman problem)로, 외판원이 도시들을 여행하는데 발품을 가장 적게 팔고자 하는 목적을 갖는다. 그림 1.29와 같이 도시들이 주어지고 도시와 도시 사이의 거리가 주어졌을 때, 외판원이 발품을 제일 적게 팔면서 모든 도시를 둘러보는 경로(path)를 찾는 문제이다. 이는 생각보다 해결에 매우 많은 시간이 걸리는 문제로서, 도시가 수십 개만 되어도 최적의 해결책을 찾는데 며칠씩 걸릴 수 있는 문제이다.

그림 1.29 외판원 문제의 개념과 예제

셋째는 그래프 컬러링 문제(graph coloring problem)로, 그래프에서 인접한 두 노드가 같은 색깔을 갖지 않도록 색깔을 칠하는 문제이다. 이 문제는 그림 1.30과 같이 지도에서 인접한 영역에는 색깔을 다르게 칠하는 방법을 알기 위해 사용할 수도 있다. 통상 n-컬러링이라 하면 n개의 색깔을 다르게 칠하는 해결책을 찾곤 한다.

▸그래프 컬러링: 인접한 두 노드가 같은 색깔을 갖지 않도록 색깔을 칠하라.

그림 1.30 그래프 컬러링 문제의 개념과 예제

넷째는 0–1 냅색 문제(0–1 knapsack problem)로, 이는 도둑이 보석 가게에 들어가서 가장 값어치 있는 보석들을 훔쳐내는 흥미로운 문제이다. 그림 1.31과 같이, 보석 가게에는 무게와 값어치가 표시된 여러 가지 보석들이 있고, 도둑은 가방(knapsack)에 보석을 담되 가방이 찢어지지 않도록 하면서 가장 비싸게 보석을 담아야 한다. 가방은 담을 수 있는 보석 무게가 정해져 있으며, 보석은 깨거나 자를 수 없어서 "0-1"(nothing or all)이란 용어를 쓴다. 이 문제도 최적의 해결책을 찾기 위해서는 매우 오랜 시간이 걸린다.

▸0–1 냅색 문제: 무게와 값어치가 다른 보석들이 있을 때, 가방에 보석을 담되, 가방이 찢어지지 않도록 하면서 가장 비싸게 담아라.

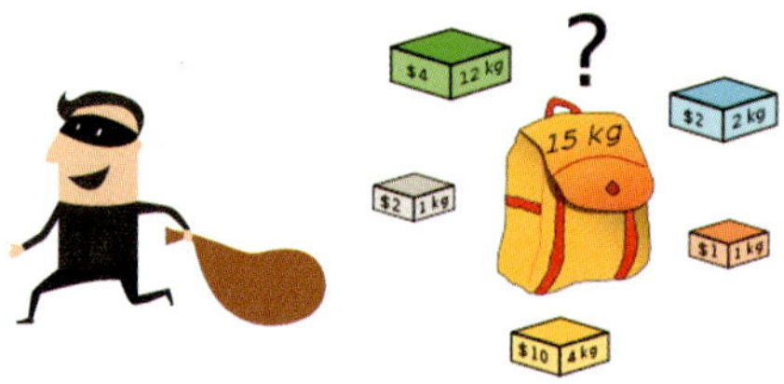

그림 1.31 0–1 냅색 문제의 개념과 예제

다섯째는 해밀토니안 회로 문제(Hamiltonian circuit problem)로, 그래프의 모든 노드(node)를 한 번씩만 방문하는 경로를 찾는 문제이다. 그림 1.32에서 보듯이 그래프가 주어졌을 때 어떤 한 노드에서 출발하여 각 노드를 한 번씩만 경유하여 처음 출발한 노드로 돌아오는 경로를 찾는 문제이다. 이 문제는 최적의 회로 설계나 효율적 배관 설치 등에 사용될 수 있는데, 되추적(backtracking) 기법을 사용하여 해결할 수 있다.

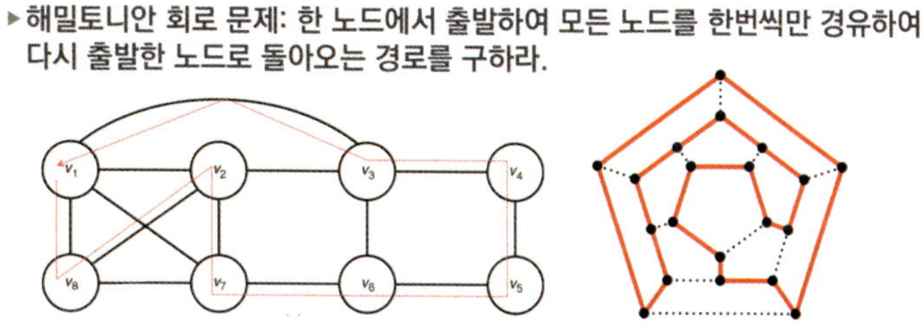

그림 1.32 해밀토니안 회로 문제의 개념과 예제

1.5 블록 코딩으로 배우는 컴퓨팅 사고력

논리적 생각과 코딩하기

지금까지 살펴본 여러 재미난 문제들을 해결하기 위해서는 논리적 사고가 필요하다. 그리고 이러한 논리적 사고의 결과는 어떤 해결책으로 표현해야 한다. 이러한 논리적 해결책을 어떻게 표현할 수 있을까? 인간의 생각을 말이나 글로 표현하면 그 의미가 잘 전달되지 않을 뿐 아니라 종종 서로 다르게 생각하여 뜻하지 않은 결과를 초래할 수 있다. 더구나 인간의 생각을 말이나 글로 표현한다면 컴퓨터는 이를 이해하기가 더욱 어려울 것이다.

논리적 사고의 결과물을 사람들이 명확히 이해할 수 있도록, 더 나아가 컴퓨터가 잘 이해할 수 있도록 표현하기 위해서 우리는 프로그래밍 언어(programming language)를 사용한다. 프로그래밍 언어는 수학(논리)에 기반하기 때문에, 논리적 사고의 결과를 매우 정확하게 표현할 수 있다. 프로그래밍 언어로 사고의 결과를 표현하는 과정을 프로그래밍(programming) 혹은 코딩(coding)한다고 한다. 일반적으로 컴퓨터 공학에서는 프로그래밍 언어로 C/C++, Java, Python 등의 텍스트 코딩(text coding) 언어를 사용하는데, 이는 활용도가 매우 넓으나 배우기 어려운 단점이 있다. 반면에 스크래치, 앱 인벤터는 블록 코딩(block coding) 언어로서 활용도는 다소 떨어지나 프로그래밍 개념을 이해하기 쉽고 배우기도 쉽다는 장점이 있다.

스크래치와 앱 인벤터

블록 코딩 언어로 가장 널리 사용되는 것이 스크래치(scratch)이다. 스크래치는 복잡한 설치 과정 없이 레고 블록을 맞추듯 코딩할 수 있으며, 간단한 게임부터 햄스터 로봇, 인공지능 학습까지도 가능하다. 그림 1.33(a)는 스크래치 프로그램의 예제를 나타낸다.

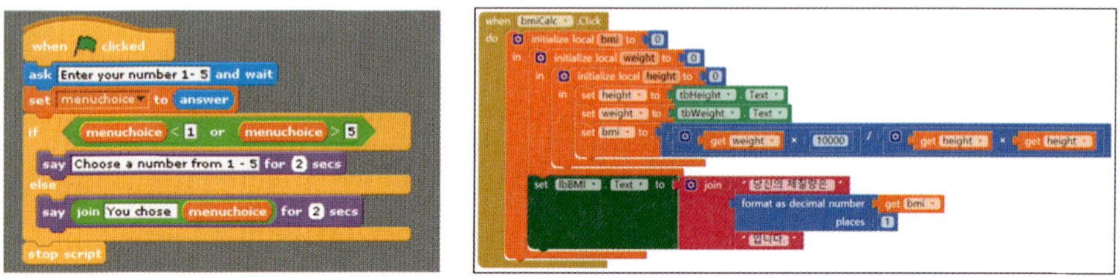

(a) 스크래치 프로그램 예제 (b) 앱 인벤터 프로그램 예제

그림 1.33 스크래치와 앱 인벤터 프로그램 예제

앱 인벤터(App Inventor)는 프로그래밍을 전공하지 않은 사람도 쉽게 모바일 앱을 만들 수 있는 블록 코딩 언어이다. 스크래치와 유사하게 블록들을 조립하듯이 코딩하여 앱을 작성할 수 있으며, 작성한 앱은 에뮬레이터나 휴대폰에 직접 실행해 볼 수 있다. 앱 인벤터를 사용하여 계산기, 게임 등 간단한 앱을 작성하고, 이를 안드로이드폰은 물론 아이폰에서 실행하여 결과를 확인할 수 있다. 그림 1.32(b)는 앱 인벤터 프로그램의 예제를 나타낸다.

책의 구성

본 도서는 전반부 제2장부터 제7장까지는 스크래치를 다루며, 후반부 제8장부터 제13장까지는 앱 인벤터를 다룬다. 스크래치와 앱 인벤터 모두 손쉽게 배울 수 있는 블록 코딩 언어로서, 독자들은 재미난 프로그램을 코딩하는 과정 속에서 컴퓨팅 사고력을 기르는 기회를 가질 수 있다.

연습 문제

컴퓨팅 사고력과 소프트웨어

1.1 주로 사용하는 PC와 핸드폰의 운영체제 종류는 무엇인지, 또한 각 운영체제의 버전은 얼마이고 최신 버전과는 어떤 차이가 있는지 조사하시오.

1.2 인공지능 화가에 대해, 어떤 화가와 어떤 작품들이 있는지 조사하고, 대표적인 화가 한 명과 그 화가가 그린 대표적인 그림 두 개 이상을 제시하시오.

1.3 구슬 대장 문제에서, 친구 5명이 가진 빨간 구슬과 파란 구슬의 숫자가 다음 표와 같을 때, 필요한 질문의 최소 개수는 몇 개인가? 단, 각 친구가 가질 수 있는 최대 구슬 개수는 빨강 5개, 파랑 5개로 최대 10개이고, 질문은 빨간 구슬을 먼저 묻고, 파란 구슬을 다음에 묻는다 가정한다.

친구 번호	빨간 구슬	파란 구슬	구슬 합계
친구 1	4	4	8
친구 2	2	5	7
친구 3	4	2	6
친구 4	1	5	6
친구 5	5	4	9

1.4 구슬 대장 찾기 문제에서, 한 사람이 가질 수 있는 구슬의 최대 수는 빨강 6개, 파랑 7개로 한정되어 있다. 순신이는 빨간 구슬과 파란 구슬을 합하여 11개를 가지고 있다. 반면에, 문덕이는 빨간 구슬 3개, 유신이는 파란 구슬 4개를 가지고 있으나, 이들이 가진 다른 색 구슬 개수는 아직 알지 못한다. 누가 가장 많은 구슬을 가졌는가? 그 이유는 무엇인가?

1.5 더하기 하는 원숭이 문제에서, 8마리 원숭이가 숫자 16개를 더하고자 한다. 원숭이 8마리가 더하기를 나누어 진행한다면, 총 몇 번의 더하기가 필요하고, 이 때 걸리는 시간은 총 몇 초인가? (단, 원숭이는 10초에 한 번 더하기를 할 수 있다.)

1.6 미국에는 센트(1센트), 니켈(5센트), 다임(10센트), 쿼터(25센트)의 네 가지 동전이 있다. 만일 2달러 65센트를 동전으로 내야 한다면 총 몇 개의 동전이 최소로 필요한가? 욕심쟁이 접근법이 바르게 동작하는가? (참고로, 50센트, 1달러 동전도 있으나 잘 사용되지 않으므로 제외한다.)

1.7 다음 11개의 숫자가 정렬되어 있을 때, x=41을 검색하고자 한다. 이때 순차 검색과 이진 검색의 비교(검사) 횟수가 각각 얼마인지 계산하시오.

3	8	12	19	23	29	32	38	41	45	51

1.8 숫자 2^{20}개로 구성된 목록에 대해서 순차 검색과 이진 검색을 수행하고자 한다. 순차 검색에서 최선의 경우와 최악의 경우, 이진 검색에서 최선의 경우와 최악의 경우 비교(검사) 횟수는 각각 얼마인지 계산하시오.

1.9 숫자 목록을 정렬하는 방법 중에서 버블 정렬(bubble sort)에 대해 알아보고, 다음 숫자 목록을 버블 정렬로 정렬할 때의 절차를 설명하시오.

41	46	15	8	26	53	32	38	5	19	28

CHAPTER 2

스크래치로 배우는 컴퓨팅 사고력

2.1 스크래치 시작하기

스크래치란?

스크래치는 미국 MIT 미디어랩의 평생 유치원 그룹(Lifelong Kindergarten Group)에서 무료로 운영하는 프로젝트로 교육용 프로그래밍 언어이자 환경이다. 현재 200개 이상의 나라에서 70개 이상의 언어로 사용되고 있으며, 약 9천 4백만여 명의 사용자가 1억 1천만여 개의 프로젝트를 작성하여 스크래치 홈페이지에 공유하고 있다(2022년 9월 기준).

그림 2.1 스크래치 사용 현황 (2022년 9월 기준)

스크래치는 스프라이트(sprite)라고 불리는 캐릭터 또는 물체를 대상으로 색상과 형태에 따라 각기 다른 명령어를 가지는 블록들을 레고 블록처럼 조립하여 코딩하는 매우 쉬운 비주얼 프로그래밍 언어이다. 스크래치 홈페이지에 접속해서 웹상에서 프로그램을 개발할 수도 있고, 다른 사람이 만든 프로젝트를 리믹스(remix)하거나 다른 사람과의 공동 작업도 가능하다. 스크래치를 이용하면 초보자도 쉽게 이야기나 게임, 음악, 애니메이션 등을 만들어 볼 수 있으며, 아두이노, 레고, 드론 등과 같은 기기에서도 스크래치 프로그래밍을 활용할 수 있다. 탐험하기를 통해서 다른 사람들이 만든 프로젝트를 살펴볼 수도 있다.

그림 2.2 (좌) 스크래치 프로젝트 예시, (우) 탐험하기 예시

본 책의 전반부에서는 스크래치에 대해서 공부하며 그 구성은 다음과 같다. 2장에서는 스크래치에 대한 전반적인 내용을 소개하고 동작 블록에 대해서 공부한다. 3장에서는 펜 블록과 데이터 블록에 대해서 공부하고 펜 블록을 이용하여 다양한 그림을 그려본다. 4장에서는 형태 블록에 대해서 공부하고 이를 이용하여 숨바꼭질 게임과 결승선을 향해 달리기 게임을 만들어 본다. 5장에서는 이벤트 블록과 소리 블록, 음악 블록에 대해서 공부하고 이를 이용하여 학교 종 연주와 전자 피아노 만들기 프로젝트를 수행한다. 6장에서는 제어 블록과 감지 블록에 대해서 공부하고 이를 이용하여 사과 받기 게임을 만들어 본다. 마지막으로 7장에서는 연산 블록을 공부하고 이를 이용하여 퐁 게임과 벽돌깨기 게임을 만들어 본다.

스크래치 계정 만들기

스크래치 프로그래밍을 하기 위해 스크래치 계정을 만드는 게 좋다. 구글 크롬, 마이크로소프트 엣지 등 아무 브라우저나 이용하여 스크래치 홈페이지(https://scratch.mit.edu)에 접속한다. 스크래치 홈페이지에서 "스크래치 가입" 또는 "가입하기" 버튼을 클릭하여 회원 가입을 할 수 있다. 이미 계정이 있다면 이 과정은 생략한다. 회원 가입을 위해 ① 사용자 이름과 비밀번호를 입력하고 ② 국가("Korea, Republic of")를 선택한다. ③ 다음으로 생년월일을 입력하고 ④ 성별을 입력한 뒤 ⑤ 이메일 주소를 입력하고 "Create Your

Account" 버튼을 클릭하면 된다. 또한, 다른 사람들과 프로젝트를 공유할 수 있도록 자신의 이메일을 확인한다("Confirm your email" 클릭).

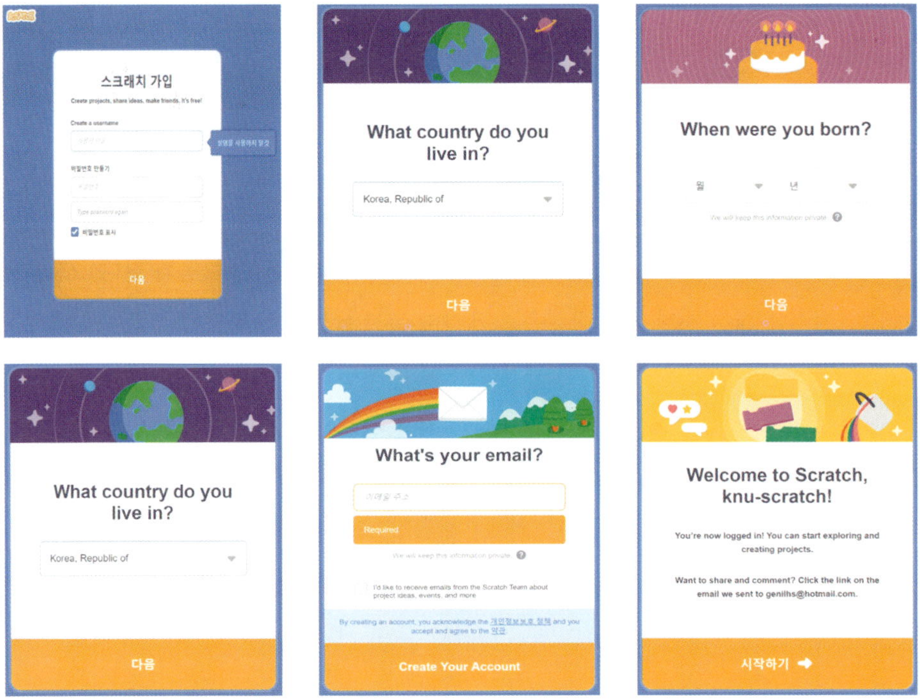

그림 2.3 스크래치 계정 만들기

스크래치 홈페이지 구성

스크래치 홈페이지에 로그인하면 화면 상단에서 다양한 메뉴 아이템을 확인할 수 있다. 만들기, 탐험하기, 아이디어, 소개, 메시지, 내 작업실, 개인정보 확인 등의 항목이 있다. 소개를 클릭하면 스크래치에 대해 알아볼 수 있다. 스크래치 소개 영상과 "프로그래밍 교육, 프로그래밍을 통한 교육"이라는 주제의 TED 강연을 시청할 수 있다. 탐험하기를 클릭하면 다른 사람들이 공유한 다양한 프로젝트를 확인할 수 있다(그림 2.2 참고). 아이디어에서는 다양한 튜토리얼이 제공되며, 체험하기를 통해서 시작 튜토리얼을 체험해볼 수 있다. 또한 아이디어 섹션의 활동 안내서에서는 다양한 프로그램 예제를 제공하고 있으며, 코딩 카드를 내려받거나 초보자용 프로젝트를 탐험해볼 수 있다. 메시지에서는 알림을 확인할 수 있으며, 내 작업실에서는 지금까지 자신이 만든 프로젝트를 확인할 수 있다. 당연히 처음에는 아무 프로젝트도 없다. 프로젝트를 하나하나 만들다 보면 내 작업실에 프로젝트들이 쌓인다. 본 책을 통해 앞으로 재미있는 프로젝트를 많이 만들어 보자. 자신의 계정 이름을 클릭하면 개인정보를 확인하고 수정할 수 있으며, 자신에 대한 소개글도 작성할 수 있다. 간단한 자기 소개를 작성해보기 바란다. 만들기를 클릭하면 스크래치 온라인 에디터 초기 화면으로 전환되며, 여기에서 새로운 프로젝트를 만들 수 있다. 에디터에 대한 설명은 2.2절에서 자세히 다룰 예정이다.

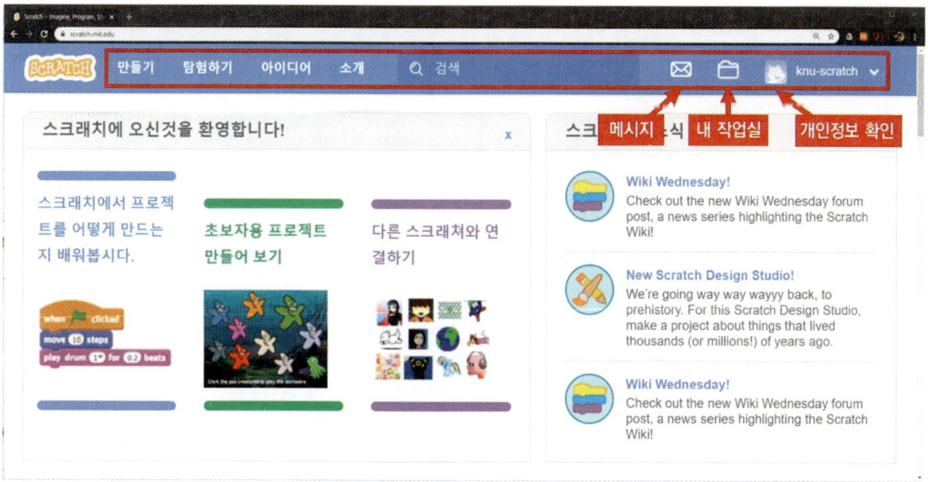

그림 2.4 스크래치 홈페이지 구성

스크래치 오프라인 에디터 설치

인터넷 접속이 가능할 때는 온라인 에디터를 사용하면 된다. 하지만 최근에는 스크래치 사용자가 아주 많아져서 때때로 접속이 잘 안 될 수도 있고, 인터넷 접속이 잘 안 되는 경우가 있을 수도 있으니 오프라인 에디터를 설치해두면 좋다. 스크래치 오프라인 에디터를 설치하려면 스크래치 홈페이지 하단에 있는 "다운로드" 메뉴를 클릭한다. 자신의 PC 운영체제 종류에 맞는 설치 프로그램을 다운받아 설치한다. 여기서는 윈도우즈 기준으로 설명하며 다른 운영체제의 경우에도 비슷하다. 다운받은 설치 파일(예: Scratch 3.29.1 Setup.exe)을 실행하자. 설치 파일의 이름은 조금 다를 수 있다. "설치" 버튼을 클릭하면 설치가 시작된다. 설치가 완료되면 "마침" 버튼을 클릭하자. 스크래치 3 오프라인 에디터는 공유하기, 프로젝트 페이지 보기 등과 같은 기능을 제외한 온라인 에디터의 모든 기능을 제공한다.

그림 2.5 스크래치 오프라인 에디터 설치

2.2 스크래치 에디터 화면 구성

스크래치 에디터는 그림 2.6에서 볼 수 있듯이 크게 7개의 항목으로 구성된다. ① 도구 모음, ② 무대, ③ 무대 제어 창, ④ 스프라이트 창, ⑤ 블록 팔레트, ⑥ 스크립트 영역, ⑦ 개인 저장소.

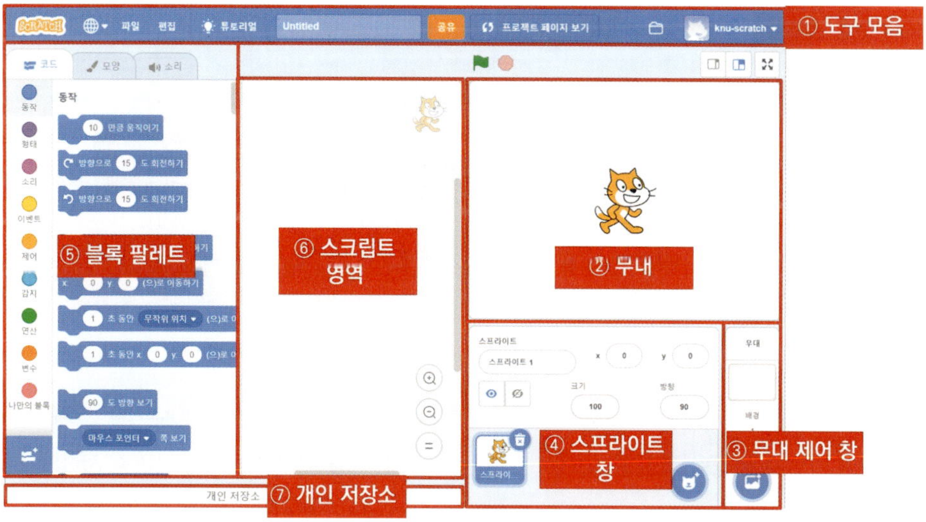

그림 2.6 스크래치 온라인 에디터 화면 구성

각 구성 요소를 살펴보기 전에 스크래치 프로그램의 핵심 캐릭터인 스프라이트(sprite)에 대해 알아보자. 스프라이트의 사전적 의미는 요정, 도깨비로, 스크래치 무대에서 연기하는 배우 또는 무대에서 사용되는 소품 등을 지칭한다. 스크립트(프로그램 또는 코드)를 작성하여 스프라이트를 움직이거나 말하게 하거나 악기를 연주하게 할 수 있다. 기본 스프라이트는 고양이 스프라이트이며 스크래치에서는 다양한 스프라이트를 제공한다.

도구 모음

도구 모음은 "툴바(Toolbar)" 또는 "메뉴바"라고도 부른다. 파일 메뉴는 프로젝트를 새로 만들거나 저장하는 등, 프로젝트 관리와 관련된 다양한 메뉴를 제공한다. 편집 메뉴에서는 바로 직전에 행한 작업을 되돌리거나 터보 모드를 이용하여 프로젝트 실행 속도를 빠르게 설정할 수 있다.

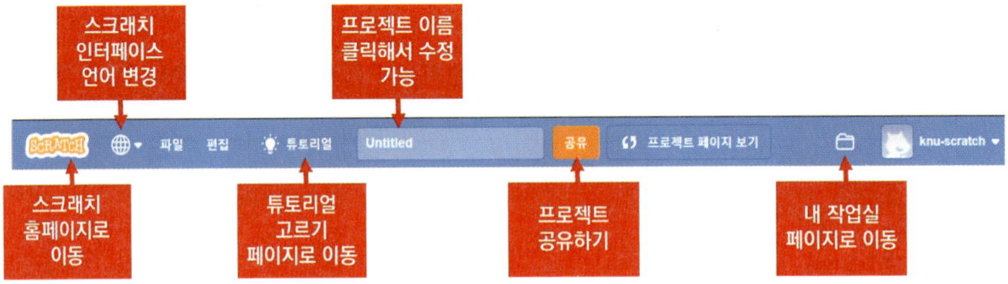

그림 2.7 도구 모음

무대

무대(stage)는 스프라이트가 위치하고 동작하는 공간이다. 가로 480, 세로 360의 2차원 x-y 좌표평면으로 중심좌표는 (0, 0), x축은 -240에서 240 사이, y축은 -180에서 180 사이의 범위이다. 무대에서 스크립트 실행 결과를 확인할 수 있다.

그림 2.8 무대

무대 제어 창

무대 제어 창(window)에 있는 배경 고르기 아이콘을 이용하여 ① 스크래치에서 제공하는 다양한 배경 중에서 하나를 고르거나 ② 그리기로 배경을 직접 그릴 수 있으며, ③ 서프라이즈, ④ 배경 업로드하기 등과 같은 기능을 수행할 수 있다. 서프라이즈는 스크래치에서 제공하는 배경 중 하나를 임의로 선택한다. 배경 고르기를 이용하여 배경을 선택하면 새로운 배경이 무대에 적용된다. 배경 선택 후 배경 탭(tab)에서 제공되는 도구를 이용하여 배경 수정이 가능하다.

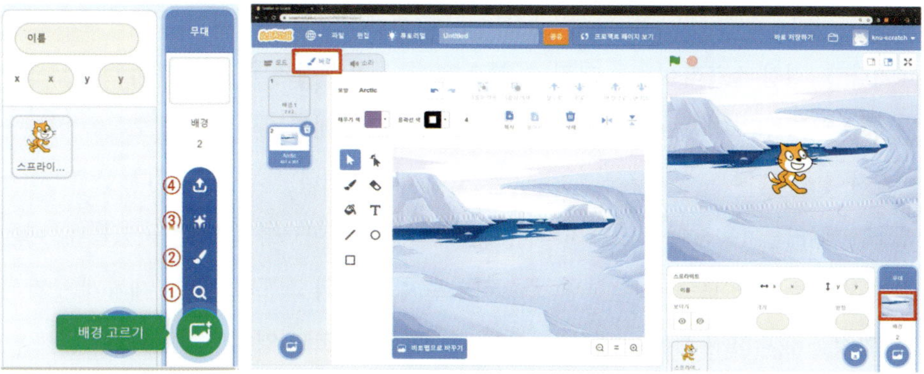

그림 2.9 배경 고르기

스프라이트 창

스프라이트 창은 현재 선택된 스프라이트의 이름, 무대에서의 위치(x좌표, y좌표), 크기, 방향 등과 같은 정보를 표시한다. 스프라이트의 방향은 스프라이트가 이동할 때 기준이 되는 방향이다. 예를 들어, 0도는 위쪽, 90도는 오른쪽, 180도는 아래쪽, -90도(또는 270도)는 왼쪽이다. 한편, 스프라이트의 회전 방식을 정의할 수 있는데, 회전 방식은 스프라이트가 이동하다가 (무대) 벽에 닿아 튕겨서 나올 때의 회전 방식을 의미한다. 회전 방식은 세 가지로 "회전하기", "왼쪽/오른쪽", "회전하지 않기"가 있다. 회전 방식은 동작 블록을 공부할 때 예시를 통해 자세히 살펴본다.

그림 2.10 스프라이트 창

스프라이트 고르기 아이콘을 이용하면 ① 스크래치에서 제공하는 스프라이트를 고르거나 ② 직접 스프라이트를 그릴 수 있으며, ③ 서프라이즈, ④ 스프라이트 업로드하기와 같은 기능을 이용할 수 있다. 또한, 스프라이트 썸네일에서 마우스 오른쪽 버튼을 클릭하여 스프라이트를 복사하거나 로컬 PC에 내보내거나 삭제할 수 있다. 스프라이트 고르기 메뉴를 이용하여 스크래치에서 제공하는 스프라이트를 선택할 수 있는데, 예를 들어 사과 스프라이트를 선택하면, 스프라이트 창에 사과 스프라이트가 새롭게 추가되고, 이것을 클릭하면 사과를 위한 ① 블록 팔레트와 ② 코드 영역이 활성화된다.

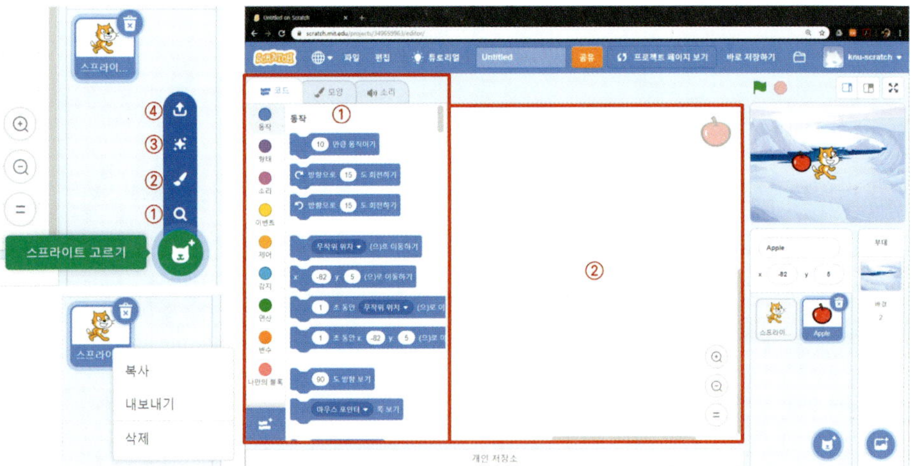

그림 2.11 스프라이트 고르기

블록 팔레트

블록 팔레트(block palette)는 **코드 탭**, **모양(배경) 탭**, **소리 탭**으로 구성되어 있다. 스프라이트를 클릭했을 때는 모양 탭이, 무대 배경을 클릭했을 때는 배경 탭이 활성화된다. 코드 탭에서는 총 9가지 기본 블록 범주(category)가 제공된다. 레고처럼 블록을 쌓아서 프로그램 코드(스크립트)를 작성할 수 있으며, 범주별로 색상이 달라서 구별하기 쉽다. 기본 블록 범주의 특징은 다음과 같다.

범주	특징
동작	스프라이트를 움직이거나 위치를 변경
형태	스프라이트와 무대의 형태를 변경 (모양, 크기, 말하기 등)
소리	소리를 재생하거나 끄기, 음량 조절 등
이벤트	키보드 키를 누르거나 스프라이트 클릭 등의 이벤트를 처리
제어	기다리기, 반복, 조건 제어, 복제하기 등의 블록을 제공
감지	마우스 동작이나 좌표, 색깔 등을 감지하기 위한 블록을 제공
연산	산술 연산, 관계 연산, 논리 연산, 난수 등과 같은 기능을 제공
변수	변수와 리스트를 만들어 사용하기 위한 블록을 제공
내 블록	기존 블록들을 결합하여 특정 기능을 지닌 새로운 블록을 정의(범용 프로그래밍 언어에서의 함수와 같은 기능을 수행)

스크래치에서는 음악, 펜, 비디오 감지 등과 같은 다양한 확장 블록 범주도 제공하는데 확장 기능 추가하기 아이콘 을 이용하여 확장 기능을 추가할 수 있다.

그림 2.12 확장 기능 고르기

스프라이트는 여러 모양을 가질 수 있으며, 모양 편집 창에서 기존 모양을 수정하거나 새로운 모양을 만들 수 있다. 모양 편집 창에서 모양 고르기 메뉴를 이용하여 ① 스크래치에서 제공하는 다양한 모양 중에 고르거나 ② 직접 모양을 그릴 수 있으며, ③ 서프라이즈, ④ 모양 업로드하기와 같은 기능을 이용할 수 있다. 예를 들어, ① 돋보기 아이콘을 클릭하면 스크래치에서 제공하는 다양한 모양을 선택할 수 있다. 새로운 모양을 선택하면 선택한 모양이 스프라이트의 새로운 모양으로 추가된다.

소리 탭에서는 스프라이트에 다양한 소리를 추가할 수 있으며, 이를 이용하여 프로젝트에 다양한 효과음과 음악을 추가할 수 있다. 예를 들어, "야옹" 소리는 0.85초 동안 재생되는 소리이며, 소리의 이름을 변경하거나 다양한 방식으로 재생 가능하다. 소리 탭에서도 소리 고르기 메뉴를 이용하여 ① 스크래치에서 제공하는 다양한 소리를 고르거나 ② 직접 소리를 녹음할 수 있으며, ③ 서프라이즈, ④ 소리 업로드하기와 같은 기능을 이용할 수 있다. 예를 들어, 소리 고르기 아이콘을 클릭하여 다양한 소리를 불러올 수 있으며, 선택된 소리는 스프라이트의 새로운 소리로 추가된다.

그림 2.13 모양 편집 창

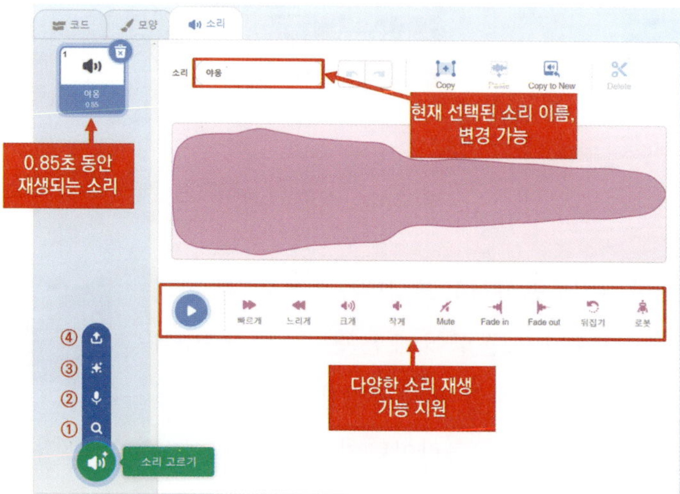

그림 2.14 소리 편집 창

스크립트(코드) 영역

스크립트(코드)는 스프라이트가 수행하거나, 무대에서 수행되어야 할 명령(블록)들의 집합이다. 각 스프라이트는 자신만의 코드 영역을 가진다. 코드를 작성하기 위해 그림 2.15에서 볼 수 있듯이 필요한 블록을 블록 팔레트에서 드래그해서 코드 영역으로 옮긴다. 코드 블록들은 레고 블록처럼 결합할 수 있고, 블록의 하얀 색 영역을 클릭하여 값을 수정할 수 있다.

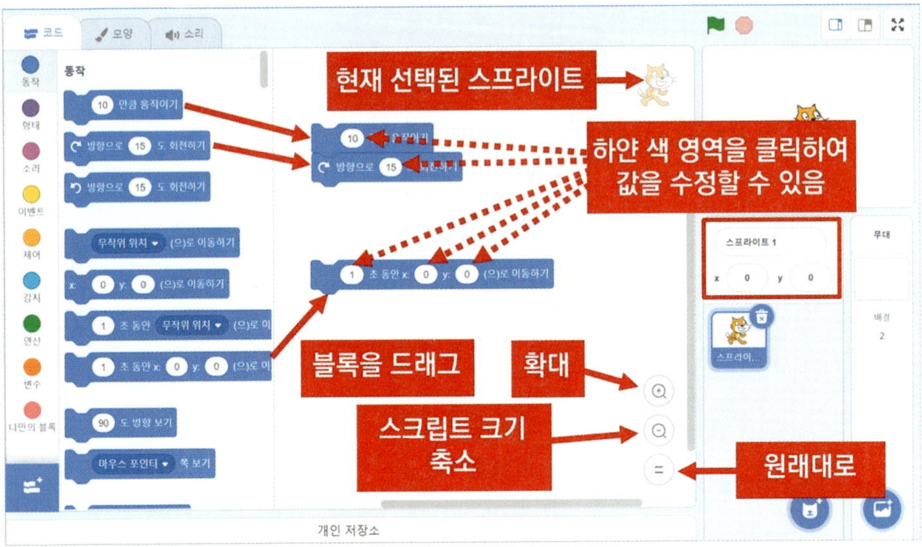

그림 2.15 스크립트 영역

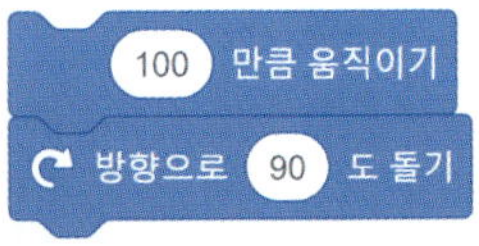

블록 더미를 클릭하면 해당 스크립트가 위에서부터 아래로 순차적으로 실행된다. 예를 들어, 오른쪽 코드는 스프라이트를 100만큼 앞으로 이동시킨 뒤 시계 방향으로 90도 회전시킨다. 코드를 실행시킨 후 스프라이트 창에서 스프라이트의 현재 x좌표, y좌표를 확인할 수 있다.

개인 저장소(Backpack)

자주 쓰는 코드 블록은 드래그하여 개인 저장소에 저장한 뒤 필요할 때 꺼내 쓸 수 있다. 개인 저장소를 클릭하면 개인 저장소가 활성화되거나 최소화된다. 무대를 초기화(예: 스프라이트의 위치를 원점으로 옮기고 오른쪽을 바라보게 한다든지)하는 코드 등은 개인 저장소에 저장해두면 좋다.

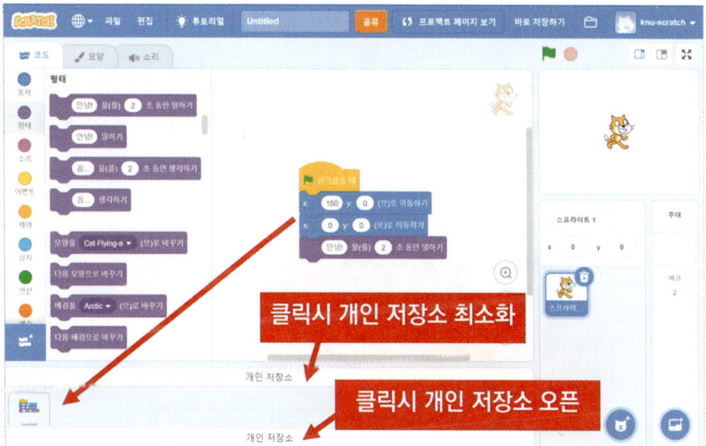

그림 2.16 개인 저장소

코드 블록

지금까지 스크래치 에디터의 구성 요소들을 살펴봤다. 이제부터 코드 블록에 대해 좀 더 살펴보자. 스크래치에서는 블록을 위아래로 쌓아서 코드를 작성한다. 블록의 형태에 따라 블록의 타입과 다른 블록과 결합되는 방식이 결정된다. 블록은 모양에 따라 크게 모자(hat), 스택(stack), 리포터(reporter), C, 불리언(Boolean), 캡(cap) 블록으로 구성된다. 캡 역시 모자의 일종이다.

먼저, 모자 블록은 모자(hat)처럼 생겼기 때문에 모자 블록이라고 부른다. 스크립트의 맨 처음에 위치하며, 스크립트를 시작하는 블록으로 제어 블록, 이벤트 블록 팔레트 등에서 제공한다.

그림 2.17 모자 블록

스택 블록은 다른 블록 위 또는 아래에 스택(stack)처럼 쌓을 수 있어서 스택 블록이라고 부른다. 스크래치에서 제공하는 블록 대부분이 스택 블록이다. 리포터(reporter) 블록은 숫자, 문자열 등과 같은 값을 저장하고 반환하는 블록이다. 스택 블록과 달리 다른 블록 위/아래에 쌓을 수가 없으며, 값을 입력할 수 있는 하얀색 영역에 삽입할 수 있다. 스프라이트의 x좌표, y좌표, 방향을 반환하는 블록 등이 이에 해당한다.

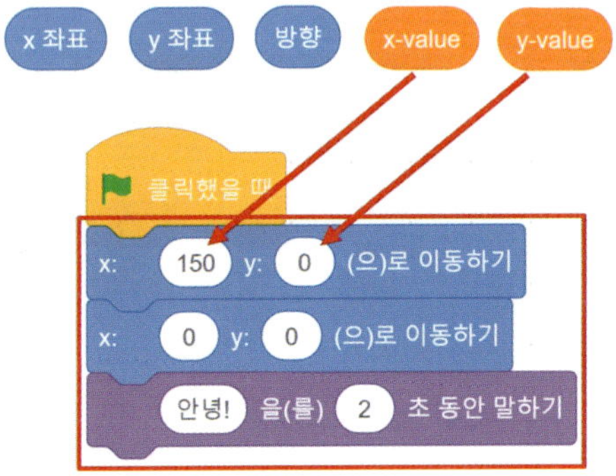

그림 2.18 스택 블록과 리포터 블록

C 블록은 알파벳 C 모양처럼 생겨서 C 블록이라고 부른다. 제어 블록 팔레트에서 제공하는 반복식(무한 반복하기, 10번 반복하기 등) 또는 조건식(만약 (이)라면 등) 블록이 C 블록에 해당한다. 뒤에서 자세히 살펴보겠지만 반복식 블록은 반복식 블록이 감싸고 있는 코드 블록을 반복해서 실행하고, 조건식 블록은 주어진 조건을 만족하면 조건식 블록이 감싸고 있는 코드 블록을 실행한다. 예를 들어, 그림 2.19 코드는 녹색 깃발을 클릭했을 때 파란색 코드 블록 더미를 10번 반복하여 실행한다.

그림 2.19 C 블록

불리언(Boolean) 블록은 길쭉한 육각형 모양의 블록으로 주어진 조건을 검사하여 참(true) 또는 거짓(false)을 반환한다. 조건식 블록에서 이용하며 감지 블록, 연산 블록 팔레트 등에서 제공한다. 예를 들어, 불리언 블록을 이용하면 스프라이트가 마우스 포인터에 닿았는지, 사용자가 스페이스 키를 눌렀는지 검사할 수 있다.

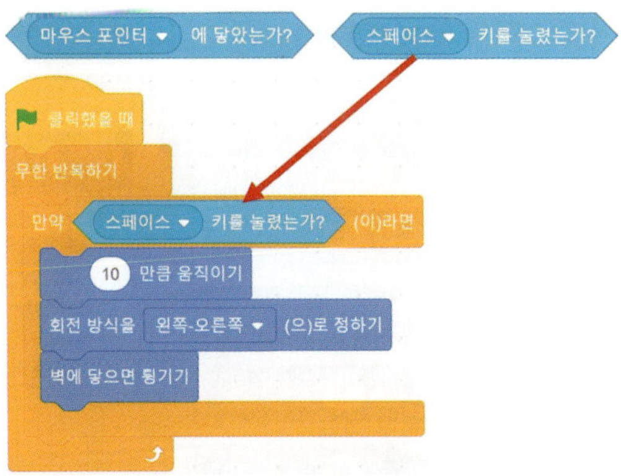

그림 2.20 불리언 블록

캡 블록은 캡 모자(cap)를 뒤집은 것처럼 생겨서 캡 블록이라고 부른다. 캡 블록은 캡 블록이 포함된 스크립트 또는 프로젝트를 종료하는 블록이다. 이상으로 스크래치 에디터의 화면 구성과 코딩 블록의 특징에 대해 살펴보았다. 다음 절에서는 동작 블록을 공부하고 간단한 코딩 실습을 진행한다.

그림 2.21 캡 블록

2.3 동작 블록

스크래치 3.0에서는 총 18개의 동작 블록(Motion Block)을 제공한다. 동작 블록은 스프라이트의 움직임이나 위치를 제어하고 벽에 닿으면 튕기기, 회전 방식 변경 등을 처리한다.

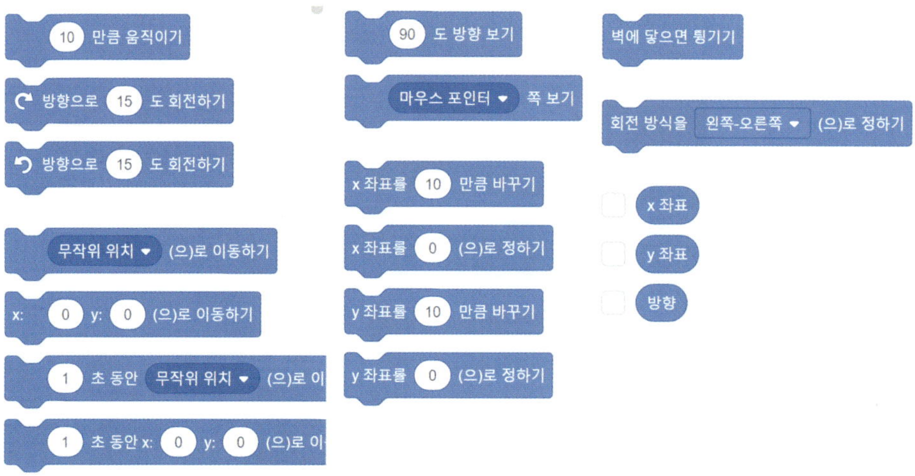

그림 2.22 동작 블록

10만큼 움직이기 블록은 스프라이트가 바라보는 방향으로 주어진 값(10)만큼 움직인다. 하얀색 영역을 클릭해서 원하는 값을 입력할 수 있다. 그림 2.23에 있는 코드 블록을 클릭하거나 스페이스 키를 누르면 스프라이트가 10만큼 앞으로 이동한다(해당 코드 블록이 스프라이트의 스크립트 영역에 정의되어 있다고 가정).

그림 2.23 10만큼 움직이기

시계(반시계) 방향으로 15도 회전하기 블록은 스프라이트를 시계(반시계) 방향으로 입력한 값만큼 회전한다. 그림 2.24 코드 블록을 클릭하거나 오른쪽 화살표 키를 누르면 스프라이트가 시계 방향으로 30도 회전한다.

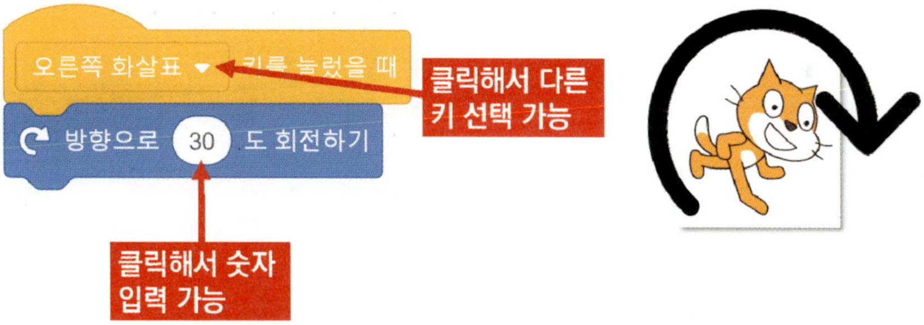

그림 2.24 시계 방향으로 30도 회전하기

90도 방향 보기 블록은 클릭하면 스프라이트가 해당 방향(90도 방향)을 바라보게 한다. 방향은 직접 입력할 수 있으며, 각도계에서 마우스로 드래그해서 각도를 설정할 수도 있다.

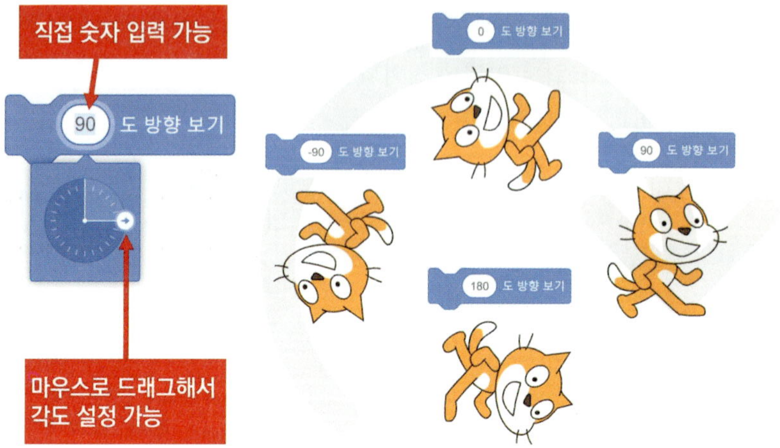

그림 2.25 스프라이트 방향 설정

마우스 포인터 쪽 보기 블록은 클릭하면 스프라이트가 마우스 포인터 위치를 바라본다. 무대에 다른 스프라이트가 있으면, 드롭다운 목록에서 다른 스프라이트를 선택할 수 있다. 제어 블록에서 제공하는 무한 반복하기 블록과 결합하면 마우스를 움직일 때마다 스프라이트가 계속 방향을 바꾸게 할 수 있다.

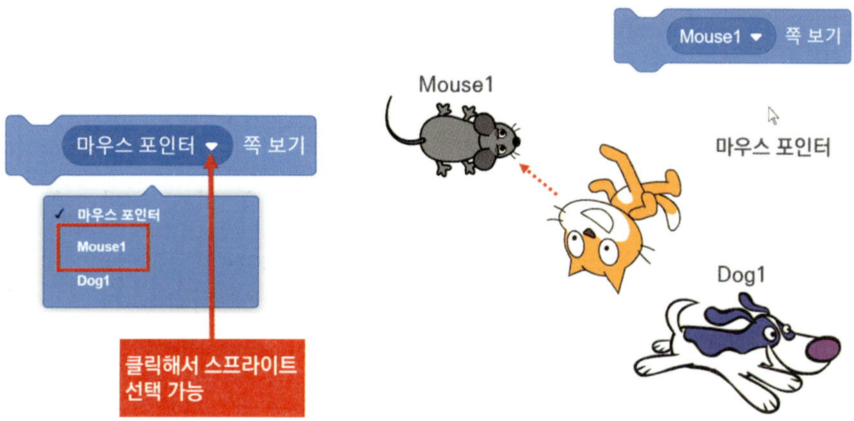

그림 2.26 마우스 포인터 쪽 보기

x: 0 y: 0(으)로 이동하기 블록을 이용하여 스프라이트를 주어진 (x, y) 좌표로 이동시킬 수 있다. x, y 값은 마음대로 입력할 수 있으나 x, y 값이 각각 -240 ~ 240, -180 ~ 180 사이의 값일 때만 스프라이트가 무대에 제대로 표시된다. 그림 2.27 코드 블록을 실행하면 오른쪽 무대에 보이는 것처럼 고양이 스프라이트가 x: -175, y: -50으로 이동한다.

그림 2.27 지정한 위치로 이동하기

무작위 위치(으)로 이동하기 블록은 실행하면 해당 스프라이트를 무작위(random) 위치로 이동시킨다. 드롭다운 목록에서 마우스 포인터나 다른 스프라이트를 선택할 수 있다. 예를 들어, Mouse1(생쥐)을 선택하여 실행하면 고양이 스프라이트가 Mouse1의 위치로 이동한다(해당 블록이 고양이 스프라이트의 코드 영역에 정의되어 있을 때).

그림 2.28 무작위 또는 특정 스프라이트 위치로 이동하기

1초 동안 x: 0 y: 0(으)로 이동하기 블록은 스프라이트를 1초 동안 현재 위치에서 (0, 0)의 위치로 이동시킨다. 시간과 위치는 사용자가 임의로 지정할 수 있다. 예를 들어, 고양이의 초기 위치가 (0, 0)일 때 그림 2.29 왼쪽 코드 블록을 실행하면 고양이가 1초에 걸쳐 (200, 100)의 위치로 이동한다.

이동하기 블록과 주어진 시간 동안 이동하기 블록의 차이점은 이동하기 블록의 경우 스프라이트가 한순간에 주어진 위치로 이동하는 반면, 주어진 시간 동안 이동하기 블록은 주어진 시간에 걸쳐서 서서히 이동한다. 예를 들어, 그림 2.29 오른쪽 코드 블록을 실행하면 고양이가 초기 위치에서 (-100, -50)으로 한순간에 이동하고, 2초 동안 (-10, 0)으로 이동한 다음, 1초 동안 (20, 90)으로 이동한다.

그림 2.29 (좌) 주어진 시간 동안 주어진 좌표로 이동하기 (우) 이동하기 블록과 주어진 시간 동안 이동하기 블록의 차이

1초 동안 무작위 위치(으)로 이동하기 블록은 1초에 걸쳐서 스프라이트를 무작위 위치로 이동시킨다. 사용자가 시간을 직접 지정할 수 있으며, 드롭다운 메뉴를 이용하여 무작위 위치 대신 마우스 포인터 위치나 다른 스프라이트의 위치로 지정할 수 있다.

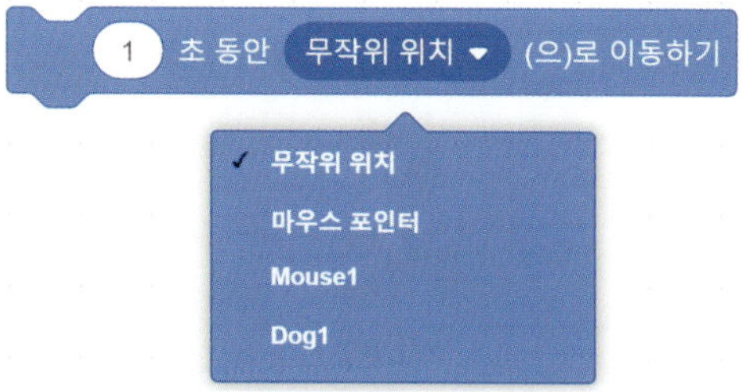

그림 2.30 1초 동안 무작위 또는 지정된 위치로 이동하기

x좌표를 10만큼 바꾸기 블록과 y좌표를 10만큼 바꾸기 블록은 x좌표와 y좌표의 값을 각각 10만큼 증가시킨다. x좌표 값 바꾸기 블록에 양수(음수) 값을 입력하면 스프라이트를 오른쪽(왼쪽)으로 움직인다. 예를 들어, 스프라이트의 현재 x좌표 값이 100일 때, 그림 2.31 코드 블록을 클릭하면(실행하면) 스프라이트의 x좌표 값은 110이 된다. y좌표 값 바꾸기 블록의 경우 양수(음수) 값을 입력하면 스프라이트를 위(아래)쪽으로 움직인다.

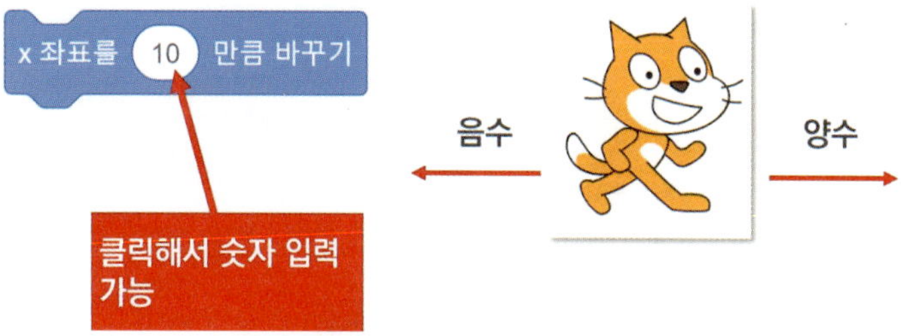

그림 2.31 x좌표를 10만큼 바꾸기

이와 달리 x좌표를 0(으)로 정하기 블록과 y좌표를 0(으)로 정하기 블록은 x좌표와 y좌표를 각각 0으로 변경한다. 무대에서 x좌표의 범위는 -240 ~ 240이므로 x좌표 정하기 블록에 지정한 값에 따라 스프라이트의 x좌표 위치가 그림 2.32와 같이 변한다. 비슷하게 무대에서 y좌표의 범위는 -180 ~ 180이므로 y좌표 정하기 블록에 지정한 값에 따라 스프라이트의 y좌표 위치가 그림 2.33과 같이 변한다.

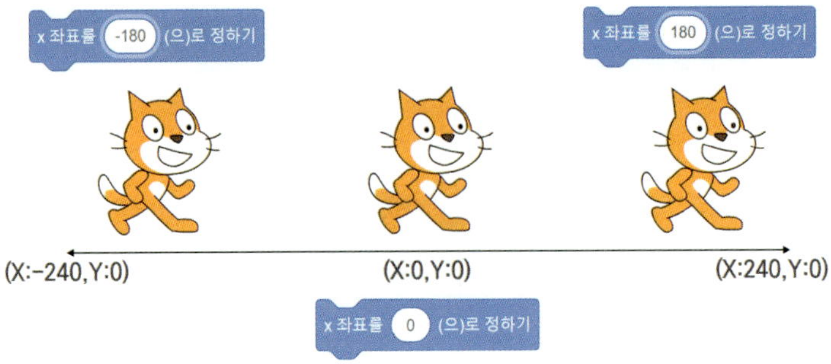

그림 2.32 x좌표 정하기

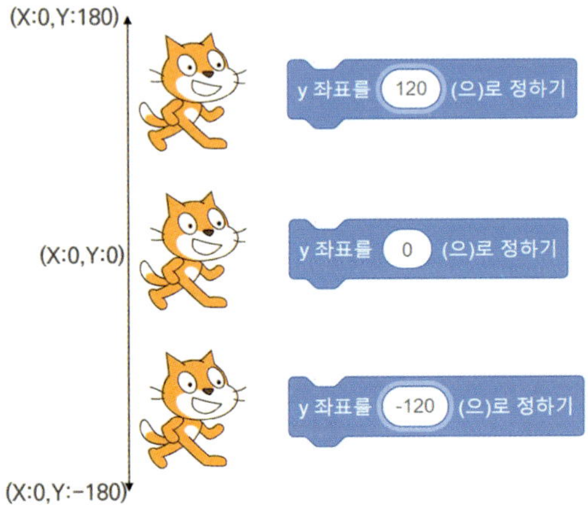

그림 2.33 y좌표 정하기

벽에 닿으면 튕기기 블록은 스프라이트가 무대의 모서리에 닿으면 튕겨져 나가게 한다. 이 블록은 보통 반복하기 블록과 함께 사용한다. 예를 들어, 그림 2.34와 같이 무한 반복하기 블록과 10만큼 움직이기 블록과 조합하여 스프라이트가 무대에서 좌우로 계속 반복해서 움직이게 만들 수 있다. 스프라이트가 바라보는 방향으로 10만큼 움직이기를 무한 반복하면서 벽에 닿을 때마다 튕기기를 반복한다.

그림 2.34 벽에 닿으면 튕기기

회전 방식을 왼쪽–오른쪽(으)로 정하기 블록은 스프라이트가 벽에 닿아서 튕겨졌을 때의 회전 방식을 결정한다. 왼쪽–오른쪽 이외에도 드롭다운 메뉴에서 회전하지 않기나 회전하기를 선택할 수 있다. 그림 2.35는 고양이 스프라이트가 오른쪽(90도) 방향을 바라보고 있을 때 회전 방식에 따라 오른쪽 벽에 튕긴 후의 모습을 보여주고 있으며, 그림 2.36은 이를 구현하는 코드 블록을 함께 보여준다.

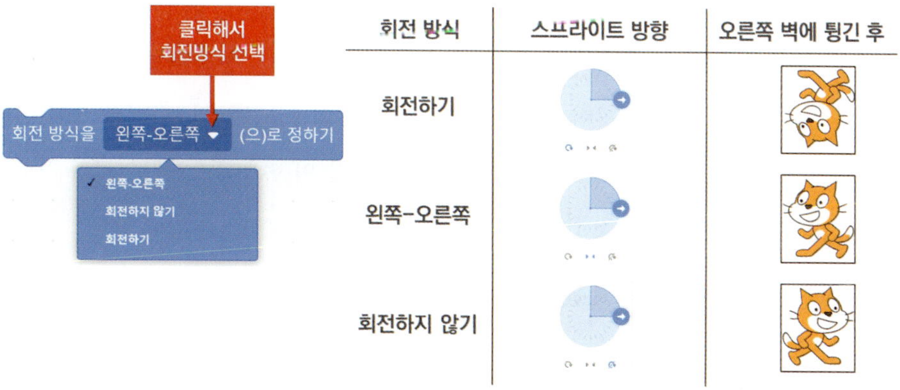

그림 2.35 회전 방식 정하기

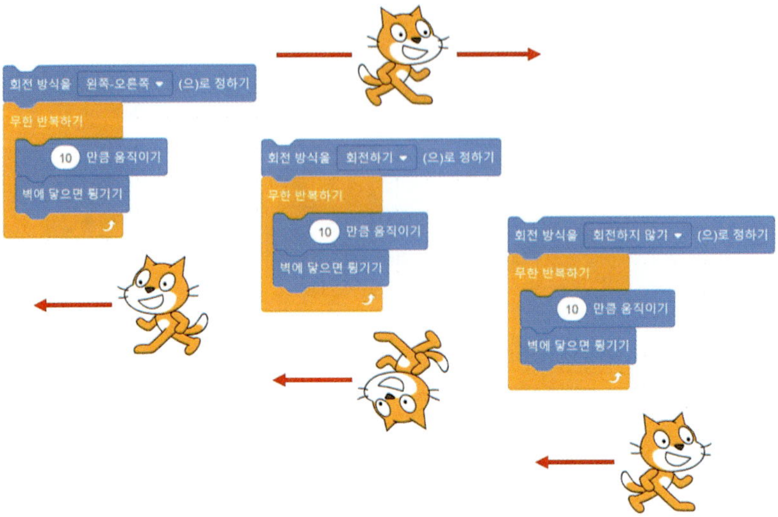

그림 2.36 벽에 닿았을 때 회전 방식에 따른 튕기기

마지막으로 동작 블록 팔레트에서는 x좌표, y좌표, 방향 리포터 블록을 제공한다. 각각 해당 스프라이트의 x좌표 값, y좌표 값, 방향 값을 반환한다. 동작 팔레트에서 체크박스를 클릭하면 그림 2.37에서처럼 무대에 스프라이트의 x좌표, y좌표, 방향 정보가 표시된다. 형태 블록 팔레트에서 제공하는 말하기 블록을 이용하여 스프라이트가 자신의 x좌표, y좌표, 또는 방향 값을 말하게 할 수 있다.

그림 2.37 x좌표, y좌표, 방향 리포터 블록

2.4 동작 블록을 이용한 실습

실습 개요

지금까지 동작 블록에 대해 살펴봤다. 이번 절에서는 동작 블록을 이용하여 몇 가지 실습을 해보자. 실습의 주 내용은 고양이 스프라이트를 좌우, 위아래로 움직이게 해보고, 또 굴러가도록 만드는 스크립트를 작성하는 것이다. 실습을 진행하기에 앞서 스프라이트의 상태를 초기화하는 코드를 정의해두면 좋다. 그림 2.38 코드를 클릭하면(실행하면) 스프라이트가 오른쪽(90도) 방향을 바라보며 원점 (0, 0)에 위치한다.

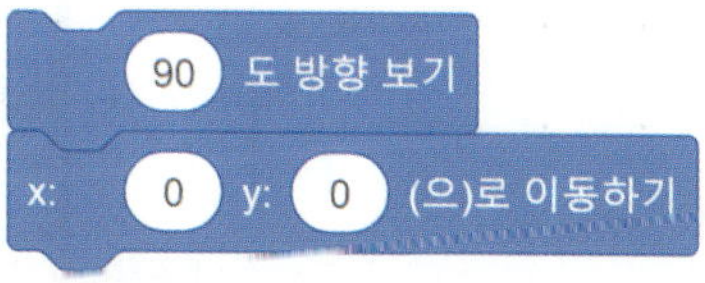

그림 2.38 스프라이트 초기화 코드

좌우로 움직이는 고양이

코드를 구현하기 위해 먼저 회전 방식을 "왼쪽-오른쪽"으로 정한다. 고양이가 좌우로 무한 반복하여 움직이도록 제어 블록 팔레트에서 제공하는 무한 반복하기 블록[1]을 이용하여 그 안에 10만큼 움직이기 블록과 벽에 닿으면 튕기기 블록을 삽입한다. 벽에 닿으면 튕기기 블록이 없으면 고양이가 계속 앞으로 가려고 한다. 회전 방식을 바꿔보면서 고양이의 움직임이 어떻게 달라지는지 확인해보자.

---

1) 무한 반복하기 블록을 사용하면 해당 코드 블록을 다시 클릭하거나 무대 위의 프로젝트 종료 아이콘을 누를 때까지 해당 코드가 계속 실행된다.

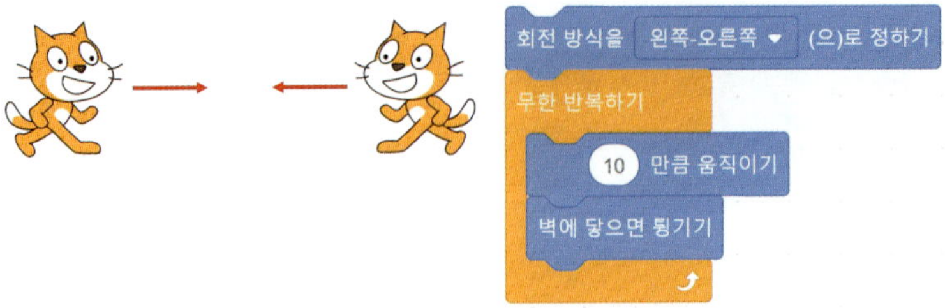

그림 2.39 좌우로 움직이는 고양이

위아래로 움직이는 고양이

좌우로 움직이는 고양이 코드를 구현했다면 위아래로 움직이는 고양이 코드를 구현하는 것도 어렵지 않다. 코드를 조금만 바꾸면 된다. 먼저 0도 방향 보기 블록을 이용하여 고양이가 위쪽을 바라보게 한다. 그리고 회전 방식을 회전하기로 정한다. 나머지는 좌우로 움직이는 고양이 코드와 같다. 회전 방식을 바꿔 보면서 고양이의 움직임이 어떻게 달라지는지 확인해보자.

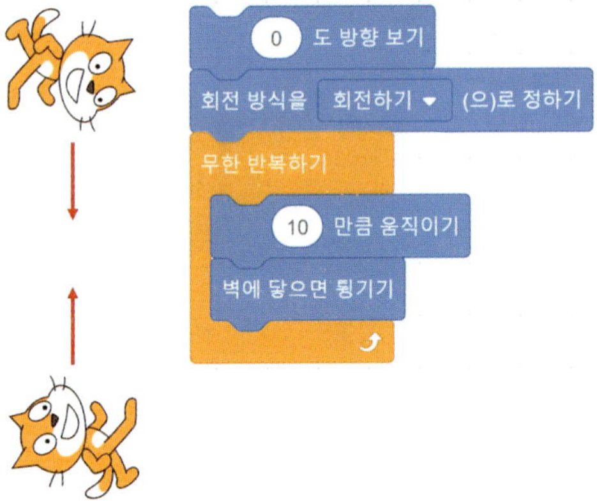

그림 2.40 위아래로 움직이는 고양이

좌우로 굴러가는 고양이

좌우로 굴러가는 고양이 코드를 작성하려면 문제를 여러 단계로 쪼개서 생각하는 게 좋다.[2] 기본적으로는 좌우로 움직이는 고양이 코드와 비슷하지만, 고양이가 앞(뒤)구르기를 하게 해야 한다. 이를 위해 아래 과정을 반복한다.

2) 복잡한 코드를 작성하기 위해 순서도와 같이 문제를 여러 단계로 나누어 생각하면 쉽다.

좌우로 굴러가는 고양이 코드 작성 방법

① 오른쪽 벽에 닿을 때까지 앞구르기
② 벽에 닿으면 튕기기
③ 왼쪽 벽에 닿을 때까지 뒤구르기
④ 벽에 닿으면 튕기기

그림 2.41 좌우로 굴러가는 고양이

좌우로 굴러가는 고양이를 구현하기 위해서는 고양이가 오른쪽으로 굴러갈 때와 왼쪽으로 굴러갈 때를 나눠서 생각해야 한다. 이를 위해, 제어 블록 팔레트에서 제공하는 "... 까지 반복하기" 블록과 감지 블록 팔레트에서 제공하는 "벽에 닿았는가?" 블록을 이용한다. "벽에 닿았는가?"는 "마우스 포인터에 닿았는가?" 블록에서 드롭다운 메뉴를 이용하여 선택할 수 있다. "... 까지 반복하기" 블록은 특정 조건이 만족될 때까지 반복하기 블록 안에 있는 코드를 반복하여 수행한다.

한편, 고양이가 굴러가도록 좌우로 움직이는 고양이 코드에 시계 방향으로 15도 회전하기 블록을 추가한다(뒤구르기를 할 때는 -15도만큼 회전한다). 고양이가 같은 자리에서 원을 그리며 빙빙 돌지 않도록 10만큼 움직이기 블록 대신에 x좌표를 10만큼 바꾸기 블록을 사용한다(뒤구르기를 할 때는 -10만큼 바꾼다). 고양이를 좌우로만 움직이면 되므로 y좌표는 그대로 두고 x좌표만 업데이트한다.

그림 2.42 (좌)에 있는 스크립트에서 볼 수 있는 것처럼 "벽에 닿았는가?" 블록과 "...

까지 반복하기" 블록을 결합하여 오른쪽 벽에 닿을 때까지 고양이가 오른쪽으로 굴러가게 한다. 고양이가 벽에 닿으면 반복하기 블록은 종료되고, 고양이의 x좌표를 -10만큼 바꿔서 벽에서 떨어지게 한다. 다음으로 왼쪽 벽에 닿을 때까지 고양이가 왼쪽으로 굴러가도록 한다. 앞서와 마찬가지로 벽에 닿으면 고양이의 x좌표를 10만큼 바꿔서 벽에서 떨어지게 한다. 이 두 과정을 무한 반복하기 블록 안에 삽입하여 고양이가 계속해서 좌우로 굴러가도록 만든다.

위아래로 굴러가는 고양이

위아래로 굴러가는 고양이는 좌우로 굴러가는 고양이 스크립트를 수정하면 쉽게 구현할 수 있다. 고양이를 위아래로 움직이기 위해 x좌표 값을 바꾸는 대신 y좌표 값을 바꾼다. y좌표의 범위는 x좌표의 범위보다 더 작으므로 5정도만 증가시키거나 감소시키면 좋다.

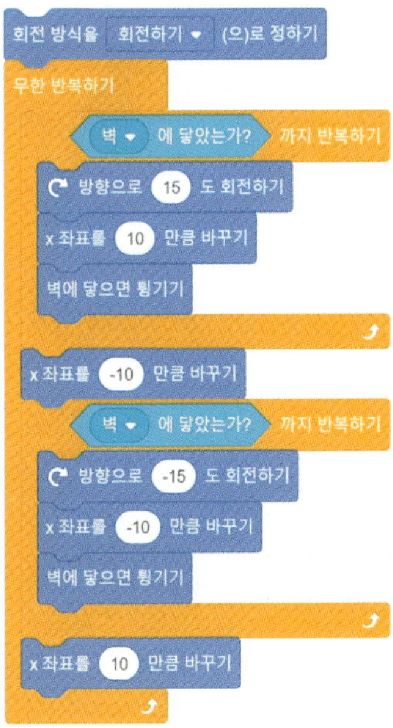

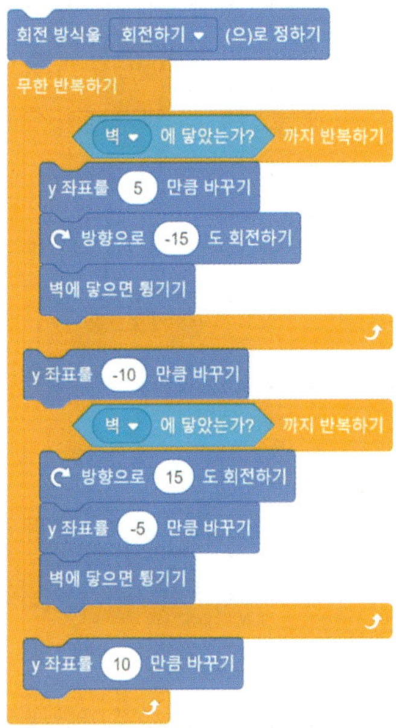

그림 2.42 (좌) 좌우로 굴러가는 고양이, (우) 위아래로 굴러가는 고양이

추가 실습

고양이를 대각선 방향으로 움직이게 하려면 어떻게 해야 할까? 또는, 고양이가 사각형을 그리며 움직이게 하려면 어떻게 해야 할까? 지금까지 배운 내용을 응용하여 그림 2.43과 같이 고양이를 다양한 방식으로 움직여 보자.

그림 2.43 다양한 방식으로 고양이 움직여 보기

연습 문제

스크래치로 배우는 컴퓨팅 사고력

2.1 스크래치 3.0 에디터 화면 설명 중 <u>틀린</u> 것은?

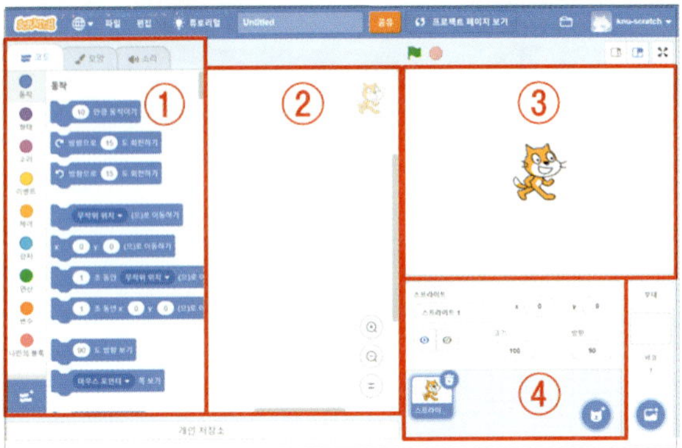

① 블록 팔레트　　② 코드 영역

③ 무대　　④ 무대 제어 창

2.2 스크래치 3.0에서 제공하지 <u>않는</u> 블록 형태는?

① 에스 블록　　② 스택 블록

③ 리포터 블록　　④ 모자 블록

2.3 스크래치 에디터에 포함되어 있지 않은 요소는?

① 스프라이트 ② 무대

③ 코드 ④ 컴파일

2.4 스크래치 에디터에서 스프라이트를 선택했을 때 사용할 수 없는 탭은?

① 코드 ② 모양

③ 배경 ④ 소리

2.5 키보드 입력이나 스프라이트 클릭 등을 처리하기 위한 기능들을 제공하는 블록 범주는?

① 동작 ② 형태

③ 소리 ④ 이벤트

2.6 스크래치 3.0에서 기본으로 제공하지 않는 블록 범주는?

① 동작 ② 소리

③ 감지 ④ 레고

2.7 스크래치 3.0에서 확장 기능이 아닌 기본으로 제공하는 블록 범주는?

① 음악 ② 펜

③ 비디오 감지 ④ 나만의 블록

2.8 스크래치에서 제공하지 않는 회전방식은?

① 왼쪽–오른쪽　　② 회전하지 않기

③ 위쪽–아래쪽　　④ 회전하기

2.9 고양이 스프라이트가 오른쪽 벽에 튕긴 후 다음과 같은 모양이 되려면 회전방식을 어떻게 설정해야 하는가?

① 회전하기　　② 왼쪽–오른쪽

③ 회전하지 않기　　④ 위–아래

2.10 고양이의 회전방식이 "왼쪽–오른쪽"으로 되어 있을 때 고양이가 오른쪽 벽에 튕긴 후의 모습으로 올바른 것은?

① 

② 

③ 

④ 

CHAPTER 3

펜 블록을 이용하여 그림 그리기

3.1 펜 블록

펜 블록 사용하기

스크래치 3.0에서 펜 블록(Pen Block)은 기본 블록이 아니며 확장 기능 추가하기를 이용해서 추가할 수 있다. 확장 기능 고르기에서 펜을 선택하면 블록 팔레트에 펜 블록이 추가되어 사용할 수 있다. 스크래치 3.0에서는 총 9개의 펜 블록을 제공한다. 스프라이트의 움직임을 이용하여 그림을 그리거나 지우기, 펜 색깔, 명도, 채도, 굵기 등을 변경하는 블록들로 구성되어 있다.

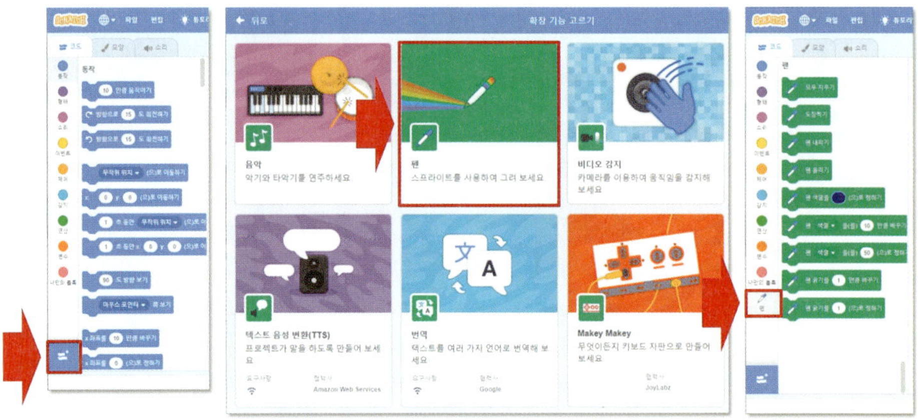

그림 3.1 (좌) 확장 기능 추가하기, (중간) 확장 기능 고르기, (우) 펜 블록 추가 후

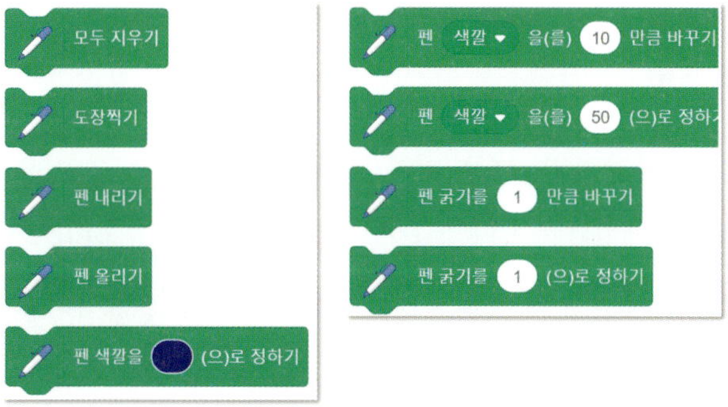

그림 3.2 펜 블록

펜 내리기와 펜 올리기

펜 내리기 블록은 현재 스프라이트의 펜을 내려서 펜을 쓸 준비를 한다. 펜을 내리고 스프라이트를 움직이면 스프라이트의 이동 경로를 따라 선이 그려진다. 펜 올리기 블록은 현재 스프라이트의 펜을 올린다. 펜을 올리면 스프라이트의 이동 경로 상에 더 이상 선이 그려지지 않는다. 예를 들어, 그림 3.3 코드를 실행하면 스프라이트가 선을 그리며 100만큼 앞으로 움직이고, 선을 그리지 않으며 다시 100만큼 앞으로 움직인다. 한편, 모두 지우기 블록은 무대에 그려진 모든 펜 자국과 도장을 지운다. 도장은 뒤에서 자세히 살펴본다.

그림 3.3 펜 내리기와 펜 올리기

펜 색깔

"펜 색깔을 ...(으)로 정하기" 블록을 이용하면 펜의 색상, 채도, 명도를 변경할 수 있다. 둥근 사각형 영역을 클릭하면 슬라이드바가 나타나며, 슬라이더를 이용하여 색상, 채도, 명도 각각에 대해 0부터 100 사이의 값을 선택할 수 있다. 또는 아이드로퍼(eyedropper, 색 추출 도구)를 이용해서 무대에서 색을 추출할 수도 있다. 아이드로퍼를 사용하려면 를 클릭한다. 그러면 무대에 원이 나타나며, 원 안의 사각형을 원하는 색깔에 가져가서 클릭하면 펜 색깔 정하기 블록의 펜 색깔이 선택된 색상으로 변경된다. 그림 3.5 코드를 실행하면 스프라이트가 앞으로 이동하면서 파란색 선을 100만큼 그리고, 그다음에 연두색 선을 100만큼 그린다.

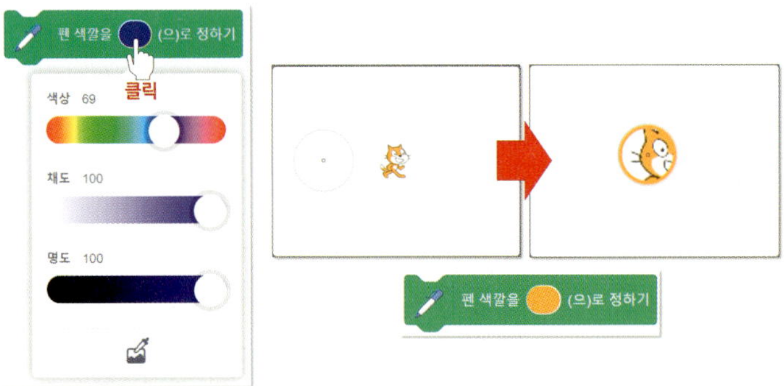

그림 3.4 (좌) 펜 색깔 정하기, (우) 아이드로퍼를 이용한 색 추출

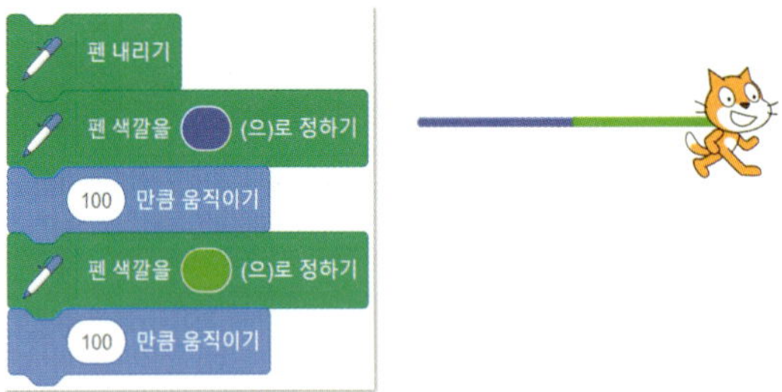

그림 3.5 펜 색깔 정하기 블록 활용 예

펜 색깔을(를) 10만큼 바꾸기 블록과 펜 색깔을(를) 50(으)로 정하기 블록은 각각 펜의 색깔, 채도, 명도, 투명도 값을 주어진 정수 값만큼 바꾸거나 특정 값으로 지정한다. 각 블록의 드롭다운 메뉴를 이용하여 색깔, 채도, 명도, 투명도 중에 선택 가능하며, 하얀색 둥근 사각형을 클릭해서 값을 입력할 수 있다.

그림 3.6 펜 색깔을 지정된 값만큼 바꾸기와 지정된 값으로 정하기

스크래치 3.0에서는 총 100가지 색깔을 제공한다. 색깔을 0부터 100 사이의 숫자로 지정할 수 있다. 색깔의 순서는 무지개색 순서이며, 0과 100은 빨강이다. 그림 3.7 왼쪽 블록은 현재 펜 색깔의 값에 지정한 값만큼 더한다. 예를 들어, 현재 펜의 색이 0일 때 블록을 실행하면 펜의 색이 10이 된다. 그림 3.7 오른쪽 블록은 펜 색깔을 지정한 값으로 변경한다. 예를 들어, 현재 펜의 색이 50일 때 블록을 실행하면 펜의 색이 0이 된다.

그림 3.7 (위) 펜 색깔, (좌) 펜 색깔 바꾸기 블록, (우) 펜 색깔 정하기 블록

몇 가지 응용 예를 살펴보자. 그림 3.8 코드를 실행하면 스크래치에서 지원하는 100까지 색깔을 모두 사용하여 선을 그려볼 수 있다. 예를 들어, 빨간색은 0, 초록색은 35, 파란색은 65, 자홍색은 85이다. 100까지 색깔로 그림을 그리기 위해 제어 블록 팔레트

에서 제공하는 반복하기 블록을 사용한다. 그리고 고양이 스프라이트를 2만큼 앞으로 움직이고 현재 색깔 값에 1을 더하는 과정을 100번 반복한다. 처음에 펜 색깔을 빨간색(0)으로 시작했기 때문에 빨간색으로 시작해서 빨간색으로 끝난다.[3)]

그림 3.8 가로로 이동하며 모든 색깔 다 그려보기

유사하게 스프라이트의 y좌표 값이 0일 때 그림 3.9 코드를 실행하면 스프라이트의 y좌표 값이 100이 될 때까지 위쪽으로 이동하며 100가지 색으로 선을 그린다. 이를 위해 펜 색깔을 정하는 블록에서 y좌표 블록을 사용한다.

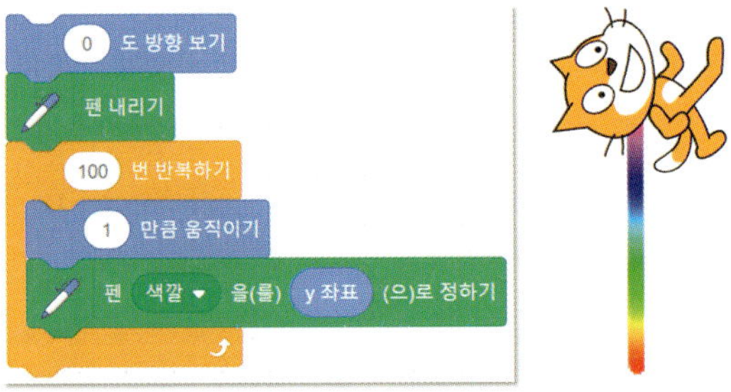

그림 3.9 위로 이동하며 모든 색깔 다 그려보기

펜 색깔을 정할 때 0보다 작거나 100보다 큰 숫자를 입력할 수 있다. 펜 색깔을 지정한 값만큼 바꾸는 경우에도 펜 색깔의 값이 0보다 작거나 100보다 커질 수 있다. 이 경우

3) 무대에 그려진 선의 끝부분이 고양이 스프라이트에 의해 가려져 있다. 고양이 스프라이트를 이동시키면 선의 끝부분이 빨간색으로 끝나는 것을 확인할 수 있다.

펜 색깔의 값은 100으로 나눈 나머지가 된다.[4] 그림 3.10 코드는 펜 색깔을 100씩 증가시키면서 선을 그리는 예제이다.

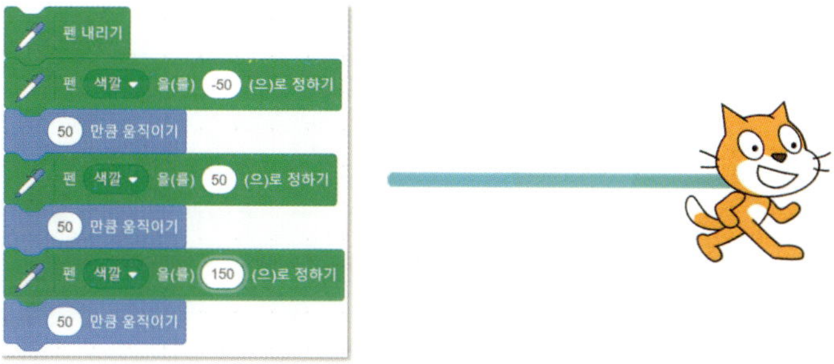

그림 3.10 펜 색깔을 100씩 증가시키며 선 그려보기

펜의 채도도 0부터 100 사이의 값이다. 채도가 100에 가까울수록 색이 선명해지고 0에 가까울수록 색이 흐려진다. 예를 들어, 펜 색상이 빨간색일 때, 100은 완전 빨간색이고 0은 하얀색이다. 만약 채도를 0보다 작은 값으로 지정하면 0으로, 100보다 큰 값으로 지정하면 100으로 설정된다. 마찬가지로 펜의 명도도 0부터 100 사이의 값이다. 명도가 100에 가까울수록 색이 밝아지고 0에 가까울수록 색이 어두워진다. 예를 들어, 펜 색상이 파란색일 때, 100은 가장 밝은 파란색이고 0은 검정색이다. 명도를 0보다 작은 값으로 지정하면 0으로, 100보다 큰 값으로 지정하면 100으로 설정된다. 그림 3.11은 채도와 명도의 값을 0부터 100까지 변화시키며 선을 그려본 것이다.

그림 3.11 (좌) 채도와 (우) 명도 값을 0부터 100까지 변화시켜 보기

4) 2022년 9월 현재 구현상의 오류로 101로 나눈 나머지가 사용되고 있다. 따라서 선 색깔이 미묘하게 달라진다.

아직 배우지 않았지만 연산 블록 팔레트에는 임의의 숫자(난수)를 생성하는 블록이 있다. 1부터 10 사이의 난수 블록이다. 앞뒤의 숫자는 변경 가능하다. 그림 3.12와 같이 펜 명도 정하기 블록과 난수 생성 블록을 이용하여 명도를 임의로 변경해가면서 파란색 선을 그려볼 수 있다. 코드의 구조는 100가지 색깔로 선을 그리는 코드와 동일하다.

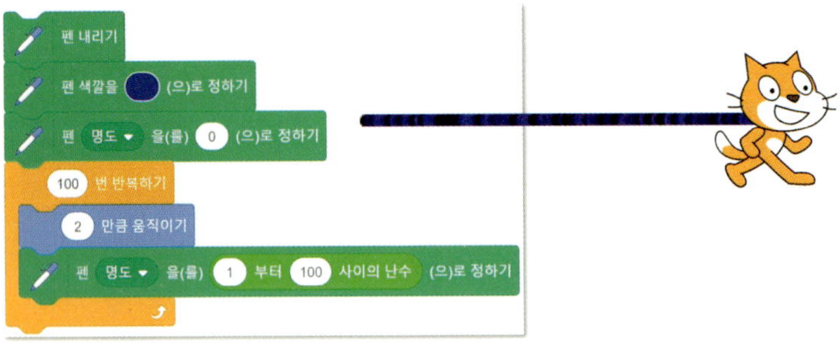

그림 3.12 난수 블록을 이용하여 명도를 바꿔가면서 선 그려보기

펜의 투명도도 채도와 명도처럼 0부터 100 사이의 값을 가진다. 투명도가 100에 가까울수록 색이 투명해지고(색을 투과해서 볼 수 있음), 0에 가까울수록 색이 진해져서 색을 투과해서 볼 수 없다. 그림 3.13은 펜 색상이 파란색일 때, 투명도를 0부터 100까지 변화시키며 선을 그려본 것이다. 0은 완전 불투명하고 100은 색이 안 보인다(완전 투명). 투명도도 0보다 작은 값을 지정하면 0으로, 100보다 큰 값을 지정하면 100으로 설정된다.

그림 3.13 투명도 값을 0부터 100까지 변화시켜 보기

스크래치 3.0에서 펜의 기본 굵기는 1로 설정되어 있으며 "펜 굵기를 ...(으)로 정하기" 블록을 이용하여 펜 굵기를 설정할 수 있다. 펜 굵기를 1로 정하고 펜을 내린 뒤 스프라이트를 100만큼 움직이면 그림 3.14와 같이 선이 그려진다. 펜 굵기 정하기 블록과 펜 내

리기 블록의 순서는 바꿔도 된다. 한편, "펜 굵기를 ...만큼 바꾸기" 블록은 현재 펜의 굵기에 지정된 값을 더한다.

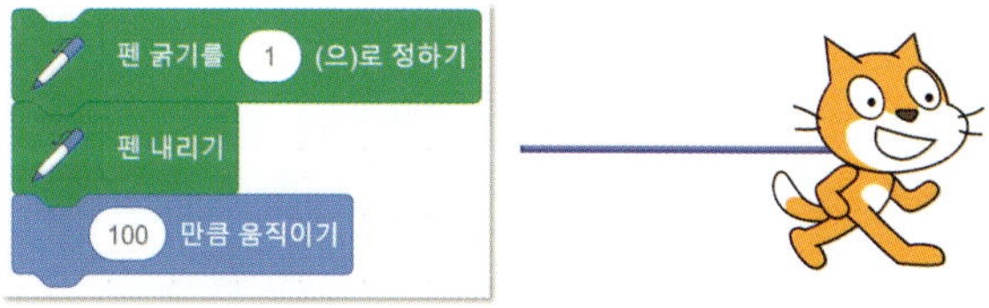

그림 3.14 펜 굵기 정하기

펜의 굵기는 1부터 시작하며 최대 크기 제한은 없다. 다만 1보다 작은 값을 지정하면 자동으로 1로 설정된다. 펜의 굵기를 변경해가면서 그림을 그리면 다양한 효과를 낼 수 있다. 그림 3.15 코드는 펜 색깔을 빨간색으로 정하고 펜의 굵기를 1로 정한 다음, 스프라이트를 1씩 앞으로 움직이고 펜 굵기를 1만큼 증가시키기를 255번 반복한다. 이를 통해 무대에 펜의 굵기를 1부터 255까지 표시할 수 있다. 그림 3.16 코드는 반복하기 블록과 움직이기 블록, 회전하기 블록, 펜 굵기 바꾸기 블록을 이용하여 태극 모양과 비슷한 그림을 그린다. 앞으로 5만큼 움직이고 시계 방향으로 3도 회전한 뒤 펜 굵기를 1만큼 증가시키기를 100번 반복한다. 각 블록에 지정된 값을 바꿔보면서 조금씩 다른 형태의 그림이 그려지는 것을 확인해보자.

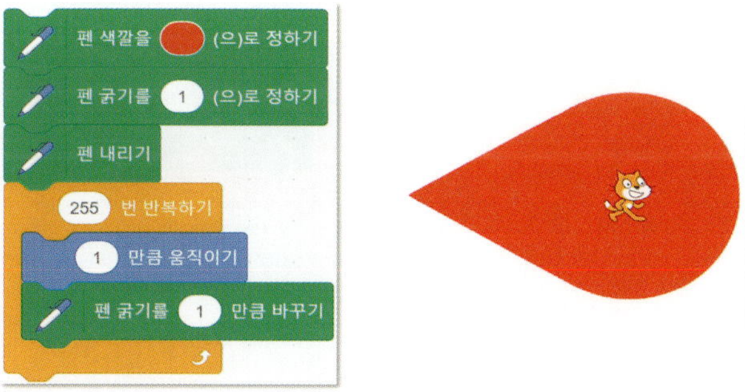

그림 3.15 1부터 255까지 펜 굵기 변화시켜 보기

그림 3.16 태극 모양 그림 그려보기

마지막으로 도장찍기 블록은 무대에서 현재 스프라이트의 위치에 스프라이트의 이미지 도장을 찍는다. 도장은 스프라이트가 아니며 움직일 수 없고 모두 지우기 블록을 이용하여 지울 수 있다. 그림 3.17 코드를 실행하면 스프라이트의 도장 이미지를 원을 따라 이동하며 총 6번 찍는다(60도 × 6번 = 360도). 도장 이미지는 스프라이트보다 조금 흐리고, 도장 이미지를 확인하기 위해서는 도장을 찍은 뒤 스프라이트를 이동시켜야 한다.

그림 3.17 도장찍기

3.2 실습 - 사각형 그리기

지금까지 펜 블록에 대해서 자세히 살펴보았다. 본 절에서는 펜 블록을 이용하여 사각형을 활용한 다양한 그림을 그려보고자 한다. 특히 제어 블록 팔레트에서 제공하는 반복 블록을 활용하여 그림을 그려보면서 다양한 반복 개념을 학습하고자 한다.

스프라이트와 무대 상태 초기화

펜 블록을 이용하여 다양한 실습을 진행하기에 앞서 편의를 위해 초기화 코드 블록을 정의하면 좋다. 아직 배우지는 않았지만, 이벤트 블록 팔레트에서 제공하는 키보드 이벤트 블록을 이용하여 'q' 키를 누르면 무대에 그려진 모든 펜 자국이 지워지도록 하자.[5] 또한, 스페이스 키를 누르면 스프라이트의 위치를 (0,0)으로 초기화하고 스프라이트가 90도(오른쪽) 방향을 바라보게 한 다음, 무대 위의 펜 그림을 모두 지우도록 하자.

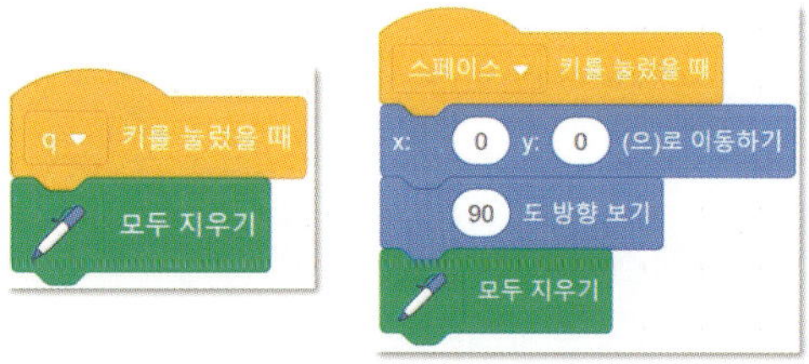

그림 3.18 초기화 코드

사각형 그리기

사각형을 그리는 방법은 많다. 시계 방향으로 회전하며 사각형을 그릴 수도 있고 반시계 방향으로 회전하며 그릴 수도 있다. 두 가지 경우 모두 스프라이트를 앞으로 움직이고 90

5) 여기서 'q'는 'quit(그만하다)'의 'q'를 의미하도록 선택했다. 'q' 대신 여러분이 원하는 아무 키나 선택해도 된다.

도 회전하기를 총 4번 반복해야 한다. 그림 3.19 왼쪽 코드는 복사-붙여넣기(copy and paste) 방식으로 사각형을 그리는 코드이다. 100만큼 움직이기, 90도 회전하기 블록을 복사해서 붙여넣는 식이다.[6] 한편, 스프라이트가 움직이며 사각형을 그리는 과정을 확인하기 위해 제어 블록 팔레트에서 제공하는 기다리기 블록을 이용한다.[7] 0.1초 정도만 기다려도 스프라이트가 움직이는 것을 충분히 확인할 수 있다.

그림 3.19 (좌) 복사-붙여넣기 방식의 사각형 그리기, (우) 반복하기를 이용한 사각형 그리기

그런데 이러한 코딩 방식은 썩 좋은 방식이 아니다. 예를 들어 100만큼 움직이는 것 대신에 120만큼 움직여서 더 큰 사각형을 그리고 싶다면 코드를 총 4번 수정해야 한다. 수정하는 과정에서 하나라도 빠뜨리면 사각형을 못 그리게 된다. 즉, 복사-붙여넣기 방식의 코딩 방식은 오류가 발생할 가능성이 높고 추후 코드를 수정하기도 어렵다. 제어 블록 팔레트에서 제공하는 반복하기 블록을 이용하면 반복적으로 나타나는 코드 블록을 간결하게 표현할 수 있으며 이해하기도 쉽고 추후에 수정하기도 쉽다. 그림 3.19 오른쪽 코드는 4번 반복하기 블록을 이용하여 사각형 그리기 코드를 간략화 한 것이다.[8]

6) 복사하려는 코드 블록에 마우스 커서를 가져가서 마우스 오른쪽 버튼을 클릭하면 해당 블록부터 맨 아래 블록까지의 블록 더미를 복사할 수 있다.

7) 기다리기 블록을 사용하지 않으면 스프라이트가 워낙 순식간에 움직이기 때문에 선을 그리는 과정을 확인할 수 없다.

8) 반복하기 블록을 사용하면 기다리기 블록을 사용하지 않더라도 스프라이트가 움직이는 과정을 확인할 수 있다. 반복 과정에서 약간의 지연이 있기 때문이다.

2×2 테이블 그리기

그림 3.20과 같이 사각형 네 개를 그려 2×2 테이블을 만들어 보자. 먼저 ①번 사각형을 그리기 위해 스프라이트가 오른쪽(90도)를 바라보며 사각형을 그리게 한다. 다음으로 ②번 사각형은 아래쪽(180도)를 바라보며 그리고, ③번 사각형은 왼쪽(-90도 또는 270도)을 바라보며 그리고, ④번 사각형은 위쪽(0도 또는 360도)을 바라보며 그린다. 마지막으로 스프라이트가 다시 오른쪽을 바라보게 한다. 그림 3.21 왼쪽 코드는 복사-붙여넣기 방식으로 2×2 테이블 그린다. 즉, 사각형을 그리는 코드를 단순하게 총 네 번 작성하였다. (펜은 내려져 있다고 가정하자.) 이러한 방식은 앞서 논의한 것처럼 비효율적이며 코드 수정이 번거롭고 오류 발생 가능성이 높다. 이와 달리 그림 3.21 오른쪽 코드는 반복하기 블록 안에 반복하기 블록을 이용하여 훨씬 간결하게 2×2 테이블 그린다. 안쪽에 있는 사각형을 그리는 반복하기 코드 블록이 바깥쪽 반복하기 블록에 의해 4번 실행된다. 따라서 안쪽 반복하기 블록 안에 있는 100만큼 움직이기 블록과 시계 방향으로 90도 회전하기 블록이 총 16번 실행된다.

그림 3.20 2×2 테이블

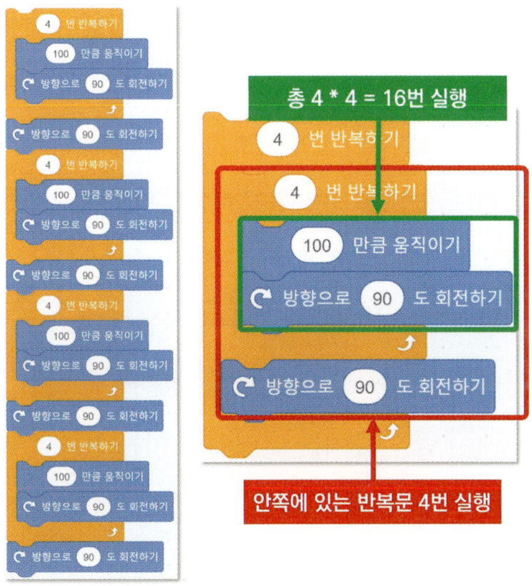

그림 3.21 2×2 테이블을 그리는 코드: (좌) 복사-붙여넣기 방식, (우) 중첩된 반복하기 방식

계단 그리기

이번 실습에서는 계단을 그려보자. 계단을 그리기 위해 그림 3.22에서처럼 문제를 3단계로 나누어 생각해보자. 먼저 계단 하나를 그리는 코드를 완성한다. 다음으로 반복하기를 이용하여 계단을 여러 개 그린다. 마지막으로 계단을 완성하면 된다.

그림 3.22 계단 그리기

그림 3.23 계단 하나 그리기

펜이 내려져 있다고 가정하자. 그러면 그림 3.23 코드를 실행하면 스프라이트가 계단 하나를 그린다. 그림 3.24 코드는 계단 하나 그리는 코드를 4번 반복하기 블록 안에 포함시켜 계단 여러 개를 그린다. 마지막으로 그림 3.25 코드는 스프라이트를 아래로 움직인 뒤 왼쪽으로 움직여서 계단을 완성한다. 이처럼 처음에는 어려워 보이는 문제라도 더 작은 문제로 쪼개서 단계적으로 생각하면 좀 더 쉽게 해결할 수 있다.

그림 3.24 계단 여러 개 그리기

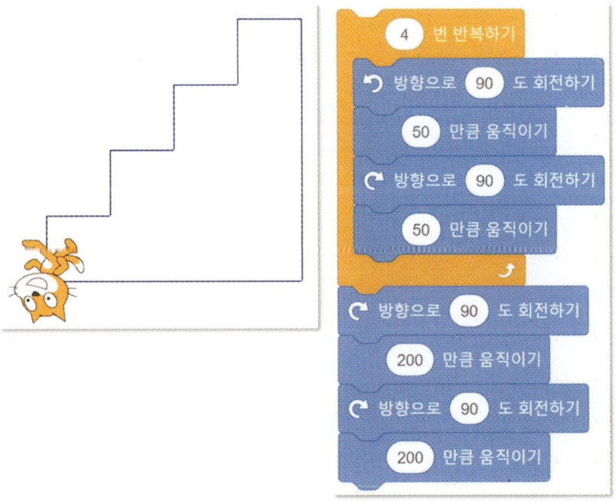

그림 3.25 계단 완성하기

사각형을 가로로 나열하기

이번 실습에서는 사각형을 가로로 나열해보자. 계단 그리기 실습과 마찬가지로 문제를 여러 단계로 쪼개서 생각하면 쉽다. 사각형을 나열하는 방법은 여러 가지가 있겠지만 여기서는 그림 3.26에서처럼 3단계로 나누어서 그려본다. 먼저 ① 스프라이트를 위 → 오른쪽 → 아래 → 오른쪽으로 움직이는 것을 4번 반복한다. 다음으로 ② 스프라이트를 초기 위치로 이동시킨 후, 마지막으로 ③ 오른쪽 → 위 → 오른쪽 → 아래로 움직이는 것을 4번 반복한다. 그림 3.27은 1단계를 그리는 코드이고 그림 3.28은 3단계를 그리는 코드이다. 두 코드 블록을 x좌표를 -400만큼 바꾸기 블록으로 연결하면 최종적으로 사각형을 가로로 8개를 나열할 수 있다. 한편, 그림 3.29는 2단계에 걸쳐 사각형을 가로로 나열하는 예시이며, 이를 구현하는 것은 연습문제로 남긴다.

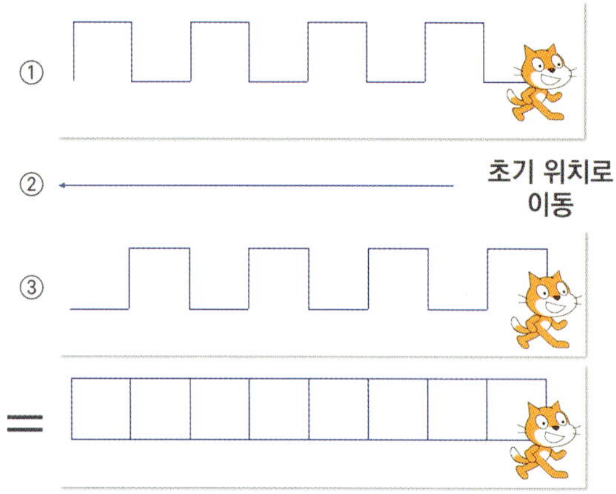

그림 3.26 사각형을 가로로 나열하기

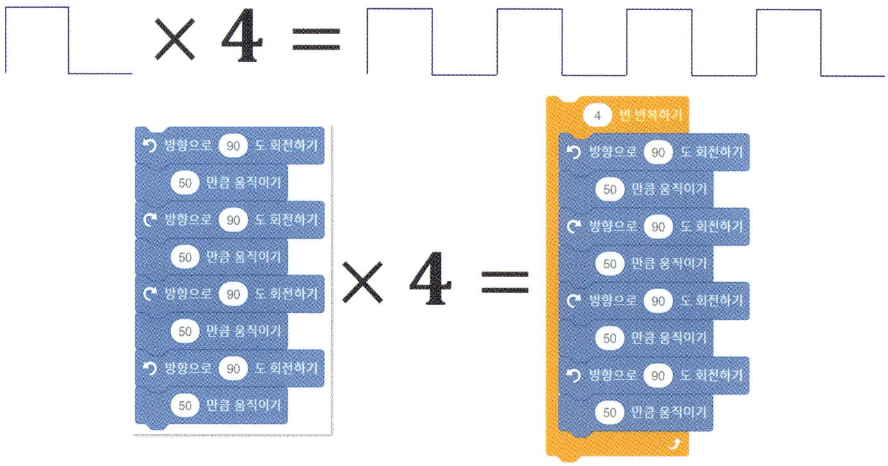

그림 3.27 사각형을 가로로 나열하기 1단계

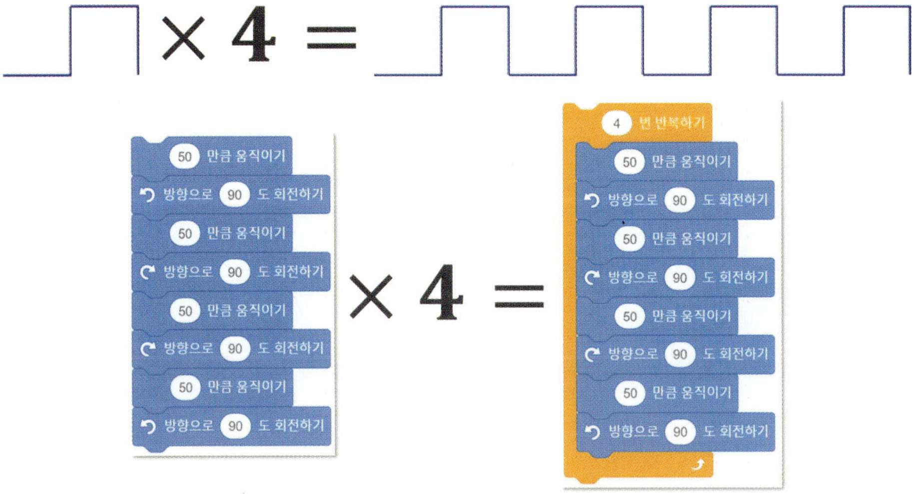

그림 3.28 사각형을 가로로 나열하기 3단계

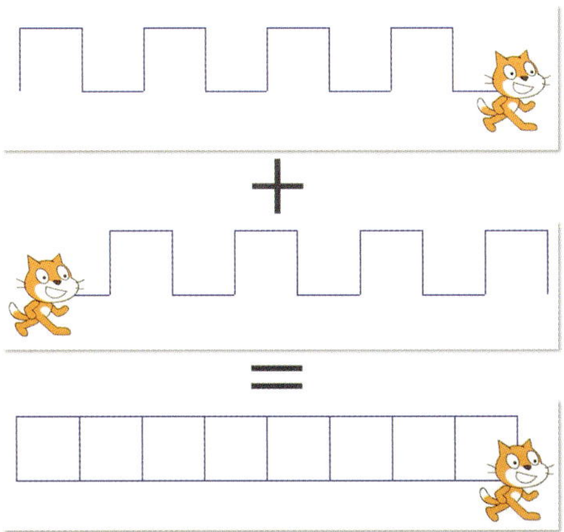

그림 3.29 사각형을 가로로 나열하는 다른 방법

사각형 속에 사각형 그리기

이번 실습에서는 사각형 속에 사각형을 그리고 다시 그 사각형 속에 사각형을 반복해서 그려본다. 문제를 단순화하기 위해 총 4개의 사각형을 그리되, 처음에는 길이가 100인

정사각형을 그리고, 그 안에 다시 길이가 75인 정사각형을, 그리고 그 안에 다시 길이가 50인 정사각형을, 마지막으로 그 안에 다시 길이가 25인 정사각형을 그려본다. 그림 3.30 코드는 이를 위해 사각형을 그리는 코드를 네 번 복사하여 사각형 속에 사각형을 그린다. 여기에서는 스프라이트가 움직이는 거리를 각각 100, 75, 50, 25로 설정한다. 따라서, 이전 예제들과는 달리 사각형 속에 사각형을 그리는 예제는 반복하기 블록을 이용하여 간단히 하는 게 쉽지 않아 보인다.

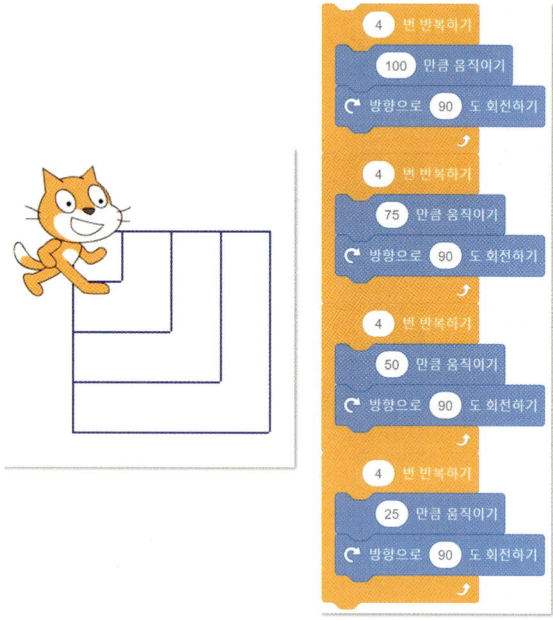

그림 3.30 사각형 속에 사각형 그리기

그런데 사각형 속에 사각형 그리기를 10번, 20번, 또는 그 이상 반복하고 싶다면 어떻게 해야 할까? 어쩔 수 없이 사각형을 그리는 코드 블록을 수십 번 반복해야 할까? 다음 절에서는 이에 대한 해법으로 데이터 블록과 변수를 소개한다.

3.3 데이터 블록 – 변수 만들기

스크래치 3.0에서는 변수 블록과 리스트 블록 두 가지 형태의 데이터 블록을 제공한다. 본 절에서는 변수 블록에 대해서만 설명한다. 변수 만들기 버튼을 클릭하면 새로운 변수를 만들 수 있다.

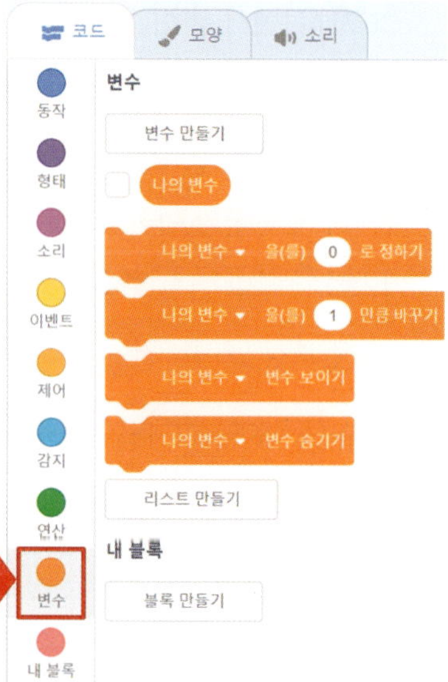

그림 3.31 데이터 블록 – 변수

변수 만들기

변수 만들기 버튼을 클릭하면 그림 3.32와 같이 입력 상자가 나타난다. 새로운 변수 이름을 입력하고 확인 버튼을 클릭한다. 여기서는 move라고 입력하였다. 변수를 만들면 해당 변수와 관련된 블록이

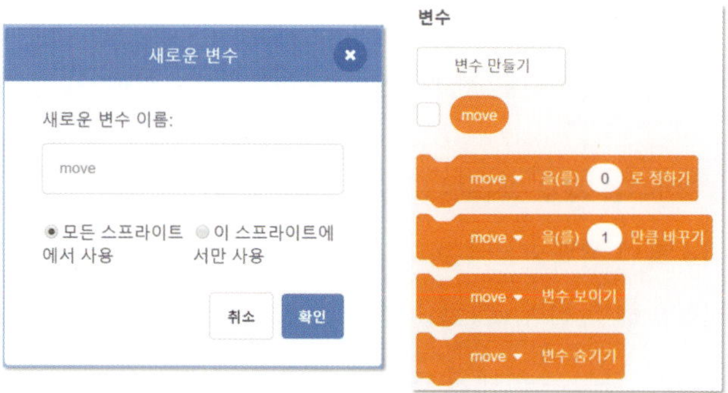

그림 3.32 변수 만들기

5개 생성된다. 변수를 만들 때 모든 스프라이트에서 사용을 선택하거나 이 스프라이트에서만 사용을 선택할 수 있다. 전자는 전역 변수(global variable)에, 후자는 지역 변수(local variable)에 해당한다. 스프라이트가 하나만 있으면 둘 사이에 차이는 없다.

스크래치에서 끝이 동그란 사각형 블록은 리포터 블록으로 변수의 값을 저장한다. 리포터 블록 왼쪽에 있는 체크 상자가 체크되어 있으면 그림 3.33에서 볼 수 있듯이 무대 왼쪽 상단에 해당 변수의 정보가 표시된다. 한편, 리포터 블록에서 마우스 오른쪽 버튼을 클릭하여 변수의 이름을 변경하거나 변수를 삭제할 수도 있다. 또한, 체크 상자를 직접 체크하지 않고 변수 보이기 또는 변수 숨기기 블록을 이용하여 무대 왼쪽 상단에 해당 변수의 정보를 표시하거나 숨길 수 있다.

그림 3.33 변수 이름 바꾸기, 변수 삭제하기, 변수 보이기와 숨기기

변수를 새로 만들면 처음에는 0으로 초기화되어 있다. "...을(를) ...로 정하기" 블록을 이용하면 선택된 변수의 값을 주어진 값으로 변경할 수 있다. 예를 들어, move 변수 값이 0일 때 그림 3.34 (좌) 코드를 실행하면 move 변수 값이 100이 된다. "...을(를) ...만큼 바꾸기" 블록은 선택된 변수의 값에 주어진 값을 더한다. 예를 들어, move 변수 값이 100일 때 그림 3.34 (우) 코드를 실행하면 move 변수 값이 90이 된다.

그림 3.34 (좌) 변수 값 정하기와 (우) 변수 값 바꾸기

변수를 이용하여 사각형 그리기

move 변수를 이용하여 사각형을 그려보자. 그림 3.35에서처럼 기존의 사각형을 그리는 코드에서 100만큼 움직이기 블록의 하얀색 영역에 move 변수 리포터 블록을 드래그하여 삽입한다. 코드를 실행하면 스프라이트가 현재 move 변수에 저장되어 있는 값만큼 움직이며 사각형을 그리게 된다.

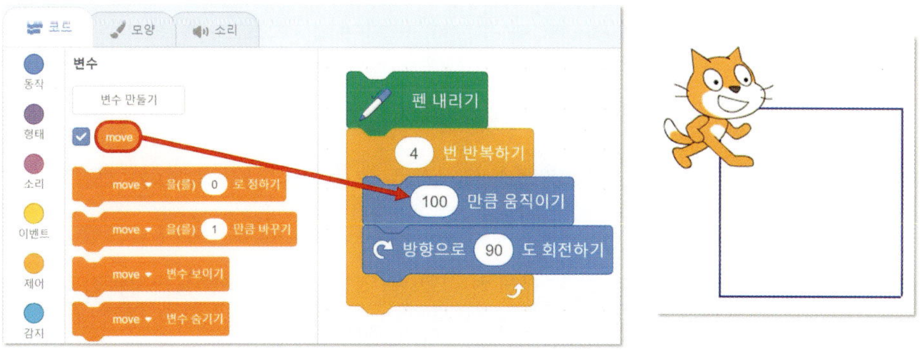

그림 3.35 move 변수를 이용하여 사각형 그리기

이번에는 위 코드를 확장하여 사각형 속에 사각형 그리기 문제를 해결해보자. 총 10개의 사각형을 그려볼 예정이다. 먼저, 사각형 10개를 그리려면 사각형 그리기를 총 10번 반복해야 한다. 또한, 사각형을 하나 그릴 때마다 사각형의 한 변의 길이를 감소시켜야 한다. 즉, 사각형을 하나 그릴 때마다 move 변수의 값을 −10만큼 감소시킨다. (반드시 −10을 감소시킬 필요는 없으며 자유롭게 설정해도 된다.) 그림 3.36은 move 변수를

이용하여 사각형 속에 사각형을 그리는 코드 예제이다. 10번 반복하기 블록 안에 사각형을 그리는 4번 반복하기 블록 코드를 중첩하여 사용하고 있다.

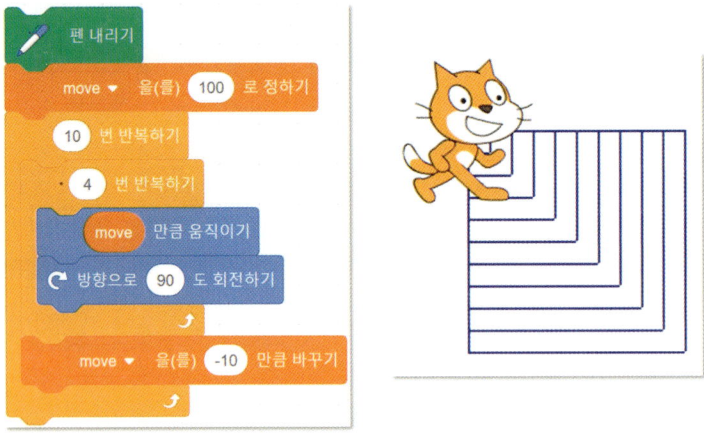

그림 3.36 move 변수를 이용하여 사각형 속에 사각형 그리기

한편, 사각형을 20개 그리려면 어떻게 해야 할까? 그림 3.36 코드를 간단히 수정하면 된다. 바깥쪽 반복하기 블록을 20번 반복하기로 수정하고, 사각형 하나 그릴 때마다 move 변수의 값을 -5만큼만 바꿔주면 된다. 이와 같이, 변수와 반복하기 블록을 조합하면 다양한 형태의 복잡한 문제를 손쉽게 해결할 수 있다. 다음 절에서는 지금까지 배운 내용을 바탕으로 다양한 그림 그리기 실습을 진행해보자.

3.4 실습 - 다양한 도형 그리기

본 절에서는 그림 3.37에서처럼 삼각형, 오각형, 육각형, 팔각형, 원 등 다양한 도형을 그려보는 실습을 진행한다.

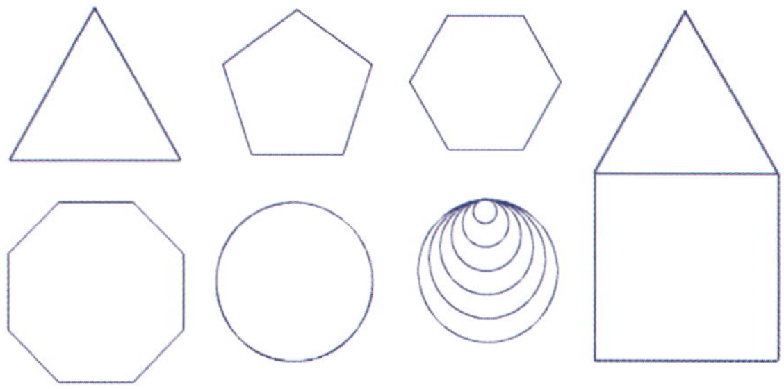

그림 3.37 다양한 도형 그리기 실습

삼각형 그리기

새로운 코드를 작성할 때 기존에 작성해둔 유사한 목적의 코드를 수정하면 쉽고 빠르게 코드를 완성할 수 있다. 삼각형을 그리기 위해서는 스프라이트를 총 세 번만 움직여야 하므로 사각형 그리기 코드 블록을 간단히 수정해서 삼각형을 그려보자. 100만큼 움직이기 블록은 삼각형의 한 변의 길이이므로 회전하는 각도를 수정해야 한다. 그림 3.38은 회전하기를 110도(둔각), 90도(직각), 80도(예각)로 변경하면서 그림을 그려본 것이다. 삼각형을 그리기 위해서는 110도보다 더 큰 각도로 회전해야 함을 알 수 있다.

그림 3.39는 삼각형을 그리는 코드이다. 스프라이트가 120도 회전을 해야 삼각형을 제대로 그릴 수 있음을 알 수 있다. 스프라이트가 시계 방향으로 회전할 때(왼쪽 그림)와 반시계 방향으로 회전할 때(오른쪽 그림) 그려지는 삼각형의 모양이 다름을 확인할 수 있다.

그림 3.38 사각형 그리기 코드를 수정하여 삼각형 그리기 시도

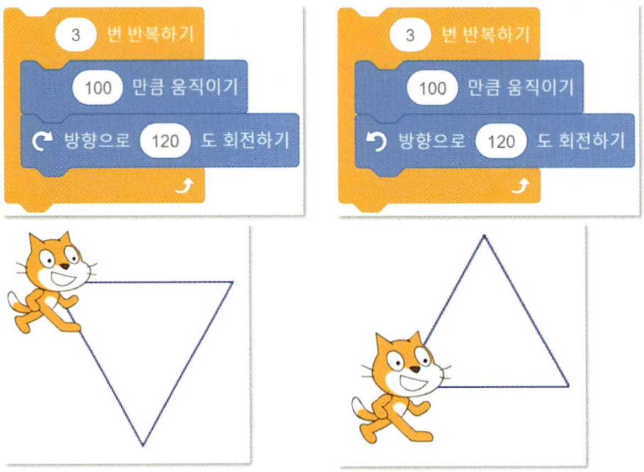

그림 3.39 삼각형 제대로 그리기

N각형 그리기

삼각형 그리기와 사각형 그리기를 확장하여 N각형을 그리는 문제를 생각해보자. N각형을 그리기 위해서는 스프라이트가 N번 움직인 다음에 제자리로 돌아와야 한다. 스프라

이트가 제자리로 돌아오기 위해서는 N번 움직였을 때 총 360도를 회전해야 한다. 즉, N 각형을 그릴 때, 스프라이트가 한 번 움직이고 회전해야 하는 각도는 다음과 같이 계산할 수 있다.

$$360 / N$$

삼각형을 그린다면 스프라이트가 한 번 움직일 때마다 360 / 3 = 120도를 회전해야 하고 사각형을 그린다면 360 / 4 = 90도를 회전해야 한다. 마찬가지로 오각형은 360 / 5 = 72도를, 육각형은 360 / 6 = 60도를, 팔각형은 360 / 8 = 45도를 회전해야 한다. 그림 3.40은 오각형을 그리는 코드이다. 72만큼 움직이기와 반시계 방향으로 72도 회전하기를 5번 반복한다. (움직이는 거리가 반드시 72일 필요는 없다.)

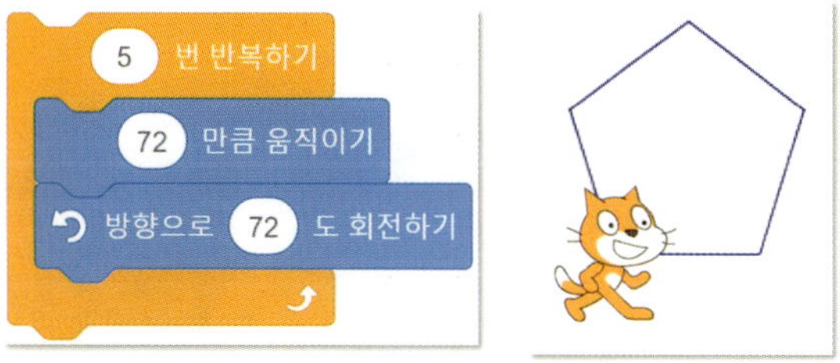

그림 3.40 오각형 그리기

그림 3.41과 그림 3.42는 각각 육각형과 팔각형을 그리는 코드이다. 육각형을 그리기 위해 60만큼 움직이기와 시계 방향으로 60도 회전하기를 6번 반복하고, 팔각형을 그리기 위해 45

그림 3.41 육각형 그리기

만큼 움직이기와 시계 방향으로 45도 회전하기를 8번 반복한다.

그림 3.42 팔각형 그리기

원 그리기

지금까지 다양한 정N각형을 그려봤다. 그런데 N이 매우 커지면 어떻게 될까? N 값이 일정 이상 커지면 원이 된다. 그림 3.43은 정 30각형을 그린 결과이다. 이를 위해 12만큼 움직이기와 시계 방향으로 360 / 12 = 12도 회전하기를 30번 반복한다. 코드를 실행하면 그림에 보이는 것처럼 원이 그려진다.

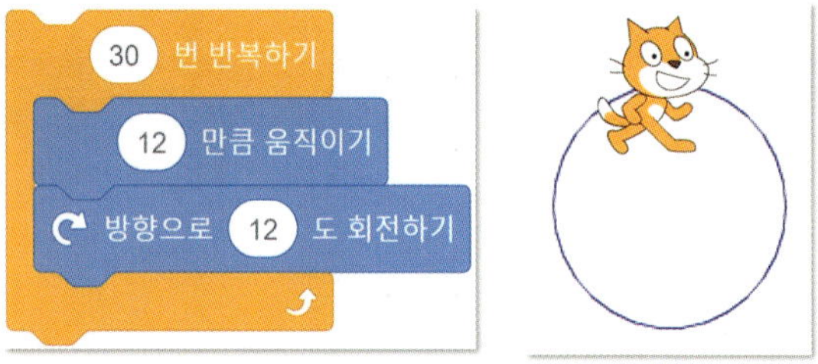

그림 3.43 원 그리기

사각형 속에 사각형 그리기 예제처럼 이번에는 원 안에 원을 그려보자. 기본 코드 골격은 그림 3.36 코드와 동일하다. 처음에는 작은 원을 그리고 점점 원의 크기를 키워가며 총 6개의 원을 그려보자. 그림 3.44 코드는 원 안에 원을 그리는 코드이

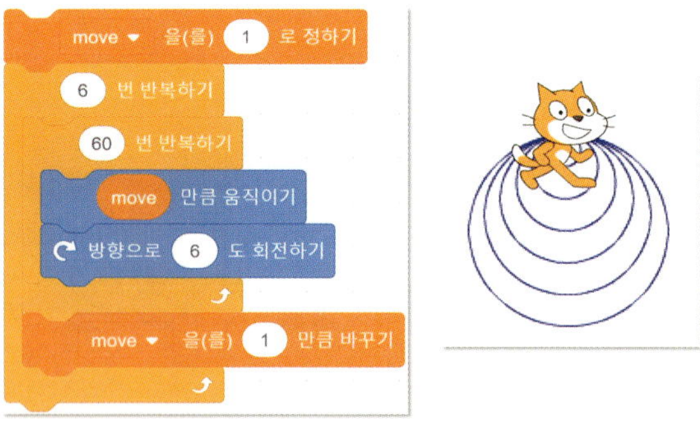

그림 3.44 원 안에 원 그리기

다. 먼저 move 변수의 값을 1로 설정한다. 다음으로 6번 반복하기 블록 안에 60번 반복하기 블록을 중첩하여 6개의 원을 그리도록 한다. 안쪽에 있는 60번 반복하기 블록에서 move만큼 움직이기와 시계 방향으로 6도 회전하기를 60번 반복하여(6도 × 60번 = 360도) 원을 그린다. 원을 하나 그릴 때마다 move 값을 1만큼 증가시키면 원의 크기를 점점 키우면서 그림을 그릴 수 있다.

간단한 집 그리기

삼각형과 사각형을 조합하여 간단한 집을 만들어 볼 수 있다. 이를 위해 그림 3.45 코드는 먼저 반시계 방향으로 회전하여 삼각형을 그린 다음에 시계 방향으로 회전하여 사각형을 그린다. 이때, 삼각형과 사각형의 한 변의 길이를 동일하게 설정해야 한다.

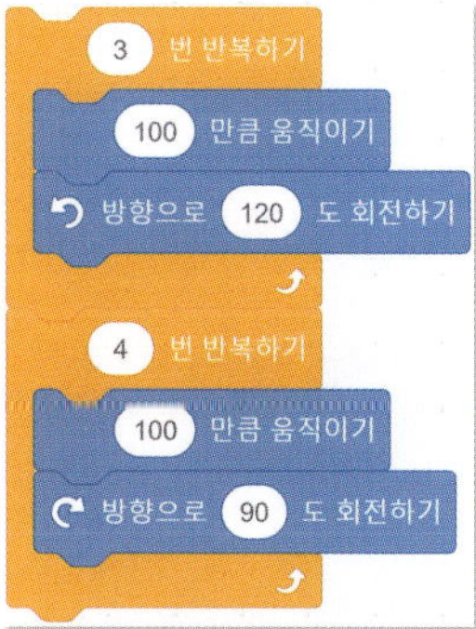

그림 3.45 간단한 집 그리기

추가 실습

지금까지 배운 내용을 응용하여 그림 3.46과 같이 좀 더 복잡한 그림들을 그려보자. 사다리를 그리거나 한 붓 그리기를 활용한 더 복잡한 집 그리기, 추상화된 도넛, 추상화된 해바라기와 같은 그림을 그려보자.

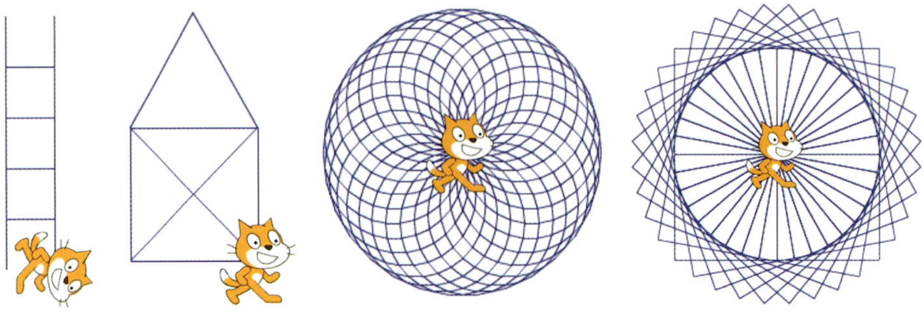

그림 3.46 복잡한 도형 그려보기

연습 문제

펜 블록을 이용하여 그림 그리기

3.1 다음은 삼각형을 그리는 코드이다. ㉮에 들어갈 값은?

3.2 다음은 사각형을 그리는 코드이다. ㉮와 ㉯에 들어갈 값은?

3.3 아래 코드를 실행하면 "100만큼 움직이기" 블록은 총 몇 번 실행되는가?

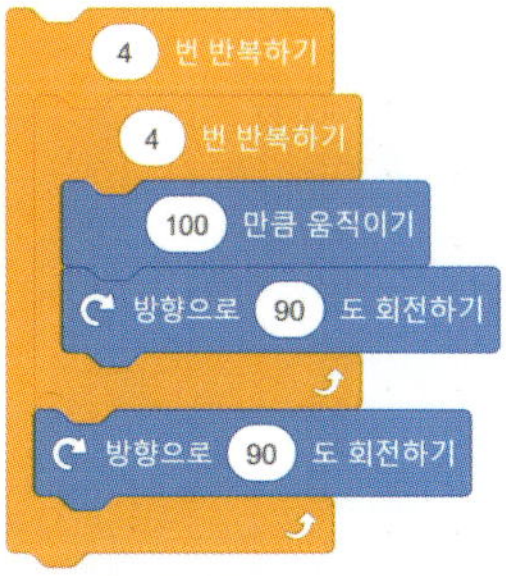

3.4 정오각형을 그리려면 움직이기와 돌기를 세트로 총 5번 반복해야 한다. 정오각형을 그리기 위해 돌기를 한 번 수행할 때 몇 도를 돌아야 하는가?

3.5 정팔각형을 그리려면 움직이기와 돌기를 세트로 총 8번 반복해야 한다. 정팔각형을 그리기 위해 돌기를 한 번 수행할 때 몇 도를 돌아야 하는가?

3.6 계단 모양 그림을 그리려고 한다. 고양이의 현재 모습이 일 때, ㉮와 ㉯에 들어가야 할 블록은? 펜은 내려져 있다고 가정하라.

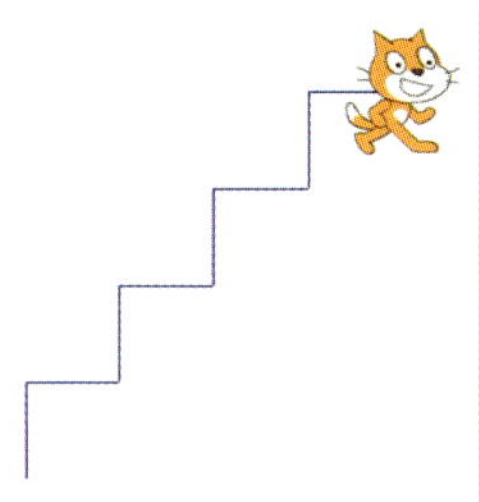

3.7 고양이의 현재 모양이 이고 현재 위치가 (0, 0)일 때, 다음 코드 중 실행 후 고양이의 모양 또는 위치가 달라지는 것은?

①
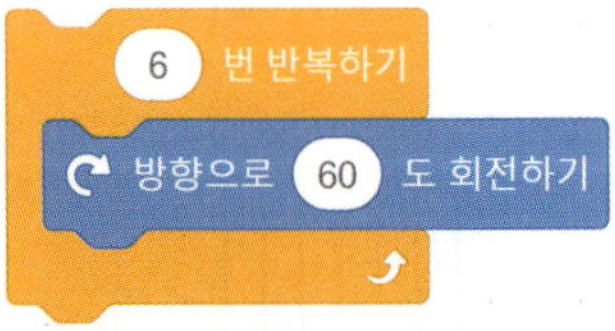

②
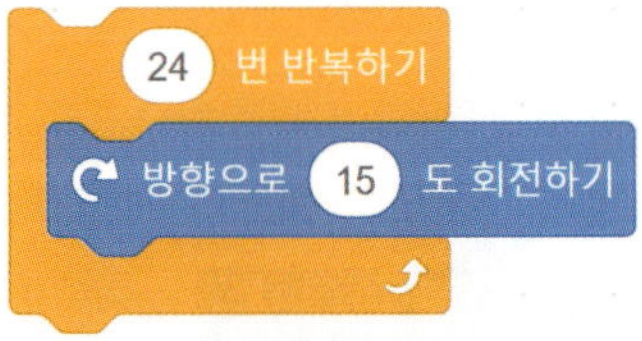

③

④
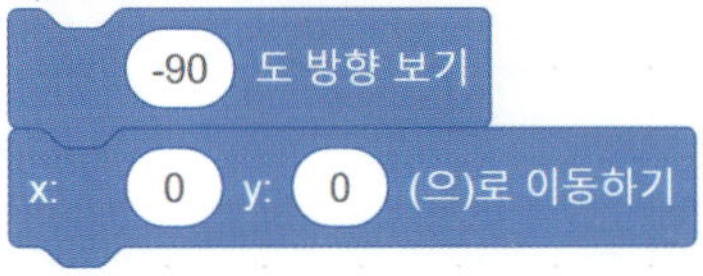

3.8 집 모양 그림을 그리려고 한다. 고양이의 현재 모습이 일 때, ㉮와 ㉯에 들어가야 하는 블록은? 펜은 내려져 있다고 가정하라.

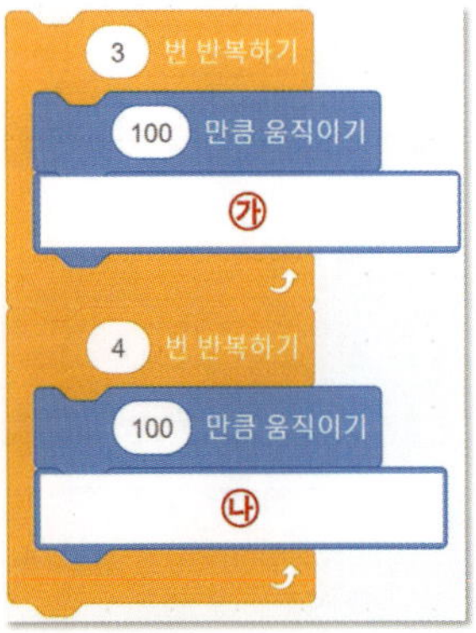

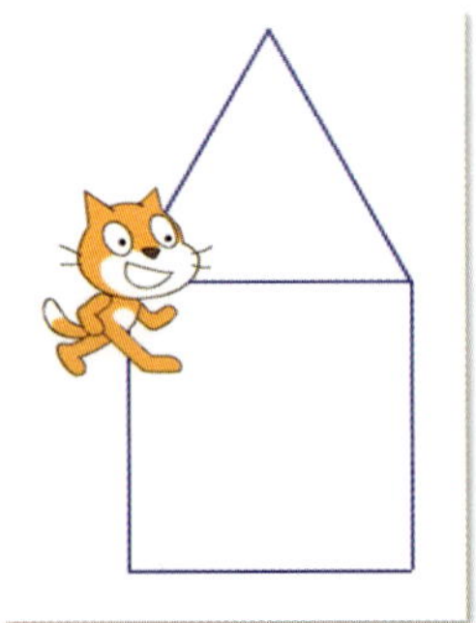

3.9 아래 코드 블록을 실행하여 오른쪽 그림을 그리려고 한다. ㉮와 ㉯에 들어갈 값은?

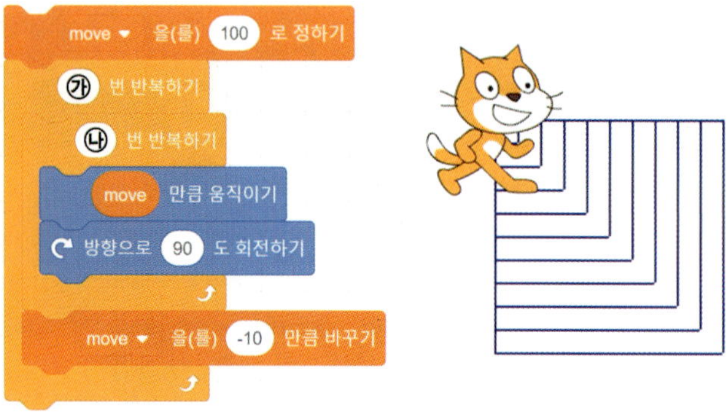

CHAPTER 4

형태 블록, 숨바꼭질, 결승선을 향해 달리기

4.1 형태 블록

형태 블록 개요

스크래치 3.0에서 형태 블록(Looks Block)은 17개의 스택(Stack) 블록과 5개의 리포터(Reporter) 블록으로 구성된다. 스크래치 통계에 따르면 형태 블록은 가장 많이 사용되는 블록 범주이며 말풍선을 이용하여 말하기, 생각풍선을 이용하여 생각하기, 스프라이트를 보이게 하거나 숨기기, 스프라이트의 모양이나 크기, 또는 색깔 등을 바꾸는 기능을 제공한다.

그림 4.1 형태 블록

말하기

말하기 블록에는 아무 문장이나 입력할 수 있다. 말하기 블록을 클릭(실행)하면 입력한 문장이 스프라이트의 말풍선으로 나타난다. 스프라이트의 말풍선을 없애려면 아무 문장도 쓰여 있지 않은 말하기 블록을 클릭(실행)하면 된다. "...을(를) ...초 동안 말하기" 블록은 설정한 시간 동안에만 말풍선이 나타난다. 예를 들어, "안녕!을(를) 2초 동안 말하기" 블록을 실행하면 "안녕!"이 쓰여진 말풍선이 2초 동안 나타났다가 사라진다. 한편, 설정한 시간 동안 말하기 블록 다음에 실행해야 하는 블록이 더 있으면 설정한 시간이 지난 다음에 다음 블록이 실행된다. 그림 4.3 코드를 실행하면 스프라이트가 "Let's go!"를 2초 동안 말하고 말풍선이 사라진 다음 앞으로 100만큼 움직인다.

그림 4.2 말하기 블록

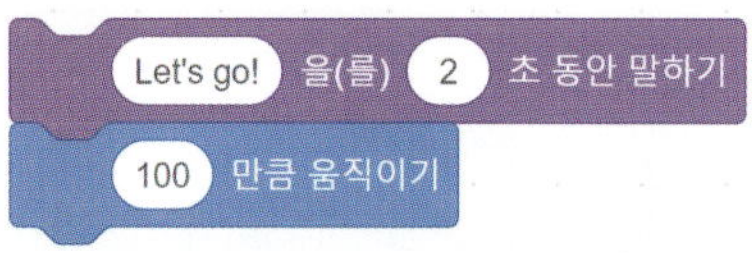

그림 4.3 설정한 시간 동안만 말하기 블록 활용 예

생각하기

생각하기 블록은 말풍선 대신 생각풍선을 이용하는 것만 제외하고는 말하기 블록과 동일하다. 말하기 블록과 마찬가지로 아무 문장이나 입력할 수 있고, 생각하기 블록을 실행하면 입력한 문장이 생각풍선에 나타난다. 생각풍선을 없애려면 아무 문장도 쓰여 있지 않은 생각하기(또는 말하기) 블록을 실행하면 된다. "...을(를) ...초 동안 생각하기" 블록은 설정한 시간 동안에만 생각풍선이 나타나며, 이 블록 다음에 실행해야 하는 블록이 더 있으면 설정한 시간이 지난 다음에 다음 블록이 실행된다.

그림 4.4 생각하기 블록

보이기와 숨기기

보이기 블록은 스프라이트가 무대에 나타나게 하고 숨기기 블록은 스프라이트가 무대에서 사라지게 한다. 스프라이트를 새로 추가하면 기본적으로 보이기 상태로 추가된다. 그림 4.5 코드를 실행하면 스프라이트가 무대에서 사라졌다가 2초 후에 나타난다. 이와 같은 코드 블록을 활용하여 4.2절에서 숨바꼭질 게임을 만들어 보자.

그림 4.5 보이기와 숨기기

모양 바꾸기

모양 바꾸기 블록을 이용하면 스프라이트를 다른 모양으로 바꿀 수 있다. 그림 4.6에서처럼 드롭다운 메뉴를 클릭해서 다른 모양을 선택할 수 있다. 각 스프라이트는 여러 개의 모양을 가질 수 있으며,

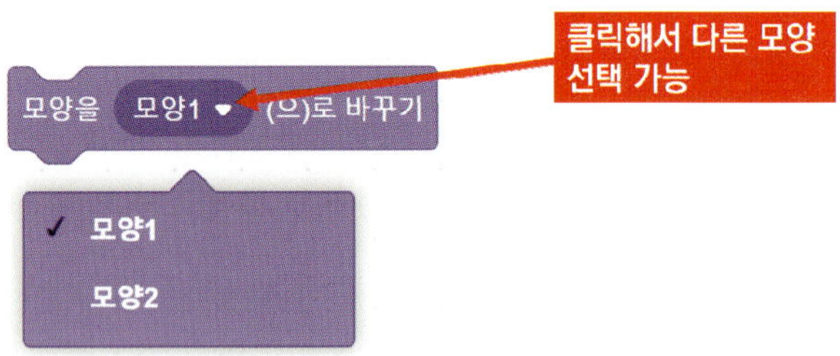

그림 4.6 모양 바꾸기 블록

스크래치의 마스코트인 고양이 스프라이트의 경우 기본적으로 2개의 모양을 가지고 있다. 스프라이트의 모양은 그림 4.7에서처럼 모양 탭에서 확인 가능하다.

그림 4.7 고양이 스프라이트의 모양

그림 4.8에서처럼 무한 반복하기 블록을 이용하여 고양이 스프라이트의 모양을 모양1과 모양2로 계속 왔다 갔다 바꾸면 제자리 걸음을 반복하는 고양이를 만들 수 있다. 고양이의 모양이 변하는 것을 관찰할 수 있도록 0.5초 기다리기 블록을 모양 바꾸기 블록 사이에 추가한다.

그림 4.8 제자리 걸음을 반복하는 고양이

다음 모양으로 바꾸기

각 스프라이트의 모양에는 순서가 있다. 다음 모양으로 바꾸기 블록은 스프라이트의 모양 목록에 설정된 다음 순서의 모양으로 모양을 바꾼다. 마지막 모양일 경우에는 처음 모양으로 변경된다. 코드 4.9에서처럼 다음 모양으로 바꾸기 블록을 이용하면 제자리 걸음을 반복하는 고양이 코드를 더 간단하게 만들 수 있다. 스크래치 스프라이트 저장소에서 제공하는 Cassy Dance 스프라이트는 총 4개의 모양을 가지고 있다. 무한 반복하기 블록과 다른 모양으로 바꾸기 블록을 이용하여 춤추는 Cassy를 만들어 보자.

그림 4.9 다음 모양으로 바꾸기

배경 바꾸기

배경 바꾸기 블록을 이용하면 무대 배경을 변경할 수 있다. 새로운 배경은 배경 저장소에서 불러올 수 있다. 배경도 스프라이트의 모양처럼 순서가 있다. 배경 저장소에서 Night City 배경과 Night City With Street 배경을 추가하면 그림 4.10에서

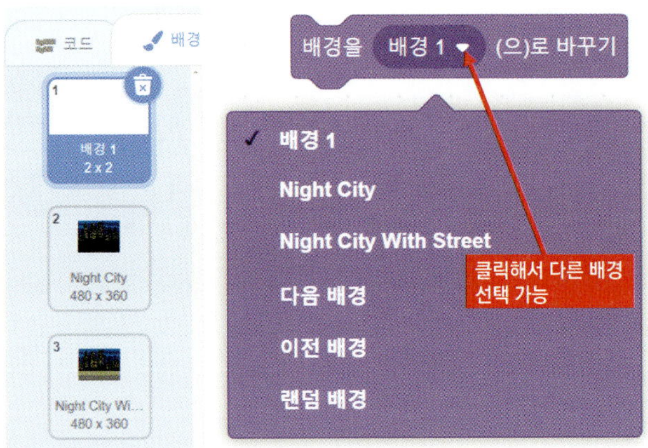

그림 4.10 배경 바꾸기

처럼 배경 바꾸기 블록의 드롭다운 메뉴에서 선택할 수 있다. 랜덤 배경은 선택 가능한 배경 중에서 배경이 무작위로 선택된다.

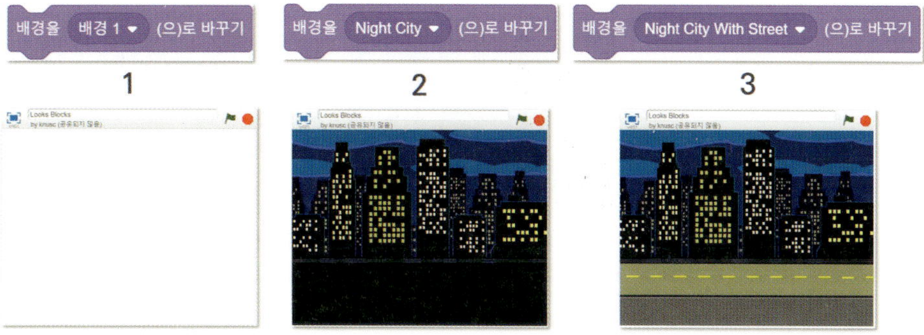

그림 4.11 배경 선택에 따른 배경 변화

그림 4.10에서 배경의 순서는 배경 1(기본 하얀색 배경), Night City, Night City With Street 순이다. 따라서 배경을 이전 배경으로 바꾸기 블록과 배경을 다음 배경으로 바꾸기 블록을 실행할 경우 각각 그림 4.12와 4.13에 보이는 것처럼 배경이 변경된다.

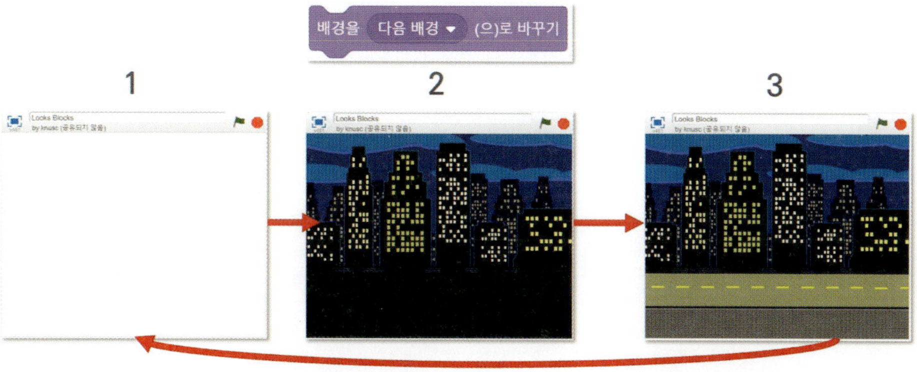

그림 4.12 배경을 다음 배경으로 바꾸기 (1 → 2 → 3 순으로 변경됨)

그림 4.13 배경을 이전 배경으로 바꾸기 (3 → 2 → 1 순으로 변경됨)

그래픽 효과 바꾸기와 정하기

그래픽 효과 바꾸기 블록과 그래픽 효과 정하기 블록을 이용하면 스프라이트의 모양에 여러 가지 효과를 적용할 수 있다. 스크래치 3.0에서는 색깔, 어안 렌즈, 소용돌이, 픽셀화, 모자이크, 밝기, 투명도의 총 7가지 효과를 지원한다. "... 효과를 ... 만큼 바꾸기" 블록은 지정한 효과의 현재 값에 설정한 값만큼 더하고 "... 효과를 ... (으)로 정하기" 블록은 지정한 효과의 값을 설정한 값으로 변경한다.

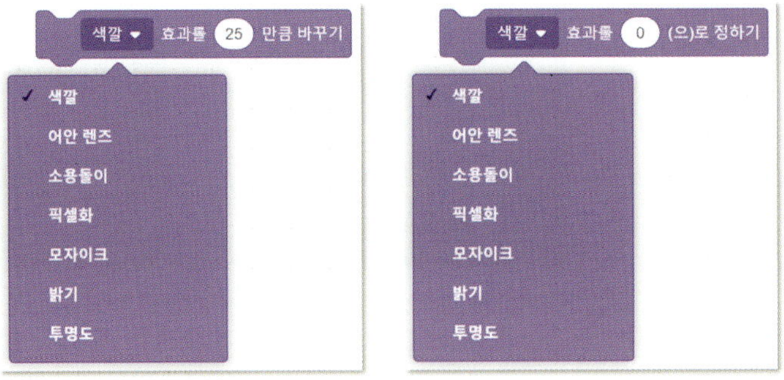

그림 4.14 그래픽 효과 바꾸기와 정하기

색깔 효과 바꾸기와 색깔 효과 정하기 블록을 이용하면 스프라이트의 모양에 총 200가지 색깔 효과를 입힐 수 있다. 3장에서 공부했던 펜 색깔과 달리 색깔 효과는 0부터 200 사이의 값으로 설정한다. 그림 4.15는 색깔 효과를 0, 25, 50, 100으로 설정했을 때 고양이의 모양 변화를 보여준다.

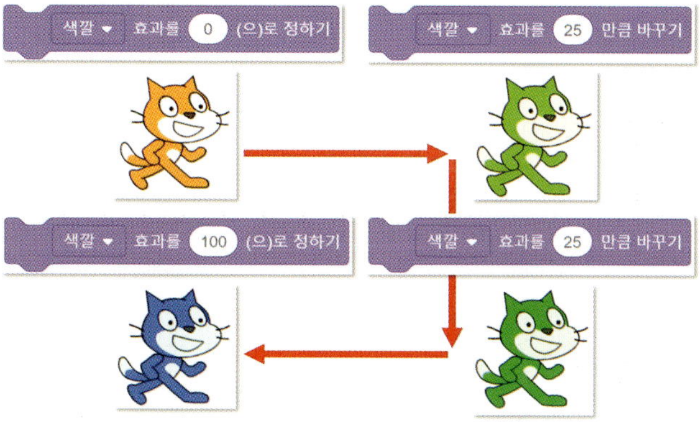

그림 4.15 색깔 효과 바꾸기와 정하기

어안 렌즈 효과 바꾸기와 어안 렌즈 효과 정하기 블록을 이용하면 스프라이트의 모양을 어안 렌즈에서 바라본 것처럼 일그러뜨릴 수 있다. 설정값을 매우 크게 하면 스프라이트의 모양이 단일 색상의 (타)원으로 가려지게 된다. 그림 4.16은 어안 렌즈 효과를 0, 100, 200, 1000으로 설정했을 때 고양이의 모양 변화를 보여준다.

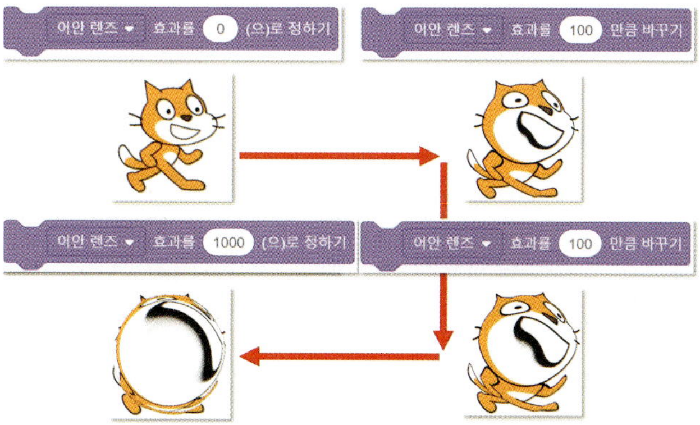

그림 4.16 어안 렌즈 효과 바꾸기와 정하기

소용돌이 효과 바꾸기와 **소용돌이 효과 정하기** 블록을 이용하면 스프라이트의 모양을 소용돌이 모양으로 일그러뜨릴 수 있다. 그림 4.17은 소용돌이 효과를 0, 100, 200, 1000으로 설정했을 때 고양이의 모양 변화를 보여준다.

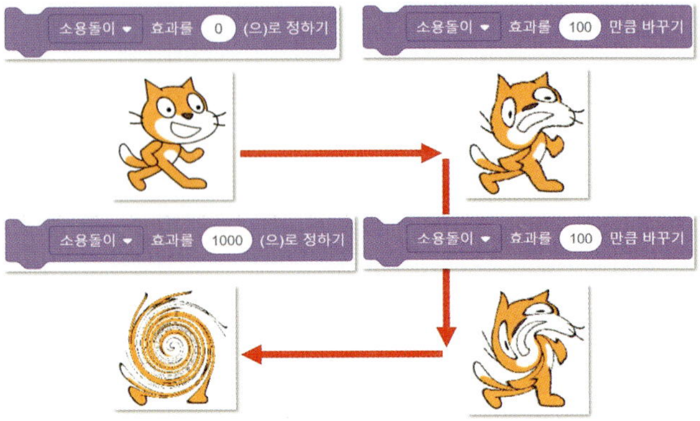

그림 4.17 소용돌이 효과 바꾸기와 정하기

픽셀화 효과 바꾸기와 **픽셀화 효과 정하기** 블록을 이용하면 스프라이트의 모양을 픽셀화할 수 있다. 이때 설정값을 크게 하면 스프라이트가 단일 픽셀이 되거나 사라지게 되므로 유의해야 한다. 그림 4.18은 픽셀화 효과를 0, 10, 20, 50으로 설정했을 때 고양이의 모양 변화를 보여준다.

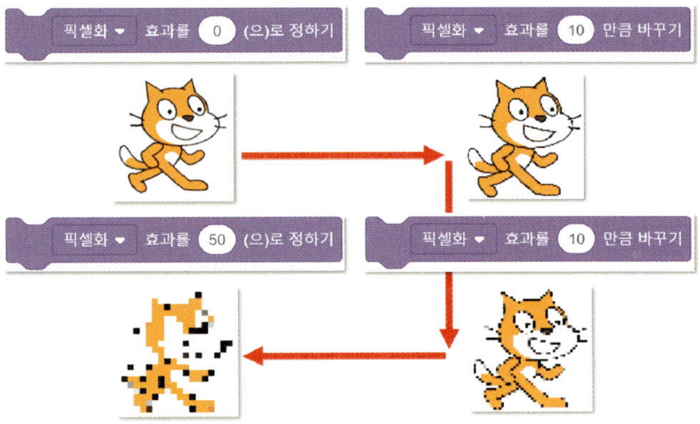

그림 4.18 픽셀화 효과 바꾸기와 정하기

모자이크 효과 바꾸기와 모자이크 효과 정하기 블록을 이용하면 스프라이트를 더 작은 모양 여러 개로 변환할 수 있다. 그림 4.19는 모자이크 효과를 0, 5, 15, 25로 설정했을 때 고양이의 모양 변화를 보여준다.

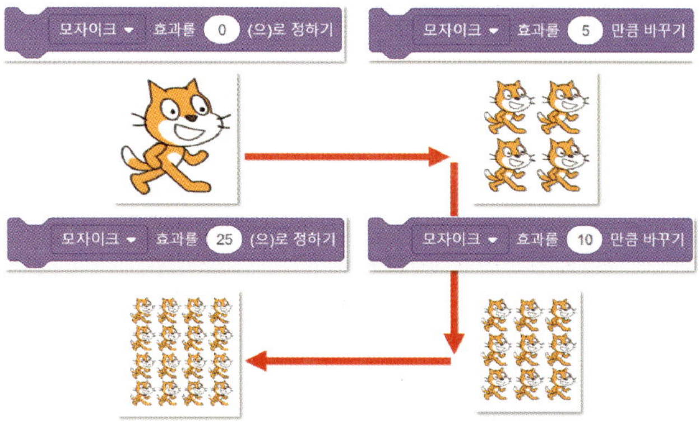

그림 4.19 모자이크 효과 바꾸기와 정하기

밝기 효과 바꾸기와 밝기 효과 정하기 블록을 이용하면 스프라이트의 밝기를 조정할 수 있다. 밝기는 -100에서 100 사이의 값으로 설정 가능하다. 그림 4.20은 스프라이트의 밝기를 -100, -50, 0, 50, 100으로 설정했을 때 고양이의 모양 변화를 보여준다. 밝기를 100으로 하면 스프라이트가 완전히 하얗게 되는데 이를 확인하기 위해 배경색을 검정으로 설정하였다.

그림 4.20 밝기 효과

투명도 효과 바꾸기와 투명도 효과 정하기 블록을 이용하면 스프라이트의 투명도를 조정할 수 있다. 투명도는 0에서 100 사이의 값으로 설정 가능하다. 그림 4.21은 스프라이트의 투명도를 0, 25, 50, 75, 100으로 설정했을 때 고양이의 모양 변화를 보여준다.

투명도를 100으로 하면 스프라이트가 완전히 안 보이게 된다. (배경색을 바꿔도 안 보인다.)

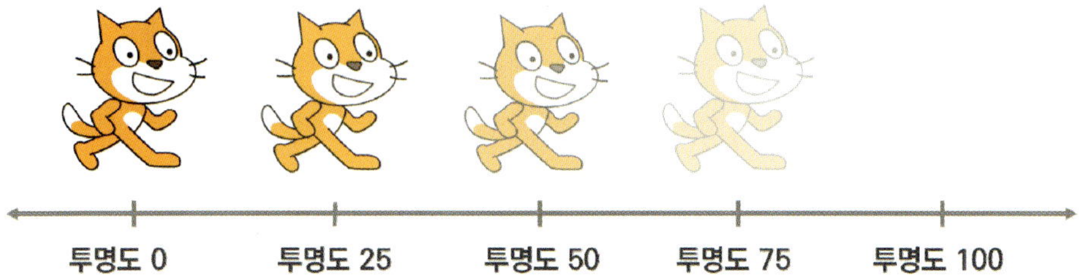

그림 4.21 투명도 효과

그래픽 효과 지우기 블록은 스프라이트에 적용된 모든 그래픽 효과를 지운다. 예를 들어, 그림 4.22 코드 블록을 실행하면 색깔 효과와 어안 렌즈 효과가 1초 동안 적용되었다가 1초 후에는 원래 스프라이트의 모양으로 돌아간다.

그림 4.22 그래픽 효과 지우기

크기 바꾸기와 정하기

스프라이트의 기본 크기는 100%이다. "크기를 ... 만큼 바꾸기" 블록은 스프라이트의 현재 크기에 설정한 값을 더하고 "크기를 ... %로 정하기" 블록은 스프라이트의 크기를 설정한 비율로 변경한다. 스프라이트의 최소 크기와 최대 크기는 스프라이트마다 다르며, 평균 최소 크기는 3%이고 평균 최대 크기는 500%이다. 그림 4.23은 고양이 스프라이트의 크기가 30%, 100%, 300%일 때 무대에서 고양이가 차지하는 비율을 보여준다.

그림 4.23 크기 바꾸기와 정하기

맨 앞쪽(뒤쪽)으로 순서 바꾸기

여러 스프라이트를 사용할 때 스프라이트마다 표시되는 순서(레이어, layer)가 있다. 여러 스프라이트의 위치가 겹쳐 있으면 뒤에 있는 스프라이트는 앞에 있는 스프라이트에 가려서 보이지 않게 된다. 이런 경우 맨 앞쪽(뒤쪽)으로 순서 바꾸기 블록을 이용하면 해당 스프라이트가 맨 앞(뒤)에 나타나게 할 수 있다. 예를 들어, 그림 4.24와 같이 소년(Sam)과 농구공이 겹쳐 있을 때 농구공 스프라이트의 코드 영역에서 맨 앞쪽으로 순서 바꾸기 블록을 실행하면 농구공이 Sam 앞에 표시된다.

그림 4.24 맨 앞쪽(뒤쪽)으로 순서 바꾸기

앞으로(뒤로) 보내기

"앞으로(뒤로) ... 단계 보내기" 블록은 스프라이트의 순서를 앞으로(뒤로) 설정된 값만큼 변경한다. 예를 들어, 무대에 Sam과 농구공 스프라이트밖에 없을 때 Sam의 코드 영역에서 뒤로 1단계 보내기 블록을 실행하면 Sam의 위치가 농구공 다음 위치로 변경된다.

그림 4.25 뒤로 1단계 보내기

한편, "앞으로(뒤로) ... 단계 보내기" 블록에 음수를 입력하여 실행할 경우 해당 스프라이트를 설정한 값만큼 뒤로(앞으로) 보낸다. 즉, 앞으로 -1단계 보내기는 뒤로 1단계 보내기와 같고 뒤로 -1단계 보내기는 앞으로 1단계 보내기와 같다.

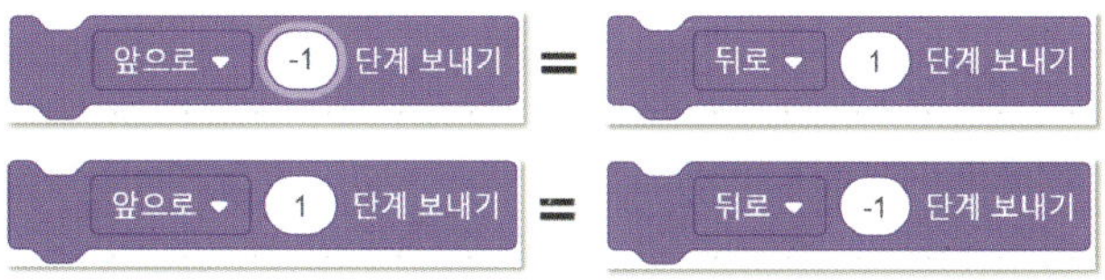

그림 4.26 앞으로(뒤로) 보내기 블록에 음수를 입력할 경우

모양, 배경, 크기 리포터 블록

모양 번호(이름) 리포터 블록은 스프라이트의 현재 모양 번호(이름)를 반환하고 배경 번호(이름) 리포터 블록은 현재 무대에 표시된 배경의 번호(이름)를 반환한다. 한편 크기 리포터 블록은 스프라이트의 크기를 반환한다. 리포터 블록 옆의 체크 박스를 체크하면 그림 4.27에서처럼 무대 위에 각 항목의 값이 표시된다.

그림 4.27 모양, 배경, 크기 리포터 블록

4.2 숨바꼭질

지금까지 형태 블록에 대해서 자세히 살펴보았다. 본 절에서는 형태 블록의 다양한 기능을 활용하여 숨바꼭질 게임을 만들어 본다. 이를 위해 카툰네트워크(cartoonnetwork)에서 제공하는 숨바꼭질(Hide and Seek) 템플릿을 이용하고, 형태 블록 팔레트에서 제공하는 보이기와 숨기기 블록을 사용하여 북극곰, 갈색곰, 판다곰을 사라지게 했다가 나타나게 한다. 곰이 나타났을 때 마우스로 클릭하면 점수를 얻도록 한다.

Hide and Seek 리믹스

기존에 공개된 프로젝트를 리믹스(remix) 하기 위해 검색 창에서 Hide and Seek을 검색하고 cartoonnetwork에서 만든 Hide and Seek을 선택한다. 리믹스 버튼을 클릭하면 Hide and Seek remix 프로젝트가 새롭게 만들어지고 카툰네트워크에서 제공하는 곰, 나무 스프라이트 등을 이용할 수 있다.

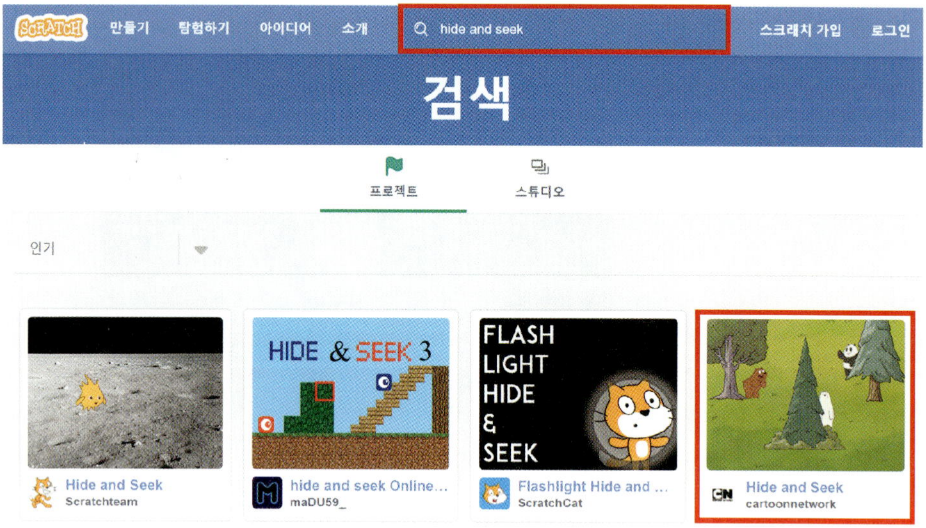

그림 4.28 카툰네트워크 숨바꼭질 검색

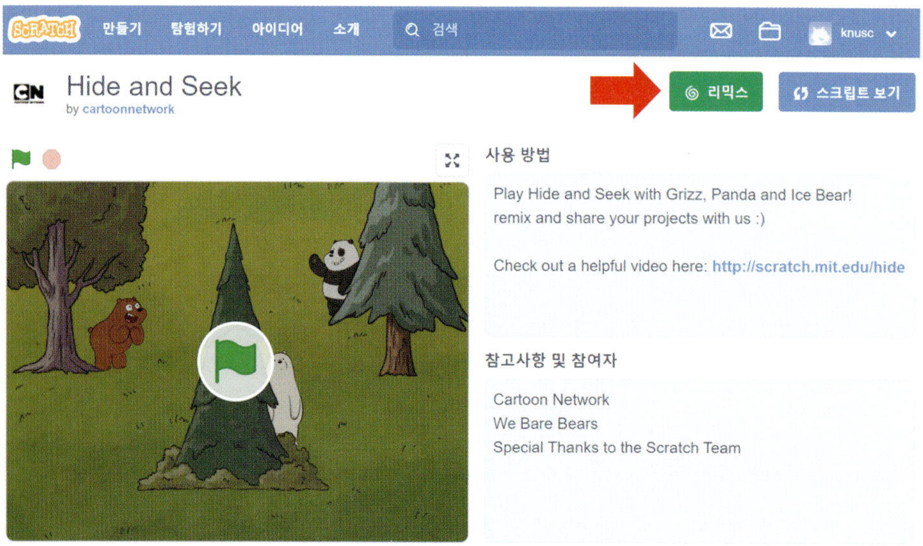

그림 4.29 숨바꼭질 리믹스

프로젝트 구현 순서

숨바꼭질 프로젝트 구현 순서는 다음과 같다.

❶ 숨기기와 보이기 블록을 이용해 북극곰이 사라졌다가 나타나게 한다.

❷ 숨기기와 보이기를 무한 반복한다.

❸ 녹색 깃발을 클릭했을 때 프로젝트를 시작하게 한다.

❹ 북극곰을 클릭하면 곰이 자기를 찾았다고 말하게 한다.

❺ 북극곰이 숨었다가 나타나는 시간을 랜덤하게 조정한다.

❻ 북금곰이 랜덤 위치에 나타나게 한다.

❼ 변수를 이용하여 북극곰을 클릭하면 점수를 얻게 한다.

❽ 갈색곰, 판다곰 스프라이트에 구현한 코드 블록을 복사한다.

❾ 곰이 나무 뒤에 숨을 수 있도록 프로젝트가 실행됐을 때 나무 스프라이트들이 맨 앞에 보이도록 설정한다.

녹색 깃발을 클릭했을 때 숨기기와 보이기 무한 반복하기

북극곰(Icebear)의 코드 영역에서 먼저 형태 블록 팔레트에서 제공하는 숨기기와 보이기 블록을 이용하여 스프라이트가 사라졌다가 나타나게 한다. 다음으로 제어 블록 팔레트에서 제공하는 1초 기다리기 블록을 이용하여 숨기기와 보이기 사이에 시간 간격을 두고, 전체 코드 블록을 무한 반복하기 블록 안에 포함하여 숨기기와 보이기를 무한 반복한다. 마지막으로 아직 자세하게 공부하지는 않았지만 이벤트 블록 팔레트에서 제공하는 녹색 깃발을 클릭했을 때 블록을 이용하여 녹색 깃발을 클릭했을 때 숨기기와 보이기가 무한 반복하도록 설정한다. 그림 4.30은 이에 대한 코드 블록이다.

그림 4.30 녹색 깃발을 클릭했을 때 숨기기와 보이기 무한 반복하기

북극곰을 클릭하면 말하게 하기

이벤트 블록 팔레트에서 제공하는 이 스프라이트를 클릭했을 때 블록을 이용하여 북극곰을 마우스로 클릭했을 때 다음 작업을 수행하도록 한다. 먼저 아직 자세히 공부하지는 않았지만 소리 블록 팔레트에서 제공하는 재생하기 블록을 이용하여 "yeah"를 재생한다. 재생하기 블록의 드롭다운 메뉴에서 다양한 소리를 선택할 수 있다. 다음으로 "You found me!"를 1초 동안 말하게 한다. 그림 4.31은 이에 대한 코드 블록이다.

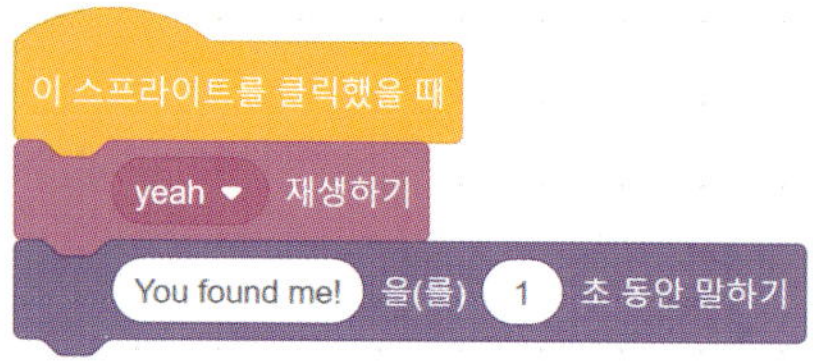

그림 4.31 북극곰을 클릭하면 말하게 하기

북극곰이 랜덤 시간 동안 숨었다가 랜덤 위치에 나타나게 하기

아직 자세히 공부하지는 않았지만 연산 블록 팔레트에서 제공하는 1부터 10 사이의 난수 리포터 블록을 이용하면 북극곰이 숨었다가 나타나는 시간을 매번 랜덤하게 바꿀 수 있다. 그림 4.30 코드 블록에서 숨기기 다음에 있는 1초 기다리기 블록에서 1초 대신에 1부터 5 사이의 난수 블록을 삽입한다. 다음으로 무한 반복하기 블록 안에서 숨기기 블록 바로 위에 동작 블록 팔레트에서 제공하는 무작위 위치로 이동하기 블록을 추가한다. 그러면 프로젝트가 시작됐을 때 북극곰이 무작위 위치에 나타나고 랜덤 시간 동안 숨었다가 무작위 위치에 나타나는 것을 반복한다. 그림 4.32는 이에 대한 코드 블록이다.

그림 4.32 북극곰이 랜덤 시간 동안 숨었다가 랜덤 위치에 나타나게 하기

변수를 이용하여 점수 추가

마우스로 북극곰을 클릭했을 때 점수를 부여하기 위해 변수 블록 팔레트에서 변수 만들기 버튼을 클릭하여 score 변수를 만든다. 이때 변수를 모든 스프라이트에서 사용할 수 있도록 전역 변수로 설정한다. 이는 갈색곰, 판다곰 스프라이트에서도 score 변수를 공유하여 어떤 곰을 클릭하더라도 점수를 얻도록 하기 위함이다. 세부적으로 먼저 그림 4.32 코드 블록에서 무한 반복하기 블록 위에 score 변수 보이기 블록과 score를 0으로 정하기 블록을 추가한다. 또한 그림 4.31 코드 블록에서 말하기 블록 다음에 score를 1만큼 바꾸기 블록을 추가하여 북극곰을 클릭했을 때 점수를 얻도록 한다. 그림 4.33은 이에 대한 코드 블록이다.

그림 4.33 변수를 이용하여 점수 추가하기

갈색곰, 판다곰 스프라이트에 코드 복사

지금까지 북극곰 스프라이트를 위한 코드를 작성하였다. 다음으로 갈색곰과 판다곰 스프라이트를 위한 코드를 작성해야 한다. 그런데 숨바꼭질 코드 내용이 사실상 동일하므로 북극곰 스프라이트의 코드를 다른 곰 스프라이트에 단순히 복사하기만 하면 된다. 이를 위해 그림 4.34에서처럼 복사할 코드 블록을 스프라이트 창에 있는 다른 스프라이트의 섬네일(thumbnail)로 드래그 한다.

그림 4.34 북극곰 스프라이트의 코드를 판다 스프라이트의 코드 영역으로 복사하기

나무 스프라이트를 맨 앞으로 보내기

마지막으로 곰들이 나무 뒤에 표시되도록 녹색 깃발을 클릭했을 때 맨 앞쪽으로 순서 바꾸기 블록을 실행하여 나무 스프라이트들이 곰들보다 앞에 표시되도록 한다. 즉, 그림 4.35 코드 블록을 모든 나무 스프라이트에 추가한다.

그림 4.35 나무 스프라이트를 맨 앞쪽으로 보내기

연습 및 생각해볼 점

지금까지 리믹스 기능을 이용하여 숨바꼭질 게임을 만들어봤다. 추가적으로 스크래치 홈페이지에서 Hide and Seek을 검색하여 다른 사람들이 만든 숨바꼭질 게임을 실행해 보자. 또한 스프라이트나 배경을 바꿔보고 다양한 아이디어를 추가하여 숨바꼭질 게임을 수정해보자. 예를 들어, 북극곰, 갈색곰, 판다를 클릭했을 때 서로 다른 소리를 재생하게 하거나 다른 문구를 말하게 하자. 한편, 숨바꼭질 게임을 실행하면 그림 4.36 (좌)에서와 같이 곰과 나무가 부자연스럽게 겹치는 경우가 생긴다. 곰의 위치에 따라서 그림 4.36 (우)에서와 같이 곰이 나무 앞에 보이게 하려면 어떻게 해야 할지 생각해보자.

그림 4.36 곰의 위치에 따라 곰이 나무 앞에 보이게 하기

4.3 결승선을 향해 달리기

이번 절에서는 숨바꼭질 게임에 이어 결승선을 향해 달리기 게임을 만들어 본다. 결승선을 향해 달리기는 고양이와 토끼가 달리기 경주를 하는 프로그램이다. 키보드 키를 눌

러서 스프라이트를 움직이고 달릴 때마다 다음 모양으로 바꾸기 블록을 이용하여 스프라이트의 모양을 변경한다. 결승선에 도착하면 만세를 부르고 환호성 소리를 재생한다.

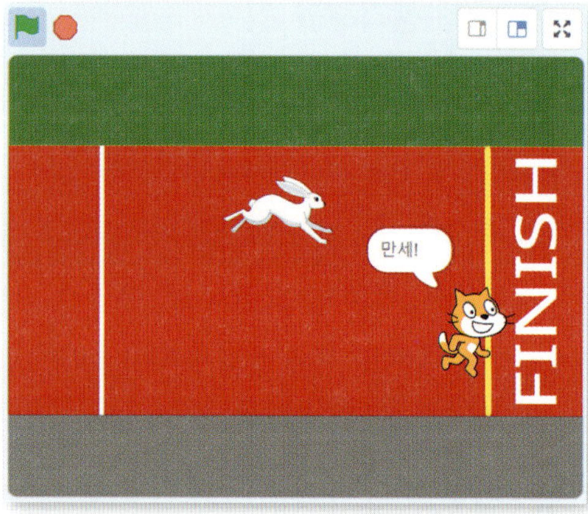

그림 4.37 결승선을 향해 달리기

프로젝트 구현 순서

결승선을 향해 달리기 프로젝트 구현 순서는 다음과 같다.

❶ 경기장 배경을 만든다.

❷ 키보드 키를 누르면 스프라이트가 움직이게 한다.

❸ 결승선을 그린다.

❹ 결승선에 도착했을 때 "만세"를 부르게 한다.

❺ 스프라이트를 시작선으로 돌아가게 한다.

❻ 새로운 스프라이트를 추가한다.

❼ 경기장 트랙에 "FINISH"라고 적는다.

경기장 배경 만들기

경기장 트랙을 직접 그려서 경기장 배경을 만들어 보자. 이를 위해 무대를 선택한 뒤 배경 탭을 선택한다. 먼저 사각형을 이용하여 트랙을 그린다. 그림 4.38에서처럼 채우기 색과 윤곽선 색을 색상은 0, 채도는 100, 명도는 70으로 설정해서 붉은색 트랙을 만든다. 윤곽선 색의 굵기는 1로 하면 된다.

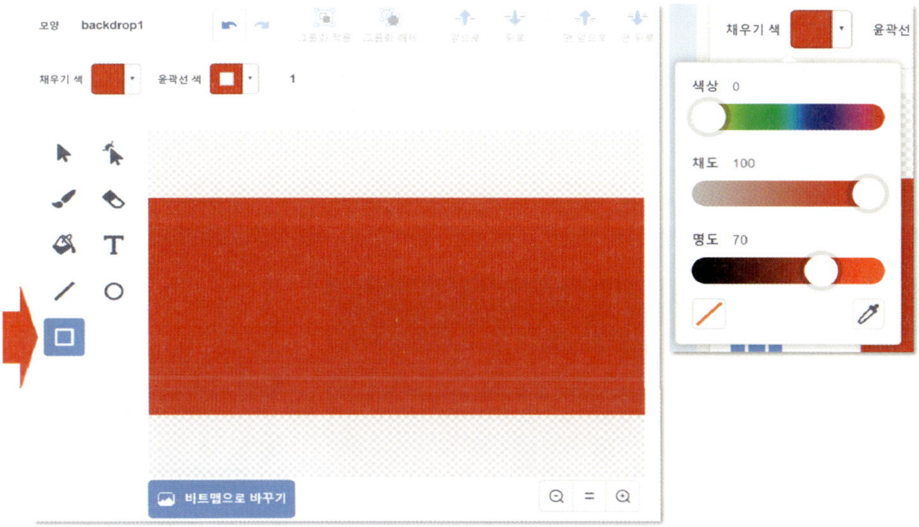

그림 4.38 경기장 배경 만들기 - 붉은색 트랙 그리기

다음으로 다시 사각형을 이용하여 붉은색 메인 트랙 위아래에 각각 풀색과 회색으로 트랙을 그린다. 풀색은 색상 25, 채도 70, 명도 50으로 설정하고 회색은 색상 0, 채도 0, 명도 50으로 설정한다. 채우기 색과 윤곽선 색 모두 같은 색깔로 설정하고 윤곽선 색의 굵기는 1로 한다.

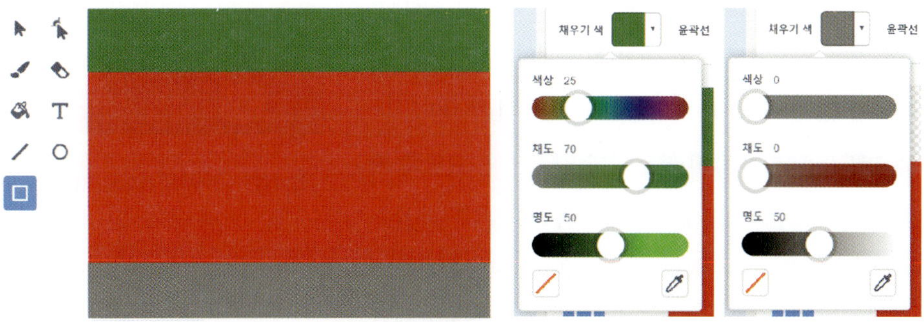

그림 4.39 경기장 배경 만들기 - 풀색, 회색 트랙 그리기

다음으로 하얀색 선을 이용하여 출발선을 그린다. 이를 위해 선을 선택하고 윤곽선 색의 굵기는 8, 색상은 0, 채도는 0, 명도는 100으로 설정한다. 그림 4.40에서처럼 붉은색 트랙 위에 하얀 선을 그리면 된다.

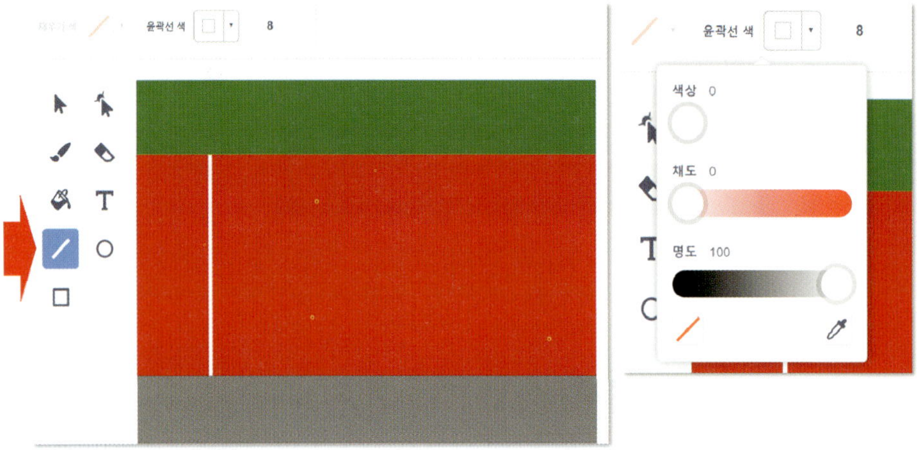

그림 4.40 출발선 그리기

키보드 키를 눌러서 스프라이트를 움직이기

먼저 고양이 스프라이트의 크기를 70%로 정한다. 스프라이트 창에서 크기를 조정하거나 형태 블록 팔레트에 있는 크기 정하기 블록을 이용하면 된다. 다음으로 이벤트 블록 팔레트에서 제공하는 오른쪽 화살표 키를 눌렀을 때 블록을 이용하여 오른쪽 화살표 키를 누르면 스프라이트가 앞으로 10만큼 움직이게 한다. 스페이스 키를 눌렀을 때 블록의 드롭다운 메뉴에서 오른쪽 화살표를 선택할 수 있다.

그림 4.41 오른쪽 화살표 키를 눌렀을 때 앞으로 움직이게 하기

결승선 그리기

결승선은 배경에 그림으로 추가하지 않고 새로운 스프라이트로 만든다. 이는 고양이 스프라이트가 결승선에 닿았을 때 만세를 부르게 하는 등 이벤트를 발생시키기 위함이다. 이를 위해 그림 4.42에서처럼 스프라이트 고르기에서 붓펜을 선택해서 새로운 스프라이트를 그린다. 선을 선택하고 윤곽선 색의 굵기는 10, 색상은 15, 채도와 명도는 100으로 설정하여 노란색 직선을 그리고 모양의 이름을 결승선으로 수정한다.

그림 4.42 결승선 스프라이트 그리기

결승선 스프라이트를 그린 후 무대에서 결승선을 드래그하여 결승선의 위치를 조정한다. 필요한 경우 크기 정하기 형태 블록을 이용하여 결승선의 크기를 조정한다.

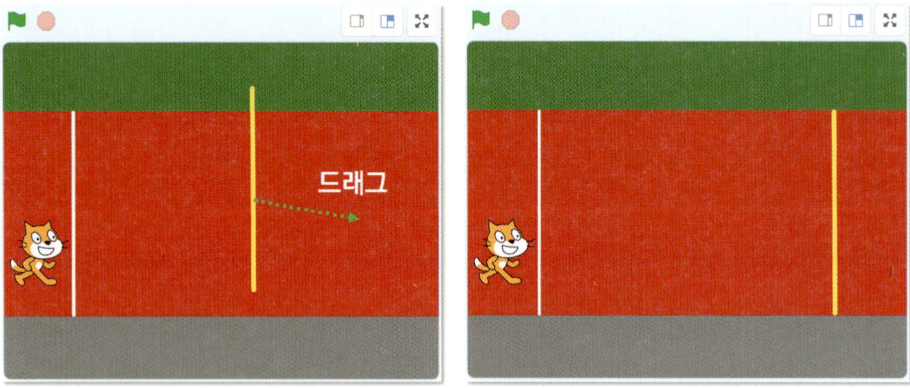

그림 4.43 결승선 스프라이트 위치 조정

결승선에 닿았을 때 만세 부르기

스프라이트가 결승선에 닿았을 때 "만세!"를 부르게 하고 박수 소리도 재생해보자. 또한 스프라이트가 움직일 때마다 스프라이트의 모양도 바꾸어 보자. 이를 위해 제어 블록 팔레트에서 제공하는 "만약 ... (이)라면" 블록과 아직 자세히 공부하지는 않았지만 감지 블록 팔레트에서 제공하는 "결승선에 닿았는가?" 블록을 이용한다. "결승선에 닿았는가?" 블록은 "마우스 포인터에 닿았는가?" 블록의 드롭다운 메뉴에서 결승선을 선택하여 만들 수 있다. 해당 블록은

그림 4.44 스프라이트가 결승선에 닿으면 만세를 부르게 하고 박수 소리를 재생하기

현재 스프라이트가 다른 스프라이트에 닿았는지 검사할 때 사용할 수 있다. 이를 이용

하여 고양이 스프라이트가 결승선에 닿으면 "만세!"를 2초 동안 말하게 한다. 다음으로 소리 블록 팔레트에서 제공하는 재생하기 블록을 추가하여 박수(Clapping) 소리를 재생한다. 그림 4.44 코드는 그림 4.41 코드를 수정하여 위와 같은 내용을 구현한다.

한편, 고양이 스프라이트는 기본적으로 야옹 소리만 재생할 수 있다. 박수(Clapping) 소리를 재생하려면 그림 4.45에서처럼 소리 탭에서 소리 고르기 아이콘을 클릭한 뒤 Clapping 소리를 검색하여 추가해야 한다.

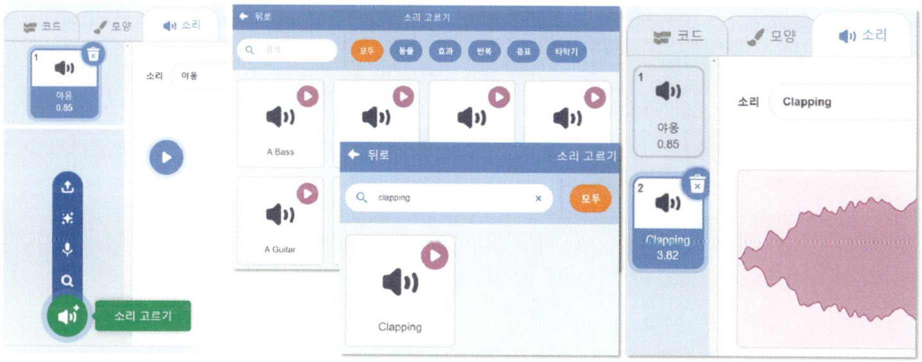

그림 4.45 박수(Clapping) 소리 추가하기

고양이 스프라이트를 시작점으로 보내기

고양이 스프라이트의 초기 위치를 설정하고 'r' 키를 누르면 스프라이트가 설정한 초기 위치로 돌아가도록 한다.[9] 여기서는 (-200, -45)로 설정한다.

그림 4.46 고양이 스프라이트를 초기 위치로 보내기

9) 여기서 'r'은 reset(다시 제자리에 넣다)의 'r'을 의미하도록 선택했다. 'r' 대신 여러분이 원하는 아무 키나 선택해도 된다.

토끼 스프라이트 추가

고양이 스프라이트와 달리기 경주를 할 토끼(Hare) 스프라이트를 추가하고 그림 4.47에서처럼 고양이 스프라이트의 코드 블록을 모두 토끼 스프라이트로 복사한다.

그림 4.47 고양이 스프라이트의 코드를 토끼 스프라이트로 복사하기

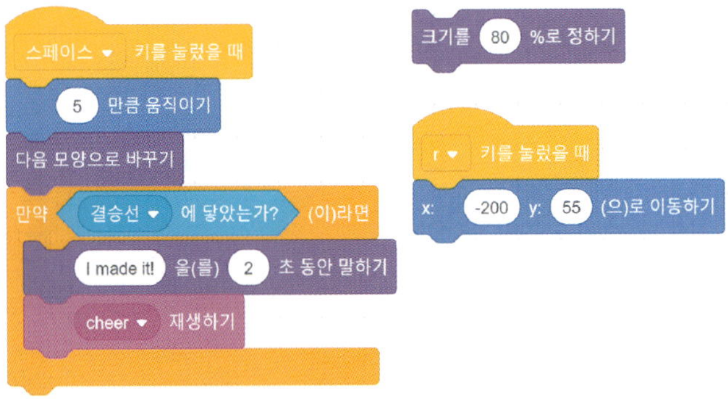

그림 4.48 토끼 스프라이트 코드 수정

코드를 복사한 뒤 다음과 같이 수정한다. 먼저 오른쪽 화살표 키 대신에 스페이스 키를 눌렀을 때 토끼가 앞으로 5만큼씩 움직이게 한다. 다음으로 토끼가 결승선에 도착하면 "I made it!"을 말하게 하고 응원(Cheer) 소리를 재생한다. 응원 소리를 재생하

러면 그림 4.45에서처럼 소리 고르기에서 Cheer 소리를 추가해야 한다. 그리고 토끼의 크기도 80%로 수정하고 고양이와 나란히 설 수 있도록 초기 위치도 (-200, 55)로 설정한다.

토끼 스프라이트 자동으로 움직이게 하기

고양이와 토끼가 달리기 경주를 하게 하려면 오른쪽 화살표 키와 스페이스 키를 번갈아 가면서 계속 눌러야 한다. 컴퓨터와 경기를 하는 것처럼 하기 위해 녹색 깃발을 클릭하면 토끼 스프라이트가 자동으로 움직이게 해보자. 이를 위해 제어 블록 팔레트에서 제공하는 "...까지 반복하기" 블록과 이벤트 블록 팔레트에서 제공하는 "결승선에 닿았는가?" 블록을 이용한다. 즉, 결승선에 닿을 때까지 5만큼 움직이기와 다음 모양으로 바꾸기를 반복한다. 결승선에 닿으면 반복이 중지되고 토끼가 "I made it!"을 말하게 하고 응원(Cheer) 소리를 재생한다. 그림 4.49는 이에 대한 코드 블록이다.

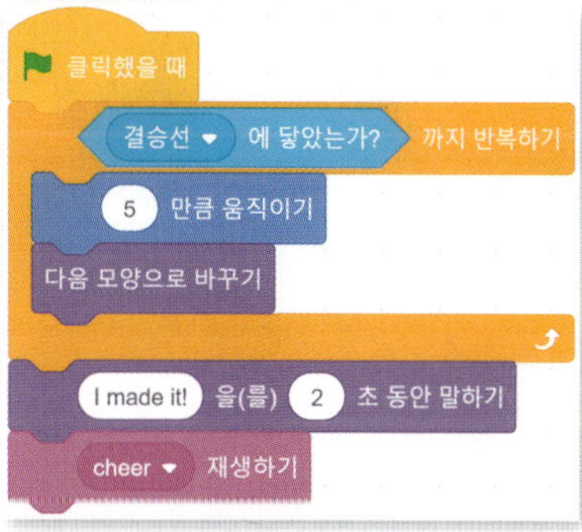

그림 4.49 녹색 깃발을 클릭했을 때 스프라이트가 자동으로 움직이게 하기

경기장 트랙에 FINISH라고 적기

결승선 뒤에 "FINISH"라고 적어 보자. 무대를 선택한 후 배경 탭을 선택한다. 텍스트 아이콘(T)을 선택한 뒤 배경에 "FINISH"라고 적는다. 그림 4.50에서처럼 "FINISH" 텍스트 영역을 선택하여 회전시키고 크기를 확대하고 위치를 조정한다.

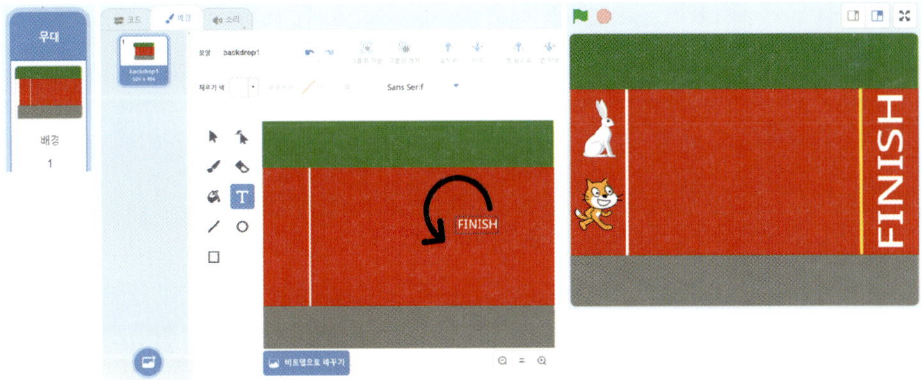

그림 4.50 결승선 뒤에 FINISH라고 적기

연습 및 생각해볼 점

지금까지 형태 블록 팔레트에서 제공하는 다양한 블록을 이용하여 결승선을 향해 달리기 게임을 만들어봤다. 추가적으로 경기장 배경을 수정하거나 게임에 좀 더 다양한 요소를 추가해 보기 바란다. 예를 들어, 스프라이트 둘 중에 하나가 먼저 결승선에 닿았을 때 둘 다 시작 위치로 자동으로 이동하게 하려면 어떻게 해야 할지 생각해보자. 또는, 그림 4.51에서처럼 장애물 달리기로 변경해보자. 스프라이트가 점프도 할 수 있게 하고 장애물에 부딪히면 시작점부터 다시 시작하게 해보자.

그림 4.51 장애물 달리기

연습 문제

형태 블록, 숨바꼭질, 결승선을 향해 달리기

4.1 다음 중 무대에서 스프라이트가 잠깐 사라졌다가 나타나게 할 때 가장 필요 없는 블록은?

① 숨기기 ② 보이기

③ 무작위 위치로 이동하기 ④ 1초 기다리기

4.2 다음은 고양이 스프라이트가 제자리걸음을 반복하게 만드는 스크립트를 작성할 때 사용할 수 있는 블록들이다. 다음 중 형태 블록이 아닌 것은?

① 모양을 모양1(으)로 바꾸기 ② 모양을 모양2(으)로 바꾸기

③ 0.5초 기다리기 ④ 다음 모양으로 바꾸기

4.3 오른쪽 화살표 키를 누를 때마다 고양이 스프라이트를 앞으로 달리게 하려고 한다. 다음 중 가장 필요 없는 블록은?

① 10만큼 움직이기 ② "만세!"를 2초동안 말하기

③ 다음 모양으로 바꾸기 ④ 오른쪽 화살표 키를 눌렀을 때

4.4 스크래치에서 공개된 다른 프로젝트를 수정 보완하여 새로운 프로젝트를 제작하는 방법을 무엇이라 하는가?

① 믹스인 (Mixin)
② 리눅스 (Linux)
③ 유닉스 (Unix)
④ 리믹스 (Remix)

4.5 아래 그림은 어떤 그래픽 효과인가?

4.6 아래 그림은 어떤 그래픽 효과인가?

4.7 아래 그림은 어떤 그래픽 효과인가?

4.8 아래 그림은 어떤 그래픽 효과인가?

4.9 다음 중 숨바꼭질 프로젝트에서 공이 무대에서 사라졌다가 임의의 위치에 나타나게 하는 스크립트를 작성할 때 꼭 필요하지 <u>않은</u> 블록은?

① 무작위 위치로 이동하기　　② 숨기기

③ 보이기　　④ 맨 앞쪽으로 순서 바꾸기

4.10 녹색 깃발을 클릭하면 스프라이트가 결승선에 닿을 때까지 모양을 바꾸며 앞으로 달리게 하려고 한다. 다음 중 반드시 필요하지 <u>않은</u> 블록은?

① 

② 

③ 

④ 

4.11 다음 중 스프라이트가 벽에 닿을 때까지만 모양을 바꿔가며 계속 움직이게 하는 코드는 무엇인가?

① 

② 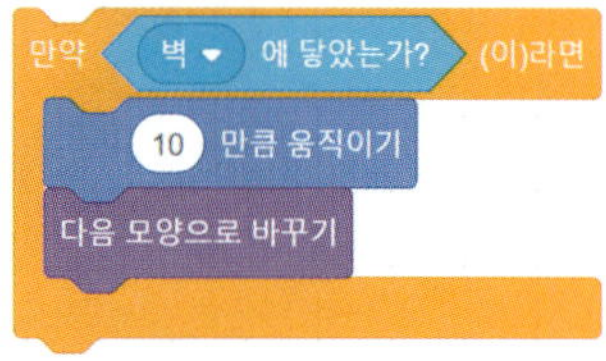

③ 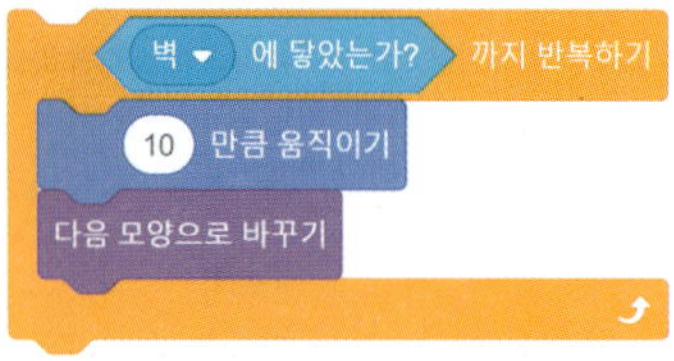

④ 

4.12 다음 중 "결승선을 향해 달리기" 프로젝트에서 실행했을 때 결승선에 닿을 때까지 스프라이트를 계속 앞으로 움직이는 스크립트는?

①
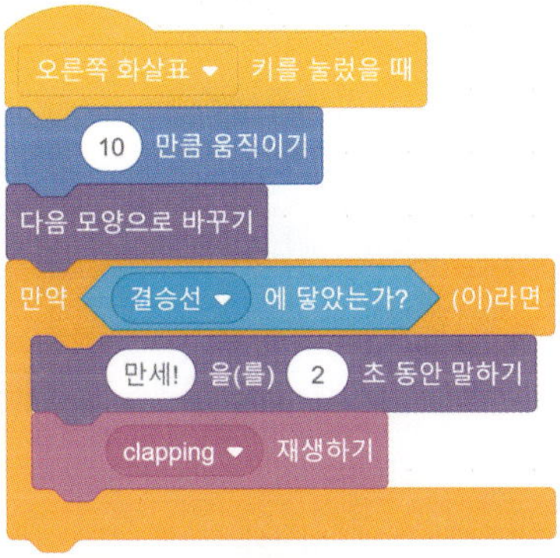

②

③

④

CHAPTER 5

이벤트 블록과 음악 블록을 이용하여 음악 연주하기

5.1 이벤트 블록

이벤트 블록 개요

스크래치 3.0에서는 총 8개의 이벤트 블록(Event Block)을 제공한다. 이벤트 블록은 녹색 깃발을 클릭했을 때, 키보드 키를 눌렀을 때, 또는 스프라이트를 클릭했을 때의 처리를 지원한다. 또한, 배경, 음량, 타이머 등과 관련된 처리, 또는 스프라이트들 간에 메시지 전달과 같은 기능도 지원한다. 이벤트 블록은 주로 모자(Hat) 블록들로 구성된다. 모자 블록은 스크립트 실행의 시작이 되는 지점이며 모자 블록 위에는 다른 블록이 있을 수 없다. 주로 특정한 이벤트를 지정하고 있어 해당 이벤트가 발생하면 아래에 연결된 블록들이 실행된다.

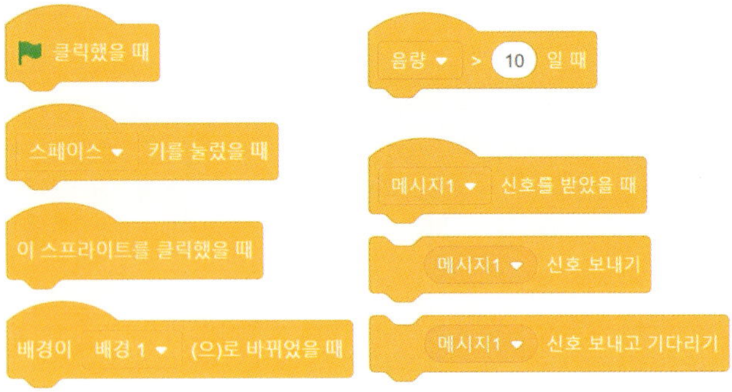

그림 5.1 이벤트 블록

녹색 깃발을 클릭했을 때

무대 위 녹색 깃발 아이콘을 클릭하면 녹색 깃발을 클릭했을 때 블록 아래에 연결된 블록들이 실행된다. 예를 들어, 그림 5.2 코드 블록이 고양이 스프라이트의 코드 영역에 정의되어 있을 때, 무대 위 녹색

그림 5.2 녹색 깃발을 클릭했을 때 블록

깃발을 클릭하면 고양이가 (0, 0) 위치로 이동한 뒤 시계 반대 방향으로 원을 그리며 계속 회전한다.

키보드 키를 눌렀을 때

스페이스 키를 눌렀을 때 블록의 드롭다운 버튼을 클릭하면 스페이스 키, 위쪽, 아래쪽, 오른쪽, 왼쪽 화살표 키, 아무 키, a~z 사이의 문자(대소문자 구분 없음), 0~9 사이의 숫자 중에서 원하는 키를 선택할 수 있다. 선택된 키를 누르면 해당 블록 아래에 연결된 블록들이 실행된다. 그림 5.3과 같이 코드 블록을 정의하면 화살표 키를 이용하여 스프라이트를 위-아래, 오른쪽-왼쪽으로 움직일 수 있다.

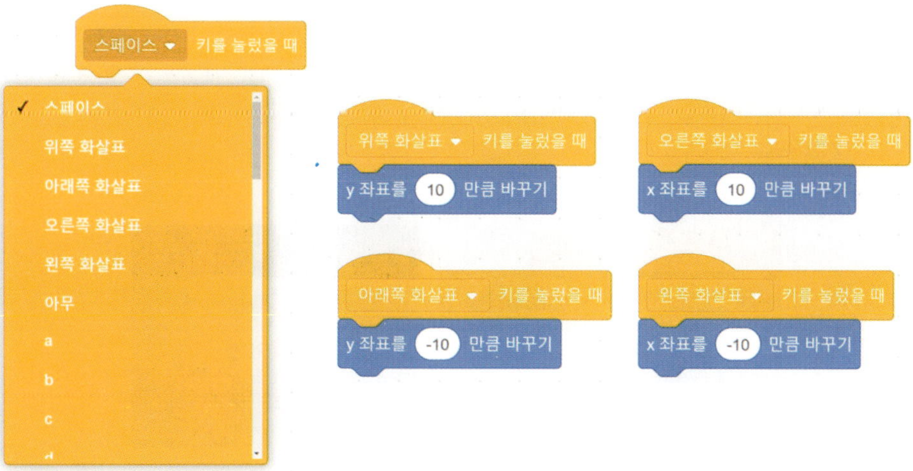

그림 5.3 키보드 키를 눌렀을 때 블록

이 스프라이트를 클릭했을 때

이 스프라이트를 클릭했을 때 블록은 대상 스프라이트를 클릭할 때마다 아래에 연결된 코드 블록들을 실행한다. 예를 들어, 그림 5.4에 있는 코드 블록이 고양이 스프라이트의 코드 영역에 정의되어 있으면, 무대에 있는 고양이를 마우스로 클릭할 때마다 고양이가 2초 동안 "Hello!"라고 말한다.

그림 5.4　이 스프라이트를 클릭했을 때 블록

배경이 바뀌었을 때

배경이 배경1(으)로 바뀌었을 때 블록은 배경이 설정된 배경으로 변경될 때마다 아래에 연결된 블록들을 실행한다. 배경 고르기에서 Moon 배경을 추가하고 고양이 스프라이트의 코드 영역에 그림 5.5와 같은 코드를 정의한 뒤, 형태 블록 팔레트에서 배경을 Moon (으)로 바꾸기 블록을 가져와서 실행해보자. 그러면 무대가 Moon 배경으로 변경되고 고양이 스프라이트가 "I'm in the Moon!"이라고 2초 동안 말한다.

그림 5.5　배경이 바뀌었을 때 블록

음량, 타이머 이벤트

"음량 〉 10일 때" 블록은 음량 값이 10보다 커지면 아래에 연결된 블록들이 실행된다. 드롭다운 목록에서 음량 대신 타이머를 선택할 수 있으며 하얀 색 영역을 클릭하여 숫자 값을 입력할 수 있다. 마이크를 연결하면 소리를 감

그림 5.6　음량 이벤트 블록

지할 수 있다. 아직 자세히 다루지는 않았지만 감지 블록 팔레트에서 제공하는 음량 리포터 블록을 클릭하여 스크래치에서 마이크를 사용할 수 있도록 허용할 수 있다. 음량(loudness)은 마이크로 입력된 소리의 크기이며 1~100 사이의 값으로 측정된다. 예를 들어, 그림 5.6과 같은 코드 블록이 정의되어 있으면 마이크에 입력된 소리가 10보다 클 때 해당 코드 블록이 포함된 스프라이트가 "Be quiet!"라고 2초 동안 말한다.

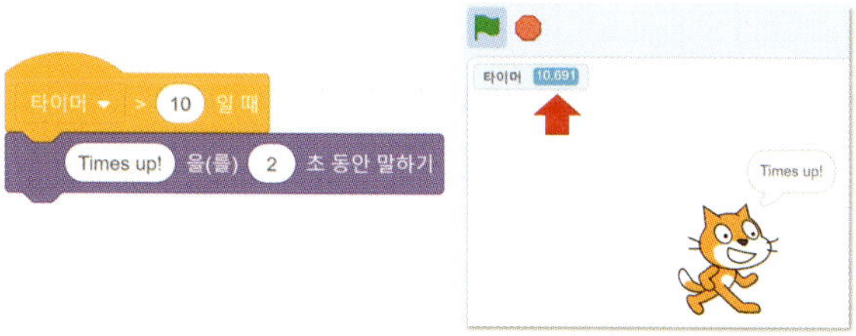

그림 5.7 타이머 이벤트 블록

타이머(timer)는 스크래치 3.0의 기본 변수로 스크래치 에디터를 실행시킨 시점부터 카운트가 시작된다(0부터 시작). 음량과 마찬가지로 감지 블록 팔레트에서 제공하는 타이머 리포터 블록으로 활용 가능하다. 예를 들어, 그림 5.7 코드 블록이 고양이 스프라이트의 코드 영역에 정의되어 있으면 타이머 시간이 10초가 넘었을 때 고양이가 "Times up!"이라고 2초 동안 말한다.

메시지 신호 보내기

스프라이트들은 서로 메시지 신호를 주고 받을 수 있다. 스프라이트 고르기에서 테라(Tera) 스프라이트를 추가하여 고양이 스프라이트와 서로 메시지를 주고 받게 해보자. 신호 보내기(broadcast) 블록을 이용하면 모든 스프라이트에게 메시지를 보낼 수 있다. 그림 5.8에서처럼 신호 보내기 블록의 드롭다운 목록에서 새로운 메시지를 클릭하여 새 메시지를 만들 수 있다. "jump" 메시지를 만들어보자. 메시지를 만든 후 테라 스프라이트의 코드 영역에서 그림 5.9 코드 블록을 실행하면 테라가 jump 메시지 신호를 모든 스프라이트(고양이)에게 보내고 "It's fun!"이라고 2초 동안 말한다.

그림 5.8 (좌) 테라 스프라이트, (가운데) 메시지 신호 보내기 블록, (우) 새로운 메시지 만들기

그림 5.9 메시지 신호 보내기

메시지 신호를 받았을 때

메시지 신호를 받았을 때 블록은 스프라이트가 해당 메시지를 받을 때마다(즉, 누군가가 해당 메시지 신호를 보낼 때마다) 블록 아래에 연결된 블록들을 실행한다. 예를 들어, 고양이 스프라이트의 코드 영역에 그림 5.10 코드 블록이 정의되어 있으면, 테라 스프라이트가 jump 메시지 신호를 보낼 때마다(그림 5.9) 고양이가 점프한다. (이와 동시에 테라는 "It's fun!"을 2초 동안 말한다.)

그림 5.10 (좌) 고양이 스프라이트가 jump 메시지를 받았을 때 실행해야 할 코드 블록
(가운데) jump 메시지를 보내기/받기 전 (우) jump 메시지를 보낸/받은 후

메시지 신호 보내고 기다리기

메시지 신호 보내고 기다리기 블록의 실행 과정은 다음과 같다.

1. 모든 스프라이트에게 메시지를 보냄
2. 각 스프라이트가 해당 메시지를 받음
3. 각 스프라이트가 실행해야 되는 코드의 실행이 완료될 때까지 기다림
4. 모든 코드의 실행이 완료되면 메시지 신호 보내고 기다리기 블록 아래에 연결된 블록들을 실행

예를 들어, 테라 스프라이트의 코드 영역에서 그림 5.11 코드 블록을 실행하면 테라 스프라이트가 jump 메시지를 보내고 고양이가 점프를 완료할 때까지 기다린 다음에 "It's fun!"이라고 2초 동안 말하게 된다. 그림 5.10과 다른 점은 고양이와 테라가 동시에 코드를 실행하지 않고 고양이의 코드가 종료된 다음에야 테라의 코드가 실행된다는 점이다.

그림 5.11 (좌) 테라의 코드 블록 (가운데) 먼저 고양이의 코드가 실행되고 (우) 그 이후에 테라의 코드가 실행됨

메시지 신호 보내기를 이용한 실습

지금까지 이벤트 블록에 대해서 자세히 살펴보았다. 여기서는 메시지 신호 보내기 블록을 이용하여 4.3절에서 공부한 결승선을 향해 달리기 게임을 수정해보자. 달리기 경기 중인 스프라이트 둘 중에 하나라도 결승선에 먼저 닿으면 모두 시작 위치로 이동시킨다. 이를 위해 먼저 "restart"라는 이름의 메시지를 만든다. 다음으로 그림 5.12에서처럼 두

스프라이트 모두 결승선에 닿았을 때 restart 신호를 보내도록 한다. 또한, 그림 5.13에서처럼 각 스프라이트가 restart 신호를 받으면 초기 위치로 이동하도록 한다.

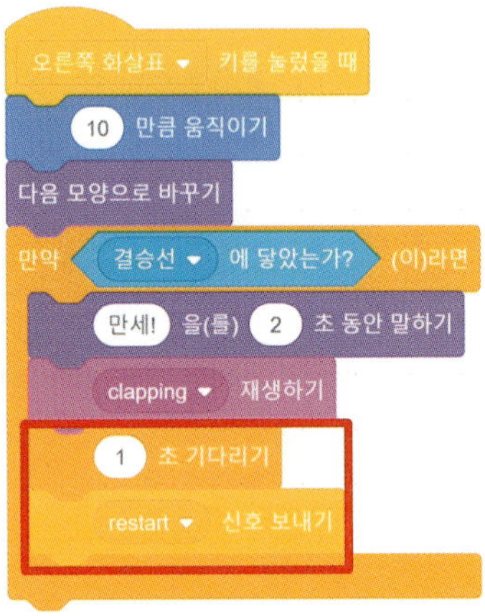

그림 5.12 결승선에 닿았을 때 restart 신호 보내기 (그림 4.44 고양이의 코드 블록 수정)

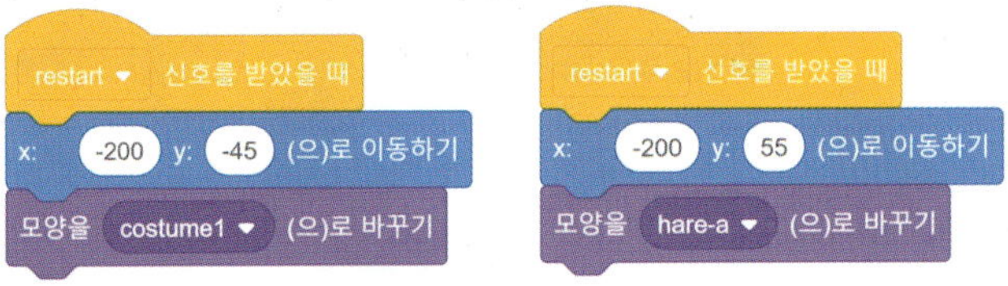

그림 5.13 restart 신호를 받았을 때 (좌) 고양이와 (우) 토기의 위치와 모양 초기화

그림 5.14 (좌) 고양이가 결승선에 닿았을 때 (우) restart 신호를 이용하여 스프라이트 초기화

5.2 소리 블록

소리 블록 개요

스크래치 3.0에서는 총 9개의 소리 블록(Sound Block)을 제공한다. 소리 블록을 이용하여 다양한 소리를 재생하거나 소리를 끌 수 있으며, 음 높이와 음량을 조절할 수 있다.

그림 5.15 소리 블록

소리 재생하기

소리 재생하기 블록은 선택한 소리를 재생하고 이와 동시에 아래에 연결된 다음 블록들을 실행한다. 드롭다운 목록에서 현재 이용 가능한 소리를 선택할 수 있으며 스프라이트마다 기본 소리가 제공된다. 새로운 소리는 소리 탭에서 추가할 수 있다. 소리 저장소에서 선택하거나 마이크로 녹음하거나 로컬 PC에서 업로드할 수 있다.

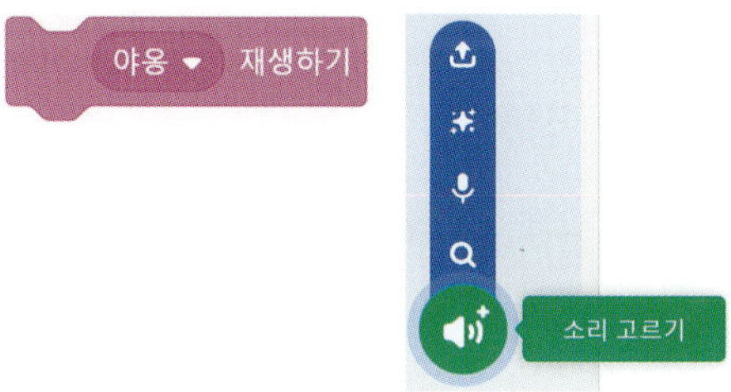

그림 5.16 재생하기 블록과 소리 고르기

한편, 소리 끝까지 재생하기 블록은 선택한 소리를 끝까지 재생하고 난 다음에 아래에 연결된 블록들을 실행한다. 예를 들어, 그림 5.17 (좌) 코드를 실행하면 수탉(Rooster)이 우는 소리가 재생됨과 동시에 스프라이트가 "어떤 동물일까요?"라고 말한다. 반면에, 그림 5.17 (우) 코드를 실행하면 소리 재생이 완전히 끝나고 나서 스프라이트가 "어떤 동물일까요?"라고 말한다.

그림 5.17 소리 끝까지 재생하기

모든 소리 끄기

모든 소리 끄기 블록을 실행하면 모든 스프라이트와 무대에서 현재 재생 중인 모든 소리 파일의 재생이 중단된다. 현재 재생 중인 소리를 중단하고 새로운 소리를 이어서 재생하고 싶을 때도 모든 소리 끄기 블록을 사용할 수 있다. 그림 5.18에서처럼 주로 메시지 신호 보내기 블록과 메시지 신호를 받았을 때 블록과 결합하여 사용한다.

그림 5.18 모든 소리 끄기 블록 활용하기

음 높이 효과 바꾸기와 정하기

"음 높이 효과를 ...만큼 바꾸기" 블록과 "음 높이 효과를 ...로 정하기" 블록은 각각 현재 음 높이 값에 설정한 값만큼 더하거나 현재 음 높이 값을 설정한 값으로 변경한다. 음 높이 효과 바꾸기 블록에서 10만큼 바꾸는 것은 반음을 올리는 것과 같고 -10만큼 바꾸는 것은 반음을 내리는 것과 같다. 한 옥타브(octave)를 올리려면 120만큼 바꾸고 한 옥타브를 내리려면 -120만큼 바꾸면 된다. 한편, 그림 5.19에서처럼 드롭다운 목록에서 음 높이 효과 대신 음향 위치 왼쪽/오른쪽 효과를 선택할 수 있다. 음향 위치 왼쪽/오른쪽 효과 바꾸기와 정하기 블록은 설정한 값에 따라 오디오의 출력 위치를 왼쪽 또는 오른쪽으로 이동시킨다. 음수는 오디오 출력을 왼쪽으로 이동시키고 양수는 오른쪽으로 이동시킨다. 음향 위치 왼쪽/오른쪽 효과 바꾸기 블록은 현재 출력 위치 값에 설정한 값만큼 더하고 음향 위치 왼쪽/오른쪽 효과 정하기 블록은 현재 출력 위치 값을 설정한 값으로 변경한다.

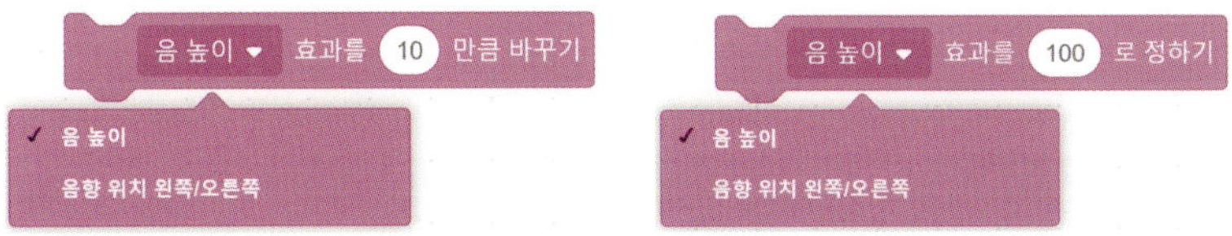

그림 5.19 음 높이(음향 위치 왼쪽/오른쪽) 효과 바꾸기와 정하기

소리 효과 지우기 블록은 현재 적용된 모든 소리 효과(음 높이, 음향 위치 왼쪽/오른쪽)를 제거한다.

음량 바꾸기와 정하기

음량은 0부터 100 사이의 값이며 100이 기본 음량이다. "음량을 ...만큼 바꾸기" 블록은 현재 음량 값에 설정한 값을 더한다. 예를 들어, 현재 음량이 100일 때 "음량을 -10만큼 바꾸기" 블록을 실행하면 음량은 90이 된다.

그림 5.20 음량 바꾸기와 정하기, 음량 리포터 블록

"음량을 ...%로 정하기" 블록은 음량을 설정한 비율로 변경한다. 음량 값은 스프라이트마다 따로 설정할 수 있으며, 음량이 다른 두 가지 소리를 동시에 재생하려면 스프라이트를 두 개 이상 이용해야 한다. (또는 스프라이트 대신에 무대의 코드 영역을 활용해도 된다.) 한편, 음량 리포터 블록은 현재 음량 값을 반환한다. 소리 블록 팔레트의 음량 블록 왼쪽에 있는 체크 상자를 체크하면 무대 왼쪽 상단에 음량 정보가 표시된다.

5.3 음악 블록

음악 블록 개요

스크래치 3.0에서 음악 블록(Music Block)은 기본 블록이 아니며 확장 기능 추가하기를 이용하여 추가할 수 있다. 음악 블록은 6개의 스택 블록과 1개의 리포터 블록으로 구성되어 있으며 타악기 및 악기 연주하기, 빠르기 조절하기 등의 기능을 지원한다.

그림 5.21 음악 블록

빠르기

빠르기(Tempo)는 스크래치에서 타악기와 악기가 연주되는 속도, 즉 분당 박자수(BPM, Beats Per Minute)이다. 빠르기의 값이 클수록 타악기와 악기가 더 빠르게 연주된다. 빠르기는 기본 60 bpm(1박자를 1초 동안 연주)이고 최소 20에서 최대 500까지 설정 가능하다. 빠르기 리포터 블록은 현재 빠르기 값을 반환한다. 그림 5.22에서처럼 빠르기 리포터 블록 왼쪽에 있는 체크 상자가 체크되어 있으면 무대 왼쪽 상단에 빠르기 정보가 표시된다. 한편, "빠르기를 ...(으)로 정하기" 블록과 "빠르기를 ...만큼 바꾸기" 블록은 각각 현재 빠르기를 입력한 값으로 설정하거나 현재 빠르기 값에 입력한 값을 더한다. 이때 20보다 작은 값은 20으로 설정되고 500보다 큰 값은 500으로 설정된다.

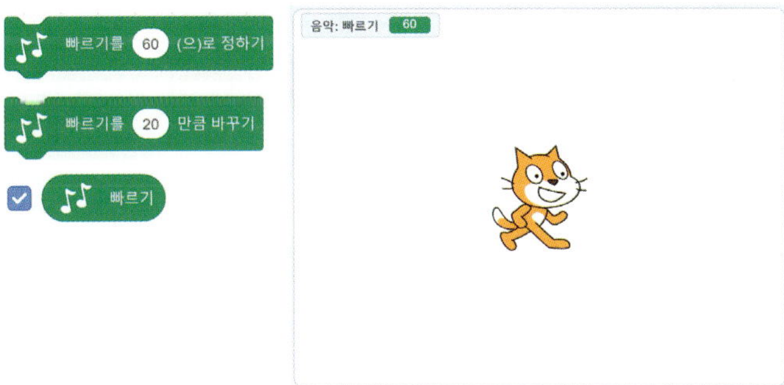

그림 5.22 빠르기 정하기와 바꾸기, 빠르기 리포터 블록

타악기 연주하기

스크래치 3.0에서는 아래 표와 같이 총 18가지의 타악기 소리를 지원한다. "... 번 타악기를 ... 박자로 연주하기" 블록의 드롭다운 목록에서 타악기를 선택할 수 있으며, 연주할 박자(beat)의 길이(시간)는 빠르기 값에 의해 결정된다. 박자 쉬기 블록은 설정한 박자 동안 아무 것도 하지 않고 기다린다. 즉, 설정한 박자 동안 소리 재생을 멈춘다. 그림 5.23의 코드를 실행하면 1번 타악기인 스네어 드럼(작은북)을 0.5 박자로 세 번 연주하며, 작은북을 한 번 칠 때마다 0.2 박자씩 쉰다.

(1) 스네어 드럼	(7) 탬버린	(13) 봉고
(2) 베이스 드럼	(8) 박수	(14) 콩가
(3) 사이드 스틱	(9) 클라베	(15) 카바사
(4) 크래시 심벌	(10) 나무 블록	(16) 귀로
(5) 열린 하이햇	(11) 카우벨	(17) 비브라슬랩
(6) 닫힌 하이햇	(12) 트라이앵글	(18) 쿠이카

그림 5.23 타악기 연주하기 - 스네어 드럼

음정 연주하기

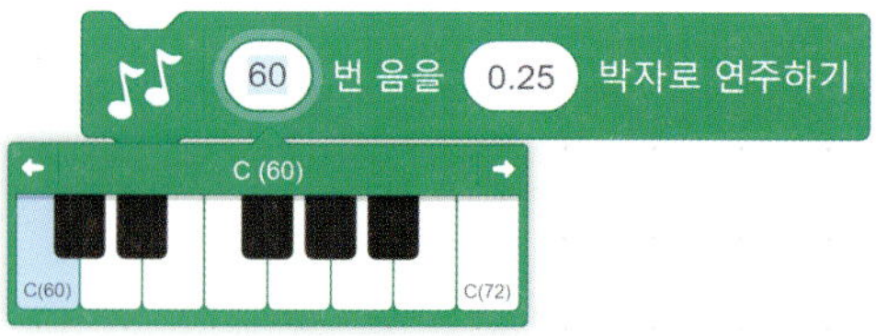

그림 5.24 음정 연주하기

악기를 연주하기 위해서는 "... 번 음을 ... 박자로 연주하기" 블록을 이용한다. 이 블록은 지정한 음정(note)을 지정한 박자로 연주한다. 따로 악기를 설정하지 않았다면 기본 악기는 피아노이다. 이 블록의 첫 번째 하얀색 동그란 영역을 클릭하면 그림 5.24와 같이 피아노 건반이 나타난다. 피아노 건반을 클릭하면 음을 선택할 수 있으며 직접 숫자를 입력하는 것도 가능하다. 60번 음은 중간 C(도)이다. 박자는 두 번째 하얀색 동그란 영역에 원하는 박자를 직접 입력한다.

악기 정하기

"악기를 ...(으)로 정하기" 블록을 이용하여 연주에 사용할 악기를 선택할 수 있다. 드롭다운 메뉴 버튼을 클릭하여 사용할 악기를 선택할 수 있으며 스크래치 3.0에서는 아래 표와 같이 총 21가지 악기를 지원한다. 하나의 스프라이트는 한 번에 하나의 악기만 연주할 수 있으며 여러 개의 악기를 동시에 연주하려면 여러 스프라이트를 이용해야 한다. 무대의 코드 영역을 활용하여 악기를 연주할 수도 있다.

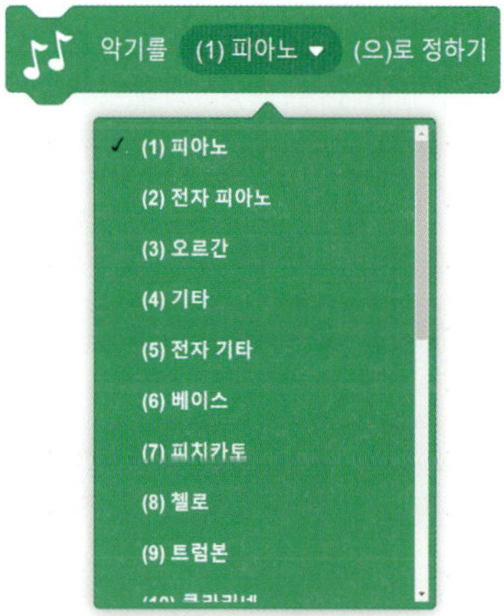

그림 5.25 악기 정하기

(1) 피아노	(8) 첼로	(15) 합창단
(2) 전자 피아노	(9) 트럼본	(16) 비브라폰
(3) 오르간	(10) 클라리넷	(17) 뮤직 박스
(4) 기타	(11) 색소폰	(18) 스틸 드럼
(5) 전자 기타	(12) 플루트	(19) 마림바
(6) 베이스	(13) 나무 플루트	(20) 신드 리드
(7) 피치카토	(14) 바순	(21) 신드 패드

이상으로 음악 블록에 대해 살펴보았으며 다음 절에서는 음악 블록을 이용하여 간단한 실습을 진행해본다.

5.4 소리 블록과 음악 블록을 이용한 간단한 실습

모든 타악기 소리 들어 보기

변수와 반복을 이용하면 모든 타악기 소리를 들어볼 수 있다. "drum"이라는 변수를 만들어 1부터 18까지 값을 1씩 증가시키면서 "drum"번째 타악기를 연주해보자. 이를 위해 제어 블록 팔레트에서 제공하는 "...번 반복하기" 블록을 이용한다. 또한, 아직 자세히 다루지는 않았지만 연산 블록 팔레트에서 제공하는 문자열 결합하기(가위와(과) 나무 결합하기) 블록을 이용하여 현재 타악기 번호를 스프라이트가 말하게 하자. 그림 5.26은 이를 구현하는 코드 예이다.

그림 5.26 모든 타악기의 소리를 연주하는 코드

모든 악기 소리 들어 보기 - 도레미파솔라시도

앞선 실습과 유사하게 변수와 반복을 이용하여 모든 악기로 '도레미파솔라시도'를 연주해보자(60번 음부터 72번 음까지). "악기"라는 이름의 변수를 만들어 1부터 21까지 값을 1씩 증가시키면서 "악기"번째 악기를 연주해본다. 이를 위해 "...번 반복하기" 블록 안에서

'도레미파솔라시도' 연주를 반복하기 전에 매번 악기를 "악기" 변수로 정한다. 또한, 문자열 결합하기 블록을 이용하여 현재 악기 번호를 스프라이트가 말하게 한다. 그림 5.27은 이를 구현하는 코드 예이다.

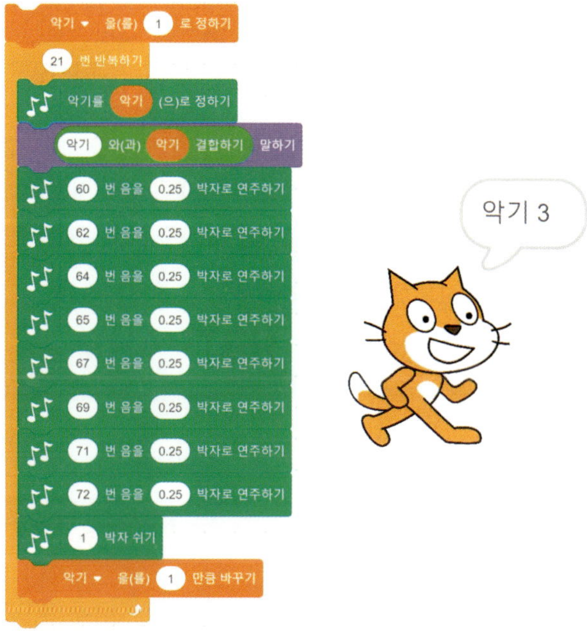

그림 5.27 모든 악기로 '도레미파솔라시도'를 연주하는 코드

모든 음정 들어 보기

이번에는 변수와 반복을 이용하여 스크래치에서 피아노로 연주 가능한 모든 음정을 연주해보자.

그림 5.28 피아노의 모든 음정을 연주해보기

"note"라는 이름의 변수를 만들어 60(중간 C)번 음을 기준으로 값을 낮추거나 높여가면서 음을 연주해보자. "... 까지 반복하기" 블록을 이용하여 음정 값이 일정 값에 도달하면 반복을 종료한다. 이를 위해 아직 자세히 다루지는 않았지만 연산 블록 팔레트에서 제공하는 값을 비교하는 불리언 블록을 이용한다. 그림 5.28은 이를 구현하는 코드 예이다.

모든 음량 들어 보기

이번 실습에서는 음량을 100부터 0까지 10씩 감소시켜 가며 아무 소리나 재생해보자. 무한 반복하기 블록을 이용하되 음량의 값이 0이 되면 아직 자세히 다루지는 않았지만 제어 블록 팔레트에서 제공하는 "멈추기 이 스크립트" 블록을 이용하여 무한 반복하기를 종료해보자. 그림 5.29는 이를 구현하는 코드 예이다.

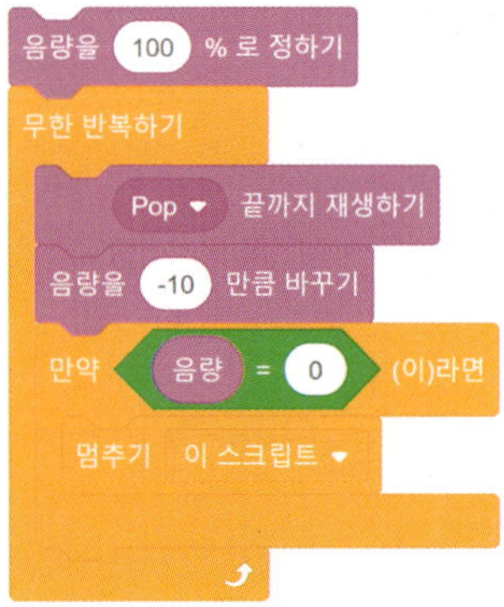

그림 5.29 음량을 100부터 0까지 10씩 감소시켜 가며 소리 재생해 보기

빠르기 실험해보기

마지막 간단한 실습으로 빠르기의 최소값인 20부터 최대값인 500까지 빠르기의 값을 20씩 증가시켜 가며 타악기를 연주해보자. 앞선 예제와 마찬가지로 무한 반복하기 블록을 이용하되 빠르기의 값이 500이 되면 제어 블록 팔레트에서 제공하는 "멈추기 이 스크립트" 블록을 이용하여 무한 반복하기를 멈춘다. 그림 5.30은 이를 구현하는 코드 예이다.

그림 5.30 빠르기를 20부터 500까지 20씩 증가시켜 가며 타악기 연주해보기

5.5 학교 종 동요 연주하기

그림 5.31 학교 종 동요

본 절에서는 지금까지 배운 내용을 바탕으로 초등학교 음악 교과서에 수록되어 있는 학교 종 동요를 스크래치에서 연주해본다. 특히, 학교 종 동요에서 반복적으로 나타나는 패턴을 "내 블록"으로 정의해본다. 또한, 학교를 배경으로 음악에 맞춰 고양이가 노래를 부르게 한다. 이를 위해 배경 고르기에서 School을 배경으로 선택하고 형태 블록 팔레트에서 제공하는 말하기 블록을 이용한다.

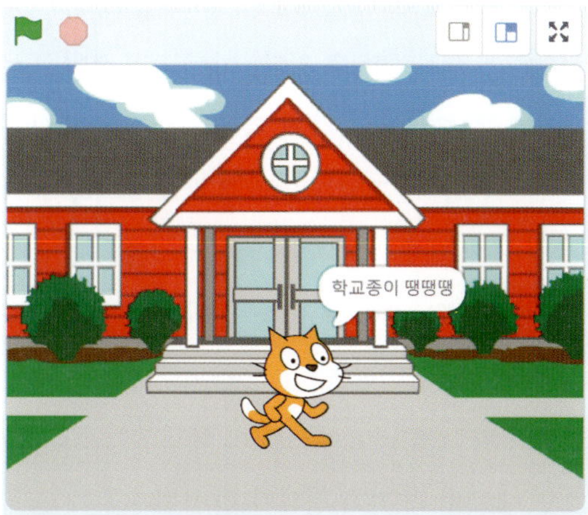

그림 5.32 학교를 배경으로 학교 종 동요 가사 말하기

그림 5.33은 학교 종을 연주하는 코드이다. 그림 5.31 악보에 맞춰서 4/4박자를 기준으로 음을 연주한다.

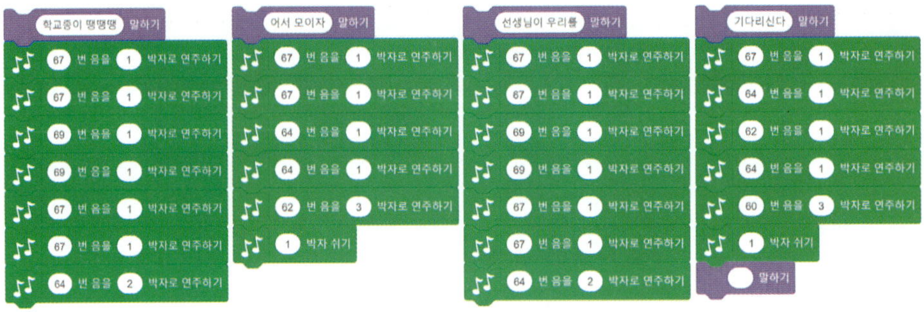

그림 5.33 학교 종 연주 코드

내 블록

학교 종 연주 코드를 보면 "학교 종이 땡땡땡" 부분과 "선생님이 우리를" 부분이 동일함을 알 수 있다. 스크래치에서는 반복적으로 사용되는 코드 블록 패턴을 새로운 블록으로 정의하여 재사용할 수 있다. 이를 전통적인 프로그래밍 언어에서는 함수(Function)라고 부른다. 함수를 정의하기 위해 그림 5.34에서처럼 내 블록 팔레트의 "블록 만들기" 버튼을 클릭한다. 여기서는 일단 입력값 추가하기(숫자 또는 문자열, 논리값)와 라벨 넣기 등은 무시하고 블록 이름을 "솔솔라라솔솔미"로 입력하고 확인 버튼을 누르자.[10] 그러면 그림 5.35에서처럼 내 블록 팔레트에 "솔솔라라솔솔미"라는 스택 블록이 생성되고 코드 영역에는 "솔솔라라솔솔미" 정의하기 블록이 생성된다. 정의하기 블록 아래에 "학교 종이 땡땡땡"과 "선생님이 우리를"에 해당되는 "솔솔라라솔솔미"를 연주하는 코드 블록을 연결하면 새로운 내 블록 정의가 완성된다.

10) 새로운 블록의 이름은 마음대로 정해도 된다. 여기서는 새로운 블록의 의미를 직관적으로 표현하도록 "솔솔라라솔솔미" 로 정했다. 한편, 스크래치 3.0에서는 같은 이름의 내 블록을 여러 번 정의하는 것을 허용하는데 이는 코드의 가독성 및 이해도를 떨어뜨리므로 가급적 지양하는 것이 좋다.

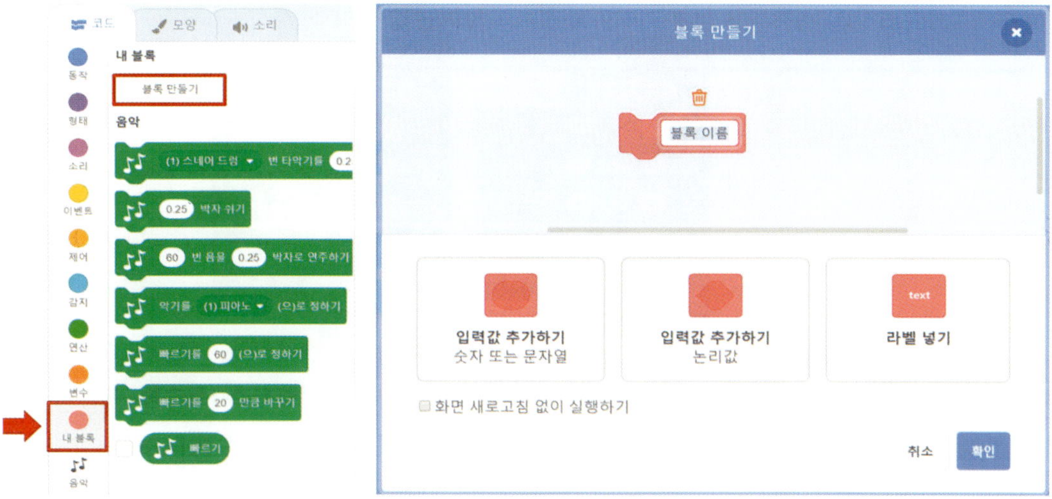

그림 5.34 내 블록 만들기

그림 5.35 솔솔라라솔솔미 내 블록 정의하기

이제 그림 5.33의 학교 종 연주 코드는 "솔솔라라솔솔미" 내 블록을 이용하여 그림 5.36에서처럼 간단하게 만들 수 있다. "솔솔라라솔솔미" 스택 블록이 실행될 때마다 "솔솔라라솔솔미" 정의하기 블록 아래에 연결된 블록들이 실행된다. 본 예제를 통해 반복되는 패턴이 많아질수록 내 블록의 유용성도 높아짐을 알 수 있다.

그림 5.36 솔솔라라솔솔미 내 블록을 이용한 학교 종 연주 코드

한편, 그림 5.37에서 볼 수 있듯이 블록을 만들 때 입력값을 사용할 수 있다. 입력값은 함수의 매개변수(Parameter) 또는 인자(Argument)라고도 불리며 함수를 한층 더 강력하게 만든다. 스크래치 3.0에서는 리포터 블록 형태의 입력과 불리언 블록 형태의 입력을 지원하며 라벨 넣기를 통해 함수 또는 인자에 대한 설명을 추가할 수 있다. 예를 들어, 학교 종 연주에서는 말하기 블록을 사용하는데 말하는 내용(가사)이 매 마디마다 달라진다. 따라서 말할 내용을 리포터 블록 형태의 입력값으로 전달받으면 코드를 한층 더 요약할 수 있다. 내 블록 팔레트의 "솔솔라라솔솔미" 스택 블록을 마우스 오른쪽 버튼으로 클릭하면 편집할 수 있다. 그림 5.37에서처럼 입력값 추가하기 숫자 또는 문자열 버튼을 클릭하면 함수 이름 옆에 함수 인자 영역이 리포터 블록 형태로 만들어진다. 입력값의 이름을 가사라고 작성한 뒤 확인 버튼을 클릭하면 그림 5.38에서처럼 함수 정의하기 블록에서 가사 리포터 블록을 활용할 수 있다. 정의하기 블록 바로 아래에 가사 말하기 블록을 추가하고 "솔솔라라솔솔미" 스택 블록을 사용할 때 "학교 종이 땡땡땡"을 입력값으로 전달함으로써 그림 5.36의 코드를 더욱 간결하게 나타낼 수 있다. 본 절에서 자세히 살펴보지는 않겠지만 함수의 입력값으로 논리값도 유사하게 활용할 수 있다.

그림 5.37 함수 입력값 추가하기

그림 5.38 함수 입력값 활용하기

5.6 전자 피아노

이번 절에서는 학교 종 동요 연주에 이어 키보드와 마우스를 이용하여 연주할 수 있는 전자 피아노를 만들어 본다.

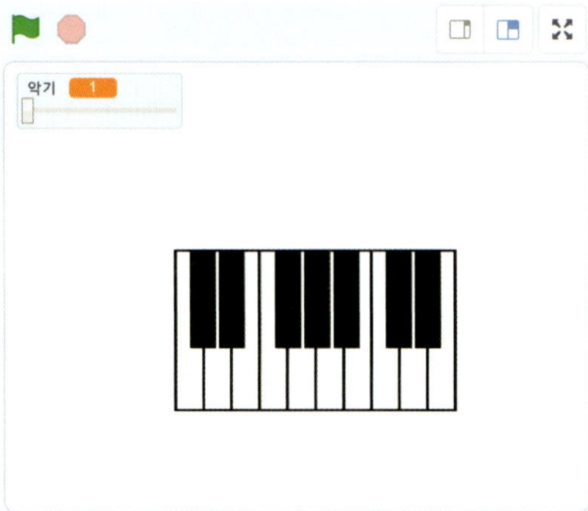

그림 5.39 전자 피아노

하얀색 건반 스프라이트 만들기

먼저 하얀색 건반을 만들기 위해 스프라이트 고르기에서 그리기 기능을 이용하여 하얀색 건반을 제작한다. 이를 위해 그림 5.40에서처럼 그리기 아이콘을 클릭하고 사각형 그리기 버튼을 선택하여 사각형을 그린다. 하얀색은 채우기 색을 색상 0, 채도 0, 명도 100으로 하면 된다. 윤곽선 색은 검정색으로 하되 굵기는 4로 한다.

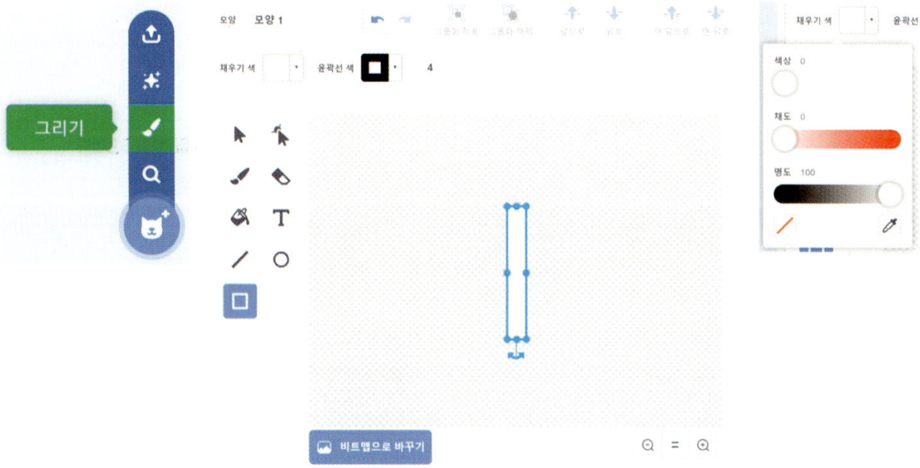

그림 5.40 하얀색 건반 그리기

하얀색 건반을 총 10개 배치해야 하므로 건반의 모양과 위치 조절을 쉽게 하기 위해 그림 5.41에서처럼 모양의 중심을 왼쪽 아래 모서리로 설정한다. 다음으로 그림 5.42에서처럼 무대에서 하얀색 건반 스프라이트의 위치를 조정하고 스프라이트의 이름을 "도"에 해당하는 중간 C로 변경한다. 그리고 건반을 마우스로 클릭하거나 키보드 "a" 키를 누르면 중간 C 음(60번 음)이 연주되도록 한다.[11] 또한, 음이 연주될 때 건반 색깔이 변하도록 형태 블록을 이용하여 색깔 효과도 추가한다.

11) 원래는 1 박자로 연주하는 것이 더 적절하나 여기서는 속도감을 위해 0.5 박자로 연주하도록 하였다. 이후의 건반들도 모두 0.5 박자로 연주하도록 설정한다.

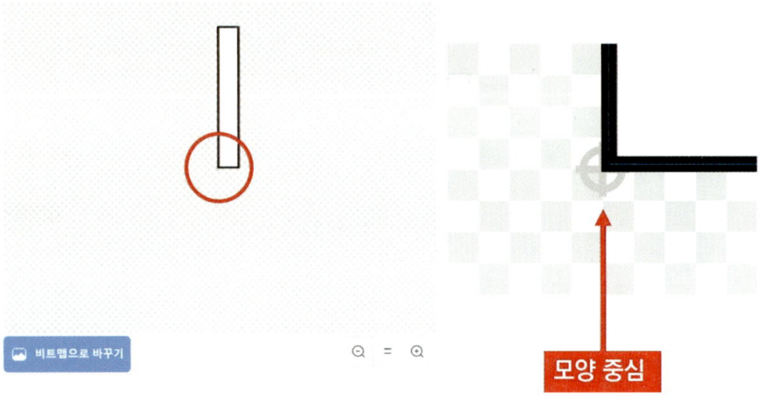

그림 5.41 모양 중심 설정하기

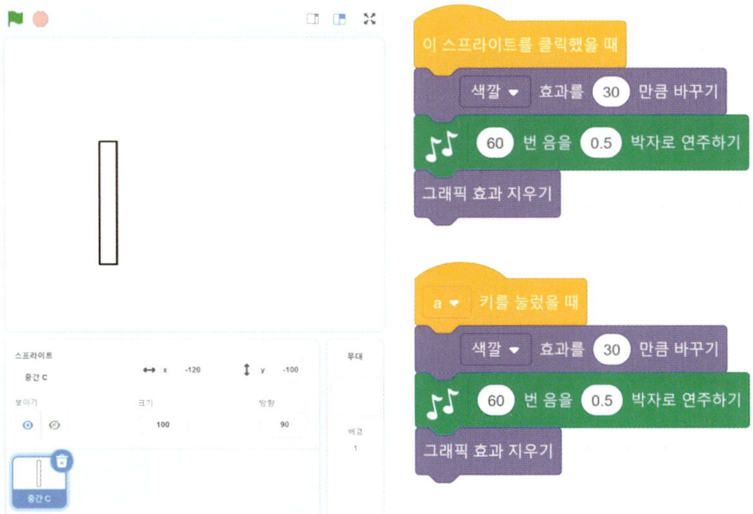

그림 5.42 하얀색 건반 코드 작성하기

첫 번째 하얀색 건반을 완성했으면 그림 5.43에서처럼 스프라이트를 복사하고 위치를 조정하여 총 10개의 하얀 건반을 만든다. 스프라이트를 복사하면 앞서 정의한 코드 블록들도 함께 복사된다. 복사된 스프라이트의 이름을 각각 "D", "E", "F", "G", "A", "B",

"높은 C", "높은 D", "높은 E"로 변경하고 코드를 수정하여 건반을 클릭했을 때 해당 음이 연주되도록 한다. 대응되는 키보드 키는 각각 "s", "d", "f", "g", "h", "j", "k", "l", "m"으로 한다.[12] 이로써 총 10개의 하얀색 건반을 모두 완성하였다.

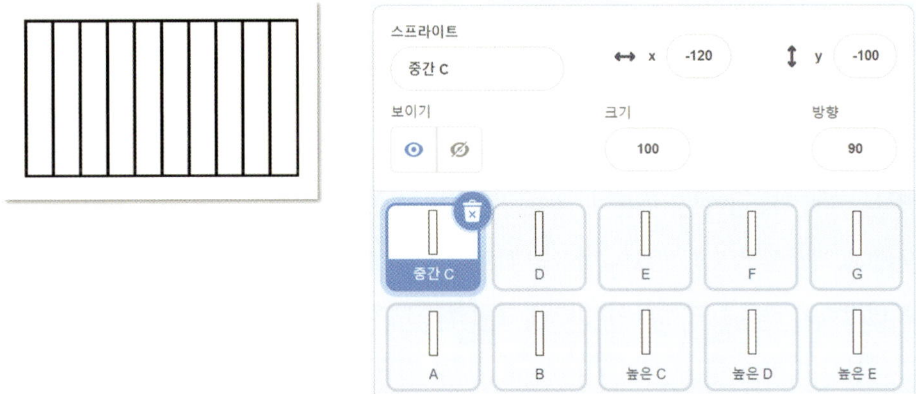

그림 5.43 하얀색 건반 10개 완성하기

검은색 건반 스프라이트 만들기

검은색 건반을 만드는 과정은 하얀색 건반을 만드는 과정과 동일하다. 먼저 하얀색 건반을 만들었던 것처럼 스프라이트 그리기를 이용하여 검은색 건반 스프라이트를 만든다. 이때 검은색 건반의 크기는 하얀색 건반보다 작게 하고 스프라이트의 이름은 "C#"으로 한다. 다음으로 중간 C 하얀색 건반 스프라이트의 코드를 복사하여 수정한다. 그림 5.44에서처럼 검은색 건반에서는 색깔 효과 대신에 밝기 효과를 사용하고 건반을 클릭하거나 "w" 키를 눌렀을 때 61번 음을 연주하도록 한다.

12) 일반적으로 키보드 두 번째 줄에 영문 키가 9개 밖에 없어서 마지막 "높은 E"의 경우 세 번째 줄에 있는 "m" 키로 설정하였다.

그림 5.44 검은색 건반 코드 작성하기

다음으로 "C#" 검은색 건반 스프라이트를 복사하고 스프라이트들의 위치를 조정하여 총 7개의 검은 건반을 만든다. 스프라이트를 복사하면 앞서 정의한 코드 블록들도 복사된다. 복사된 스프라이트의 이름을 각각 "Eb", "F#", "G#", "Bb", "높은 C#", "높은 Eb"로 변경하고 코드를 수정하여 건반을 클릭했을 때 해당 음이 연주되도록 한다. 대응되는 키보드 키는 각각 "e", "t", "y", "u", "o", "p"로 한다. 이로써 그림 5.39에서처럼 총 7개의 검은색 건반을 모두 완성하였다. 그럼 전자 피아노를 만든 기념으로 학교 종 동요를 직접 연주해보자.

연주하는 악기를 자유롭게 변경하기

지금까지 전자 피아노를 만들어봤다. 그런데 만약 연주하는 악기를 바꾸고 싶다면 어떻게 해야 할까? 아니면 음량이나 빠르기를 조절하고 싶다면? 아쉽게도 스크래치 3.0에서는 모든 스프라이트의 악기나 음량, 또는 빠르기를 한 번에 변화시킬 수 있는 간단한 방법이 없다. 전역 변수를 추가하여 악기를 변경해야 하며, 이미 전자 피아노 코드를 완성한 상황에서는 건반 스프라이트 17개의 코드를 모두 일일이 수정하는 수밖에 없다. 따라서 본 사례에서 알 수 있듯이 코딩을 시작하기 전에 미리 구현해야 하는 기능에는 어떤 것들이 있을지 요구사항 분석을 잘 수행하고 알고리즘을 먼저 설계하는 것이 매우 중요하다고 할 수 있겠다.

연주하는 악기를 자유롭게 변경할 수 있도록 코드를 수정해보자. 먼저 모든 스프라이트에서 사용할 수 있도록 "악기"라는 이름의 전역 변수를 만든다. 변수를 만들면 무대

상단에 악기 변수의 값이 표시되는데 그림 5.45에서처럼 해당 영역에서 마우스 오른쪽 버튼을 클릭하여 변수 정보를 표시하는 방식을 바꿀 수 있다. 슬라이더 사용하기를 클릭해서 슬라이더를 사용하자.

그림 5.45 "악기" 변수 만들기

다시 변수 정보에서 마우스 오른쪽 버튼을 클릭하면 그림 5.46에서처럼 "change slider range" 메뉴가 활성화된다. 해당 메뉴를 선택하여 최소값(Minimum value)과 최대값(Maximum value)을 정한다. 범위는 사용 가능한 악기 번호인 1부터 21까지로 한다.

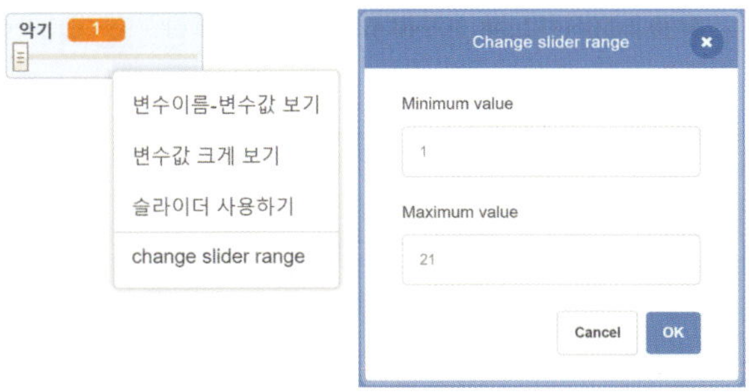

그림 5.46 변수의 최소값–최대값 범위 설정하기

이제 "악기" 변수가 지정하는 악기를 연주하도록 모든 건반 스프라이트의 코드를 그림 5.47과 같이 수정한다. 즉 스프라이트를 클릭하거나 키보드 키를 눌렀을 때 먼저 악기를 "악기" 변수가 지정하는 악기로 정하고 해당 음정을 연주하도록 한다. 모든 건반 스프라이트의 코드를 수정하고 "악기" 변수의 슬라이드를 조정하여 악기를 바꿔가면서 학교 종 동요를 연주해보자.

그림 5.47 악기 정하기 블록을 추가하여 연주하는 악기를 자유롭게 변경할 수 있게 하기

연습 및 생각해볼 점

악기를 자유롭게 변경할 수 있도록 전자 피아노 코드를 수정한 것처럼 새로운 변수를 추가하여 음량과 빠르기도 조절할 수 있도록 해보자. 또한, 각 건반 별로 서로 다른 그래픽 효과를 적용해보거나, 피아노 이미지 대신 기타나 바이올린 같은 다른 악기 이미지를 만들어서 마우스와 키보드로 연주할 수 있도록 스크립트를 작성해보자.

연습 문제

이벤트 블록과 음악 블록을 이용하여 음악 연주하기

5.1 스프라이트 간에 메시지를 주고 받기 위해 사용하는 블록이 아닌 것은?

① 스페이스 키를 눌렀을 때　　② 메시지 신호를 받았을 때

③ 신호 보내기　　④ 신호 보내고 기다리기

5.2 테라(Tera)의 코드 영역에 정의된 코드 블록을 실행했을 때의 상황으로 가장 적절한 것은?

고양이의 코드 영역

테라의 코드 영역

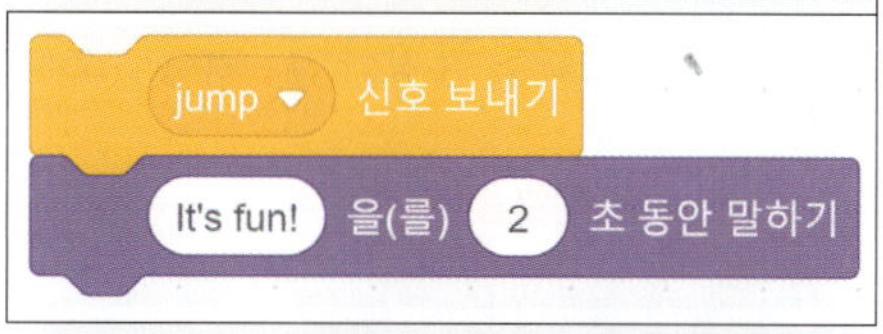

무대

① 고양이는 아무 것도 하지 않고 테라는 "It's fun!"이라고 2초간 말한다.

② 테라는 아무 것도 하지 않고 고양이는 점프한다.

③ 테라가 "It's fun!"이라고 말하는 것과 동시에 고양이가 점프한다.

④ 고양이가 점프를 하고 나서 테라가 "It's fun!"이라고 2초간 말한다.

5.3 다음 중 이벤트 블록이 아닌 것은?

① 녹색 깃발을 클릭했을 때 ② 복제되었을 때

③ 이 스프라이트를 클릭했을 때 ④ 메시지1 신호를 받았을 때

5.4 다음 중 스크래치에서 기본으로 사용하는 1번 악기는?

① 전자 피아노 ② 피아노

③ 기타 ④ 바이올린

5.5 다음 코드를 실행하면 "야옹" 소리가 몇 번 재생되는가?

5.6 다음 코드를 실행했을 때 음(note)을 연주하는 횟수는 몇 번인가?

5.7 다음 코드를 실행하면 60번 음은 총 몇 번 연주되는가?

5.8 다음 코드를 실행하면 타악기 1번 소리는 총 몇 번 나는가?

5.9 스크래치에서 60번 음은 "가운데 도(middle C)"에 해당한다. 다음 중 잘못된 것은?

① 62번 음 = 레 (62nd note = D) ② 64번 음 = 미 (64th note = E)
③ 66번 음 = 파 (66th note = F) ④ 71번 음 = 시 (71st note = B)

5.10 학교 종 프로젝트에서 학교 종 동요를 연주하기 위한 스크립트에서 중복되는 코드 블록 패턴을 재사용하기 위해 사용한 기능은 무엇인가?

① 블록 만들기 ② 변수 만들기
③ 리스트 만들기 ④ 확장 프로그램 추가

5.11 다음 중 전자 피아노 실습에서 사용하지 않은 블록은?

① 색깔 효과를 30만큼 바꾸기 ② 60번 음을 1박자로 연주하기
③ 야옹 재생하기 ④ 그래픽 효과 지우기

5.12 다음 중 전자 피아노 실습에서 피아노 건반을 만들 때 사용하지 않은 블록은?

①

②

③

④
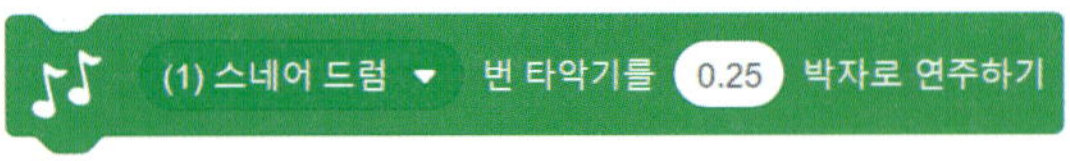

CHAPTER 6

제어 블록, 감지 블록, 사과 받기 게임

6.1 제어 블록

제어 블록 개요

스크래치 3.0에서는 총 11개의 제어 블록(Control Block)을 제공한다. 이전 장에서 이미 몇몇 블록을 살펴봤듯이, 제어 블록은 프로그램의 제어와 관련된 기능을 지원한다. 구체적으로 그림 6.1에서처럼 제어 블록은 설정한 시간 동안 기다리거나 특정 코드 블록을 반복적으로 실행하거나 특정 조건이 참인 경우에만 주어진 코드 블록을 실행하거나 현재 실행 중인 모든 스크립트를 멈추기 위해 사용한다.

그림 6.1 제어 블록

다른 범용 프로그래밍 언어와 마찬가지로 스크래치에서도 프로그램을 작성할 때 기본적으로 순차 구조, 선택 구조, 반복 구조의 세 가지 제어 구조가 사용된다.

순차 구조

순차 구조에서는 코드 블록이 첫 번째 블록부터 마지막 블록까지 순차적으로 실행된다. 우리가 이미 많이 보아 온 스택(Stack) 블록은 순차 구조를 구성하는 기본 블록으로 스크래치에서 제공하는 대부분의 블록들이 스택 블록이다. 그림 6.2는 스택 블록을 이용한 간단한 순차 구조의 예이다. 그림 6.2 왼쪽 코드에서는 "...초 기다리기" 제어 블록을 활용하는데, 이 블록은 설정한 시간 동안 스프라이트가 아무것도 하지 않고 기다린 후 다음 블록을 실행한다.

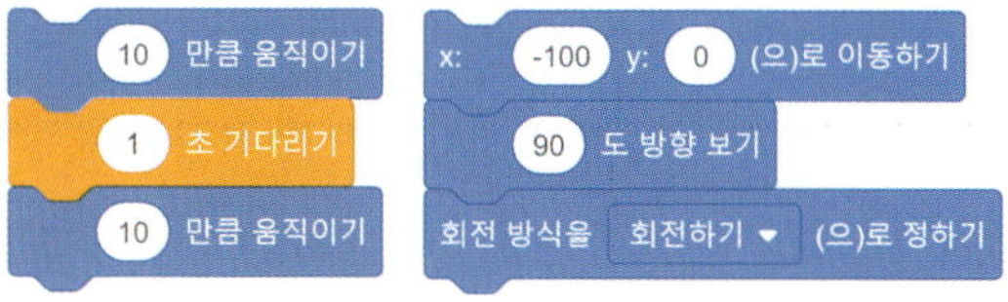

그림 6.2 순차 구조 예

선택 구조

선택 구조는 특정 조건을 만족하는 경우에만 주어진 코드를 실행한다. 조건식은 육각형 모양의 불리언(Boolean) 블록을 이용하여 기술한다. 불리언 블록은 주로 이후에 공부할 감지, 연산 블록 팔레트에서 제공하며, 조건식은 단독으로 사용할 수 없다. 그림 6.3은 "만약 ... (이)라면(If–then)" 블록과 "만약 ... (이)라면 ... 아니면(If–then–else)" 블록에 대해 주어진 조건식이 참과 거짓일 때 실행되는 영역을 보여준다. "만약 ... (이)라면" 블록의 경우 조건식이 거짓이면 아무것도 실행되지 않는다.

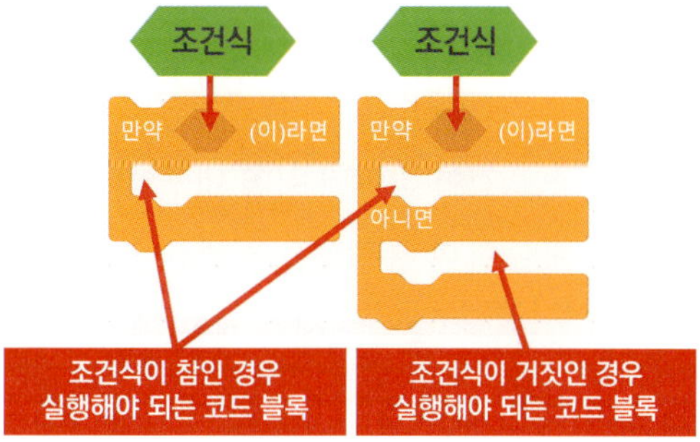

그림 6.3 선택 구조

"만약 ... (이)라면" 블록

이 블록은 조건이 참이면 블록 내부에 포함된 블록들을 실행한다. 그림 6.4 코드가 강아지 스프라이트의 코드 영역에 정의되어 있고 녹색 깃발을 클릭했다면, 강아지는 계속해서 마우스 포인터 위치로 이동하게 된다. 그리고 만약 강아지가 고양이에 닿으면 강아지가 "잡았다!"를 2초 동안 말한다. 강아지가 고양이에 닿지 않으면 아무일도 일어나지 않는다.

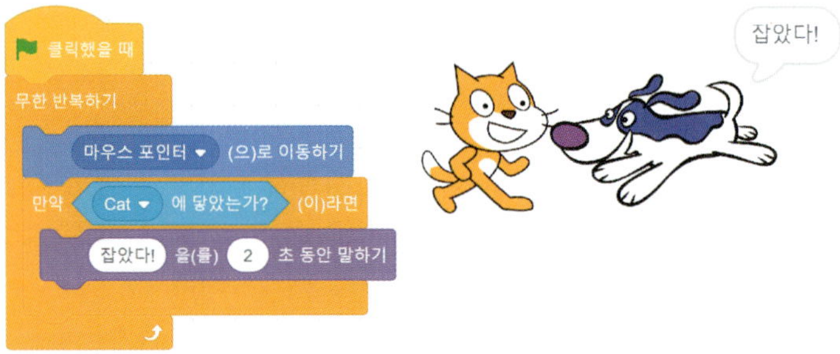

그림 6.4 "만약 ... (이)라면" 블록 활용 예

"만약 ... (이)라면 ... 아니면" 블록

이 블록은 조건이 참이면 위쪽 내부에 포함된 블록들을 실행하고 조건이 거짓이면 아래쪽 내부에 포함된 블록들을 실행한다. 예를 들어, 그림 6.5는 아직 자세히 배우지는 않았지만 감지 블록 팔레트에서 제공하는 "묻고 기다리기" 블록을 이용하여 "만약 ... (이)라면 ... 아니면" 블록을 활용하는 예이다. 묻고 기다리기 블록은 무대에 질문을 표기하고 사용자로부터 답변을 기다린다. 사용자가 무대에 표시된 답변 상자에 답변을 입력하면 대답 블록에 답변이 저장된다. 그림 6.5 코드를 실행한 후 만약 사용자가 입력한 답변(문자열)이 4라면(조건이 참이면) 고양이가 "Good job!"이라고 말하고 만약 4가 아니면(조건이 거짓이면) "Think about again!"이라고 말한다.

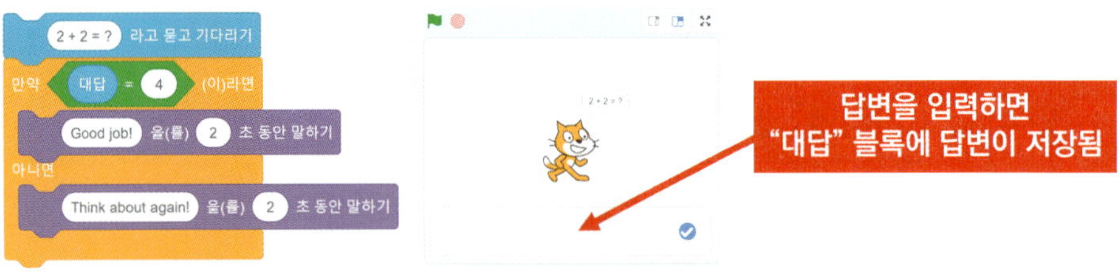

그림 6.5 "만약 ... (이)라면 ... 아니면" 블록 활용 예

반복 구조

3장에서 이미 살펴보았듯이 "무한 반복하기" 블록은 내부에 포함된 블록들을 무한히 반복하여 실행하고 "...번 반복하기" 블록은 내부에 포함된 블록들을 지정한 횟수만큼 반복한다. 예를 들어, 그림 6.6 왼쪽 코드를 실행하면 스프라이트가 한 번 움직일 때마다 0.5초씩 쉬면서 무대 좌우를 계속 왔다 갔다 하고 오른쪽 코드를 실행하면 스프라이트가 딱 10번만 움직인다.

그림 6.6 반복하기 블록

선택 구조 + 반복 구조

"...까지 반복하기" 블록은 선택 구조와 반복 구조를 합친 블록이다. 이 블록은 조건이 참이 될 때까지 내부에 포함된 블록들을 반복해서 실행한다. 달리 말해 조건이 참이 되면 반복이 종료된다. 그림 6.7 코드 블록을 고양이 스프라이트의 코드 영역에서 실행하면 고양이가 강아지에 닿을 때까지 오른쪽으로 2만큼씩 반복해서 움직인다. 고양이가 강아지에 닿으면 반복이 종료되고 "Hello!"를 2초 동안 말한다.

그림 6.7 고양이가 강아지에 닿을 때까지 반복하기

"...까지 기다리기" 블록

이 블록은 조건이 참이 될 때까지 아무 것도 하지 않고 기다리다가 조건이 참이 되면 아래에 연결된 블록을 실행한다. 그림 6.8 코드 블록을 고양이 스프라이트의 코드 영역에서 실행하면 고양이는 강아지에 닿을 때까지 아무 것도 하지 않고 기다린다. 강아지가 고양이에 닿으면 고양이는 "야옹(Meow)" 소리를 재생하고 180도 회전한 뒤 반대 방향으로 50만큼 움직인다.

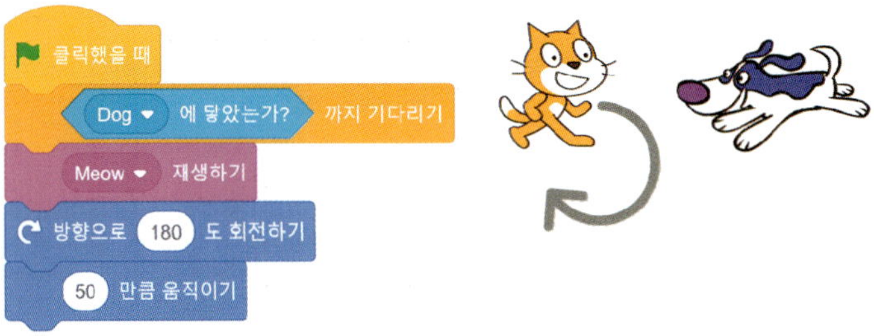

그림 6.8 조건이 참이 될 때까지 기다리기

멈추기 블록

스크래치에서는 여러 스프라이트의 코드가 동시에 실행될 수 있다. 그림 6.9는 녹색 깃발을 클릭했을 때 고양이와 강아지의 코드가 동시에 실행되는 예이다. 이러한 여러 코드의 동시 실행은 하나의 스프라이트에서도 가능하다.

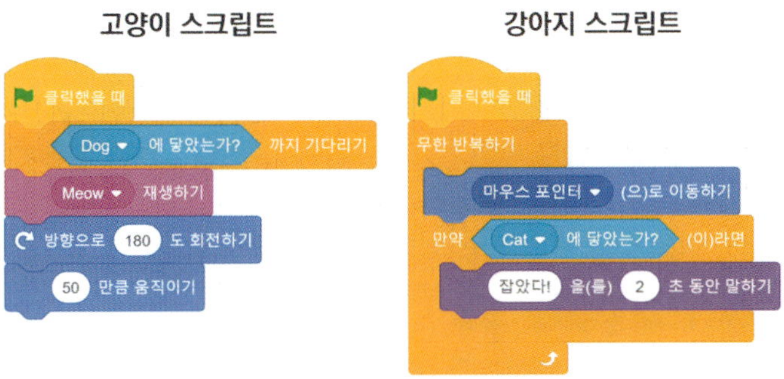

그림 6.9 녹색 깃발을 클릭했을 때 여러 스프라이트의 코드가 동시에 실행됨

멈추기 블록은 현재 실행되고 있는 코드의 실행을 멈추기 위해 사용한다. 그림 6.10에서처럼 총 3개의 옵션이 있다. "멈추기 모두"는 현재 실행되고 있는 모든 스프라이트와 무대의 모든 스크립트의 실행을 멈춘다. "멈추기 이 스크립트"는 현재 실행된 멈추기 블록이 포함되어 있는 스크립트의 실행만 멈춘다. "멈추기 이 스프라이트에 있는 다른 스크립트"는 이 블록을 포함하고 있는 스프라이트의 코드 영역에서 현재 실행된 멈추기 블록이 포함되어 있는 스크립트를 제외한 다른 모든 스크립트를 멈춘다. 이러한 멈추기 블록은 주로 특정 조건을 만족했을 때 무한 반복하기 블록을 멈추기 위해 사용된다.

그림 6.10 멈추기 블록

복제하기 블록

이 블록을 이용하면 지정한 스프라이트의 복제본(임시 사본)을 생성할 수 있다. 그림 6.11에서처럼 드롭다운 메뉴에서 복제할 스프라이트를 선택할 수 있다. 복제본의 초기 위치는 원래 스프라이트의 위치와 같다. 따라서 복제본 또는 스프라이트를 움직여야 복제본과 원래 스프라이트의 존재 유무를 모두 확인할 수 있다. 이러한 복제본은 프로젝트가 실행되는 동안에만 존재하며 프로젝트가 종료되면 사라진다.

그림 6.11 복제하기

“복제되었을 때” 블록

이 블록을 이용하면 스프라이트가 복제되었을 때 복제본이 해야 하는 일을 정의할 수 있다. 그림 6.12와 같은 코드 블록이 정의되어 있으면 복제본이 생성되자 마자 해당 코드 블록이 활성화되고, 복제본은 “복제되었을 때” 블록 아래에 연결된 블록들을 실행한다. 즉, 복제본이 앞으로 100만큼 움직이고 “Hello!”를 2초 동안 말한 뒤 1초 기다렸다가 무대에서 사라진다. 여기에서, “이 복제본 삭제하기” 블록은 무대에서 현재 선택된 복제본을 삭제한다. 복제본을 별도로 삭제하지 않더라도 모든 복제본은 프로그램이 종료될 때 자동으로 삭제된다.

그림 6.12 복제본 코드 실행하기

6.2 복제하기 블록을 이용한 간단한 실습

본 절에서는 복제하기 블록을 이용하여 간단한 게임을 개발해보자. 정해진 시간마다 복제본을 생성하고 복제본을 마우스로 클릭하면 복제본을 삭제하는 게임이다. 복제본이 일정 개수(10개)를 초과하면 게임을 종료한다.

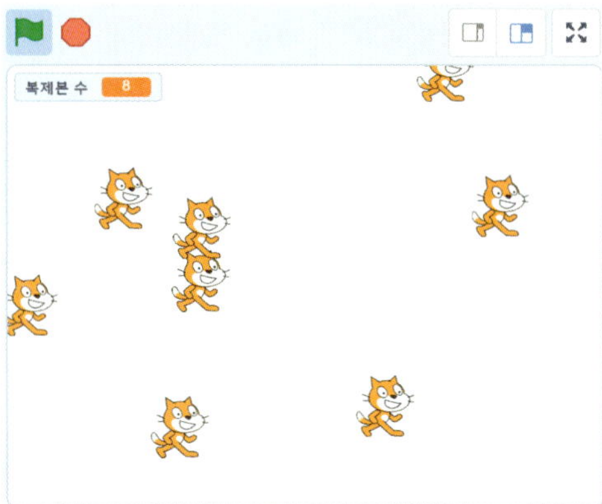

그림 6.13 복제하기 블록을 이용한 게임

복제본 생성하기

복제본의 수를 조절하기 위해 "복제본 수"라는 이름의 변수를 생성하여 복제본 수를 저장한다. 그림 6.14에서처럼 녹색 깃발을 클릭하면 프로그램을 시작하고 먼저 원본 스프라이트를 클릭할 수 없도록 숨기기를 실행한다. 다음으로 5번 반복하기 블록을 이용하여 5개의 복제본을 생성한다.

그림 6.14 복제본 생성하기

복제되었을 때

복제본이 복제되었을 때 보이기를 실행하여 무대에 보이게 한다. 원본 스프라이트가 숨기기가 되어 있기 때문에 복제본도 생성되면 숨기기가 되어 있는 상태이기 때문이다. 또한 무한 반복하기 블록을 이용하여 매 2초마다 복제본을 무작위 위치로 이동시킨다.

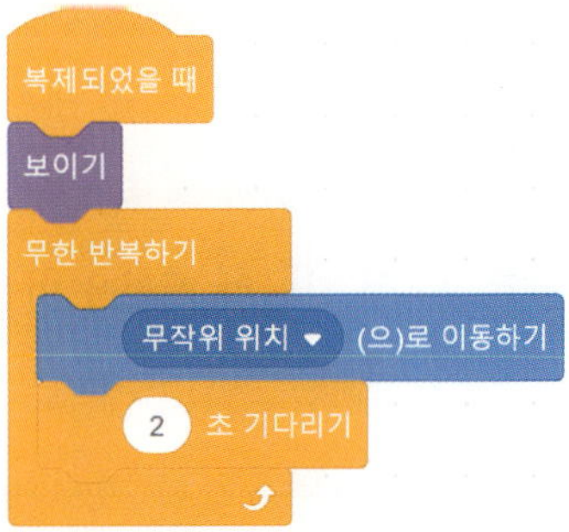

그림 6.15 복제본 무작위 위치로 이동하기 무한 반복하기

복제본을 클릭했을 때

복제본을 클릭했을 때 복제본을 삭제하기 위해 "이 스프라이트를 클릭했을 때" 블록을 이용한다. 그림 6.16에서처럼 복제본을 클릭하면 "야옹(Meow)" 소리를 재생하고 20번 반복하기 블록을 이용하여 색깔 그래픽 효과를 적용한다. 다음으로 복제본 수를 1만큼 감소시키고 해당 복제본을 삭제한다.

그림 6.16 복제본을 클릭하면 복제본 삭제하기

게임 종료

5초마다 새로운 복제본을 생성하고 복제본의 수가 10을 넘으면 실행 중인 모든 스크립트를 멈추고 게임을 종료한다. 이를 위해 그림 6.17 코드를 그림 6.14 코드 (녹색 깃발을 클릭했을 때 복제본 5개를 생성하는 코드 블록) 아래에 연결한다. 이때, 복제본을 생성할 때마다 복제본의 수를 1만큼 증가시켜야 함에 유의해야 한다. 이상으로 복제하기 블록을 이용한 간단한 게임을 만들어 보았다. 게임을 직접 실행해보고 다양한 기능을 더 추가해보자.

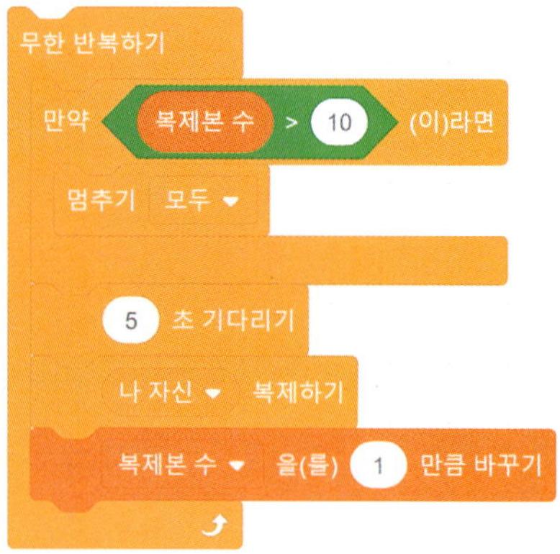

그림 6.17 복제본 수가 10을 넘으면 게임 종료하기

6.3 감지 블록

감지 블록 개요

스크래치 3.0에서는 총 18개의 감지 블록(Sensing Block)을 제공한다. 감지 블록 팔레트는 그림 6.18에서처럼 스택 블록 3개, 불리언 블록 5개, 리포터 블록 10개로 구성된다. 감지 블록은 마우스 동작이나 좌표, 키보드 입력, 묻고 기다리기, 음량, 타이머 등과 관련된 기능들을 제공한다.

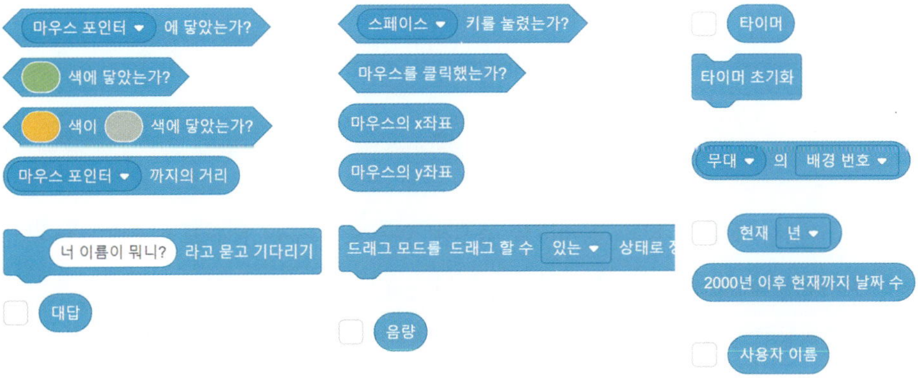

그림 6.18 감지 블록

마우스 포인터에 닿았는가 블록

이 블록은 스프라이트가 마우스 포인터에 닿았으면 참(True)을, 닿지 않았으면 거짓(False)를 반환하는 불리언 블록이다. 드롭다운 목록에서 "벽"(무대의 가장자리) 또는 현재 이용가능한 다른 스프라이트를 선택할 수 있다.

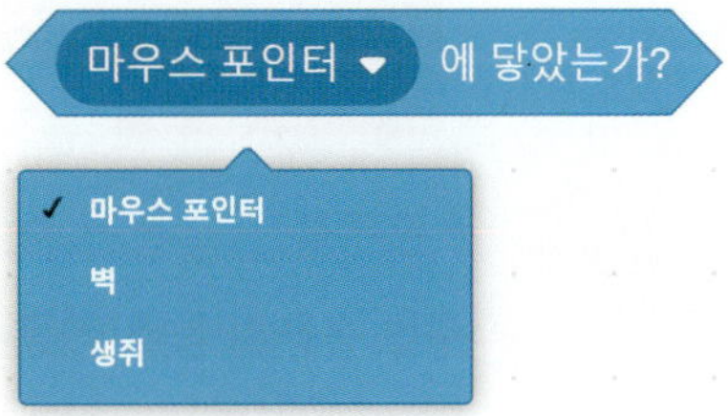

그림 6.19 마우스 포인터에 닿았는가 블록

그림 6.20 코드 블록이 생쥐 스프라이트에서 실행 중이라면 고양이가 생쥐에 닿았을 때 생쥐는 반대 방향으로 회전한 뒤 100만큼 앞으로 움직인다.

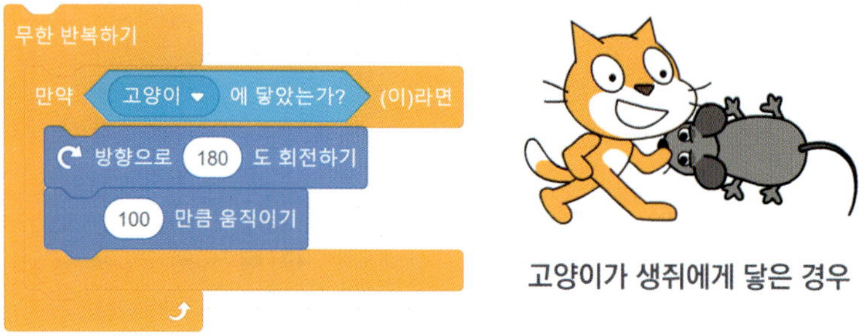

그림 6.20 고양이에 닿았는가 블록 활용 예

설정한 색에 닿았는가 블록

이 블록은 스프라이트가 설정한 색에 닿았으면 참을, 닿지 않았으면 거짓을 반환하는 불리언 블록이다. 그림 6.21 코드 블록을 실행하면 고양이가 설정한 색에 닿았을 때 반대 방향으로 회전한 뒤 앞으로 100만큼 움직인다.

그림 6.21 설정한 색에 닿았는가 블록 활용 예

설정한 두 색이 닿았는가 블록

이 블록은 설정한 두 색깔이 닿았으면 참을, 닿지 않았으면 거짓을 반환하는 불리언 블록이다. 그림 6.22 코드 블록을 실행하면 고양이(오렌지색)가 생쥐(회색)에 닿았을 때 15번 타악기를 0.25 박자로 연주한다. 고양이 색과 생쥐 색을 지정하기 위해 아이드로퍼 툴을 이용하면 편하다.

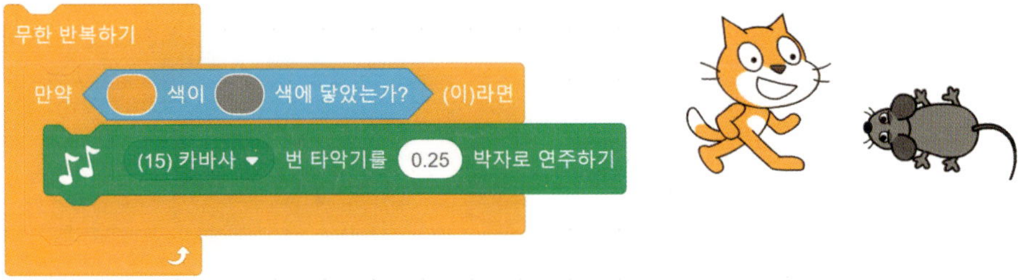

그림 6.22 설정한 두 색에 닿았는가 블록 활용 예

마우스 포인터까지의 거리

이 블록은 현재 스프라이트에서 마우스 포인터까지의 거리를 반환하는 리포터 블록이다. 마우스 포인터 외에도 드롭다운 메뉴에서 현재 이용가능한 다른 스프라이트를 선택할 수 있다. 그림 6.23 코드 블록을 실행하면 고양이와 생쥐 사이의 거리가 50보다 작아질 때 고양이의 모양이 모양 2로 변경된다.

그림 6.23 다른 스프라이트까지의 거리 블록 활용 예

묻고 기다리기와 대답 블록

앞서 살펴보았듯이 묻고 기다리기 블록은 입력된 문자열을 무대에 말풍선의 형태로 표시하여 사용자에게 묻는다. 사용자가 키보드로 입력한 답변은 대답 리포터 블록에 저장된다.

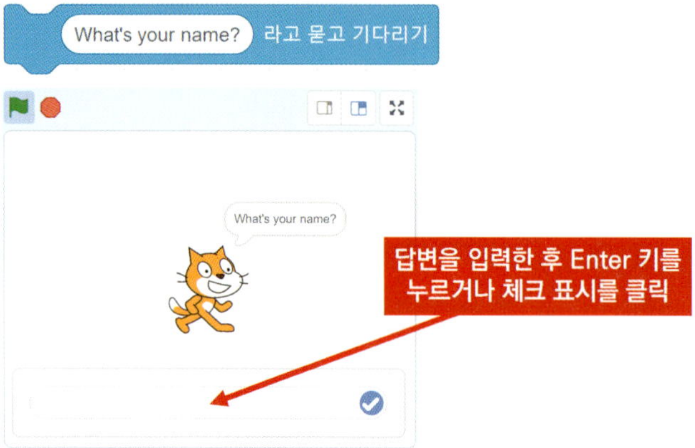

그림 6.24 묻고 기다리기

대답 블록 옆에 있는 체크 박스가 체크되어 있으면 대답이 무대 왼쪽 상단에 표시된다. 그림 6.25 코드 블록을 실행하고 답변 상자에 "홍길동"을 입력한 뒤 Enter 키를 누르면 고양이가 "Nice to meet you"를 2초 동안 말한 뒤 "홍길동"을 2초 동안 말한다.

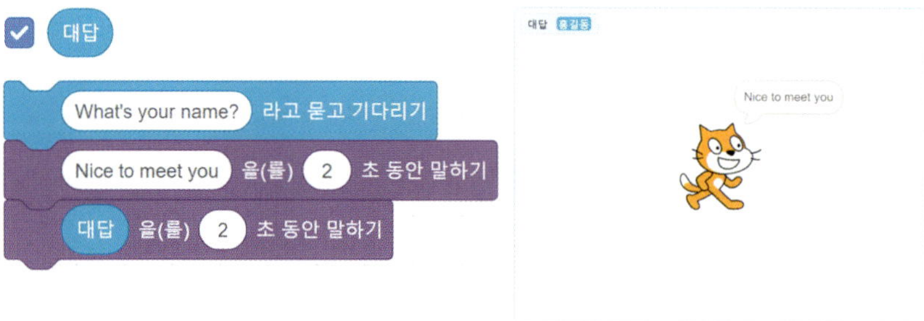

그림 6.25 대답 블록

그림 6.26 코드는 대답 블록을 이용한 선택 구조 활용 예시이다. "Do you want an apple or orange?"라고 묻고 사용자가 "apple"이라고 답하면 고양이가 사과를 들고 있는 모양으로 바꾸고 "orange"라고 답하면 고양이가 오렌지를 들고 있는 모양으로 바꾼다. "apple" 또는 "orange" 이외의 답변에 대해서는 아무 것도 하지 않는다.

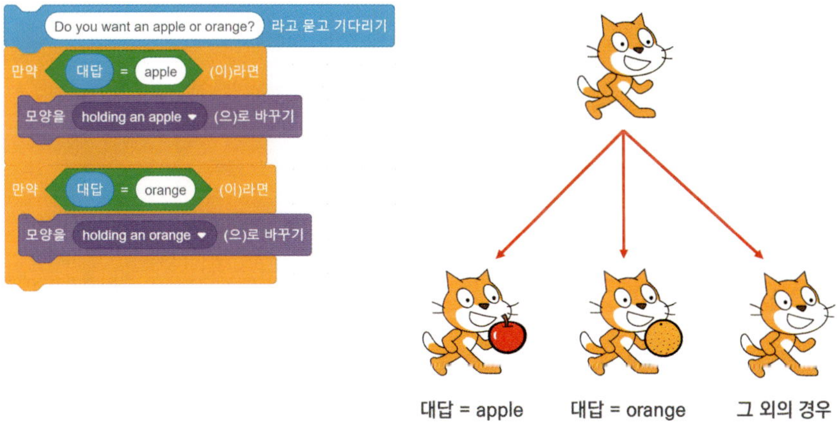

그림 6.26 대답을 이용한 선택 구조

"... 키를 눌렀는가?" 블록

이 블록은 지정된 키를 누르면 참을, 그렇지 않으면 거짓을 반환하는 불리언 블록이다. 그림 6.27에서처럼 드롭다운 메뉴에서 스페이스 키, 방향 키, 아무 키, 영문자 키 a-z, 숫자 키 0-9 중에서 선택 가능하다. 그림 6.27 오른쪽 코드 블록을 실행하면 스페이스 키를 누를 때마다 스프라이트가 앞으로 2만큼씩 움직인다.

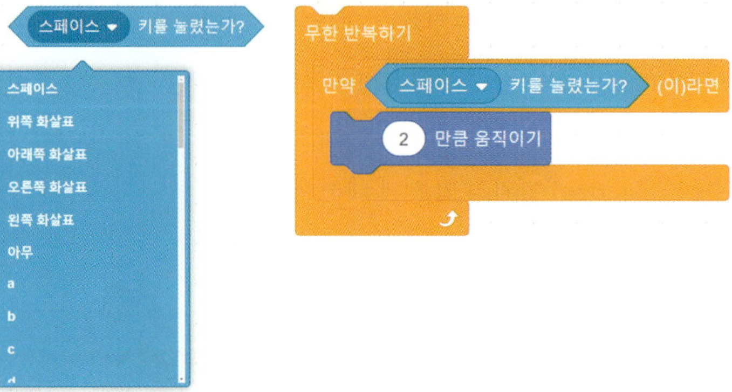

그림 6.27 지정한 키를 눌렀는지 확인하는 블록

마우스를 클릭했는가 블록

이 블록은 마우스 버튼을 누르면 참을, 그렇지 않으면 거짓을 반환하는 불리언 블록이다. 그림 6.28 코드 블록을 실행하면 마우스 버튼을 클릭할 때까지 쿠이카를 0.25 박자로 계속 연주한다. 달리 말해 마우스 버튼을 클릭하면 쿠이카 연주를 멈춘다.

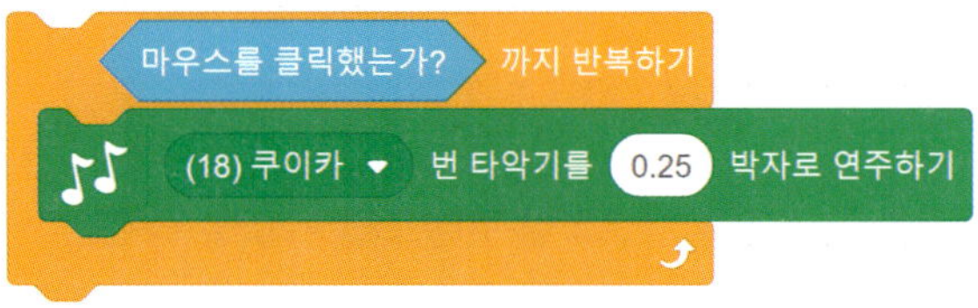

그림 6.28 마우스를 클릭했는가 블록 활용 예

마우스의 x좌표와 y좌표

"마우스의 x좌표"와 "마우스의 y좌표" 블록은 각각 마우스 포인터의 x좌표와 y좌표 값을 반환한다. 그림 6.29 왼쪽 코드를 실행하면 마우스가 좌우로 움직일 때마다 스프라이트에 적용되는 소용돌이 효과의 값이 변경된다. 그림 6.29 오른쪽 코드를 실행하면 마우스가 위아래로 움직일 때마다 스프라이트에 적용되는 어안 렌즈 효과의 값이 변경된다.

그림 6.29 (좌) 마우스의 x좌표 블록과 (우) 마우스의 y좌표 블록 활용 예

드래그 모드를 드래그할 수 있는 상태로 정하기

이 블록을 이용하면 무대를 전체 화면으로 했을 때에도 스프라이트를 마우스로 드래그할 수 있다. 스크래치 에디터를 처음 실행했을 때의 기본 설정은 전체 화면에서 드래그할 수 없는 상태이다.

그림 6.30 드래그 모드를 드래그 할 수 있는/없는 상태로 정하기

음량

음량 리포터 블록은 컴퓨터에 연결된 마이크에서 감지된 소리의 음량을 반환한다. 음량은 0부터 100 사이의 값으로 측정된다. 음량 블록 옆에 있는 체크 박스가 체크되어 있으면 음량 정보가 무대에 표시된다. 마이크가 연결되어 있지 않거나 마이크를 사용하지 않을 경우 음량 값은 0이나 -1로 설정된다. 그림 6.31 코드 블록을 실행하면 마이크에 감지된 소리의 음량에 따라 스프라이트의 크기가 계속 변경된다. 참고로 소리 블록 팔레트에서 제공하는 같은 이름의 음량 리포터 블록의 경우 스프라이트가 연주하는 (타)악기 또는 소리의 음량을 반환한다.

그림 6.31 음량을 이용하여 스프라이트의 크기 변경하기

타이머

타이머 리포터 블록은 스크래치에서 사용되는 기본 변수로 스크래치 에디터를 실행시킨 시점부터 카운트가 시작된다. 타이머는 0부터 시작되며 체크 박스를 체크하여 무대에 타이머 값을 표시할 수 있다. 타이머 초기화 블록은 타이머의 값을 0으로 초기화한다.

그림 6.32 타이머와 타이머 초기화 블록

스프라이트 또는 무대 정보

현재 사용 중인 스프라이트와 무대의 다양한 정보를 그림 6.33에서처럼 감지 블록 팔레트에서 제공하는 리포터 블록을 이용하여 확인할 수 있다. 스프라이트의 경우 드롭다운 목록에서 x좌표, y좌표, 방향, 모양 번호, 모양 이름, 크기, 음량을 선택할 수 있으며, 무대의 경우 배경 번호, 배경 이름, 음량을 선택할 수 있다.

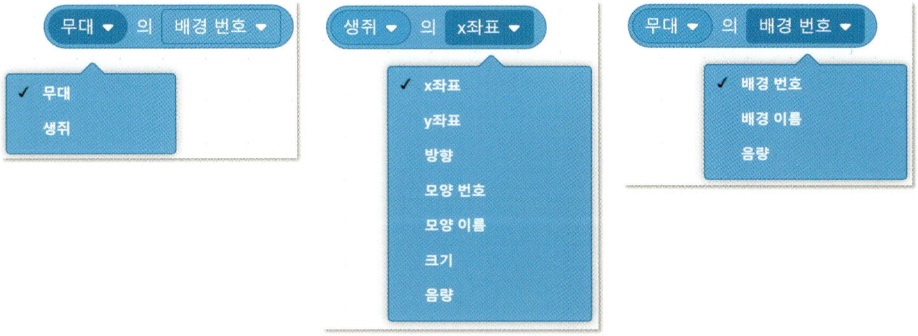

그림 6.33 스프라이트와 무대의 정보 확인

그림 6.34는 고양이 스프라이트의 코드 영역에 그림 6.34 코드 블록이 정의되어 있고, 현재 생쥐의 좌표가 (−100, 0)이고 방향이 −90도일 때, 해당 코드 블록을 실행한 결과를 보여준다.

그림 6.34 생쥐 스프라이트의 x좌표, y좌표, 방향 말하기

시간 리포터 블록

시간 리포터 블록은 현재 시각을 반환한다. 드롭다운 메뉴에서 [년, 달, 일, 요일, 시, 분, 초] 중에서 선택 가능하다. 체크 박스를 체크하면 무대 왼쪽 상단에 현재 시간 정보가 표시된다.

그림 6.35 시간 리포터 블록

기타 리포터 블록

"2000년 이후 현재까지 날짜 수" 블록은 2000년 이후 현재까지의 날짜 수를 반환한다. "사용자 이름" 블록은 현재 스크래치 사용자의 이름을 반환한다. 그림 6.36 코드 블록을 실행하면 마우스 버튼을 클릭할 때마다 스프라이트가 현재 사용자의 이름을 말한다(여기서는 knusc).

그림 6.36 2000년 이후 현재까지 날짜 수 리포터 블록과 사용자 이름 리포터 블록

6.4 비디오 감지 블록

스크래치 3.0에서는 확장 기능 추가하기를 이용하여 비디오 감지 블록을 추가할 수 있다. 비디오 관련 기능을 사용하기 위해서는 컴퓨터에 웹캠이 연결되어 있어야 한다.

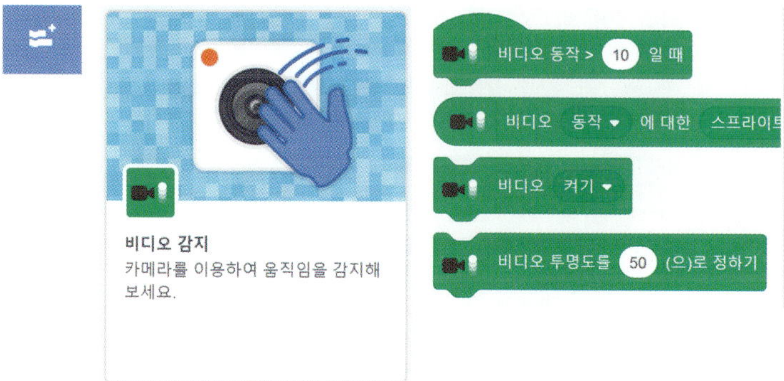

그림 6.37 비디오 감지 블록

비디오 동작이 주어진 값보다 클 때

"비디오 동작 〉() 일 때" 모자 블록은 비디오 상에서의 움직임이 주어진 값보다 클 때 해당 블록 아래에 연결된 블록들을 실행한다. 비디오 동작은 0에서 100 사이의 값으로 측정된다. 스프라이트의 코드 영역에 정의되어 있을 때에만 실행되고 무대에 정의하면 실행되지 않는다.

비디오 동작(방향)에 대한 스프라이트(무대)에서의 관찰값

"비디오 동작에 대한 스프라이트에서의 관찰값" 블록은 현재 스프라이트를 기준으로 비디오 상에서의 움직임의 정도(크기)를 0부터 100 사이의 값으로 반환한다. 드롭다운 메뉴에서 동작 대신에 방향을, 스프라이트 대신에 무대를 선택할 수 있다. "비디오 동작에 대한 무대에서의 관찰값" 블록은 무대를 기준으로 비디오 상에서의 움직임의 정도를 0부터 대략 300 사이의 값으로 반환한다. "비디오 방향에 대한 스프라이트에서의 관찰값" 블록은 현재 스프라이트를 기준으로 비디오 상에서의 움직임의 방향을 -180에서 180 사이의 값으로 반환한다. 유사하게 "비디오 방향에 대한 무대에서의 관찰값" 블록은 무대를 기준으로 비디오 상에서의 움직임의 방향을 반환한다.

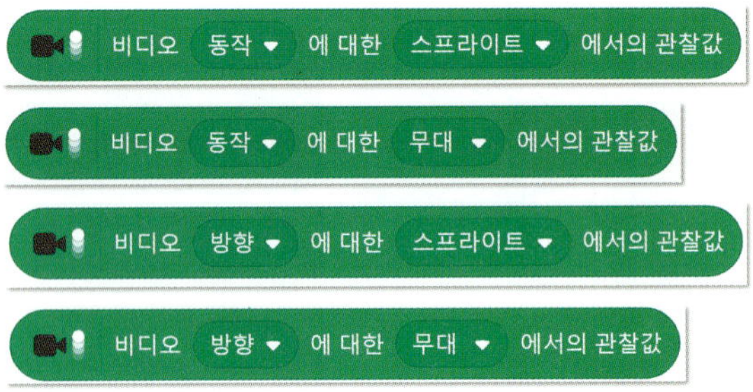

그림 6.38 비디오 동작(방향)에 대한 스프라이트(무대)에서의 관찰값

비디오 끄기, 켜기, 뒤집힌 상태로 켜기, 투명도 정하기

컴퓨터에 웹캠이 연결되어 있을 때 "비디오 켜기"를 실행하면 웹캠이 실행된다. "비디오 끄기"를 실행하면 웹캠이 종료된다. "비디오를 뒤집힌 상태로 켜기"를 실행하면 웹캠이 좌우 반전된 상태로 실행된다. 즉, 비디오 상에서의 움직임이 좌우 반전되어 표시된다.

그림 6.39 비디오 끄기, 켜기, 뒤집힌 상태로 켜기

"비디오 투명도를 ... (으)로 정하기" 블록은 무대 화면에 보이는 비디오 영상의 투명도를 설정한다. 투명도가 높아질수록 화면이 밝아지며 점점 안 보이게 된다.

비디오 활용 예제

몇 가지 비디오 활용 예를 살펴보자. 그림 6.40 코드를 실행하면 비디오 상에서 크기가 50보다 큰 움직임이 감지될 때마다 Pop 소리를 재생하고 스프라이트를 1초 동안 숨겼다가 다시 보이게 한다.

그림 6.40 비디오 활용 예 (1)

그림 6.41 코드는 실행하면 비디오 상에서의 크기가 10보다 큰 움직임이 감지될 때마다 스프라이트가 비디오 동작 반대 방향으로 30만큼 움직인다.

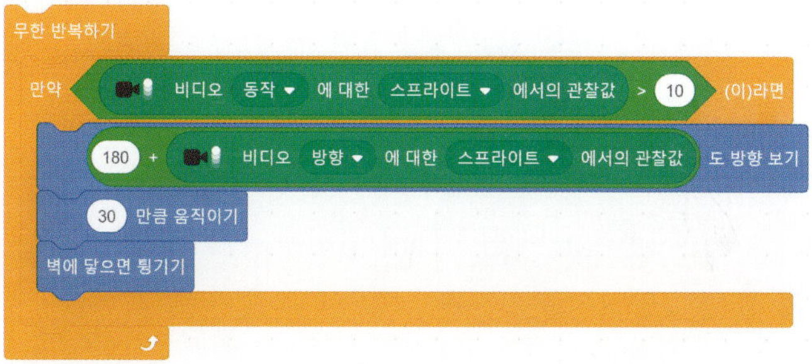

그림 6.41 비디오 활용 예 (2)

비디오 감지를 활용한 풍선 터뜨리기 게임

비디오 감지를 활용하여 풍선 터뜨리기 게임을 만들어보자. 먼저 스프라이트 고르기에서 풍선(Balloon1) 스프라이트를 추가하고 그 크기를 70%로 설정한다. 그림 6.42 코드에서처럼 비디오 동작이 감지될 때마다 Pop 소리를 재생하고 풍선을 1초 동안 숨겼다가 무작위 위치에 다른 모양으로 나타나게 한다. 게임에 이펙트를 추가하기 위해 풍선을 숨기기 전에 픽셀화 효과를 적용하고 풍선이 나타나기 전에 그래픽 효과를 지우자. 또한 풍선 스프라이트를 여러 개(5개 정도) 복사해서 사용하자. 이상으로 풍선 터뜨리기 게임을 완성했다. 비디오를 연결하여 실제로 게임을 실행해보자.

그림 6.42 풍선 터뜨리기 게임 코드

6.5 사과 받기 게임

본 절에서는 지금까지 배운 내용을 바탕으로 하늘에서 떨어지는 과일을 바구니에 담는 게임인 사과 받기 게임을 만들어보자. 키보드 화살표 키를 이용하여 바구니를 좌우로 움직일 수 있게 하고, 바구니가 과일에 닿으면 점수를 획득하고 공에 닿으면 점수를 감점한다. 또한 타이머를 이용하여 게임 종료 시간을 설정하고 정해진 시간이 지나면 게임을 종료한다.

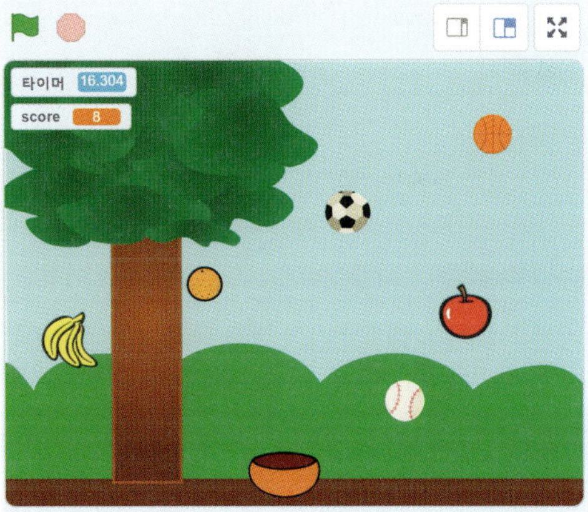

프로젝트 구현 순서

사과 받기 게임 구현 순서는 다음과 같다.

1. 배경을 선택하고 나무 스프라이트를 추가한다.
2. 바구니 스프라이트를 추가하고 화살표 키를 눌러 바구니를 움직일 수 있게 한다.
3. 하늘에서 사과 스프라이트가 떨어지게 한다.
4. 사과가 땅에 닿으면 사라졌다가 다시 하늘에서 떨어지게 한다.
5. 사과가 바구니에 닿으면 점수를 1점 증가시킨다.
6. 다른 과일 스프라이트를 추가한다.
7. 농구공, 축구공, 야구공 스프라이트 등을 추가하여 공이 바구니에 닿으면 점수를 1점 감점시킨다.
8. 타이머를 추가하고 정해진 시간이 지나면 무대 화면에 게임 오버를 출력하도록 한다.

배경 선택 및 나무 스프라이트 추가

먼저 그림 6.44에서처럼 배경 고르기에서 Blue Sky 배경을 선택한다.

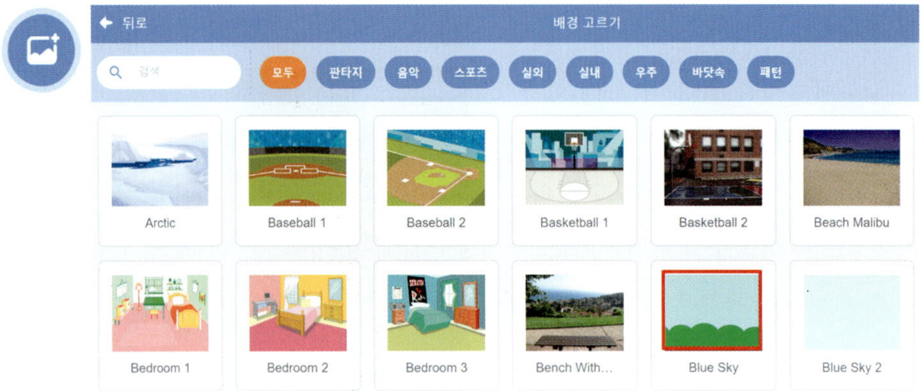

그림 6.44 Blue Sky 배경 선택

다음으로 스프라이트 고르기에서 Tree1 스프라이트를 선택한다. 그리고 그림 6.45에서처럼 녹색 깃발을 클릭하여 게임이 시작되었을 때 나무의 위치를 (-120, 0)로 이동하고 크기를 200%로 조정한다. 또한 나무가 맨 뒤에 표시되도록 "맨 뒤쪽으로 순서 바꾸기" 블록을 추가한다.

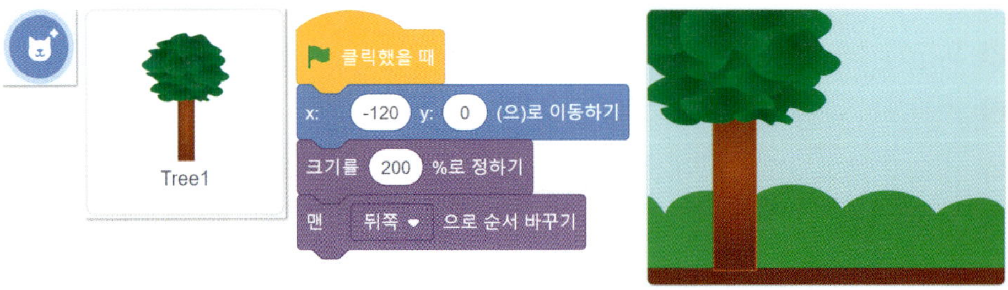

그림 6.45 나무 스프라이트의 코드 블록

바구니 스프라이트 추가

스프라이트 저장소에서 Bowl을 검색하여 바구니 스프라이트를 추가하고 화살표 키로 바구니를 움직일 수 있도록 한다. 오른쪽 화살표 키를 눌렀을 때는 바구니의 x좌표를 10만큼 바꾸고 왼쪽 화살표 키를 눌렀을 때는 바구니의 x좌표를 -10만큼 바꾸도록 한다. 바구니가 무한정 왼쪽 또는 오른쪽으로 이동하지 않도록 회전 방식을 왼쪽-오른쪽으로 정하고 벽에 닿으면 튕기게 한다. 녹색 깃발을 클릭하여 게임을 시작했을 때 바구니를 초기 위치인 (0, -150)으로 이동시키고 오른쪽 화살표 또는 왼쪽 화살표 키를 눌렀는지 감지하는 코드 블록을 무한 반복하여 실행한다.

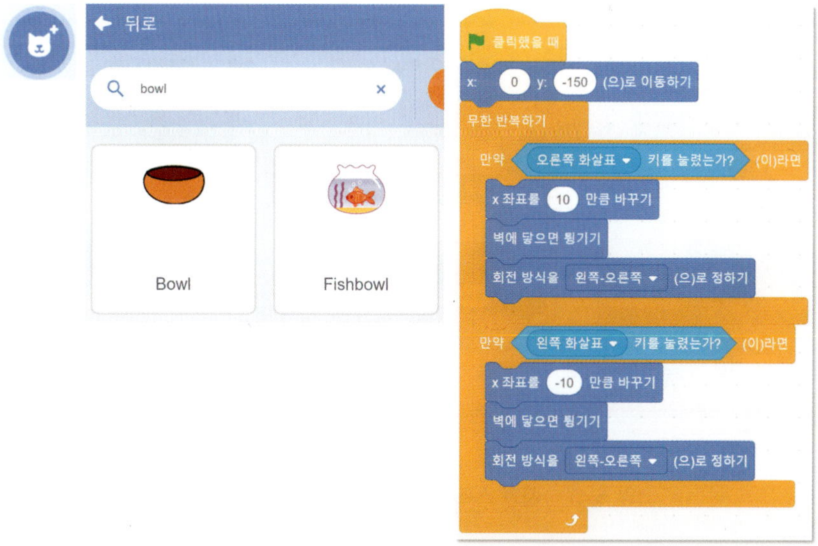

그림 6.46 바구니 스프라이트의 코드 블록 (왼쪽-오른쪽으로 움직이기)

사과 스프라이트 추가

다음으로 스프라이트 저장소에서 Apple 스프라이트를 선택하여 추가한다. 그림 6.47에서처럼 녹색 깃발을 클릭하여 게임이 시작되었을 때 사과의 x좌표를 랜덤하게 정하고 y

좌표는 180으로 정한다. 그리고 사과의 y좌표 값을 조금씩 계속 감소시켜 사과가 아래로 떨어지게 한다. 사과가 땅에 닿으면, 즉 y좌표 값이 -150보다 작아지면 사과가 다시 하늘에서 떨어지도록 사과의 x좌표 값은 랜덤하게, y좌표 값은 180으로 설정한다. 조금 더 재미를 추가하기 위해 사과가 땅에 떨어졌을 때 Pop 소리를 재생하고 1초~5초 정도 잠시 기다렸다가 다시 하늘에서 떨어지도록 한다.

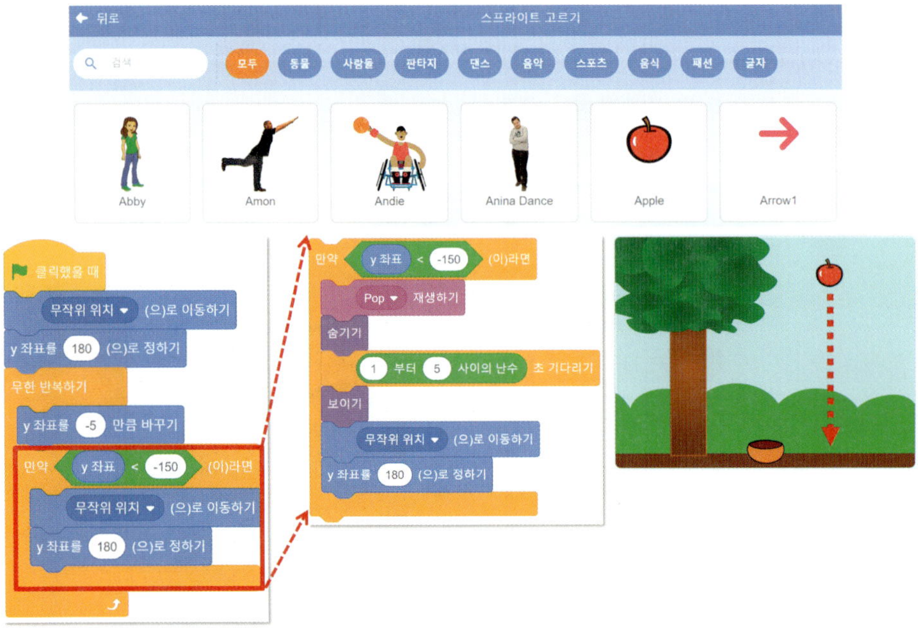

그림 6.47 사과 스프라이트가 하늘에서 떨어지게 하기

사과가 바구니에 닿았을 때

바구니를 움직여 떨어지는 사과를 바구니에 담으면(사과가 바구니에 닿으면) 점수를 획득하도록 그림 6.48에서처럼 전역 변수로 score를 추가한다. 사과가 바구니에 닿으면 점수(score 변수)를 1점 증가시키고 Pop 소리를 재생하고 난 뒤 사과가 다시 하늘에서 떨어지도록 사과의 위치를 변경한다. 이를 위해 그림 6.49에 있는 무한 반복하기 코드 블

록을 녹색 깃발을 클릭했을 때 실행되도록 하거나 그림 6.47 코드 블록의 무한 반복하기 블록 안에 있는 "y좌표를 -5만큼 바꾸기" 블록 바로 밑에 "만약 Bowl에 닿았는가? (이)라면" 코드 블록 전체를 삽입한다.

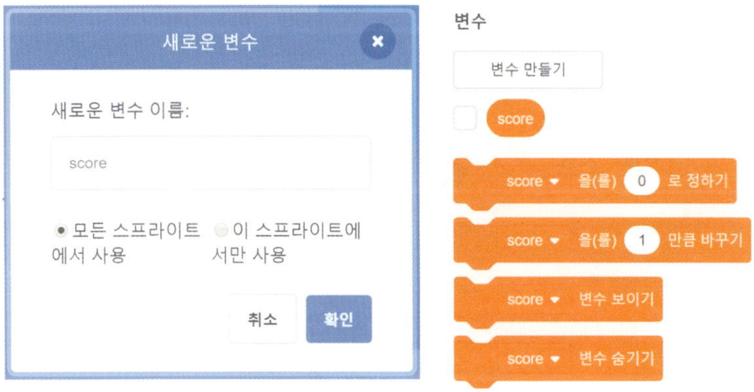

그림 6.48 score 전역 변수 추가하기

그림 6.49 사과가 바구니에 닿았을 때 점수를 획득하고 사과를 다시 하늘에서 떨어지게 하기

다른 과일 스프라이트 추가하기

지금까지 사과 스프라이트의 코드를 완성하였다. 하늘에서 여러 개의 사과가 동시에 떨어지도록 그림 6.50에서처럼 사과 스프라이트를 여러 번 복사하자. 스프라이트를 복사하면 코드도 함께 자동으로 복사된다.

그림 6.50 사과 스프라이트 복사하기

다음으로 하늘에서 다양한 과일이 떨어지도록 해보자. 새로운 스프라이트 메뉴에서 다른 과일을 추가할 수도 있지만 이렇게 할 경우 사과 스프라이트의 코드를 일일이 복사해야 한다. 문제를 간단하게 하기 위해 복사된 사과 스프라이트에서 모양만 변경하자. 이를 위해 사과 스프라이트의 모양 탭에서 모양 고르기 메뉴를 선택하여 바나나와 오렌지와 같은 다른 과일 모양을 선택한다. 이렇게 하면 추가적으로 코드를 복사하거나 수정할 필요가 없다.

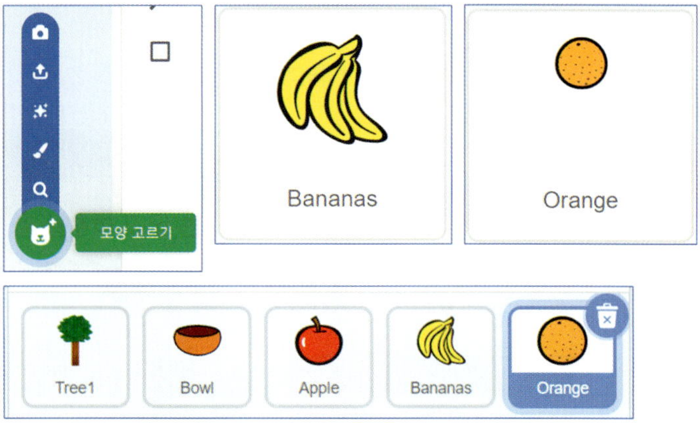

그림 6.51 다른 과일 스프라이트 추가하기

농구공, 축구공, 야구공 추가하기

이번에는 스프라이트 고르기에서 농구공을 추가하고, 사과 스프라이트의 코드를 농구공 스프라이트의 썸네일로 드래그해서 복사한다. 과일과 달리 농구공이 바구니에 닿으면 점수를 1점 감점한다. 이를 위해 그림 6.49 코드 블록에서 "score을(를) 1만큼 바꾸기" 블록을 그림 6.52에서처럼 "score을(를) –1만큼 바꾸기" 블록으로 변경한다. 다음으로 농구공 스프라이트를 복사하고 모양 고르기 메뉴에서 축구공, 야구공과 같은 다른 공 모양을 선택한다.

그림 6.52 농구공, 축구공, 야구공 스프라이트 추가하기

타이머 추가하기

무대의 코드 영역에 타이머 관련 스크립트를 추가한다. 그림 6.53에서처럼 녹색 깃발을 클릭했을 때 타이머를 초기화하고 30초가 지나면 "Game Over" 메시지 신호를 보내고 기다린다. 이를 위해 메시지 신호 보내고 기다리기 블록의 드롭다운 메뉴에서 새로운 메시지를 만들고 메시지 이름을 Game Over로 한다. "Game Over" 메시지를 받았을 때 실행해야 되는 코드가 있으면 해당 코드가 실행 완료될 때까지 기다렸다가 현재 실행되고 있는 모든 스크립트(무한 반복하기 블록)를 멈추고 프로젝트를 종료한다.

그림 6.53 무대에 타이머 관련 코드 추가

화면에 게임 오버 출력하기

스프라이트 고르기에서 그리기 기능을 이용하여 "Game Over!" 텍스트를 만들자. 스프라이트의 이름도 "Game Over"로 설정하자. 그림 6.54에서처럼 녹색 깃발을 클릭하여 게임이 시작되었을 때 숨기기를 이용하여 "Game Over!" 텍스트(스프라이트)를 화면에서 숨긴다. 그리고 "Game Over" 신호를 받았을 때 보이기를 이용하여 "Game Over!" 텍스트를 화면에 표시한다.

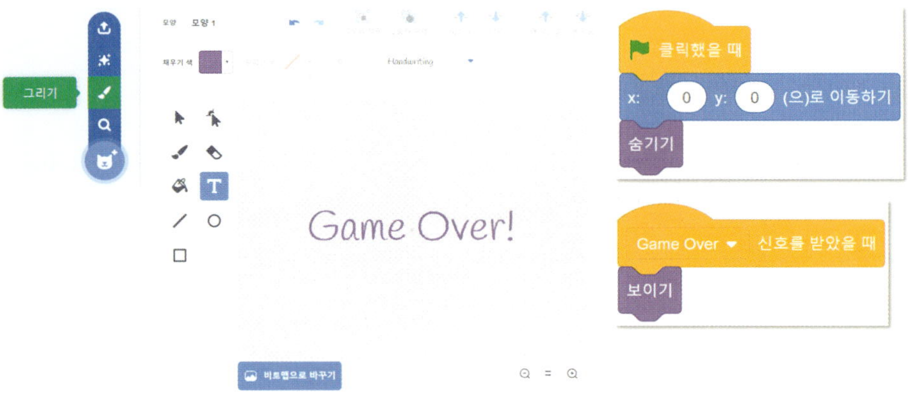

그림 6.54 Game Over 스프라이트 추가하기

그림 6.53 코드에서 타이머가 30초가 지나면 "Game Over" 신호를 보내고 그림 6.54 코드에 의해 그림 6.55에서와 같이 "Game Over!" 텍스트가 무대 화면에 표시된다. 그리고 6.53 코드에 있는 "멈추기 모두" 블록에 의해 프로젝트가 바로 종료된다.

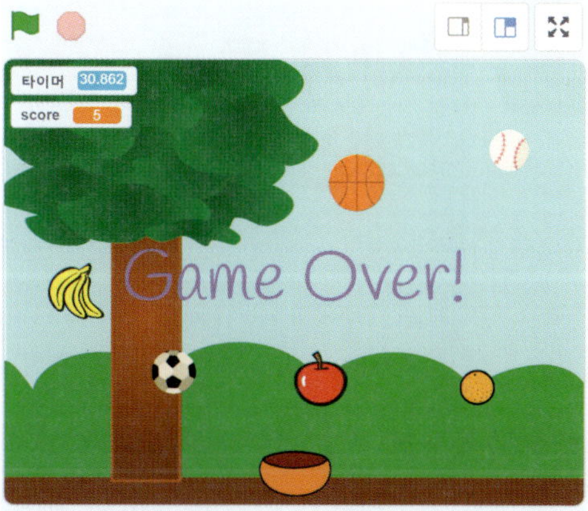

연습 및 생각해볼 점

지금까지 사과 받기 게임을 만들었다. 추가적으로 과일, 공, 바구니 스프라이트를 다른 스프라이트로 바꿔보고, 과일과 공이 바구니에 닿았을 때 다양한 그래픽 효과를 적용해보자. 그리고 배경 음악도 추가해보고 게임 초기 화면을 제작하여 Start 버튼을 클릭하면 게임이 시작되도록 코드를 수정해보자.

연습 문제

제어 블록, 감지 블록, 사과 받기 게임

6.1 다음 중 복제하기 블록 실습에서 복제본의 수가 10개 초과하면 실행 중인 모든 스크립트를 멈추고 게임을 종료하기 위해 반드시 필요하지 않은 블록은?

① 

② 

③ 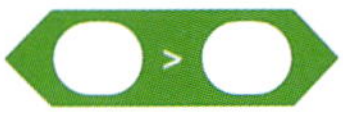

④ 

6.2 다음 코드가 강아지 스프라이트의 코드 영역에 정의되어 있다고 하자. 녹색 깃발을 클릭했을 때에 대한 설명으로 틀린 것은?

① 강아지는 계속해서 마우스 포인터 위치로 이동한다.

② 강아지는 조금씩 고양이 쪽으로 이동한다.

③ 위 코드만으로는 고양이가 어떻게 움직일지는 알 수 없다.

④ 강아지가 고양이에 닿으면 강아지가 "잡았다"를 2초 동안 말한다.

6.3 아래 스크립트를 실행한 뒤 답변 상자에 "4"를 입력했을 때의 결과로 올바른 것은?

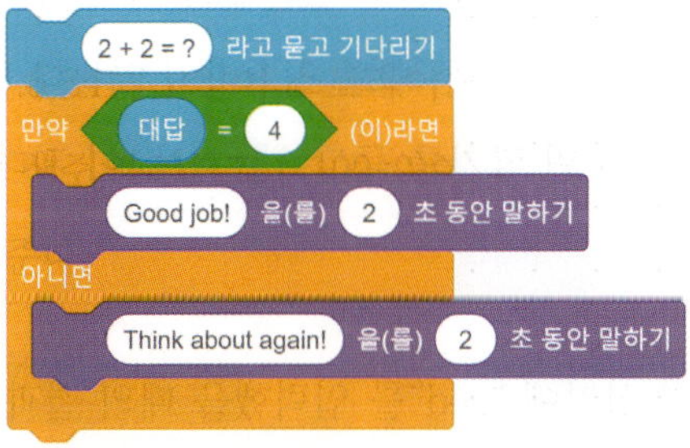

① 스프라이트가 "Good job!"이라고 2초 동안 말한다.

② 스프라이트가 "Think about again!"이라고 2초 동안 말한다.

③ 아무 일도 일어나지 않는다.

④ 알 수 없다.

6.4 다음은 고양이 스프라이트를 위한 코드이다. 아래 코드를 실행했을 때에 대한 설명으로 틀린 것은?

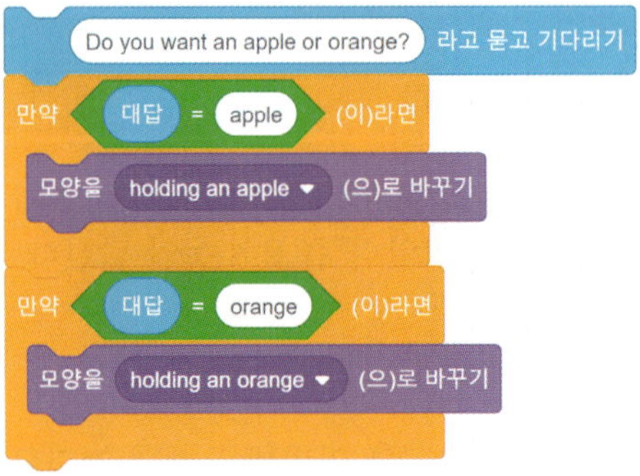

① 답변으로 "apple"을 입력하면 사과를 들고 있는 모양이 된다.

② 답변으로 "orange"를 입력하면 오렌지를 들고 있는 모양이 된다.

③ 답변으로 아무 것도 입력하지 않으면 아무 일도 일어나지 않는다.

④ 답변으로 "strawberry"를 입력하면 딸기를 들고 있는 모양이 된다.

6.5 아래 스크립트를 실행한 뒤 답변 상자에 "red"를 입력했을 때의 결과로 올바른 것은?

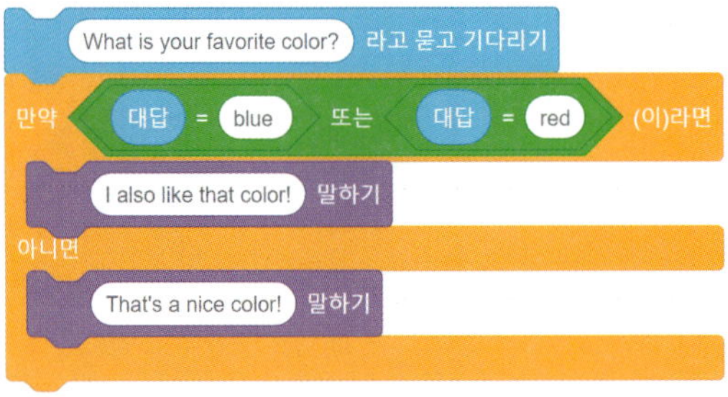

① 스프라이트가 "I also like that color!"라고 말한다.

② 스프라이트가 "That's a nice color!"라고 말한다.

③ 아무 일도 일어나지 않는다.

④ 알 수 없다.

6.6 비디오 동작이 감지될 때마다 Pop 소리를 재생하고 풍선을 1초 동안 숨겼다가 임의의 위치에 다른 모양으로 나타나게 하려고 한다. 다음 중 어떤 비디오 감지 블록을 사용해야 하는가?

① 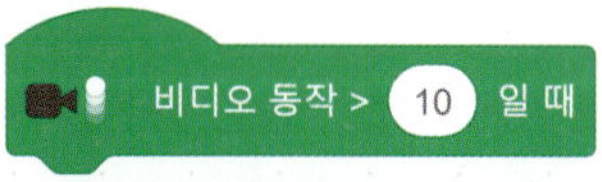

② 

③ 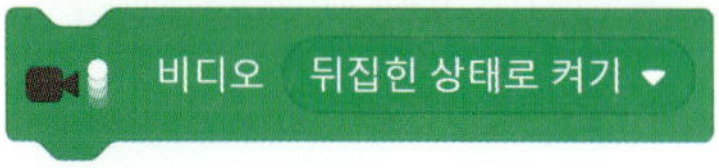

④ 

6.7 사과 받기 게임에서 게임이 시작된지 30초가 지나면 "Game Over"를 화면에 표시하고 게임을 종료시켰다. 이와 같이 게임을 종료하기 위해 반드시 필요한 블록이 <u>아닌</u> 것은?

① 보이기　　② 타이머 〈 30

③ 신호 보내고 기다리기　　④ 모두 멈추기

6.8 다음은 사과 받기 게임에서 바구니 스프라이트에서 실행되는 코드이다. 이에 대한 설명으로 틀린 것은?

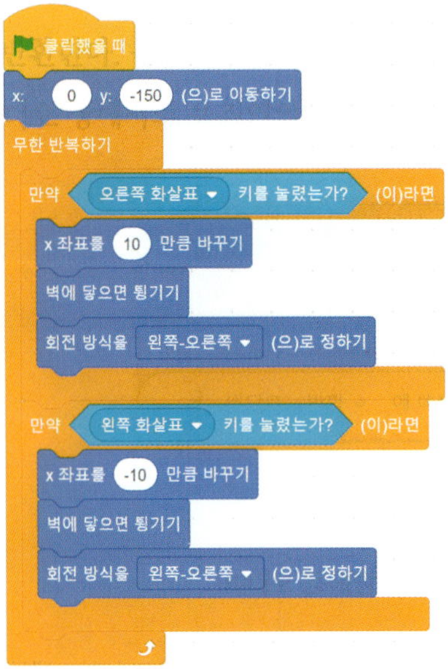

① 녹색 깃발을 클릭하면 실행되는 스크립트이다.

② 스크립트가 실행 중일 때, 키보드 오른쪽 화살표를 누르고 있으면 바구니가 무대에서 오른쪽으로 계속 움직인다.

③ 스크립트가 실행 중일 때, 키보드 왼쪽 화살표를 누르고 있으면 바구니가 무대에서 왼쪽으로 계속 움직인다.

④ 스크립트를 실행했을 때 바구니의 초기 위치는 무대의 정중앙이다.

6.9 사과 스프라이트의 코드 영역에 아래 코드 블록이 정의되어 있다고 가정하자. 이에 대한 설명 중 틀린 것은?

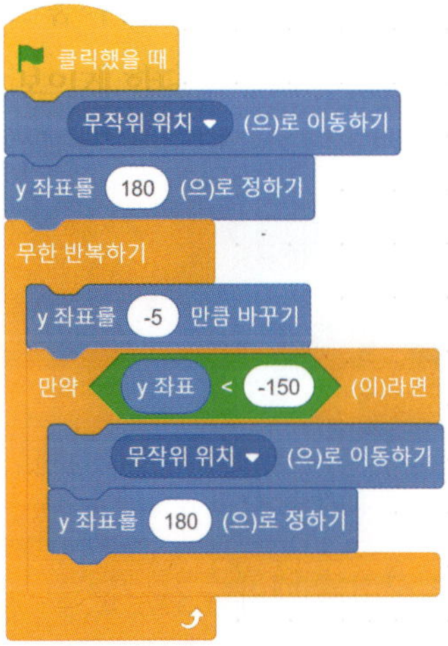

① 녹색 깃발을 클릭하면 실행되는 스크립트이다.

② 스크립트가 실행되면 사과의 y좌표가 -150보다 작아질 때까지 사과가 위에서 아래로 떨어진다.

③ 사과의 y좌표가 -150보다 작아지면 사과의 y좌표가 180으로 변경되고 사과가 다시 위에서 아래로 떨어진다.

④ 사과의 x좌표는 항상 같다.

6.10 다음은 사과 받기 게임에서 사과 스프라이트에서 실행되는 코드를 수정한 버전이다. 코드가 실행 중일 때에 대한 설명으로 <u>틀린</u> 것은?

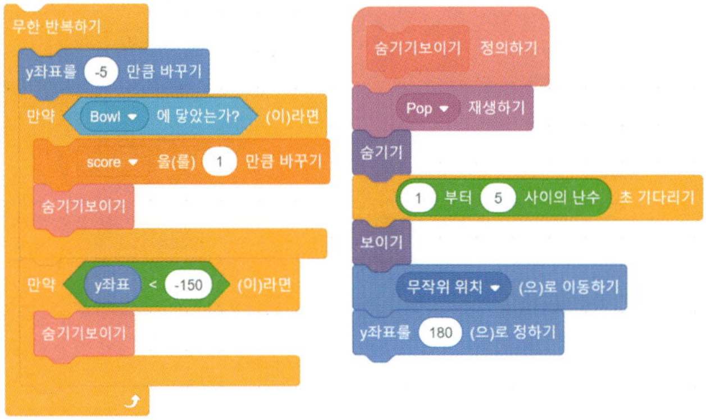

① 왼쪽 코드에서 "숨기기보이기" 블록이 실행될 때마다 "숨기기보이기 정의하기" 블록 밑에 정의된 코드가 실행된다.

② 사과가 Bowl에 닿으면 score를 1만큼 감소시킨다.

③ 사과의 y좌표가 -150보다 작아지면 "숨기기보이기" 블록을 실행한다.

④ "숨기기보이기" 블록이 실행될 때마다 사과가 숨겨졌다가 보이는 시간은 무작위로 결정된다.

CHAPTER 7

연산 블록, 퐁 게임, 벽돌 깨기 게임

7.1 연산 블록

연산 블록 개요

스크래치 3.0에서는 7개의 불리언 블록과 11개의 리포터 블록으로 구성된 총 18개의 연산 블록(Operator Block)을 제공한다. 연산 블록 팔레트는 그림 7.1에서와 같이 산술 연산, 관계 연산, 난수, 글자 처리, 수학 함수 등을 지원한다.

그림 7.1 연산 블록

산술 연산

산술 연산 블록은 기본적으로 덧셈 블록, 뺄셈 블록, 곱셈 블록, 나눗셈 블록으로 구성된다. 덧셈 블록은 입력한 두 수를 더한 결과를 반환하고, 뺄셈 블록은 첫 번째 수에서 두 번째 수를 뺀 결과를, 곱셈 블록은 입력한 두 수를 곱한 결과를, 마지막으로 나눗셈 블록은 첫 번째 수에서 두 번째 수를 나눈 결과를 반환하는 리포터 블록이다. 그림 7.2와 7.3은 말하기 블록을 이용하여 각 산술 연산 블록을 활용하는 예를 보여준다.

그림 7.2 (좌) 덧셈 블록 (우) 뺄셈 블록 활용 예

그림 7.3 (좌) 곱셈 블록 (우) 나눗셈 블록 활용 예

난수 블록

난수 블록은 설정된 범위 안에서 임의의 정수를 생성하여 반환하는 리포터 블록이다. 그림 7.4에 있는 두 코드 블록은 모두 스프라이트를 무대에서 임의의 위치로 이동시킨다. 왼쪽 코드 블록은 동작 블록 팔레트에서 제공하는 코드 블록이며, 오른쪽 코드 블록은 x좌표 정하기 블록, y좌표 정하기 블록과 난수 블록을 활용하여 왼쪽 코드 블록을 흉내낸 것이다.

그림 7.4 스프라이트를 무작위 위치로 이동하기

비교 연산

스크래치 3.0에서 비교 연산 블록은 3가지 블록으로 구성된다. 그림 7.5 (1)은 첫 번째 값이 두 번째 값보다 작으면 참을, 그렇지 않으면 거짓을 반환한다. (2)는 두 수가 같으면 참을, 그렇지 않으면 거짓을 반환한다. (3)은 첫 번째 값이 두 번째 값보다 크면 참을, 그렇지 않으면 거짓을 반환한다.

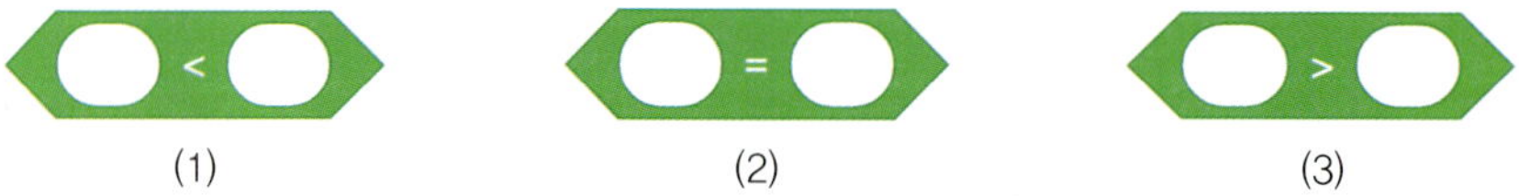

그림 7.5 비교 연산

비교 연산을 활용하는 예제를 몇 가지 살펴보자. 그림 7.6 코드 블록은 마우스 포인터를 스프라이트에 가까이 가져가면 (스프라이트와 마우스 포인터 사이의 거리가 50보다 작으면) 스프라이트가 앞으로 3만큼 계속 이동하는 코드 블록이다.

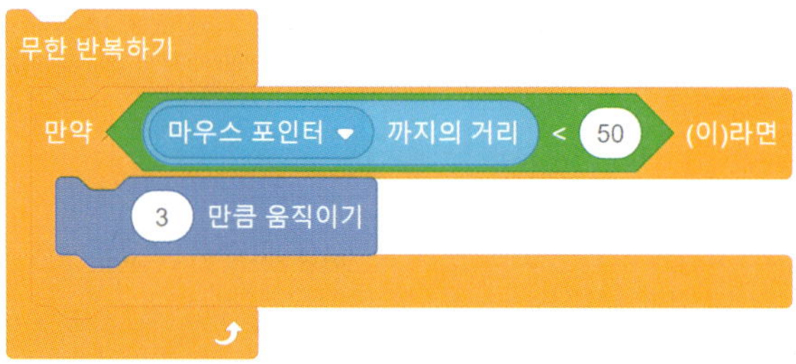

그림 7.6 비교 연산 블록 활용 예 (1)

그림 7.7 왼쪽 코드는 스프라이트의 방향이 0도이면(방향 = 0), 즉 스프라이트가 위쪽을 바라보고 있으면, 스프라이트의 모양을 costume2로 변경하는 코드이다. 그림 7.7 오른쪽 코드는 스프라이트의 y좌표 값이 180보다 크면(y좌표 〉 180), 스프라이트가 아래쪽(180도 방향)을 바라보게 한다.

그림 7.7 비교 연산 블록 활용 예 (2)

논리 연산

스크래치 3.0에서 논리 연산 블록은 3가지 블록으로 구성된다. 그림 7.8 (1)은 두 조건을 확인하여 모두 참이면 참을 반환하고, 둘 중에 하나라도 거짓이면 거짓을 반환하는 리포터 블록이다. (2)는 두 조건을 확인하여 둘 중 하나라도 참이면 참을 반환하고, 둘 다 거짓이면 거짓을 반환한다. (3)은 조건이 참이면 거짓을 반환하고, 조건이 거짓이면 참을 반환한다.

(1) (2) (3)

그림 7.8 논리 연산

논리 연산을 활용하는 예제를 몇 가지 살펴보자. 그림 7.9 코드 블록은 “그리고(And)” 블록을 이용하여 스프라이트가 하얀색 영역에 닿고 그리고 동시에 마우스 포인터에도 닿았을 때 시계 방향으로 회전시킨다.

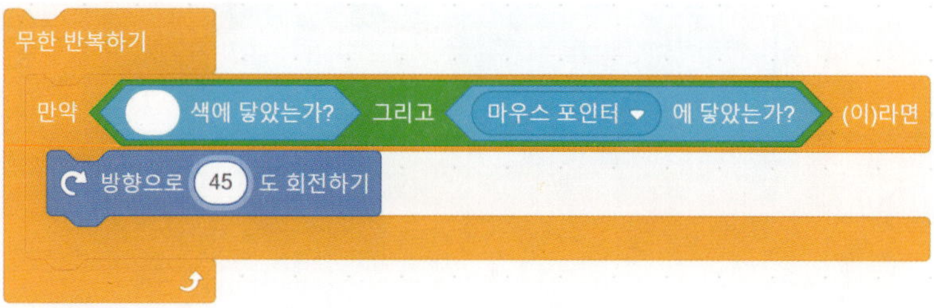

그림 7.9 “그리고” 블록 활용 예

그림 7.10은 "또는(Or)" 블록을 활용하는 예이다. 코드를 실행하면 "What is your favorite color?"라고 묻고 만약 사용자가 "blue" 또는 "red"라고 입력하면 "I also like that color!"라고 말한다. 만약 대답이 "blue"도 아니고 "red"도 아니면 "That's a nice color!"라고 말한다.

그림 7.10 "또는" 블록 활용 예

그림 7.11은 "...(이)가 아니다" 블록, 즉 부정 논리 연산(Not) 블록을 활용하는 예이다. 코드를 실행하면 스프라이트가 마우스 포인터에 닿을 때까지 마우스 포인터 쪽 방향으로 10만큼씩 계속 움직인다. 이는 무한 반복하기 블록 안에서 마우스 포인터에 닿은 게 아니라면 "만약 ...(이)라면" 블록 안에 있는 코드가 실행되기 때문이다.

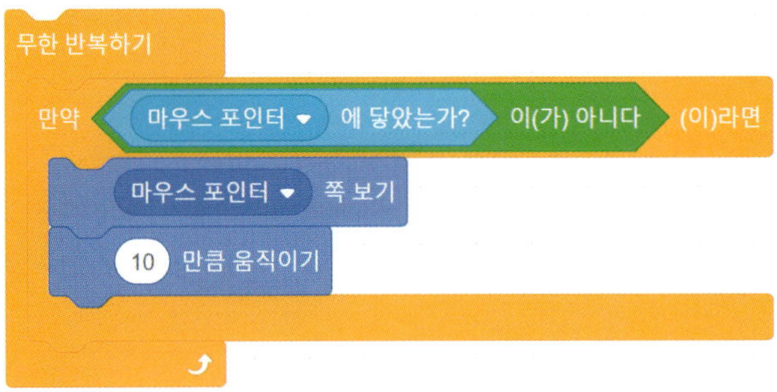

그림 7.11 부정 논리 연산 블록 활용 예

문자열

문자열(String)은 문자(Character)를 나열한 것이다. 문자열에서는 띄어쓰기(공백, white space)도 의미를 갖는다. 즉 띄어쓰기가 다른 문자열은 서로 다른 문자열이다. 예를 들어 "HelloWorld!"와 "Hello World!"는 서로 다른 문자열이다. 연산 블록 팔레트에서는 여러 가지 문자열 관련 연산을 지원한다.

문자열 결합하기

문자열 결합하기 블록은 문자열 두 개를 결합하여 하나의 문자열을 반환한다. 문자열과 변수의 결합도 가능하며 이 경우 변수에 저장되어 있는 값을 결합한다. 그림 7.12는 문자열 결합하기 블록 활용 예를 보여준다. 문자열을 결합할 때는 띄어쓰기에 유의해야 한다.

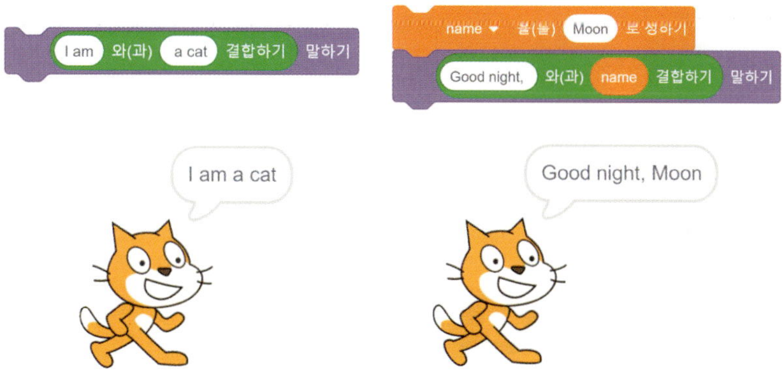

그림 7.12 문자열 결합하기 블록 활용 예

"...의 ...번째 글자" 블록

이 블록을 이용하면 문자열에서 지정한 위치에 있는 문자를 반환할 수 있다. 아래 표는 문자열 "world"에서 각 문자의 위치를 보여준다. 첫 번째 글자의 위치가 1로 시작함에 유의하라.[13] 그림 7.13의 "world"의 1번째 글자를 말하는 코드를 통해 이를 확인할 수 있다.

13) 대부분의 범용 프로그래밍 언어에서 문자열(배열)의 첫 번째 원소의 인덱스(위치)는 0으로 표현된다.

위치	1	2	3	4	5
문자	w	o	r	l	d

그림 7.13 문자열 "world"의 1번째 글자 말하기

문자열의 길이

이 블록은 주어진 문자열의 길이를 반환한다. 그림 7.14는 문자열 "world"의 길이를 말하는 코드로 "world"의 길이는 5이다.

그림 7.14 문자열 "world"의 길이 말하기

문자열에 있는 모든 문자를 순서대로 반환하기

"Scratch" 문자열에 있는 모든 문자를 순서대로 반환해보자. 이를 위해 먼저 "counter" 변수를 만들고 변수의 값을 1부터 문자열 "Scratch"의 길이까지 1씩 증가시키며

"counter"번째 문자를 0.5초 동안 말하게 한다. 그림 7.15는 이를 구현하는 코드 블록이다. 참고로 글자를 반환할 때 1보다 작거나 문자열의 길이보다 큰 수를 입력하면 아무 문자도 반환하지 않는다.

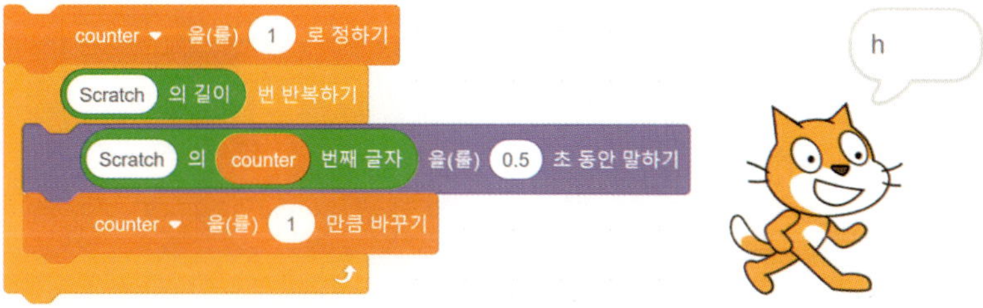

그림 7.15 문자열 "Scratch"에 있는 모든 문자를 순서대로 반환하기

문자열에서 특정 문자의 위치를 반환하기

사용자로부터 문자를 입력 받아 문자열(예: "Scratch")에서 해당 문자의 위치를 스프라이트가 말하게 해보자. 만약 문자열에서 해당 문자(예: "Scratch"에서 "c")가 여러 번 사용될 경우 첫 번째 위치(예: 2)를 말하고, 문자열에 해당 문자가 없으면 0을 말하게 한다. 그림 7.16은 이를 구현하는 코드 블록이다. 먼저 "Scratch"에서 어떤 문자를 찾고 싶나요?라고 묻고 기다린다. 사용자가 입력한 문자는 대답 블록에 저장된다. 다음으로 "counter" 변수의 값을 1로 정하고 대답 블록의 값이 "Scratch"의 counter번째 글자와 같거나 counter 값이 "Scratch"의 길이보다 커질 때까지 counter 값을 1씩 증가시킨다. 만약 counter 값이 "Scratch"의 길이보다 크다면 문자열에 입력한 문자가 없다는 뜻이며 따라서 0을 2초 동안 말한다. 만약 그렇지 않다면 입력한 문자를 문자열에서 찾았다는 뜻이며 counter 값을 2초 동안 말한다. counter의 값이 1부터 시작하고, 대답 블록의 값과 "Scratch"의 counter번째 글자가 같으면 반복하기 블록이 바로 종료되므로 문자열에 같은 문자가 여러 개 있으면 항상 해당 문자의 첫 번째 위치가 반환된다. 그림 7.17은 사용자가 "a"와 "q"를 입력했을 때의 결과를 보여준다.

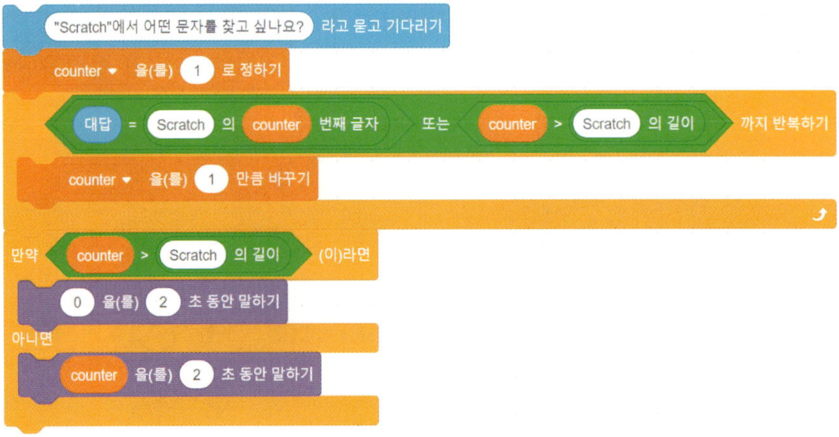

그림 7.16 문자열 "Scratch"에서 특정 문자의 위치를 반환하기

그림 7.17 그림 7.16 코드를 실행하고 (위) "a"와 (아래) "q"를 입력했을 때의 결과

문자열이 특정 문자열을 포함하는지 검사하기

"... 이(가) ...을(를) 포함하는가?" 블록은 첫 번째 입력 문자열에 두 번째 입력 문자열이 포함되면 참을, 그렇지 않으면 거짓을 반환한다. 즉 이 블록은 두 번째 문자열이 첫 번째 문자열의 부분 문자열(Substring)인지 검사한다. 예를 들어 그림 7.18 코드 블록을 실행하면 "a"가 "Scratch"에 포함되므로 스프라이트가 "Yes!"를 2초 동안 말한다.

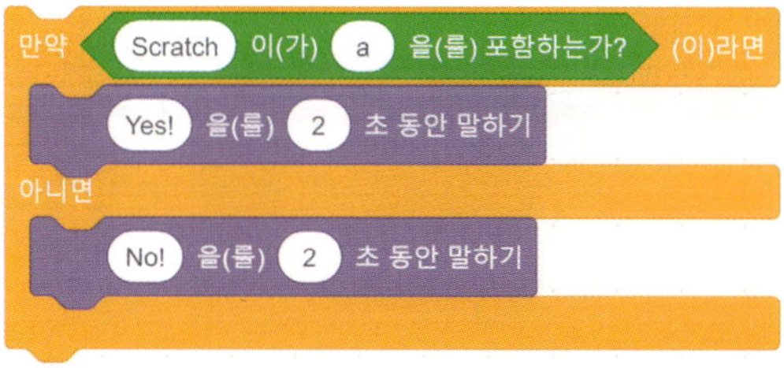

그림 7.18 문자열 포함 여부 검사하기

나머지 블록

나머지 블록은 첫 번째 수를 두 번째 수로 나눈 나머지를 반환하는 나머지 연산(Modulo Operation)을 지원한다. 예를 들어 그림 7.19와 같이 14를 5로 나눴을 때 그 나머지는 4이다.

그림 7.19 나머지 연산

나머지 블록을 활용하면 재미있는 코드를 작성할 수 있다. 그림 7.20은 스프라이트가 앞으로 계속 조금씩 이동하면서 x좌표의 값이 10의 배수가 될 때마다 점프하는 코드 블록이다. 점프하는 모습을 표시하기 위해 펜 내리기 블록을 사용하고, x좌표 값이 10의 배수인지 확인하기 위해 x좌표 나누기 10의 나머지가 0인지 확인한다.

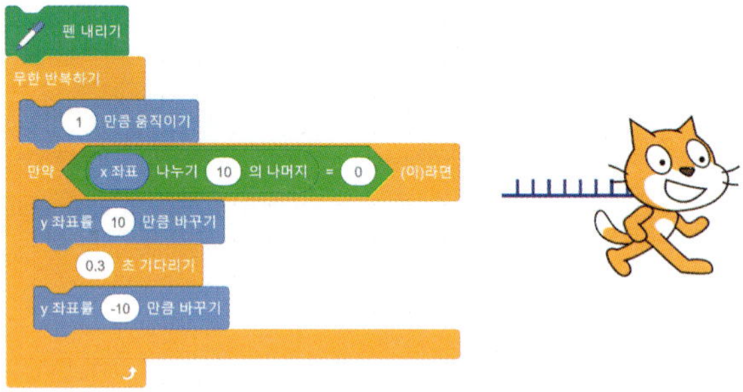

그림 7.20 나머지 블록 활용 예

반올림 블록

이 블록은 입력된 숫자를 소수점 첫째자리에서 반올림한 값을 반환한다. 예를 들어 그림 7.21에서 볼 수 있듯이 5.1의 반올림 값은 5이고 5.6의 반올림 값은 6이다. 또한 타이머의 경우 소수점 셋째짜리까지 표시되는데 반올림을 하면 양의 정수 형태로 표현된다.

그림 7.21 반올림 블록 활용 예

수학 함수 블록

수학 함수 블록을 이용하면 다양한 수학 함수 값을 계산할 수 있다. 드롭다운 메뉴에서 다음과 같이 14가지 수학 함수를 선택 가능하다.

❶ 절댓값, 버림, 올림, 제곱근

❷ 삼각 함수: sin, cos, tan, asin, acos, atan

❸ 자연로그(ln), 상용로그(log)

❹ 지수 함수: e^, 10^

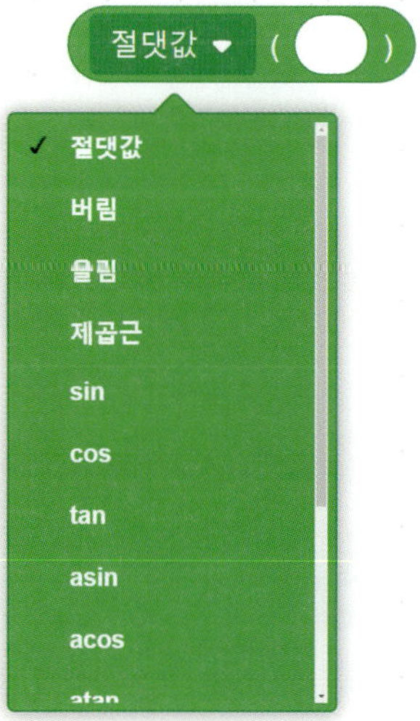

그림 7.22 수학 함수 블록

사인, 코사인 그래프 그리기

수학 함수 블록을 이용하여 사인, 코사인 그래프를 그려보자. 이를 위해 먼저 그림 7.23과 같이 펜 블록을 이용하여 검은색으로 좌표 평면을 그린다. 다음으로 그림 7.24와 같이 사인 그래프를 그린다. 사인 그래프에서 원래 y좌표 값의 범위는 −1에서 1 사이인데, 이렇게 그릴 경우 무대에서 거의 직선 형태로 그려진다(무대의 y축 범위가 −180에서

180이므로). 따라서 sin(x좌표)에 60을 임의로 곱해서 y좌표 값의 크기를 조절한다. 한편, 무대의 x축의 범위는 -240에서 240이므로 x좌표 값을 -240에서 시작하여 240까지 1씩 증가시키며 총 480개의 점을 파란색 선으로 연결하여 사인 그래프를 완성한다. 사인 그래프와 유사하게 그림 7.25와 같이 빨간색으로 코사인 그래프를 그리면 완성이다.

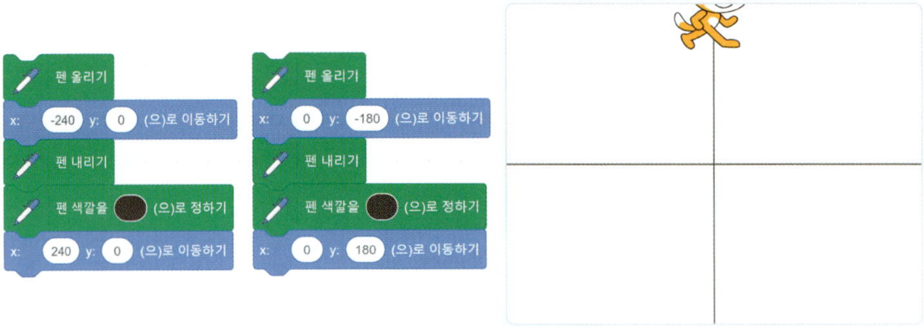

그림 7.23 좌표 평면 그리기

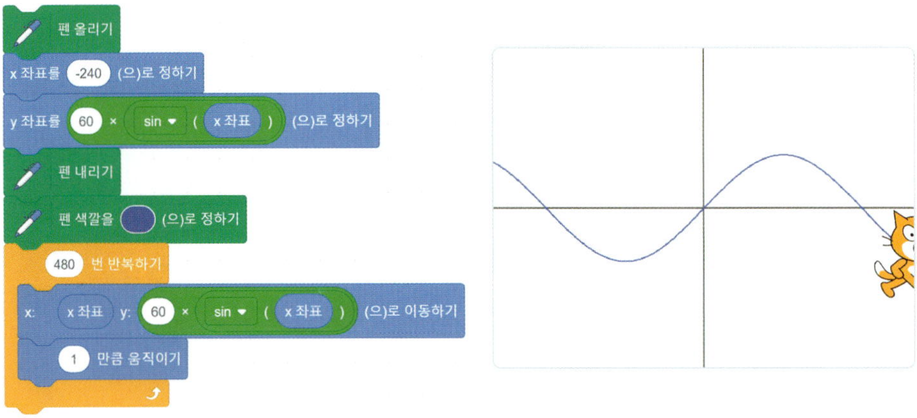

그림 7.24 사인 그래프 그리기

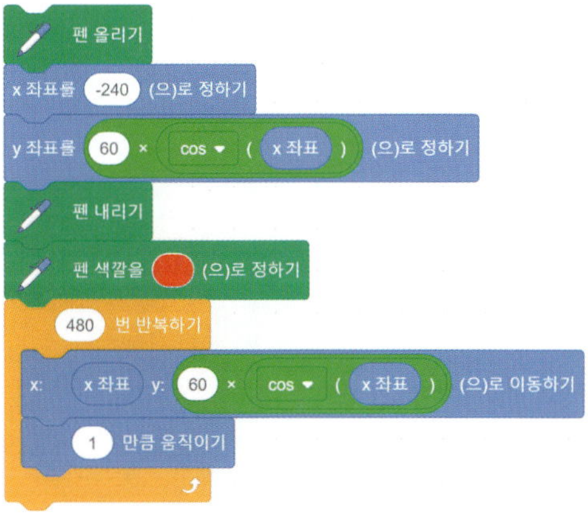

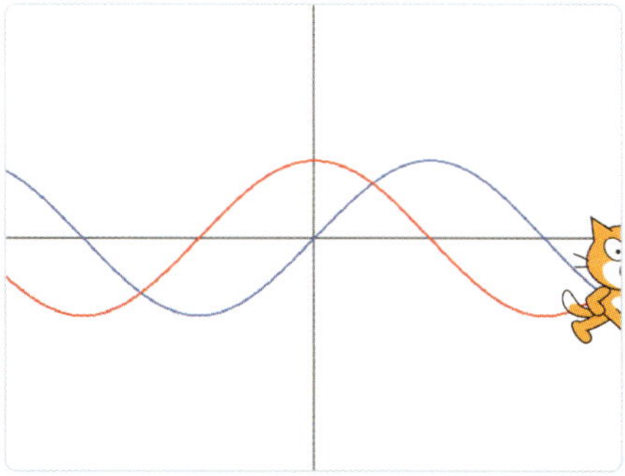

그림 7.25 코사인 그래프 그리기

7.2 퐁 게임

이번 절에서는 지금까지 배운 내용들을 모두 종합하여 퐁 게임을 만들어보자. 퐁 게임은 스쿼시, 라켓볼처럼 벽에다가 공을 치는 게임이다. 공이 무대 아래쪽 벽(빨간색 선)에 닿지 않도록 벽에서 튕겨져 나온 공을 계속 쳐야 하는 게임으로 패들(paddle)로 공을 칠 때마다 점수를 얻는다. 공이 아래쪽 벽에 닿을 때마다 생명이 하나씩 감소하고 생명이 0이 되면 게임을 종료한다.

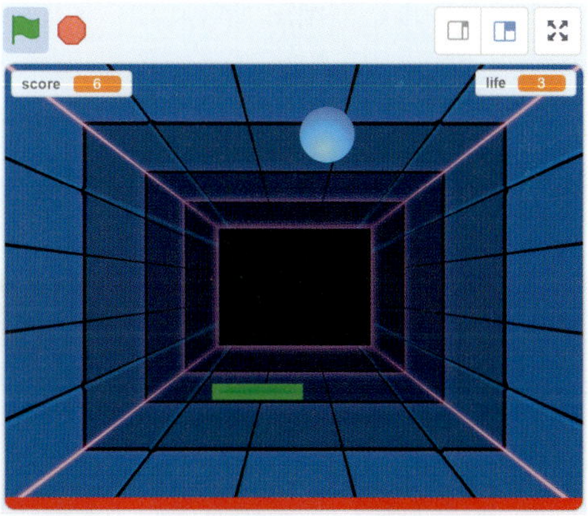

그림 7.26 퐁 게임

프로젝트 구현 순서

폼 게임 구현 순서는 다음과 같다.

1. 먼저 배경을 선택한다.
2. 공 스프라이트를 추가하고 계속 움직이게 한다.
3. 패들을 추가하고 마우스를 이용하여 패들을 움직이게 한다.
4. 공이 패들에 닿으면 튕기게 한다.
5. 패들로 공을 칠 때마다 점수를 얻게 한다.
6. 패들로 공을 칠 때 소리 및 그래픽 효과를 넣는다.
7. 아래쪽 벽에 빨간색 선을 그린다.
8. 생명을 추가하여 공이 빨간색 선에 닿으면 생명을 감소시킨다.
9. 생명이 모두 없어지면 게임을 종료한다.

배경 선택

배경 고르기에서 "우주" 목록에서 Neon Tunnel 배경을 선택한다. 물론 본인이 원하는 배경을 자유롭게 선택해도 된다.

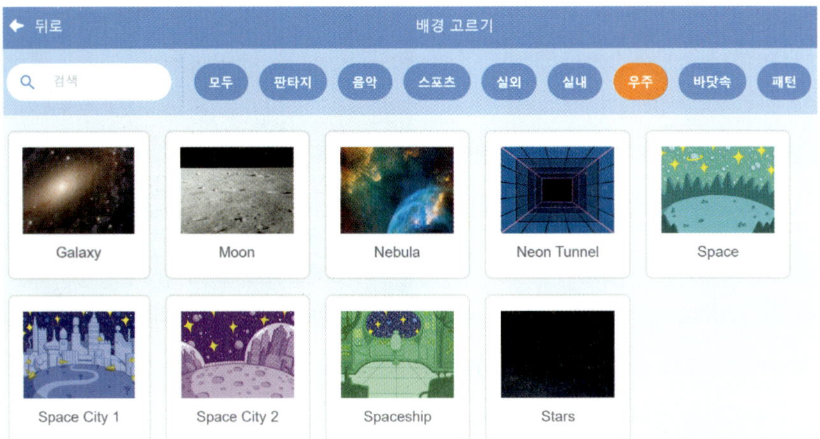

그림 7.27 배경 선택

공 스프라이트 추가

다음으로 스프라이트 고르기에서 Ball 스프라이트를 선택하고, 그림 7.29 코드에서처럼 공이 45도 방향을 바라보게 한 뒤 무한 반복하기 블록을 이용하여 10만큼씩 계속 움직이도록 한다. 그리고 벽에 닿으면 튕기게 한다.

그림 7.28 볼(Ball) 스프라이트 선택

그림 7.29 무한 반복하기 블록을 이용하여 공이 계속 움직이게 하기

패들 추가하고 마우스로 패들 움직이기

스프라이트 고르기에서 패들(Paddle) 스프라이트를 선택하여 추가하고 패들 스프라이트의 코드 영역에 그림 7.30 코드 블록을 추가한다. 녹색 깃발을 클릭했을 때 무한 반복하기 블록을 이용하여 패들을 마우스 포인터 위치로 계속 이동시키는 코드이다.

그림 7.30 마우스로 패들 움직이기

공이 패들에 닿으면 튕기게 하기

공 스프라이트의 코드 영역에 그림 7.31 코드 블록을 추가하여 공이 패들에 닿으면 튕기게 한다.

위 코드에서는 공이 패들에 닿았을 때 공을 시계 방향으로 180도 회전시키는 데 이렇게 하면 공이 패들을 향해 들어왔던 방향으로 다시 튕겨져 나간다(그림 7.32 (a)). 공이 튕겨져 나갈 때 입사각과 반사각을 같게 하려면 "반사각 = 180도 - 현재 공의 방향"이므로 공이 패들에 닿았을 때 공의 방향을 "180 - 방향" 도 방향 보기로 한다(그림 7.32 (b)). 마지막으로 입사각에 상관없이 -80도에서 80도 사이의 아무 각으로, 즉 위쪽으로 랜덤하게 공을 보내려면 공이 패들에 닿았을 때 공의 방향을 "-80부터 80 사이의 난수" 도 방향 보기로 한다(그림 7.32 (c)). 이하에서는 게임의 난이도를 높이기 위해 시계 방향으로 180도 회전하기 대신에 랜덤 반사를 사용한다.

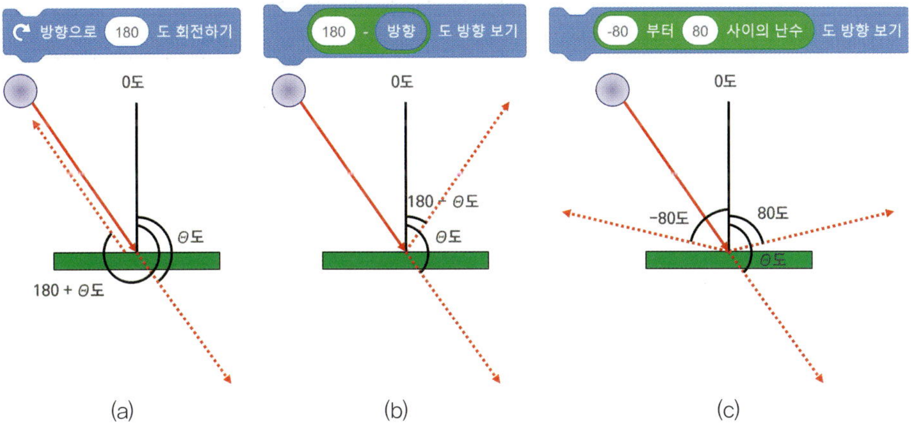

그림 7.32 공이 패들에 닿았을 때 공의 방향

점수 및 소리, 그래픽 효과 추가하기

점수를 추가하기 위해 변수 블록 팔레트에서 제공하는 변수 만들기를 이용하여 score 변수를 전역 변수로(모든 스프라이트에서 사용할 수 있게) 만들고 공이 패들에 닿을 때마다 점수를 1점씩 증가시킨다. 다음으로 패들로 공을 치는 효과를 만들기 위해 소리 탭에 있는 소리 고르기에서 "Tennis Hit" 소리를 추가하여 패들로 공을 칠 때마다 소리를 재생한다. 또한 공이 패들에서 튕겨져 나가면 공을 바로 다른 모양으로 바꿔준다. 그림 7.33은 그림 7.31 코드 블록을 수정하여 이를 구현하는 코드 블록이다.

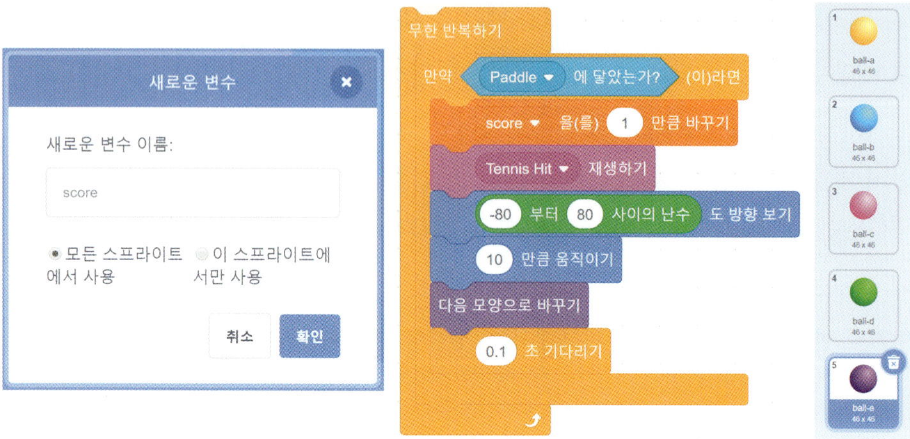

그림 7.33 공이 패들에 닿았을 때 점수를 1점 올리고 소리 및 그래픽 효과 추가하기

아래쪽 벽에 빨간색 선 그리기

무대 아래쪽에 빨간색 선을 그리기 위해 무대에서 배경 탭을 선택한다. 다음으로 선을 선택하고 색깔(색상 0, 채도 100, 명도 80)과 굵기(채우기 색 없음, 윤곽선 색 20)를 지정한 후 아래쪽 벽에 빨간 선을 그린다.

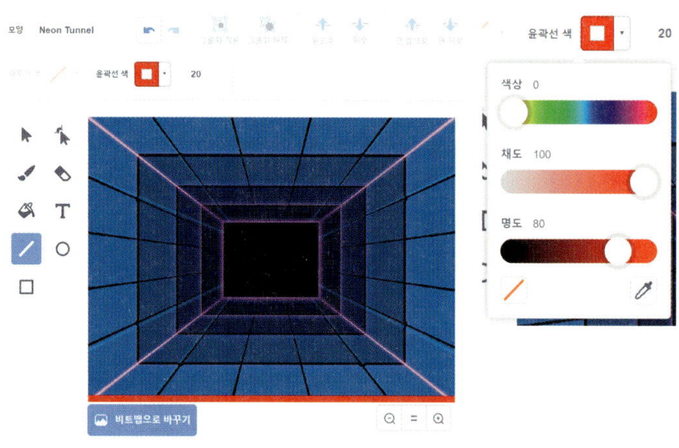

그림 7.34 무대 아래쪽에 빨간색 선 그리기

▶ 공이 빨간색 선에 닿으면 생명 감소

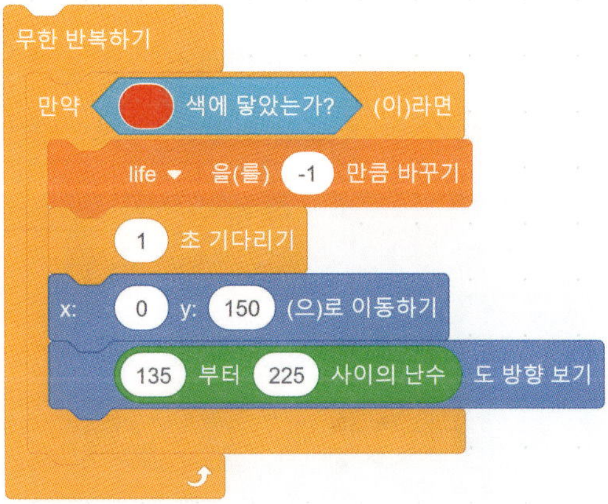

그림 7.35 공이 빨간색 선에 닿으면 생명을 감소시키고 공의 위치와 방향을 초기화

생명을 추가하기 위해 life 변수를 만든다. 녹색 깃발을 클릭했을 때 life 값을 3으로 초기화하고 공이 빨간 선에 닿을 때마다 생명을 하나씩 감소시킨다. 빨간 선에 닿았는지 확인하기 위해 아이드로퍼 툴을 이용하여 색을 지정하면 편하다. 그림 7.35에서처럼 생명을 감소시키고 1초 기다린 뒤에 공의 위치와 방향을 초기화 한다. 즉, 공의 위치는 (0, 150)으로 하고 방향은 135도에서 225도 사이의 난수로 지정하여 공이 무대 위쪽에서 아래쪽 방향으로 랜덤하게 떨어지게 한다.

▶ 생명이 모두 없어지면 게임 오버

생명이 모두 없어지면 "Game Over!"를 화면에 출력하고 모든 스크립트를 멈춰서 게임을 종료한다. 게임 오버는 6.5절의 사과 받기 게임에서와 동일하게 구현하면 된다. 공이 빨간색 선에 닿으면 life 변수의 값을 1 감소시키고 life 변수의 값이 0인지 검사한다. 만약 0이라면 "Game Over" 신호를 보내고 기다렸다가 현재 실행 중인 모든 스크립트를 멈춘다.

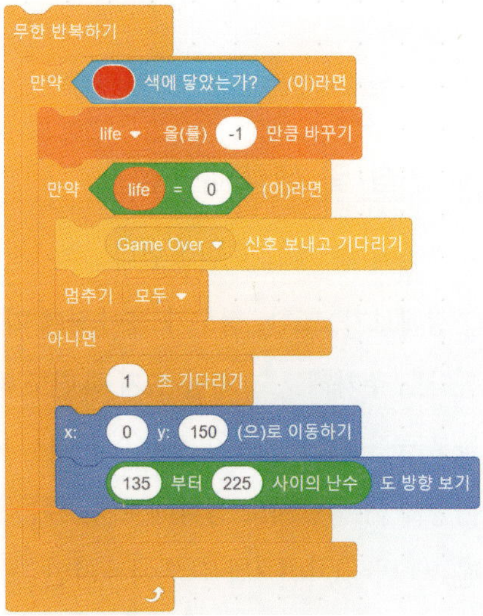

그림 7.36 생명이 모두 없어지면 Game Over 신호 보내고 기다리기

다음으로 스프라이트 고르기에서 그리기 기능을 이용하여 "Game Over!" 텍스트를 만들고 스프라이트의 이름을 "Game Over"로 설정한다. 녹색 깃발을 클릭하여 게임이 시작되었을 때 "Game Over!" 텍스트(스프라이트)를 화면에서 숨기고 생명이 모두 없어져서 "Game Over" 신호를 받았을 때 보이기를 이용하여 "Game Over!" 텍스트를 화면에 표시한다.

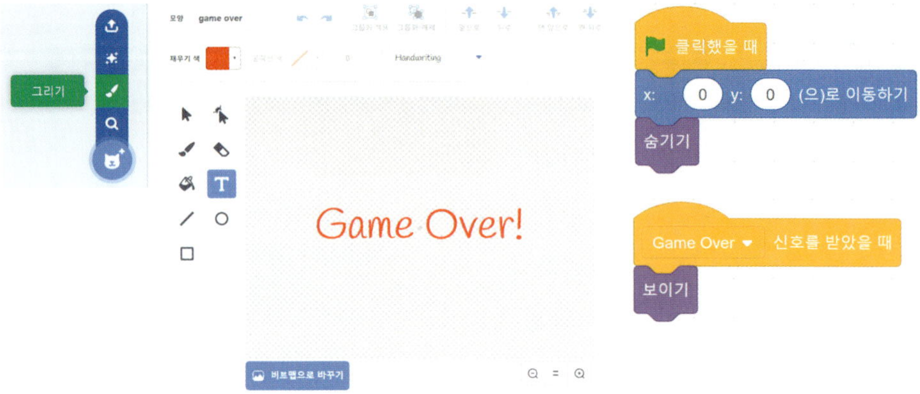

그림 7.37 Game Over 스프라이트

연습 및 생각해볼 점

지금까지 퐁 게임을 만들었다. 추가적으로 공의 속도를 조절할 수 있도록 스크립트를 수정해보자. 또한, 점수가 높아짐에 따라서 공의 속도가 빨라지게 해보자. 그리고 배경음악도 추가해보고 게임 초기 화면도 제작해보자. 한편, 패들로 공을 친 다음에 다시 패들로 공을 치기 전까지 공이 연속해서 벽에 튕기는 횟수에 따라서 점수를 다르게 주려면 어떻게 해야 할지도 생각해보자. 예를 들어, 공이 벽에 한 번 튕기면 1점, 두 번 튕기면 2점, 세 번 튕기면 3점을 부여하려면 코드를 어떻게 작성해야 할지 생각해보자.

7.3 벽돌 깨기 게임

이번 절에서는 퐁 게임을 수정해서 벽돌 깨기 게임을 만들어보자. 퐁 게임에서 구현한 코드를 최대한 활용하되 벽돌과 같은 새로운 요소를 추가한다.

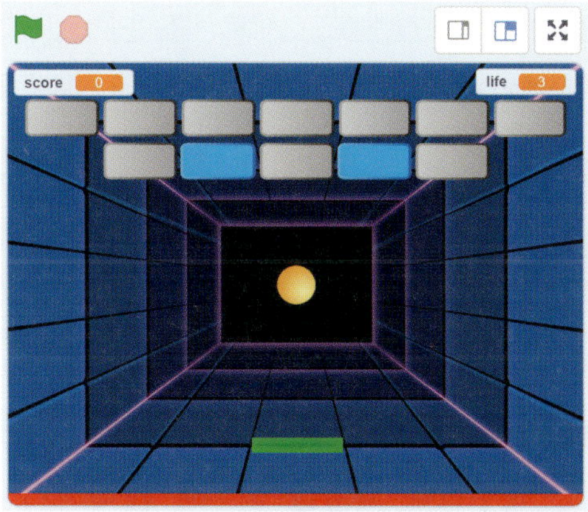

그림 7.38 벽돌 깨기 게임

프로젝트 구현 순서

벽돌 깨기 게임 구현 순서는 다음과 같다.

❶ 퐁 게임 복사본을 저장한다.

❷ 마우스로 패들을 좌우로 움직일 수 있게 한다.

❸ 벽돌을 추가한다.

❹ 공이 벽돌에 닿으면 벽돌을 없앤다.

❺ 벽돌이 없어질 때 다양한 효과를 발생시킨다.

❻ 메시지 신호를 이용하여 공이 벽돌에 닿았을 때 공의 방향을 바꾼다.

❼ 벽돌을 없앨 때마다 "score" 변수 값을 1 증가시키고 "벽돌수" 변수를 도입하여 남아 있는 벽돌 개수를 기록한다.

❽ 벽돌 수가 0이 되면 "Clear!" 텍스트를 화면에 출력하고 게임을 종료시킨다.

❾ 벽돌 스프라이트를 여러 개 복사한다.

❿ 공에 닿아도 없어지지 않는 벽돌을 추가한다.

⓫ 녹색 깃발을 클릭하여 게임을 시작하도록 한다.

퐁 게임 복사본 저장하기

벽돌 깨기 게임을 만들기 위해 먼저 퐁 게임 복사본을 저장하고(파일 → 복사본 저장하기 클릭) 프로젝트 이름을 벽돌 깨기로 변경한다.

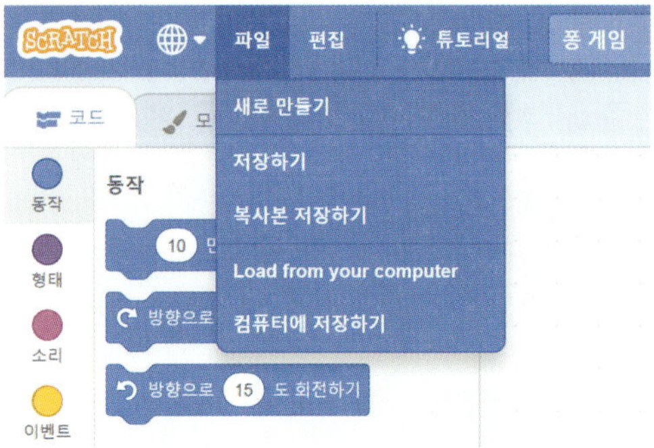

그림 7.39 퐁 게임 복사본 저장하기

마우스로 패들을 좌우로 움직이기

벽돌 깨기 게임에서는 퐁 게임과 다르게 패들을 좌우로만 움직인다. 이를 위해 그림 7.40에서처럼 패들의 y좌표 값은 고정하고 패들의 x좌표 값만 마우스 포인터의 x좌표 값으로 정한다. 패들의 초기 위치는 (0, -130)으로 한다.

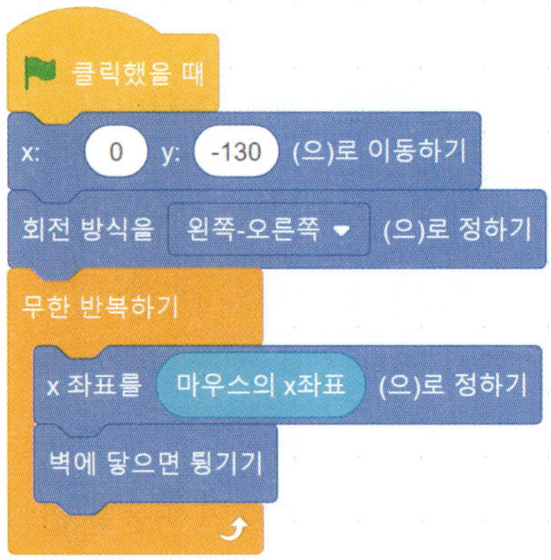

그림 7.40 마우스로 패들을 좌우로 움직이기

벽돌 추가

스크래치 3.0에서는 벽돌 스프라이트를 따로 제공하지 않는다. 벽돌을 추가하기 위해 스프라이트 고르기에서 벽돌과 비슷하게 생긴 Button3 스프라이트를 선택한다. (또는 벽돌을 직접 그려도 된다.)

그림 7.41 Button3 스프라이트

Button3 스프라이트를 추가하고 그림 7.42에서처럼 스프라이트의 이름과 모양 이름을 모두 벽돌로 변경한다. 그리고 모양 탭에서 벽돌 모양의 크기를 조절한다. 그림 7.43에서처럼 선택하기 아이콘을 클릭한 뒤 모양을 클릭한 다음 마우스를 드래그하여 크기를 작게 조정한다. 여기서는 벽돌 크기를 63×31로 정한다.

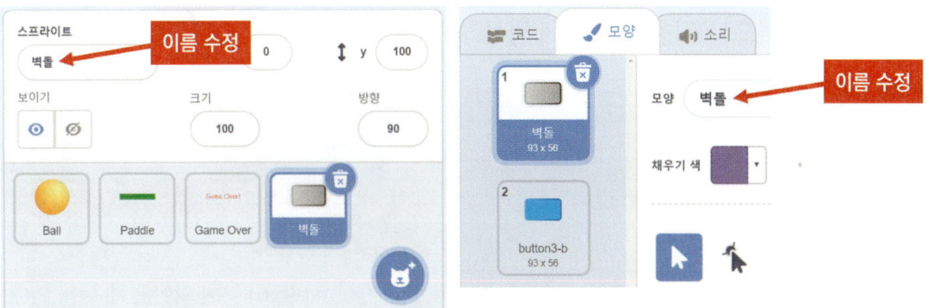

그림 7.42 Button3 스프라이트의 이름과 모양 이름을 벽돌로 변경

그림 7.43 벽돌 모양 크기 조절

벽돌이 공에 닿았을 때 벽돌을 없애고 다양한 효과를 발생시키기

벽돌 스프라이트의 코드 영역에 그림 7.44 코드 블록을 추가하여 공이 벽돌에 닿으면 벽돌을 숨겨서 없앤다. 벽돌이 없어질 때 다양한 효과를 주기 위해 소리 저장소에서 “Snap” 소리를 추가하여 재생하고 투명도 효과를 반복적으로 적용한 다음에 벽돌을 숨긴다.

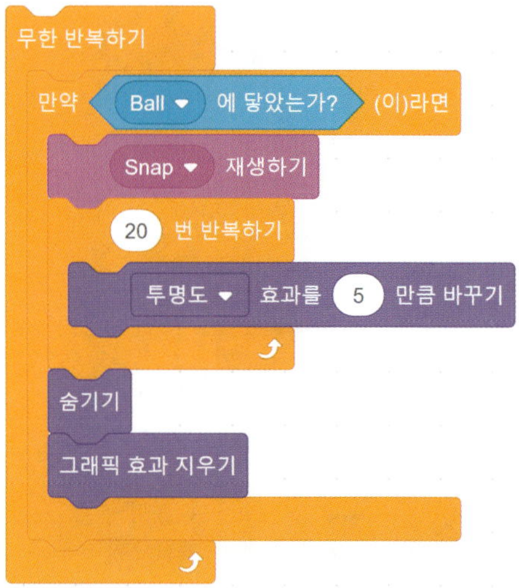

그림 7.44 벽돌이 공에 닿았을 때 벽돌 없애기

벽돌에 닿았을 때 공 방향 바꾸기

공이 벽돌에 닿고 나서는 벽돌을 향해 가던 방향과 반대 방향으로 움직이게 한다. 이를 위해 그림 7.45에서처럼 "Hit" 메시지 신호를 만들어서 벽돌 스프라이트에서 보내고, 공 스프라이트에서 "Hit" 신호를 받았을 때 방향을 바꾸도록 한다. 공의 방향을 바꿀 때 랜덤 효과를 주기 위하여 시계 방향으로 "160부터 200 사이의 난수" 도로 회전하게 한다. 참고로 시계 방향으로 180도 회전할 경우 공이 벽돌을 향했던 방향과 정반대 방향으로 움직인다(그림 7.32 (a) 참고). 한편, "Hit" 신호를 받았을 때 공의 방향을 반대 방향으로 바꾼 후 바로 30만큼 움직여서 공이 벽돌에 닿은 상태가 계속 유지되지 않도록 한다.

그림 7.45 "Hit" 신호를 이용하여 공이 벽돌에 닿았을 때 공의 방향 바꾸기

"벽돌수" 변수 만들기

아직까지 벽돌은 한 개밖에 없지만 추후에 벽돌을 더 많이 추가할 예정이므로 "벽돌수" 변수를 먼저 도입한다. 만약 벽돌을 먼저 복사하고 나서 "벽돌수" 변수를 도입할 경우 각 벽돌 스프라이트의 코드를 일일이 수정해야 하는 번거로운 문제가 발생한다. 벽돌

스프라이트의 코드 영역에서 공이 벽돌에 닿았을 때 score를 1 증가시키고 벽돌수는 1 감소시킨다.

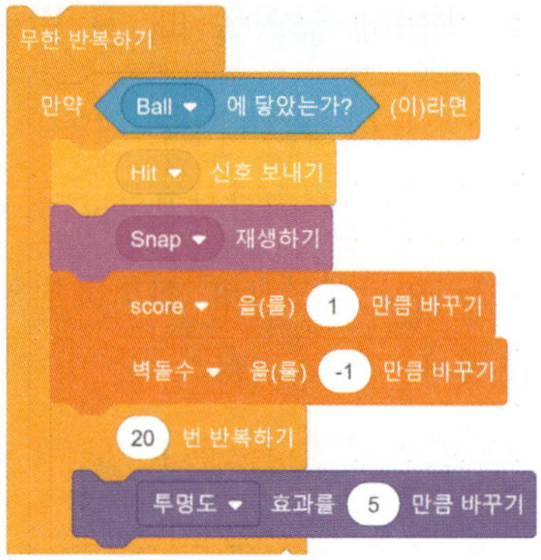

그림 7.46 공이 벽돌에 닿았을 때 점수는 1점 증가시키고 벽돌 수는 1개 감소시키기

게임 클리어

모든 벽돌을 없애서 벽돌 수가 0이 되면 "Clear!" 텍스트를 화면에 출력하고 게임을 종료한다. 이를 위해 퐁 게임에서 추가했던 Game Over 스프라이트에서 모양 그리기를 이용하여 두 번째 모양으로 "Clear!"를 만든다. 모양 이름은 "clear"로 한다.

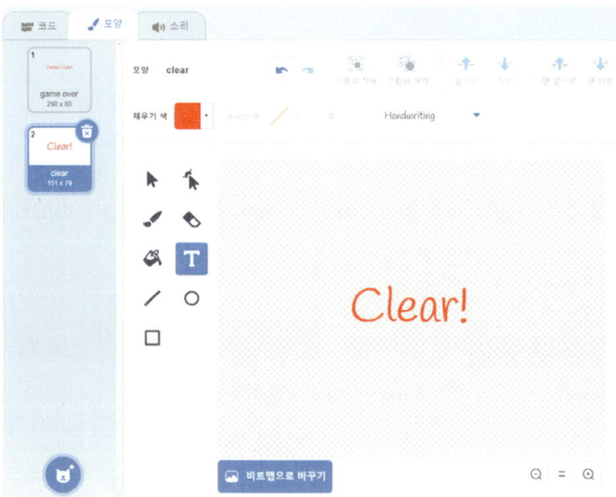

그림 7.47 게임 클리어 텍스트 만들기

게임 클리어 여부를 확인하기 위해 벽돌이 공에 닿았을 때 벽돌수 변수값을 1 감소시키고 난 후 만약 벽돌수가 0이라면 "Clear" 메시지 신호를 보낸다. "Clear" 메시지는 새로운 메시지로 만들어야 한다. 그림 7.48 왼쪽 코드 블록을 그림 7.46에 있는 코드 블록에서 "벽돌수을(를) -1만큼 바꾸기" 블록 아래에 삽입하면 된다. 다음으로 그림 7.48 오른쪽 코드 블록처럼 Game Over 스프라이트의 코드 영역에 "Clear" 메시지 신호를 받았을 때 "Clear!" 텍스트를 화면에 출력하고 게임을 종료하는 코드 블록을 추가한다.

그림 7.48 게임 클리어 텍스트를 화면에 표시하고 게임 종료

벽돌 복사

지금까지 벽돌 한 개에 대한 벽돌 깨기 게임을 완성했다. 이제 그림 7.49에서처럼 벽돌 스프라이트를 여러 개 복사하고 벽돌들의 위치를 조정하자. 총 벽돌의 개수는 12개이다. 스프라이트를 복사하면 코드도 같이 복사된다.

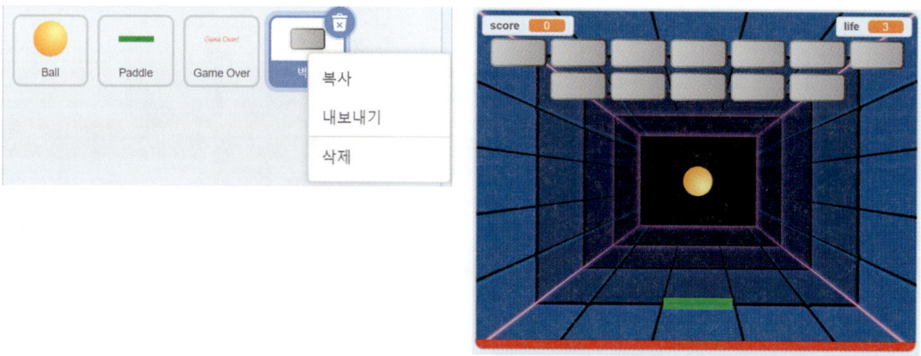

그림 7.49 벽돌 스프라이트 복사하기

공에 닿아도 없어지지 않는 벽돌 추가

게임의 난이도를 높이기 위해 공에 닿아도 없어지지 않는 벽돌을 추가한다. 기존 벽돌의 모양을 바꿔 없어지지 않는 벽돌로 변경한다. 벽돌의 두 번째 모양인 파란색 모양을 없어지지 않는 벽돌로 사용한다. 모양 크기는 회색 모양과 마찬가지로 63×31로 변경한다. 여기서는 그림 7.50에서처럼 벽돌 2개만 없어지지 않는 벽돌로 변경한다.

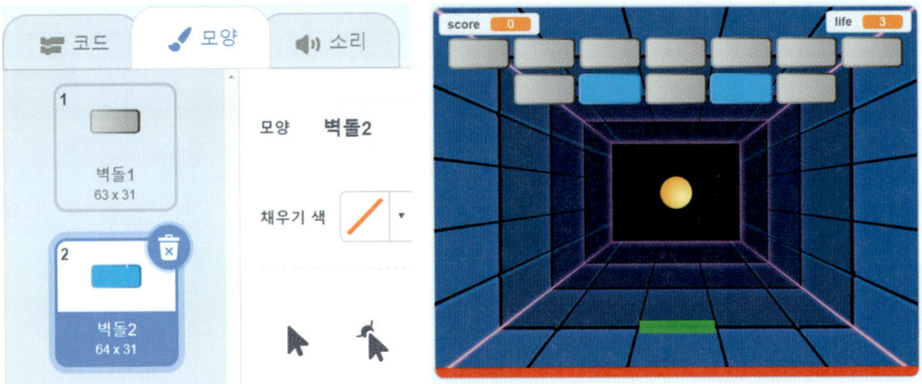

그림 7.50 없어지지 않는 벽돌 추가

이제 공에 닿아도 없어지지 않는 벽돌 스프라이트의 코드를 수정한다. 그림 7.46 코드 블록에서 공에 닿았을 때 공의 방향이 변경되도록 "Hit" 메시지 신호를 보내고 "Snap" 소리만 재생하고 나머지 블록은 모두 제거한다.

그림 7.51 공에 닿아도 없어지지 않는 벽돌 스프라이트의 코드

녹색 깃발을 클릭하여 게임 시작

마지막으로 녹색 깃발을 클릭했을 때 지금까지 구현한 스크립트들이 실행되도록 한다. 공 스프라이트의 코드 영역에 그림 7.52와 같이 녹색 깃발을 클릭했을 때 생명(life), 점수(score), 벽돌수 변수의 값을 초기화하는 스크립트를 추가한다. 그리고 공의 크기도 퐁 게임에서 보다 좀 더 작게 만든다(예: 70%).

그림 7.52 녹색 깃발을 클릭하여 벽돌 깨기 게임 시작하기

연습 및 생각해볼 점

지금까지 벽돌 깨기 게임을 만들었다. 추가 연습으로 타이머를 추가하고 정해진 시간 안에 게임을 클리어하지 못 할 경우 생명을 감소하도록 해보자. 또한 패들의 크기를 작게 만들거나 크게 만드는 아이템을 추가해보자. 공의 속도를 빠르게 하거나 느리게 하는 아이템도 만들어보자. 새로운 스테이지를 추가하려면 어떻게 해야할지도 고민해보자.

이상으로 스크래치 3.0에 대해서 자세히 살펴보았다. 다음 장부터는 또 다른 블록 코딩 애플리케이션인 앱 인벤터에 대해서 자세히 살펴보고자 한다.

연습 문제

연산 블록, 퐁 게임, 벽돌 깨기 게임

7.1 다음 코드 실행 결과는?

```
(world) 의 (1) 번째 글자
```

① w　　② o

③ r　　④ d

7.2 다음 코드 실행 결과는?

```
((world) 의 길이) 나누기 (3) 의 나머지
```

① 0　　② 1

③ 2　　④ 3

7.3 다음은 앞으로 계속 조금씩 이동하면서 x좌표 값이 10의 배수가 될 때마다 점프하는 고양이 코드이다. 다음 중 ㉮와 ㉯에 들어가야 하는 값은?

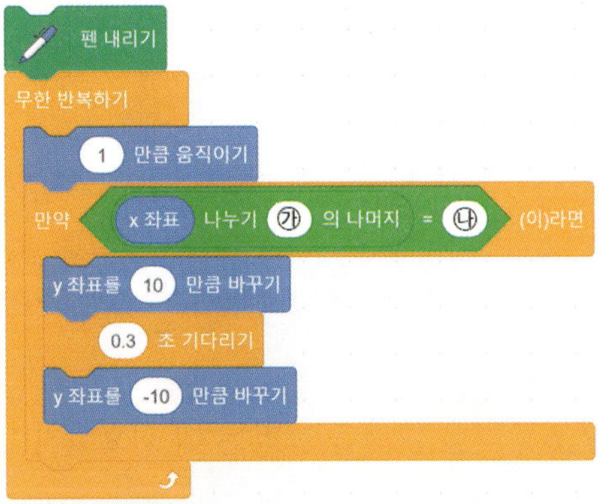

① ㉮ = 2 ㉯ = 1
② ㉮ = 2 ㉯ = 0
③ ㉮ = 10 ㉯ = 1
④ ㉮ = 10 ㉯ = 0

7.4 아래 코드 블록을 실행한 뒤 답변 상자에 'c'를 입력할 경우 스프라이트가 말하는 값은?

① 0
② 1
③ 2
④ 6

7.5 연습문제 7.4의 코드 블록을 실행한 뒤 답변 상자에 'K'를 입력할 경우 스프라이트가 말하는 값은?

① 0　　　② 1

③ 2　　　④ 6

7.6 다음 그림을 그리는 데 필요하지 않은 블록은?

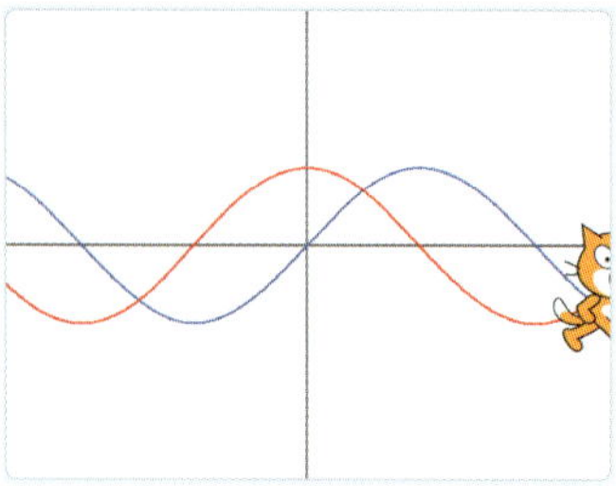

① 

② 

③ 

④ 

7.7 다음은 퐁 게임에서 공 스프라이트에서 실행되는 스크립트이다. 이 스크립트를 실행했을 때에 대한 설명으로 틀린 것은? 이 스크립트 외에 다른 스크립트는 실행되고 있지 않다고 가정하라.

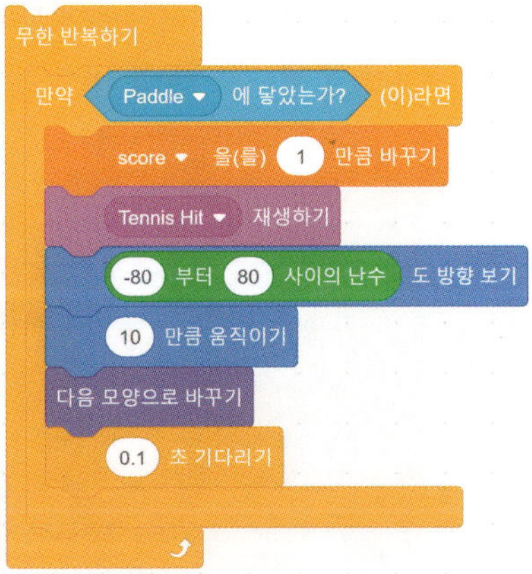

① 공이 패들(Paddle)에 닿으면 변수 score의 값이 1 증가한다.

② 공이 패들에 닿으면, 공의 방향이 반대 방향으로 변경된다.

③ 공이 패들에 닿지 않으면 아무 일도 일어나지 않는다.

④ 공이 패들에 닿으면 다음 모양으로 바뀐다.

7.8 벽돌 깨기 게임에서 패들을 마우스를 이용하여 좌우로만 움직이게 하려면 (즉, 패들의 y좌표 값은 변경하지 않고) 다음 중 어떤 코드 블록을 사용해야 하는가?

①
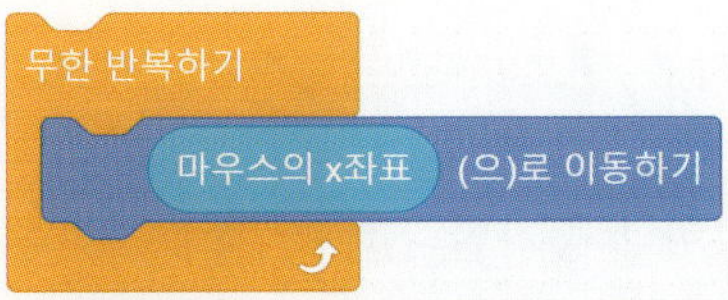

②
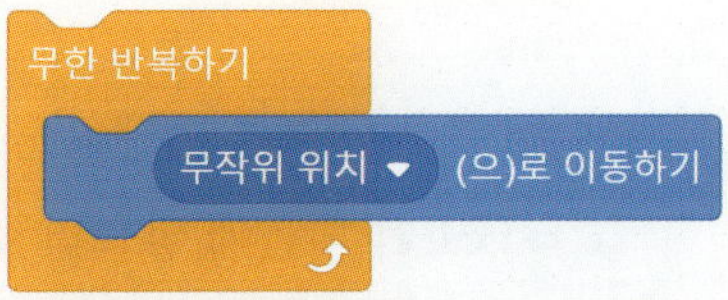

③

④
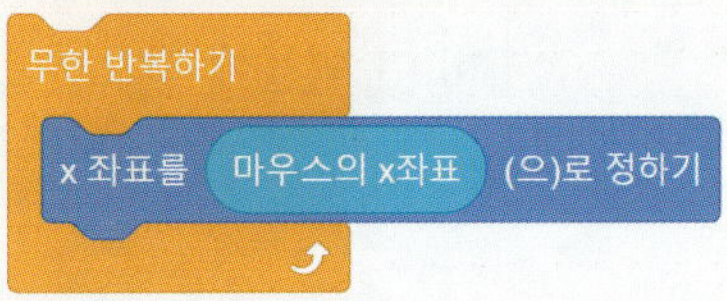

7.9 다음은 벽돌 깨기 게임에서 벽돌 스프라이트에서 실행되는 코드이다. 아래 코드를 실행했을 때에 대한 설명으로 틀린 것은?

① Ball이 벽돌에 닿으면 score 값이 1 증가한다.

② Ball이 벽돌에 닿지 않으면 벽돌수 값이 1 증가한다.

③ Ball이 벽돌에 닿으면 그래픽 효과를 적용한 뒤 벽돌을 숨긴다.

④ 벽돌수가 0이 되면 모든 스프라이트에게 Clear 신호를 보낸다.

7.10 다음 그림처럼 패들에 공이 부딪혔을 때 입사각과 반사각이 똑같게 공이 튕겨 나가게 하려면 다음 중 어떤 블록을 사용해야 하는가?

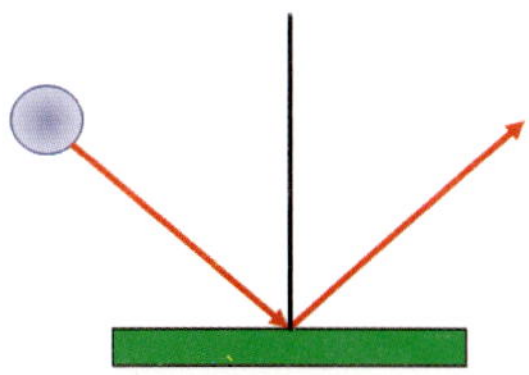

① 방향으로 (90) 도 회전하기

② 방향으로 (180) 도 회전하기

③ 방향으로 ((180) - (방향)) 도 회전하기

④ 방향으로 ((-80) 부터 (80) 사이의 난수) 도 회전하기

CHAPTER 8

앱 인벤터란?

8.1 앱 인벤터란 무엇인가?

모바일 앱을 만들고 싶다고요?

오늘날 우리는 생활 속에서 수많은 모바일 앱을 사용하고 있다. 핸드폰이나 패드에서 동작하는 다양한 모바일 앱을 사용하여 인터넷을 검색하고, 채팅이나 화상통화를 하며, 영화나 음악을 즐기고, 강의를 듣거나 수강 신청을 하며, 인터넷 뱅킹을 하기도 한다. 이 같은 모바일 앱은 어떻게 만들 수 있을까? 일반적으로 모바일 앱을 만들기 위해서는 첫째 Java, Objective-C, Kotlin, Swift 등의 고급 프로그래밍 언어를 알아야 하고, 둘째 안드로이드 스튜디오, 아이폰 SDK 등 소프트웨어 개발 도구를 배워야 한다. 이렇게 프로그래밍 언어를 배우고 소프트웨어 개발 도구를 익히는 데는 많은 시간과 노력이 필요하여, 전문 프로그래머가 아니고서는 모바일 앱을 만들기가 매우 어렵다.

그렇다면 일반인, 즉 초보자는 모바일 앱을 만들 수 없을까? 앱 인벤터(App Inventor)는 초보자도 쉽게 모바일 앱을 만들 수 있도록 블록 코딩 언어와 개발 환경을 제공한다. 즉, 앱 인벤터를 사용하면 프로그래밍을 전공하지 않은 사람도 쉽게 모바일 앱을 만들 수 있다. 그림 8.1은 앱 인벤터를 사용하여 모바일 앱을 만드는 프로그래밍 예제이다. 그림에서 보듯이, 블록들을 조립하여 프로그래밍을 수행할 수 있고, 웹 브라우저 상에서 손쉽게 모바일 앱을 개발할 수 있다.

앱 인벤터의 특징

앱 인벤터는 좁게는 모바일 앱을 개발할 수 있는 블록 코딩 언어를 의미하며, 넓게는 블록 코딩 언어를 포함한 모바일 앱 개발 환경 자체를 의미하기도 한다. 앱 인벤터의 특징을 나열하면 다음과 같다.

- 구글과 MIT에서 개발한 앱 개발 도구로, 현재 MIT에서 개발 환경을 운영 중이다.

- 앱 인벤터는 특별한 설치 과정이 필요하지 않은 무료 개발 도구이다.
- 구글의 크롬 브라우저를 사용한 웹 기반 개발 도구를 제공한다.
- 스크래치와 유사한 블록 코딩 기법을 사용하여 프로그래밍이 쉽다.
- 작성한 앱을 에뮬레이터는 물론 안드로이드폰, 아이폰 등에서 바로 수행해 볼 수 있다.

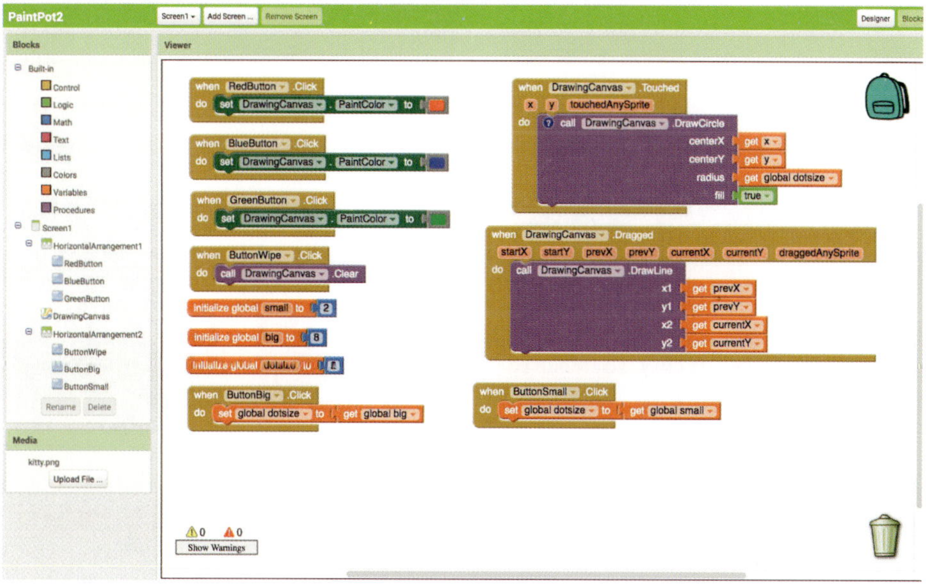

그림 8.1 앱 인벤터를 사용하여 모바일 앱을 프로그래밍하는 예제

8.2 앱 인벤터 시작하기

앱 인벤터 홈페이지

앱 인벤터를 사용한 모바일 앱을 개발하기 위해서는 앱 인벤터 홈페이지에 접속하면 되며, 앱 인벤터의 인터넷 주소는 다음과 같다.

http://appinventor.mit.edu

인터넷 주소를 살펴보면 "mit.edu"가 포함되어 있는데, 이는 앱 인벤터를 MIT에서 운영하기 때문이다. 앱 인벤터 홈페이지에 접속하면 그림 8.2와 같은 홈페이지가 나타난다. 홈페이지의 내용은 앱 인벤터의 버전 변화, 알림 내용 등에 따라서 매번 달라질 수 있다.

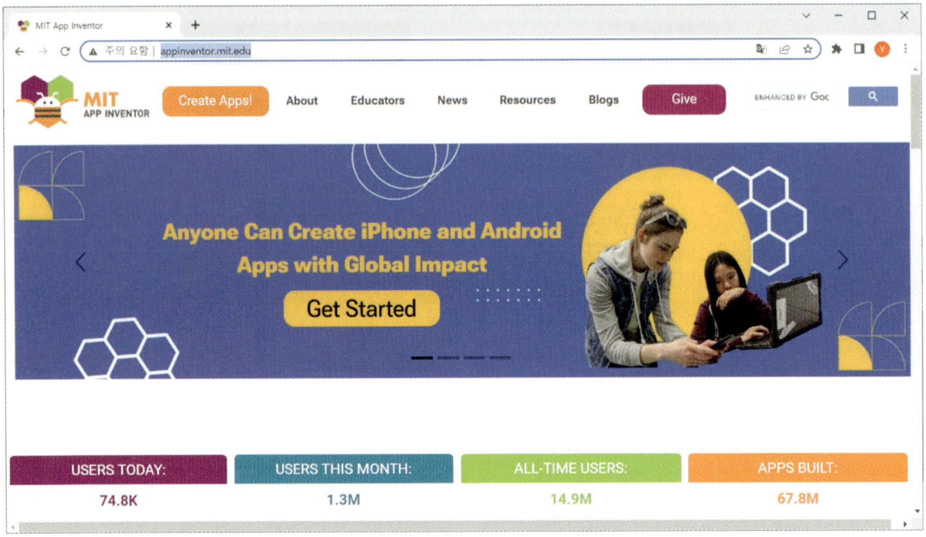

그림 8.2 앱 인벤터 홈페이지(http://appinventor.mit.edu) 접속 예제

홈페이지에 접속한 후에는 화면 상단의 "Create Apps!"를 클릭하여 모바일 앱 개발을 시작할 수 있다. 여기서 주의할 점은 앱 개발을 시작하기 전에 다음 두 가지 사항이 미리 준비되어 있어야 한다.

- 크롬 브라우저(chrome): 앱 인벤터는 구글에서 개발한 앱 개발 도구로서, 구글의 크롬 브라우저 설치하여 사용하는 것을 권장한다.
- 구글 계정(Google): 앱 인벤터 개발을 위해서는 구글 계정이 사용되므로, 구글 계정이 없는 사용자는 우선 계정을 만들어야 한다.

이제 크롬 브라우저를 설치하는 과정과 구글 계정을 만드는 과정을 차례로 살펴본다. 이미 크롬 브라우저가 설치되어 있고 구글 계정이 있는 사용자의 경우에는 이 과정을 생략할 수 있다.

크롬 브라우저 설치

크롬을 설치하기 위해서는 웹 브라우저에서 그림 8.3(a)와 같이 구글 사이트 입력한다. 그런 다음 그림 8.3(b)와 같이 구글 창에서 "크롬"이라고 입력하고 검색한다. 검색 결과에서 그림 8.3(c)의 크롬 다운로드를 선택한다.

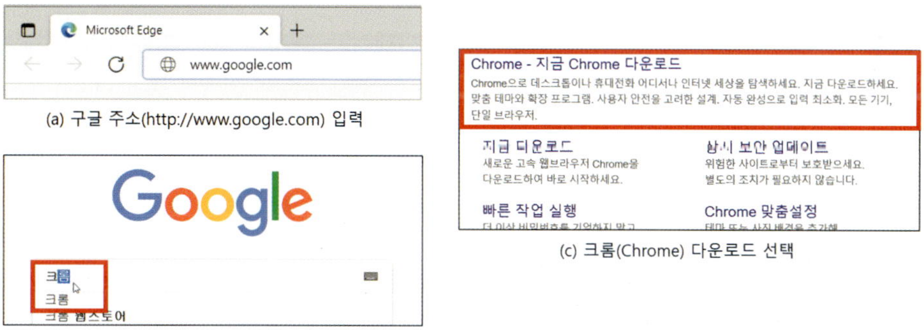

(a) 구글 주소(http://www.google.com) 입력

(b) 구글에서 "크롬" 검색

(c) 크롬(Chrome) 다운로드 선택

그림 8.3 구글에서 크롬 브라우저 검색 과정

크롬 브라우저를 다운로드하고 설치하는 과정은 그림 8.4와 같다. 그림을 보면, 먼저 컴퓨터에 크롬 설치 프로그램을 다운로드 하고, 이를 클릭하여 설치 과정을 실행한다. 설치가 완료된 이후에는 자동적으로 크롬 브라우저가 실행되며, 바탕화면에는 크롬 아이콘()이 생성된다. 이후에는 이 크롬 아이콘을 클릭하여 크롬 브라우저를 실행할 수 있다.

구글 계정 만들기

앱 인벤터 개발을 위해서는 구글 계정이 필수이다. 따라서 구글 계정이 없는 사용자는 먼저 계정을 만들어야 한다. 그림 8.5는 구글 계정을 만드는 과정 일부를 나타내며, 이에 대한 설명은 다음과 같다.

(a) 크롬 브라우저에서 구글 사이트를 입력한다.
(b) 구글 사이트의 오른편 상단 "로그인"을 클릭한다.
(c) 로그인 창에서 하단의 "계정 만들기"를 클릭한다.

이후에 이름, 계정, 비밀번호를 입력하는 과정, 전화번호, 생일 등을 입력하는 과정, 문자를 인증하는 과정, 개인정보 보호 및 약관을 선택하는 과정을 차례로 수행하면 계정 생성이 완료된다.

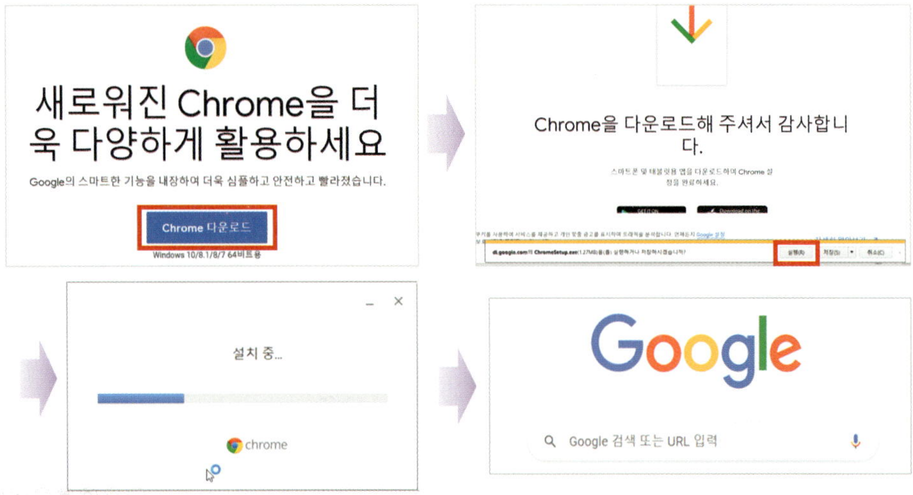

그림 8.4 크롬 브라우저의 다운로드 및 설치 과정

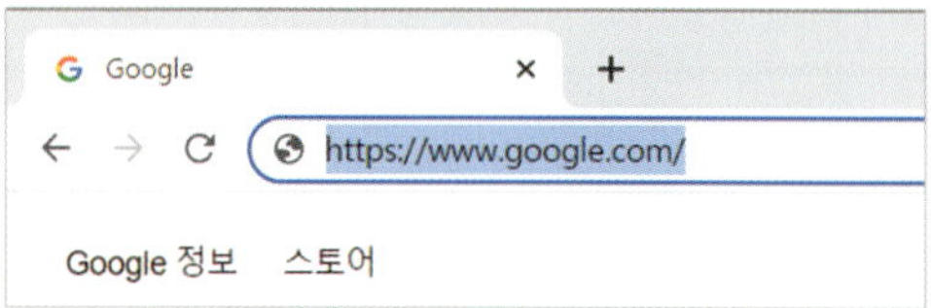

(a) 구글 주소(http://www.google.com) 입력

(b) 구글에서 "로그인" 클릭

(c) "계정 만들기" 클릭

그림 8.5 구글 계정을 생성하는 과정

구글 계정을 성공적으로 만들고 나면 자동으로 구글에 로그인이 된다. 그리고 크롬 브라우저 우측 상단에서 자신의 이름(first name)을 확인할 수 있다. 그림 8.6은 구글에 로그인되었을 때 우측 상단에 한글 혹은 영문 이름이 나타난 예제를 보여준다. 구글 계정을 만든 후에는 본인의 계정과 비밀번호를 잘 기억해 두어야 한다. 그래야만 추후 다시 구글에 로그인할 수 있고 앱 인벤터를 개발할 수 있다.

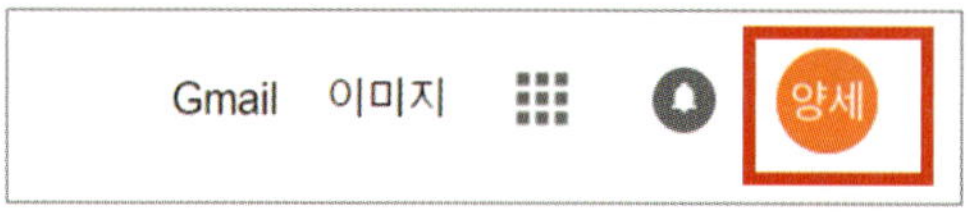

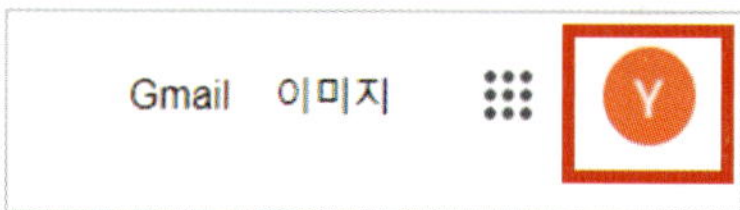

그림 8.6 브라우저에 구글 계정 이름이 한글/영문으로 나타난 예제

8.3 앱 인벤터 구동하기

앱 인벤터를 구동합니다!

크롬 브라우저와 구글 계정이 준비되었다면 이제 본격적으로 앱 인벤터를 구동해 보기로 하자. 앞서 그림 8.2에서 시도했던 바와 같이 앱 인벤터 홈페이지(http://appinventor.mit.edu)에 접속하여 "Create Apps!" 버튼을 클릭한다. 그러면 그림 8.7의 과정을 거쳐서 앱 인벤터가 구동된다. 이때 만일 구글 계정이 여러 개라면 하나를 선택하라는 창이 뜰 수 있고, 이 경우 본인이 앱 개발에 사용하고자 하는 계정을 선택하면 된다.

그림 8.7의 앱 인벤터 구동 과정을 차례로 설명하면 다음과 같다.

(a) 이용 약관을 보여주는 화면으로, 내용을 확인하고 "동의(accept)"를 누른다.

(b) 앱 인벤터 현재 버전에 대한 설명을 보여주며, 아래의 "Continue" 버튼을 눌러 다음으로 진행한다.

(c) 튜토리얼(tutorial) 안내 화면이 나온다. 다양한 모바일 앱 예제를 튜토리얼로 제공하므로, 추후 학습에 활용할 수 있다. 우선 "CLOSE"를 선택하고 다음으로 진행한다.

(d) 초기화 작업이 끝난 후 나타나는 앱 인벤터 개발 환경으로, 이 화면이 나타나면 앱을 개발할 준비가 완료된 상태이다. 이 개발 환경의 주소는 다음과 같음을 확인할 수 있다.

http://ai2.appinventor.mit.edu

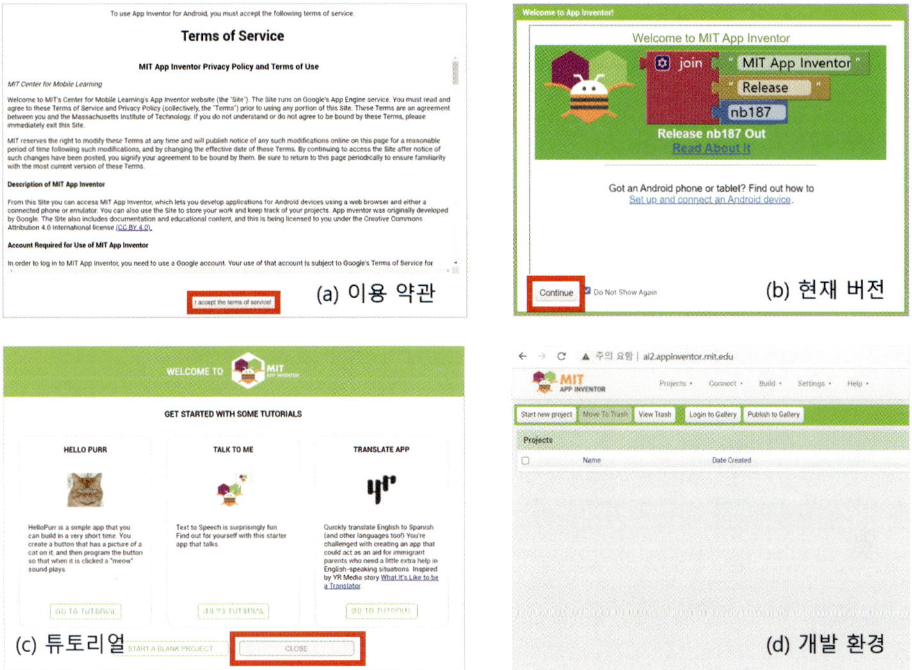

그림 8.7 초기에 앱 인벤터를 구동하는 과정

그림 8.7에서 (a)-(c)는 앱 인벤터 초기화 과정에 해당하고, (d)는 실제 개발 환경을 나타낸다. 따라서 초기화는 한 번만 진행하면 되고, 이후 개발 과정에서는 상기 ai2 주소를 직접 입력하여 바로 개발 환경으로 이동한다. 즉, ai2 주소를 직접 입력하여 그림 8.7(d)로 바로 이동하여 개발을 진행한다.

첫 번째 앱 만들기

개발 준비를 마쳤으므로 이제 첫 번째 모바일 앱을 만들어 보도록 하자. 앞서 소개한 ai2 주소(http://ai2.appinventor.mit.edu)를 입력하여 그림 8.8의 개발 환경으로 이동한다. 그런 다음 "Start new project"를 선택하여 새로운 프로젝트를 만든다.

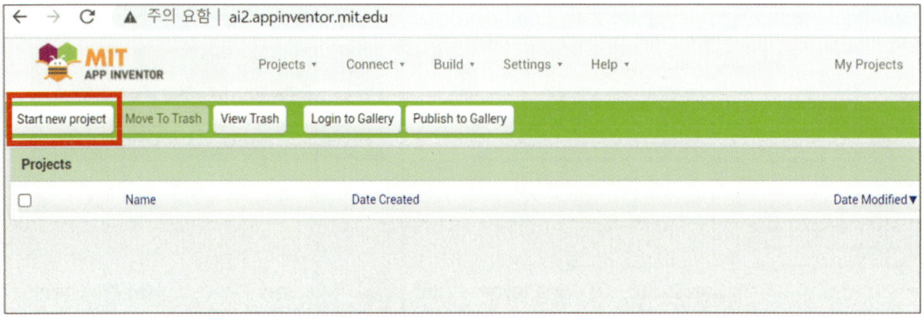

그림 8.8 앱 인벤터 개발 윈도우에서 프로젝트를 시작하는 과정

새로운 프로젝트를 만들면, 그림 8.9와 같이 프로젝트를 생성하는 윈도우가 나타난다. 여기에 프로젝트 이름을 입력하고 "OK"를 선택하면 새로운 프로젝트가 생성된다. 여러분이 만드는 앱 하나는 프로젝트 하나에 해당한다. 그림 8.9의 예제에서는 이름을 "KNUAI001"이라 지었는데, 여러분은 자신만의 고유 이름을 입력하면 된다. 다만 프로젝트 이름은 영문 사용을 권장한다.

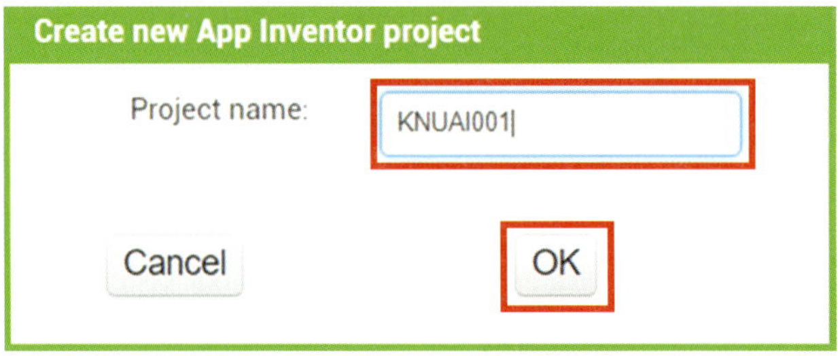

그림 8.9 프로젝트 이름(KNUAI001)을 넣어 새로운 프로젝트를 생성하는 예제

프로젝트를 생성하면 개발 환경 윈도우에 그림 8.10과 같이 핸드폰 화면이 하나 나타난다. 그리고 핸드폰 왼쪽, 오른쪽으로 여러 가지 메뉴가 나타나는데, 이들 메뉴는 필요할 때 하나씩 그 기능을 배우도록 한다. 윈도우의 왼쪽 상단을 보면 앞서 프로젝트 생성 시에 입력하였던 이름인 "KNUAI001"이 나타남을 확인할 수 있다.

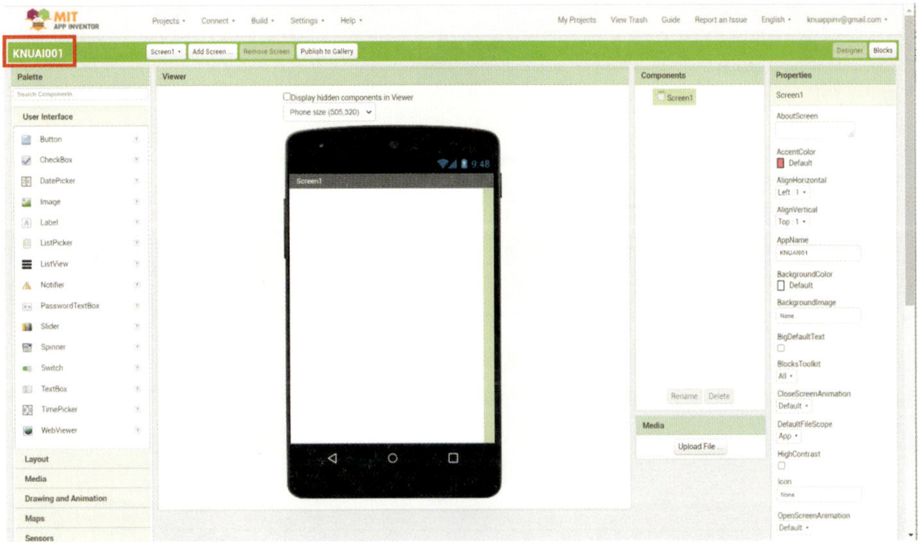

그림 8.10 새로운 프로젝트가 생성된 개발 환경 윈도우 화면 예제

윈도우의 상단 메뉴를 보면 "Project"가 있는데, 이를 누르면 풀다운 메뉴에 여러 목록이 나타난다. 그림 8.11(a)와 같이 풀다운 메뉴에서 다시 "My Project"를 클릭해 보자. 그러면 그림 8.11(b)와 같이 프로젝트 목록이 나타나는데, 앞서 만든 첫 번째 프로젝트인 "KNUAI001"이 목록에 있음을 알 수 있다. 앞으로 프로젝트를 차례로 만들어나가면, 이들 프로젝트 이름이 목록에 나타날 것이다. 이 목록에서 "KNUAI001"을 클릭하면 그림 8.10의 개발 환경 윈도우로 다시 돌아가게 된다.

첫 번째 앱은 그냥 빈 화면이다. 그 이유는 아직 아무런 개발 작업을 진행하지 않았기 때문이다. 비록 빈 화면이기는 하지만, 이 첫 번째 앱을 실행해 보고자 한다. 이제 첫 번째 앱을 어디에 어떻게 실행할지 알아보도록 하자.

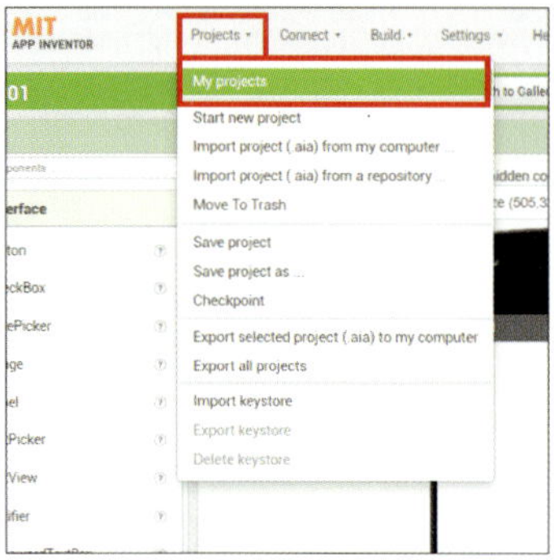

(a) Project-My project 선택

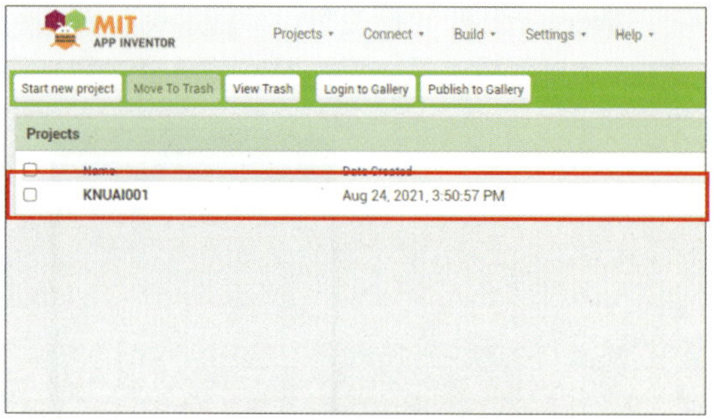

(b) 현재까지 생성된 프로젝트 목록

그림 8.11 현재까지 생성된 프로젝트 목록을 보는 과정

8.4 에뮬레이터 설치하기

모바일 앱을 실행하는 세 가지 방법

앱 인벤터로 모바일 앱을 개발한 후에 이를 실행하여 바르게 동작하는지 확인하는 방법은 크게 세 가지가 있다.

- 에뮬레이터: 앱 인벤터가 동작하는 컴퓨터(PC)에 에뮬레이터를 설치한 후 개발한 앱을 실행할 수 있다.
- 핸드폰: 안드로이드폰, 아이폰에서 실행할 수 있다. WIFI로 연결된 네트워크에서, "AI2 Companion" 앱을 설치한 후 자신의 핸드폰에서 개발한 앱을 직접 실행할 수 있다.
- 앱 플레이어: NOX 등과 같은 안드로이드 앱 플레이어를 컴퓨터에 설치한 후, 안드로이드폰 대신 앱 플레이어에 개발한 모바일 앱을 실행할 수 있다.

일반적으로 앱 실행을 위해 핸드폰 사용을 권장한다. 최근 안드로이드폰 뿐만 아니라 아이폰까지 지원되기 때문에 별도의 에뮬레이터나 앱 플레이어 설치 없이 쉽게 모바일 앱을 실행해 볼 수 있다. 다만 핸드폰이나 앱 플레이어를 사용하면 화면 크기나 해상도 차이에 의해서 실행 결과가 조금씩 다르게 나올 수 있음에 유의한다.

에뮬레이터 설치하기

에뮬레이터는 컴퓨터에서 동작하는 작은 핸드폰이라 할 수 있다. 기능이 매우 제한적이긴 하지만 간단한 모바일 앱을 바로 실행하여 그 기능을 확인할 수 있는 장점이 있다. 에뮬레이터 설치를 위해서는 다음 주소를 입력하여 에뮬레이터 설치 파일을 다운로드 받는다.

- 윈도우즈

http://appinventor.mit.edu/explore/ai2/windows.html

- 매킨토시 / 리눅스

http://appinventor.mit.edu/explore/ai2/setup-emulator.html

그림 8.12는 윈도우즈에서 에뮬레이터 설치 파일을 다운로드하는 화면이다. 그림을 보면 화면 중간에 "Download the installer"가 있으며, 이를 클릭하면 대략 80MB의 설치 파일이 다운로드 된다. 다운로드가 끝나면 통상 "다운로드" 폴더에 설치 파일이 있으며, 보관 등을 위해 필요하면 이 파일을 바탕화면이나 다른 폴더로 이동하여도 된다.

에뮬레이터 설치를 위해 설치 파일을 실행하기 전에 반드시 유의해야 할 두 가지 사항이 있다. 첫째, 윈도우즈 계정이 영문이어야 한다. 둘째, 설치 파일 실행은 관리자 권한으로 해야 한다. 계정이 영문이라는 말은 그림 8.13(a)와 같이 컴퓨터에 로그인할 때의 이름이 영문이어야 함을 의미한다. 만일 계정이 영문이 아니라면, 그림 8.13(b)와 같이 컴퓨터의 "제어판"에서 "사용자 계정"을 찾아 계정 이름을 영문으로 변경하기를 권장한다.

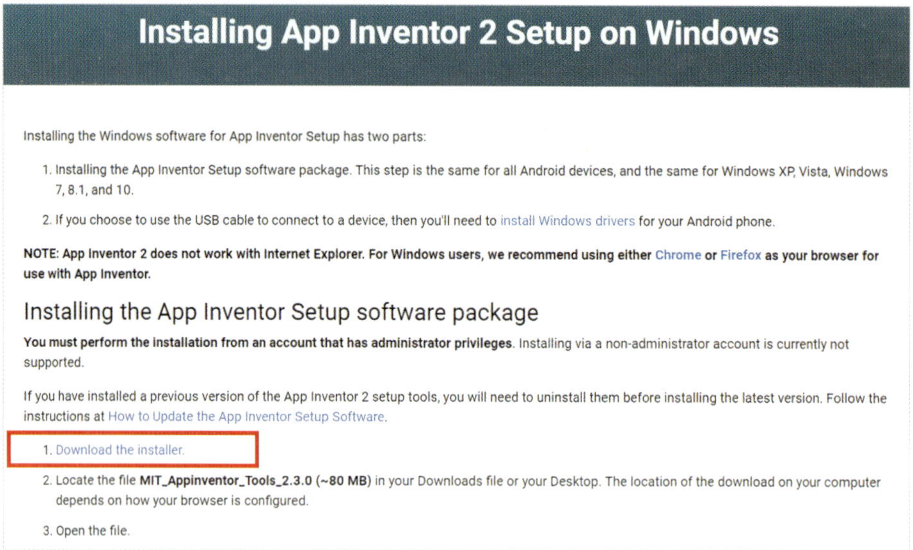

그림 8.12 앱 인벤터에서 에뮬레이터 설치 파일을 다운로드하는 과정

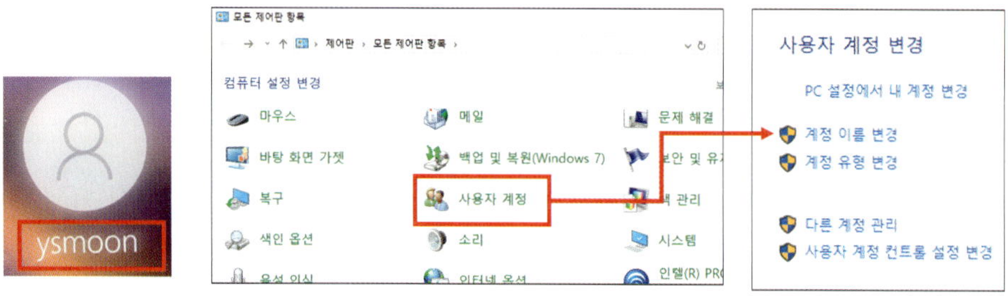

(a) 계정 이름 확인 (b) 계정 이름 변경

그림 8.13 에뮬레이터 설치를 위한 영문 계정과 계정 이름 변경 과정

두 번째 중요한 사항은 설치를 관리자 권한으로 실행하는 것이다. 이를 위해서는 설치 파일을 마우스로 그냥 더블 클릭하여 수행해서는 안 된다. 대신에 그림 8.14와 같이 설치 파일에 마우스를 대고 오른쪽 버튼을 눌러서 상단의 "관리자 권한으로 실행"을 선택하여 설치를 진행해야 한다.

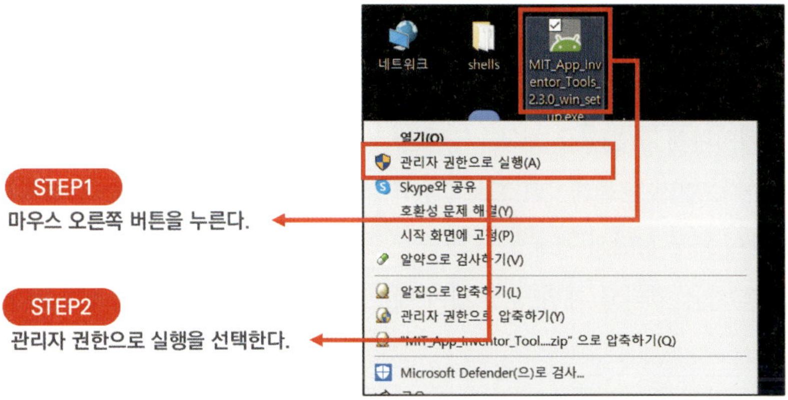

그림 8.14 에뮬레이터 설치 파일을 관리자 권한으로 실행하는 과정

설치가 실행되는 과정은 에뮬레이터 설명 페이지, 약관 페이지, 여러 가지 옵션, 설치 위치와 폴더 등을 확인하며 진행한다. 예를 들어, 그림 8.15(a)는 처음에 나타나는 에뮬레이터 설명 페이지이다. 통상적으로 디폴트로 제시되는 내용을 확인하며 진행하면 된다. 모든 설치가 끝나면, 그림 8.15(b)와 같은 코맨드 윈도우가 나타나고, 바탕화면에 aiStarter 아이콘이 생성된다. 앞으로는 에뮬레이터 실행을 위해서는 aiStarter 아이콘을 클릭하면 된다.

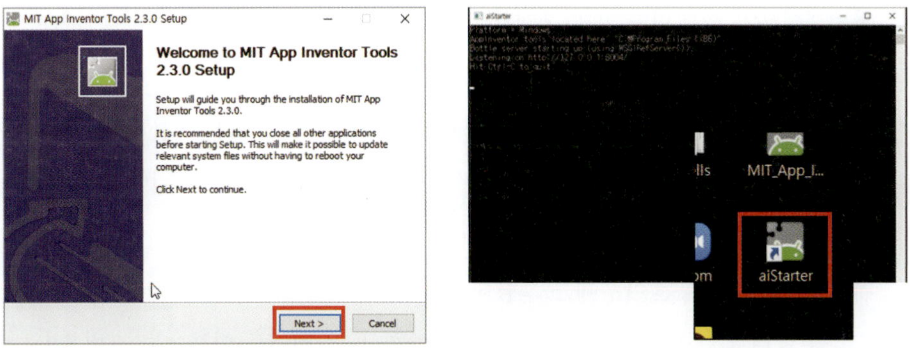

(a) 에뮬레이터 설명 페이지

(b) 실행(aiStart) 아이콘

그림 8.15 에뮬레이터 설치 초기 페이지와 aiStarter 실행 아이콘

에뮬레이터에 앱 실행하기

에뮬레이터 설치가 되었으면 이제 앞서 만든 첫 번째 앱인 KNUAI001을 실행시켜보자. 즉, 에뮬레이터에 개발 환경 윈도우(그림 8.10)에서 개발 중인 KNUAI001 앱을 실행시키고자 한다. 먼저 에뮬레이터 프로그램인 aiStarter가 실행되고 있는 상태에서, 그림 8.16과 같이 도구 상단의 "Connect"를 누른 후 다시 "Emulator"를 선택한다. 이를 통해 에뮬레이터가 실행되고, 개발 중인 앱이 에뮬레이터에 다운로드 되어 실행된다.

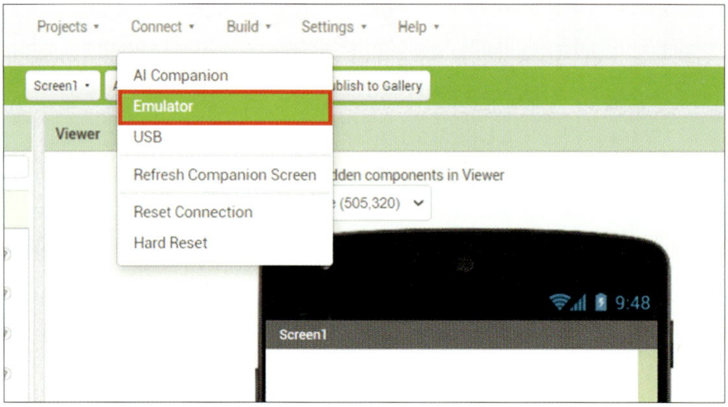

그림 8.16 에뮬레이터를 실행하고 연결하는 과정

에뮬레이터가 실행되고 그 위에서 개발한 앱이 실행되는 과정은 각각 그림 8.17과 그림 8.18에 나타나 있다. 그림 8.17은 에뮬레이터가 실행되는 초기 과정으로 통상 세 가지 단계를 거쳐 에뮬레이터가 화면에 나타난다. 이때 주의할 점은 에뮬레이터가 처음 실행될 때는 시간이 3-5분까지 아주 오래 걸리므로, 인내심을 가지고 기다려야 한다는 것이다.

에뮬레이터가 실행된 이후에는 그림 8.18(a)와 같이 업데이트 요청이 나타날 수 있는데, "Ok"를 눌러 업데이트를 수행하는 것을 권장한다. 업데이트 이후에는 그림 8.18(b)와 같이 빈 화면이 나오는데, 이렇게 되면 앱 실행이 성공한 것이다. 에뮬레이터에 빈 화면만 나오는 이유는 첫 번째 앱인 KNUAI001에 아직 아무것도 개발하지 않았기 때문이다. 앱에 아무런 내용이 없어서 에러가 발생할 수도 있는데 현재 단계에서는 무시해도 되는 에러이다. 앞으로 개발을 수행하게 되면 그림 8.18(c)와 같이 개발된 내용이 에뮬레이터에 나타나게 된다.

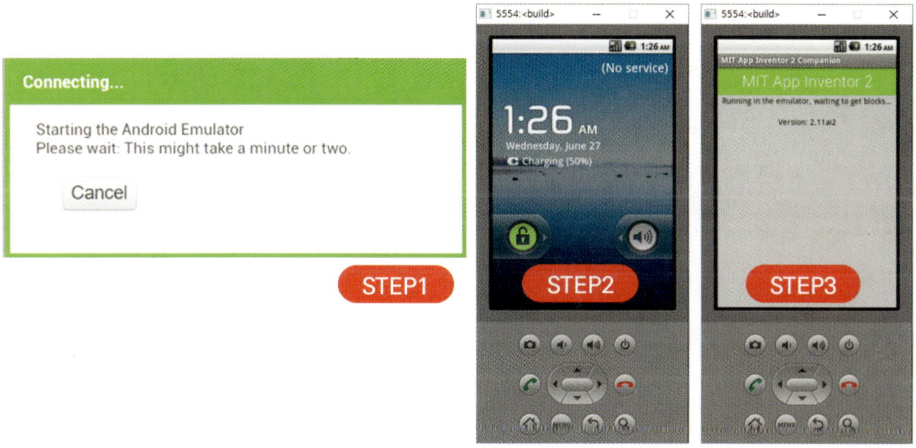

그림 8.17 에뮬레이터가 처음 구동되는 세 가지 단계

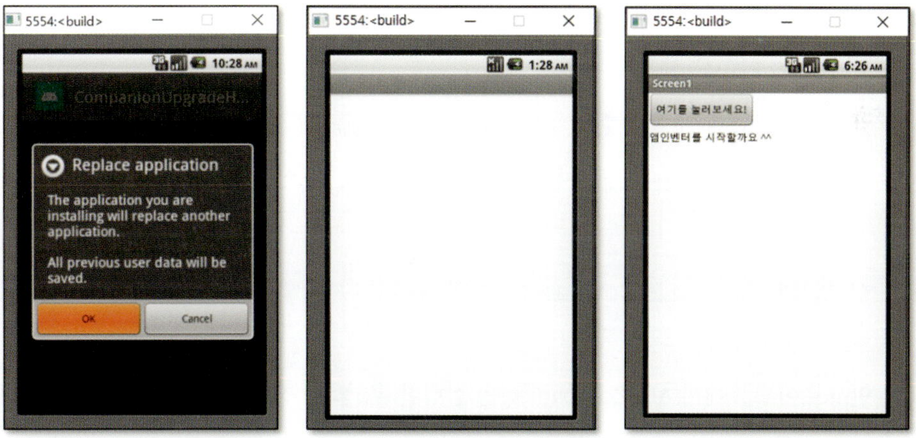

(a) 업데이트 요청 (b) 첫 번째 앱(빈 화면) (c) 내용이 있는 앱

그림 8.18 에뮬레이터 업데이트 과정과 앱이 실행된 예제

8.5 핸드폰 이용하기

안드로이드폰에 앱 실행하기

앱 인벤터에서 개발한 모바일 앱은 안드로이드폰에 직접 실행해 볼 수 있다. 이를 위해서는 우선 안드로이드폰에 AI2 Companion 앱을 설치해야 한다. 그림 8.19는 AI2 Companion 앱을 검색하여 설치하는 절차를 나타내며, 각 과정에 대한 설명은 다음과 같다.

(a) 앱 설치를 위해 안드로이드폰에서 Play 스토어를 실행한다.

(b) Play 스토어에서 AI2 Companion을 검색하여 설치한다.

(c) 핸드폰에 벌집 모양 아이콘( )이 생성된 것을 확인한다.

(d) AI2 Companion을 수행하여 개발한 앱을 구동시킬 준비를 한다.

안드로이드폰에 AI2 Companion 앱을 설치하였으면, 그림 8.20과 같은 과정에 의해 모바일 앱을 실행할 수 있다. 주의할 점은 개발을 수행하는 컴퓨터와 안드로이드폰은 반드시 동일한 WIFI를 사용해야 한다.

(a) 에뮬레이터에서 앱을 실행한 것과 유사하게 개발 환경 윈도우에서 "Connect"를 선택한다. 다음으로 에뮬레이터와는 다르게, "Emulator" 대신에 "AI Companion"을 선택한다.

(b) 성공하면 "Connect to Companion" 팝업 창이 뜬다. 팝업 창에는 QR 코드와 텍스트 코드가 나타난다.

(c) 안드로이드폰에서 AI2 Companion을 실행한 후, 팝업 창에 나타난 QR 코드를 스캔하거나 텍스트 코드를 입력한다.

(d) 안드로이드폰에 모바일 앱이 다운로드된 후 바로 실행된다. 주의할 점은 첫 번째 앱은 아무것도 개발하지 않았으므로 빈 화면만 나타난다.

※주의

핸드폰에서 모바일 앱을 수행하기 위해서는 개발용 컴퓨터(PC)와 핸드폰은 반드시 동일한 WIFI 환경을 사용해야 한다.

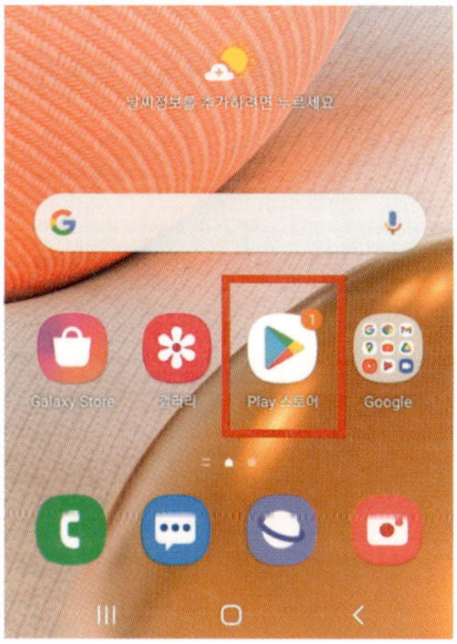

(a) Play 스토어 실행

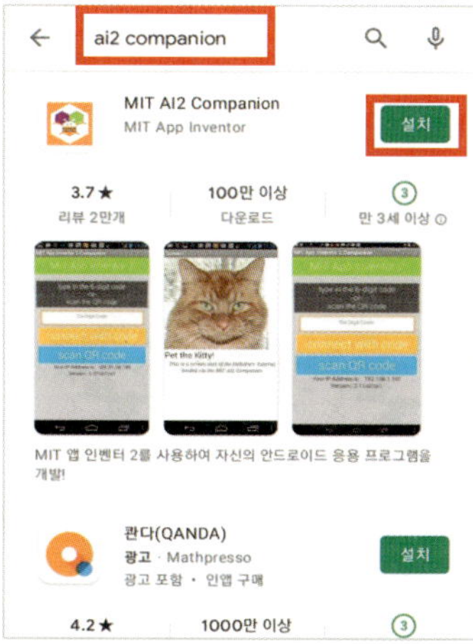

(b) AI2 Companion 검색/설치

(c) AI2 Companion 아이콘

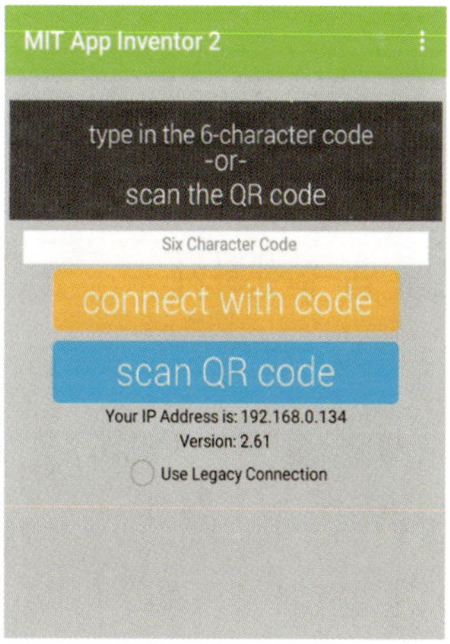

(d) AI2 companion 실행

그림 8.19 안드로이드폰에 AI2 Companion 앱을 설치하는 과정

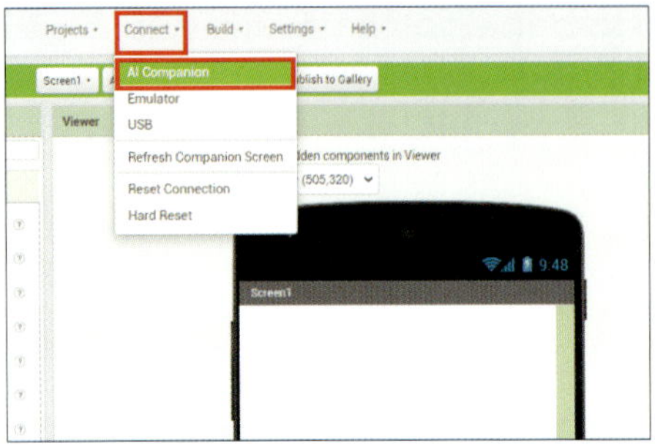

(a) Connect–AI Companion 선택

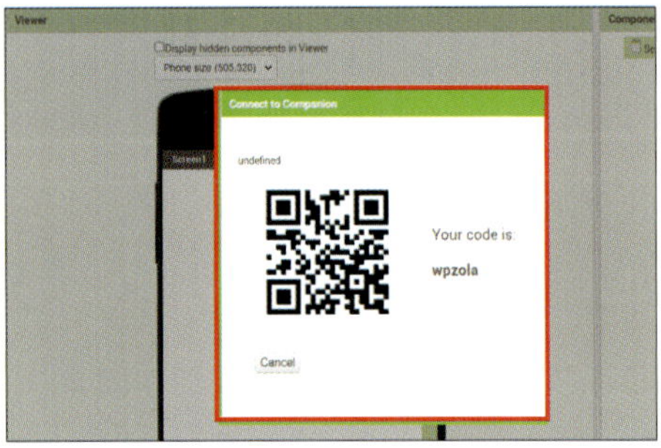

(b) Connect to Companion 팝업 창

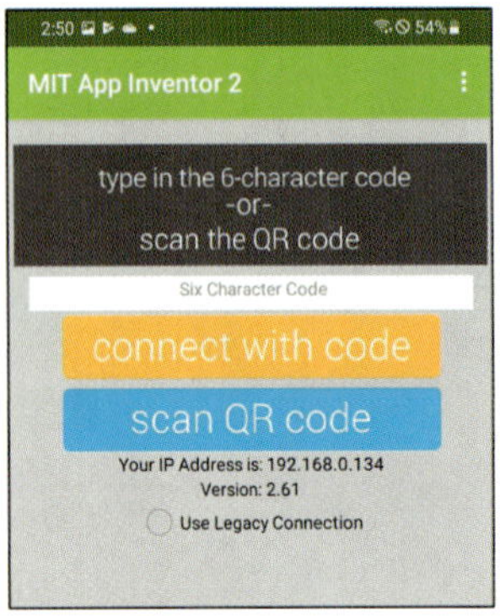

(c) QR 코드/텍스트 코드 입력

(d) 폰에 빈 화면이 나타난 예제

그림 8.20 안드로이드폰에서 AI Companion으로 모바일 앱을 실행하는 과정

아이폰에 앱 실행하기

아이폰에서도 AI2 Companion 앱을 설치하여 앱 인벤터에서 개발한 앱을 바로 실행하고 확인할 수 있다. 설치와 실행 과정은 안드로이드폰과 거의 동일하며, 차이점은 Play 스토어 대신에 App Store에서 AI2 Companion을 검색하여 설치하면 된다는 점이다. 그림 8.21(a)와 8.21(b)는 아이폰에서 AI2 Companion을 검색하고 설치하는 과정을 나타낸다. 설치가 완료되면 그림 8.21(c)와 같이 벌집 모양이 아이콘()이 나타나며 이 아이콘을 선택하여 개발한 앱을 실행할 수 있다. 아이폰에서 모바일 앱을 실행하는 과

정은 그림 8.20의 안드로이드폰에서 실행하는 과정과 동일하므로 자세한 내용은 생략한다.

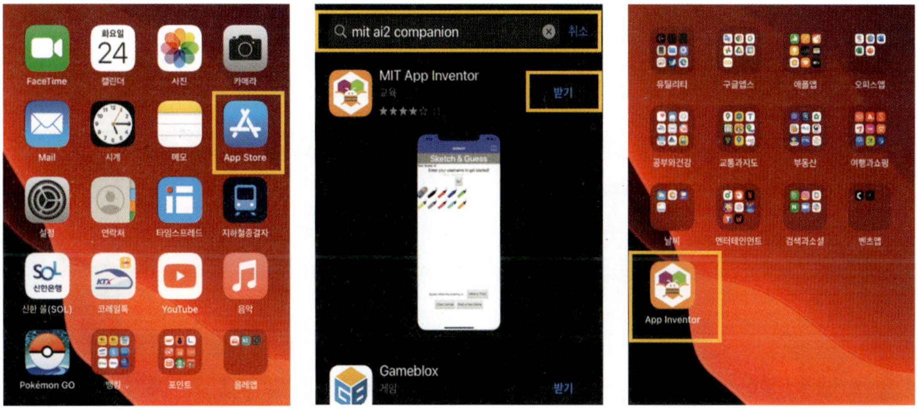

(a) App Store 실행　　(b) AI2 Companion 검색/설치　　(c) AI2 Companion 아이콘

그림 8.21　아이폰에서 AI2 Companion을 설치하는 과정

8.6 앱 플레이어 이용하기

앱 플레이어란 컴퓨터(PC)에서 동작하는 핸드폰 에뮬레이터이다. 앱 플레이어는 핸드폰 혹은 에뮬레이터에 해당하므로, 앱 플레이어를 컴퓨터에 설치하고, AI2 Companion을 실행한 후 개발 중인 모바일 앱을 구동시킬 수 있다. 인터넷에서 앱 플레이어를 검색하면 여러 종류가 나오는데, 이중 가장 널리 사용되는 녹스(NOX) 플레이어를 간략히 소개한다.

녹스 플레이어는 안드로이드 앱 플레이어로서 녹스 홈페이지(https://kr.bignox.com)에서 다운로드 받을 수 있다. 녹스 플레이어 설치 과정은 일반적인 소프트웨어 설치 과정과 유사하며, 설치가 끝나면 그림 8.22(a)와 같은 화면이 나타난다. 그런 다음 그림 8.22(b)와 같이, 구글 Play 스토어 검색 창에 AI2 Companion을 입력하여 녹스 플레이어에 AI2 Companion 앱을 설치하면 된다. 이후에 개발 환경 윈도우의 Connect-AI Companion을 메뉴를 거쳐서 모바일 앱을 수행할 수 있다. 이때 주의할 점은 핸드폰과 달리 QR 코드 스캔을 사용하기 어려우므로, 그림 8.23과 같이 텍스트 코드를 직접 입력하는 방법을 사용한다.

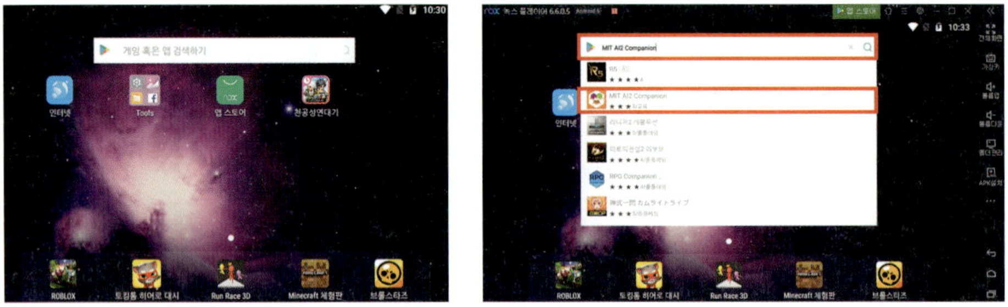

(a) 녹스 플레이어 화면 예제　　　(b) play 스토어에 AI2 Companion 검색

그림 8.22 녹스 플레이어 설치와 AI2 Companion을 실행 과정

그림 8.23 녹스 플레이어에 앱 인벤터로 개발한 앱 구동 과정

지금까지 앱 인벤터를 설치하고, 이를 실행하는 세 가지 방법을 살펴보았다. 정리하면, 앱 인벤터는 블록 코딩 방식으로 배우기가 매우 쉬우며, 웹 브라우저에서 직접 개발할 수 있어 사용이 매우 편리하다. 또한 개발 중인 앱을 에뮬레이터, 핸드폰(안드로이드폰, 아이폰), 앱 플레이어에 직접 실행하여 동작 과정을 확인할 수 있다. 이제 앱 인벤터를 이용하여 여러분 자신만의 앱을 만들 준비가 끝났으므로, 번뜩이는 아이디어를 발휘하여 독창적인 모바일 앱을 만들어 보도록 하자.

연습
문제

앱 인벤터란?

8.1 자신의 구글 계정을 만들고 컴퓨터에 크롬 브라우저를 설치해 본다.

8.2 첫 번째 앱을 작성하고, 에뮬레이터나 자신의 핸드폰에 실행해 본다. 단 첫 번째 앱의 이름은 KNUAI001이 아닌 자신만의 이름으로 설정한다.

8.3 앱 인벤터 코딩 결과를 에뮬레이터나 핸드폰으로 확인하기 위해서는 다음 화면에서 어떤 메뉴를 선택하여 이용해야 하는가?

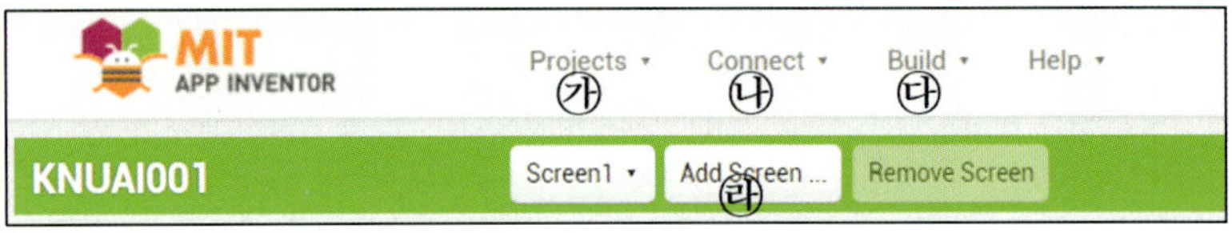

8.4 앱 인벤터를 핸드폰에 실행하는 데 있어서 QR 코드를 스캔하는 방법과 텍스트 코드를 입력하는 방법이 있다. 이 두 방법을 직접 실행해 보고 각 방법의 장단점을 설명하시오.

8.5 앱 인벤터로 개발한 모바일 앱을 핸드폰에 실행하기 위해서는 컴퓨터와 핸드폰이 동일한 (   ) 환경에서 동작해야 한다. 이때 (   )안에 들어갈 용어를 쓰시오.

CHAPTER 9

홍길동님! 안녕하세요?

9.1 홍길동님! 안녕하세요?

첫 번째 앱은 빈 화면만 있어서 그 기능을 확인할 수 없었다. 이제 실제 동작하는 앱을 만들어 보자. 이번에 만들 앱은 버튼(button)과 라벨(label)로 구성되며, 버튼을 짧게 클릭하거나, 길게 클릭하거나, 누른 상태이거나, 놓는 상태가 되면 그 동작에 따라 라벨이 변경되는 동적인 앱이다.

먼저 개발하고자 하는 앱이 어떻게 동작하는지 살펴보자. 그림 9.1은 버튼과 라벨로 구성되는 홍길동님! 안녕하세요? 앱(간략히 홍길동 앱이라 한다)의 동작 절차를 보여준다. 가운데 화면을 보면 앱은 두 개의 버튼과 두 개의 라벨로 구성되어 있으며, 각 단계에 따라 다음과 같이 변화한다.

(a) 첫 번째 버튼(여기를 눌러보세요!)을 짧게 클릭하면, 첫 번째 라벨 내용이 "여기에 나타나요"에서 "홍길동님! 안녕하세요~"로 변경된다.
(b) 첫 번째 버튼을 길게 클릭하면, 첫 번째 라벨 내용이 "앱 인벤터를 시작할까요^^"로 변경된다.
(c) 두 번째 버튼(눌렀다 천천히 놓아보세요!)을 누른 상태에서 메시지를 보면, 두 번째 라벨 내용이 "어떻게 변하는지 보세요!"에서 "홍길동님! 버튼을 눌렀네요!"로 변경된다.
(d) 두 번째 버튼을 눌렀다 놓은 상태가 되면, 두 번째 라벨 내용이 "앗! 이번엔 버튼을 놓았네요"로 변경된다.

9.2 첫 번째 버튼과 라벨 디자인하기

첫 번째 버튼과 라벨 만들기

홍길동 앱은 앞서 만든 첫 번째 프로젝트인 KNUAI001에서 시작하도록 한다. KNUAI001 프로젝트에 버튼과 라벨 각각 하나씩을 만들고자 한다. 먼저 그림 9.2는 첫 번째 버튼을 생성하는 과정을 나타낸다. 그림 9.2(a)를 보면, 왼쪽 Pallete 창에서 Button 컴포넌트를 잡아 드래그(drag)하여 Viewer 창의 핸드폰 화면으로 옮겨 놓는다. 그렇게 하면, 그림 9.2(b)와 같이 핸드폰 화면이 있는 Viewer 창은 물론 그 옆의 Components와 Properties 창에도 Button1이 생성됨을 알 수 있다. 이처럼 버튼을 생성하는 작업은 마우스로 Button 컴포넌트를 드래그함으로써 쉽게 이루어진다.

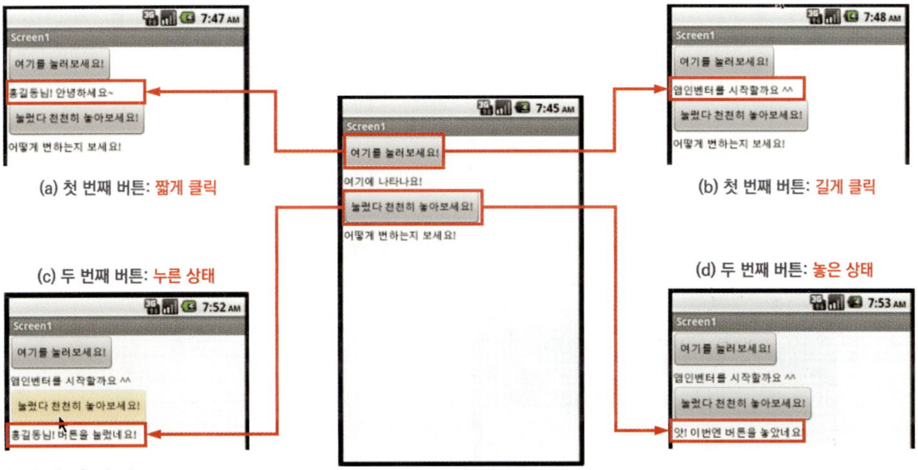

그림 9.1 "홍길동님! 안녕하세요?" 앱의 동작 절차

다음은 첫 번째 라벨을 첫 번째 버튼 아래에 만든다. 라벨도 버튼을 만드는 과정과 거의 유사하다. 그림 9.3에 보는 바와 같이 Palette 창에서 Label 컴포넌트를 마우스로 드래그하여 Viewer 창의 핸드폰에 옮긴다. 이때 이미 Button1이 존재하므로 그 아래에 Label 컴포넌트를 옮기면, 그림에서 보듯이 Button1 아래에 Label1이 생성됨을 알 수 있다. 그리고 그림 9.3의 오른편을 보면 생성된 Label1이 Viewer 창은 물론 Components, Properties 창에도 생성되었음을 확인할 수 있다.

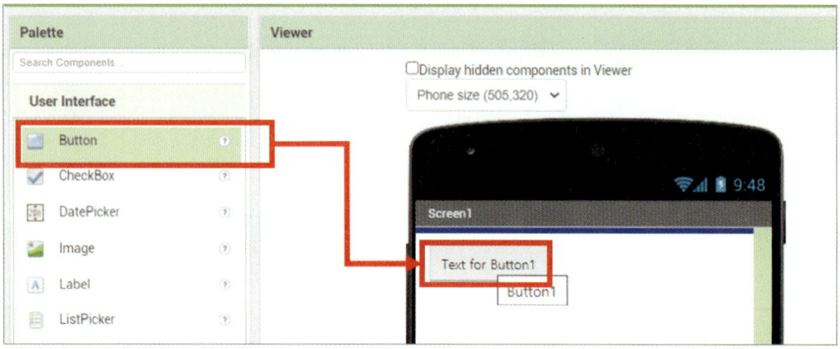

(a) Button 컴포넌트를 Viewer 창의 핸드폰에 드래그함

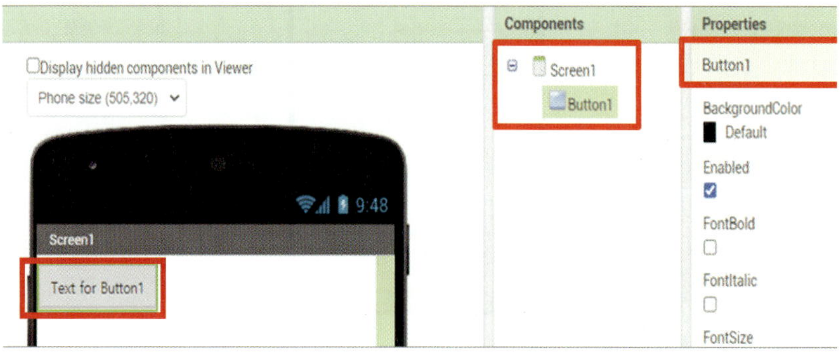

(b) Button1이 Viewer, Components, Properties 창에 생성됨

그림 9.2 첫 번째 버튼(Button1)을 생성하고 확인하는 과정

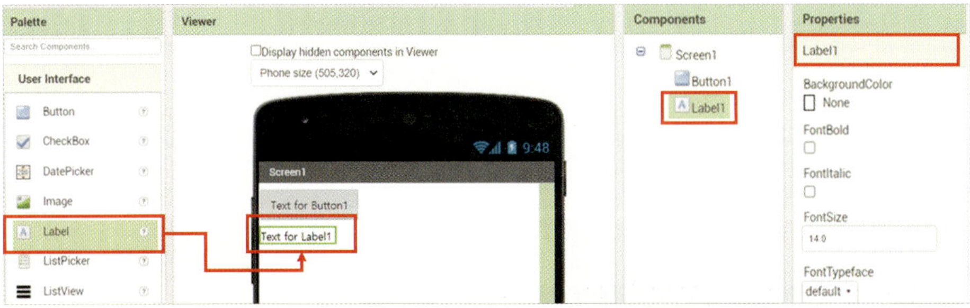

그림 9.3 첫 번째 라벨(Label1)을 생성하고 확인하는 과정

첫 번째 버튼과 라벨의 Text 속성 변경하기

앞서 만든 첫 번째 버튼과 첫 번째 라벨의 속성(property)을 변경해 본다. 각 컴포넌트에는 여러 가지 속성이 있으나, 우선 버튼과 라벨에 나타나는 Text 속성을 변경해 보자. 그림 9.4의 왼편과 같이 Viewer 창의 핸드폰에서 Button1을 클릭하면, 오른편의 Properties 창에서 속성을 변경할 수 있다. 여러 가지 속성이 있는데 이 중에서 아래쪽에 있는 Text 속성을 "Text for Button1"에서 "여기를 눌러보세요!"로 변경하여 입력한다.

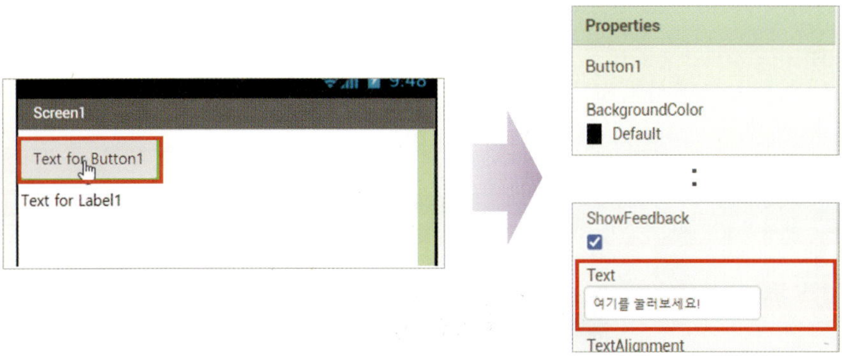

그림 9.4 Button1에 대해 Text 속성을 변경하는 과정

다음으로 Label1에 대해서도 Text 속성을 변경한다. 그림 9.5의 왼편에서 Label1을 클릭하면, 오른편에 Label1의 Properties가 나타난다. 이중 Text 속성을 "Text for Label1"에서 "여기에 나타나요!"로 변경한다. 버튼이든 라벨이든 Text 속성은 본인이 원하는 내용으로 변경할 수 있다.

그림 9.5 Label1에 대해 Text 속성을 변경하는 과정

Designer에 있는 창의 기능

버튼, 라벨 등 여러 컴포넌트를 사용하여 앱을 구성하는 공간을 Designer라 한다. 지금까지 설명한 Palette, Viewer, Components, Properties 창은 이 Designer 공간에 존재한다. 그림 9.6은 Designer 화면의 네 개의 창을 나타낸다. Designer 버튼 옆에 Blocks 버튼이 있는데 이를 누르면 블록 코딩을 수행하는 화면으로 전환되며, 이는 추후 다루도록 한다.

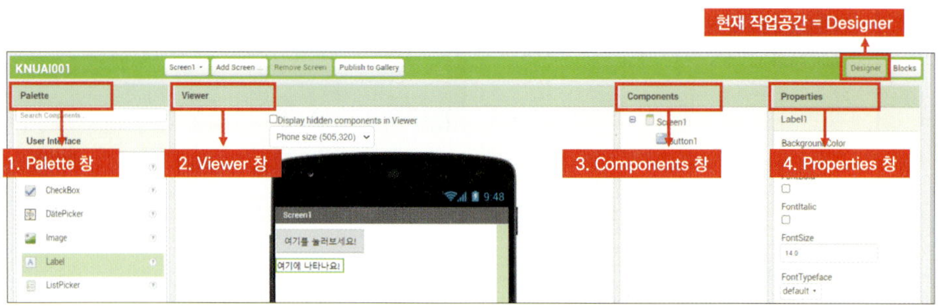

그림 9.6 Designer 작업 공간과 이를 구성하는 네 개의 창

그림 9.7은 Designer에 있는 네 가지 창의 예제를 보여준다. 그리고 각 창의 기능은 다음과 같다.

(a) Palette: Button, Label, CheckBox, ListView 등 여러 가지 컴포넌트가 나열되어 있다. 나중에 필요한 컴포넌트를 하나씩 가져다가 사용할 수 있다.

(b) Viewer: 지금까지 디자인한(구성한) 핸드폰 화면이 나타난다. 앱을 만드는 과정에서 자신만의 디자인을 수행할 수 있다. 현재 예제에는 앞서 구성한 Button 하나와 Label 하나가 나타나 있다.

(c) Components: 현재 디자인되어 있는 컴포넌트들이 나열되어 있다. Palette에서 Viewer에 컴포넌트를 가져다 놓으면, 이 창에 계층적으로(hierarchical) 배열되어 나타난다. 앞서 작업에 의해 현재는 Button1, Label1이 Screen1 아래에 생성되어 있음을 알 수 있다.

(d) Properties: 각 컴포넌트에 대한 크기, 위치, 색깔 등의 속성을 확인하고 변경할 수 있다. 그림의 예제는 Button1에 대한 속성을 나타내며, 앞서 작업에 의해 Text 속성이 변경되어 있다.

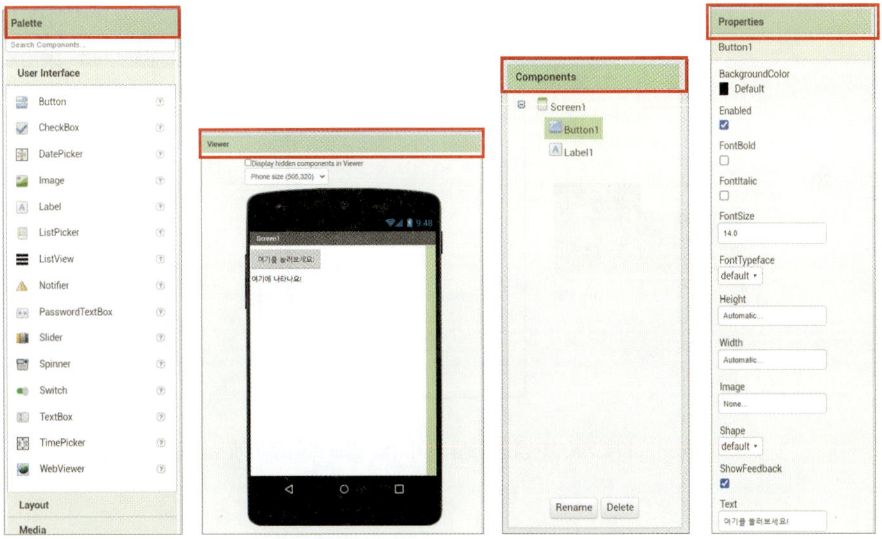

(a) Palette (b) Viewer (c) Components (d) Properties

그림 9.7 Designer를 구성하는 Palette, Viewer, Components, Properties 창의 예제

첫 번째 버튼과 라벨 일단 실행하기

KNUAI001 앱(홍길동 앱)에 버튼과 라벨을 만들었으므로 일단 앱을 실행해 보자. 앱은 에뮬레이터, 핸드폰, 앱 플레이어 중 어디서나 실행할 수 있으며, 앱 실행에 대한 자세한 내용은 제8.4절과 제8.5절을 참조한다. 그림 9.8은 지금까지 작업한 KNUAI001 앱을 에뮬레이터와 핸드폰(안드로이드폰)에 실행한 예제를 나타낸다. 그림을 보면, 에뮬레이터와 핸드폰에 버튼 하나와 라벨 하나가 각각 나타났음을 알 수 있다.

KNUAI001 앱의 실행이 성공했으면, 이제 앱의 버튼을 클릭해 보도록 하자. 일반적으로 버튼은 클릭하면 무언가 반응이나 변화가 나타난다. 그런데 버튼을 클릭해도 아무런 반응이 없을 것이다. 예를 들어, 버튼을 클릭하면 라벨의 내용을 "홍길동님! 안녕하세요~"라고 변경하고 싶은데, 그러한 변화가 나타나지 않는다. 이러한 동적인 변화를 어떻게 주어야 할까? 이 문제를 해결하기 위해서 이제는 블록 코딩이 필요하다. 코딩을 통해서 우리는 버튼을 누르면 어떤 반응이 나타나도록 동적 변화를 가할 수 있다.

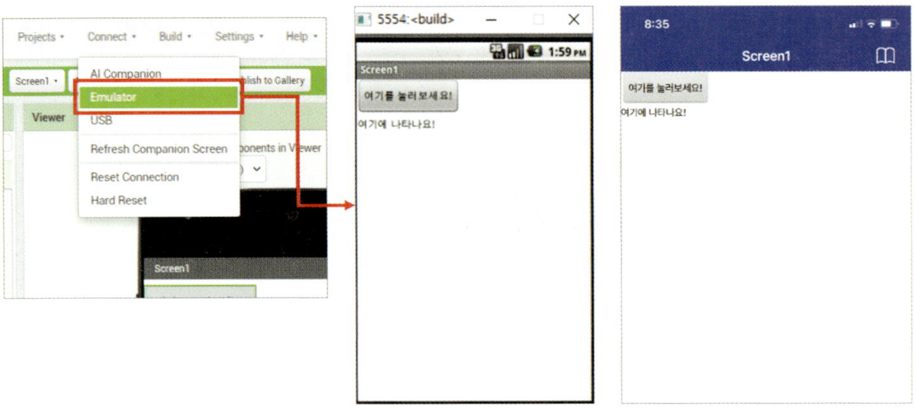

그림 9.8 KNUAI001 앱을 에뮬레이터와 안드로이드폰에 실행한 예제

9.3 첫 번째 버튼과 라벨 코딩하기

버튼을 짧게 클릭하여 텍스트 바꾸기

블록 코딩을 위해서는 먼저 Designer에서 Blocks로 모드 변경을 해야 한다. 그림 9.9를 보면, 앱에 컴포넌트들을 구성했던 Designer 옆에 Blocks 버튼이 있으며, 이를 클릭하면 작업 화면이 Designer에서 Blocks로 전환된다. Blocks 화면에는 왼편에 Blocks 창이 있어 각종 블록을 제공하며, 이들 블록을 사용하여 오른편의 Viewer 창에 블록 코딩을 수행할 수 있다.

이제 첫 번째 버튼인 Button1을 짧게 클릭했을 때 첫 번째 라벨인 Label1의 내용이 변하도록 코딩하고자 한다. 그림 9.10을 보면, Blocks 창 아랫부분에 앞서 Designer에서 만든 Button1과 Label1이 Screen1에 있음을 확인할 수 있다. 이 구조는 Designer의 Components에서 확인한 내용과 동일하다. 여기서 Button1을 클릭하면 오른편에 다양한 블록들이 나타난다. 이중 맨 위에 있는 Click이라는 블록을 드래그하여 Viewer 창에 옮긴다.

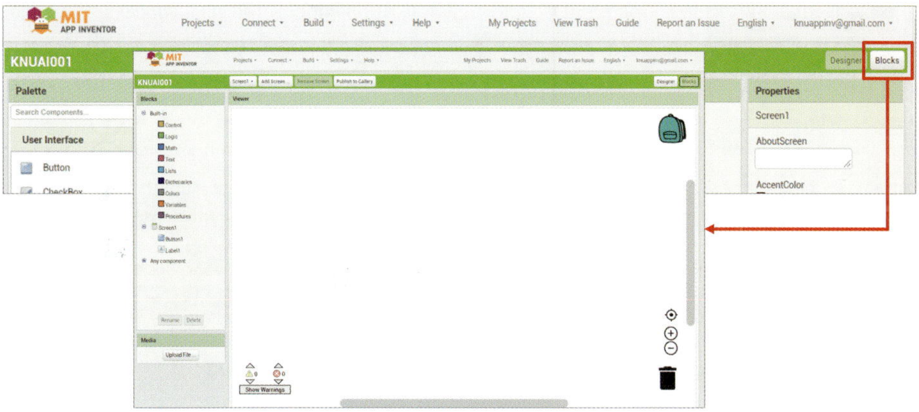

그림 9.9 블록 코딩을 위해 Designer에서 Blocks 화면으로 전환하는 과정

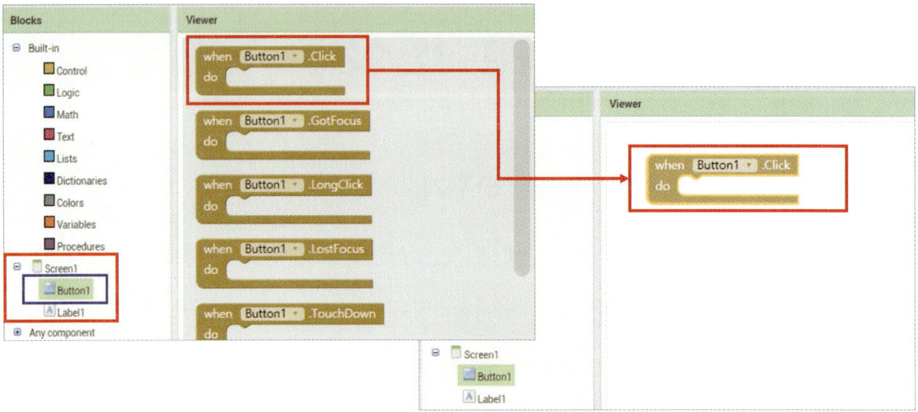

그림 9.10 Button1 컴포넌트를 선택한 후 Click 블록을 드래그하는 과정

만일 코딩 과정에서 실수로 다른 블록을 옮겼다면 어떻게 해야 할까? 전혀 당황할 필요 없이 해당 블록을 Viewer 창 아래에 있는 **휴지통**에 버리면 된다. 그림 9.11은 이처럼 휴지통에 블록을 삭제하는 예제를 보여준다. 주의할 점은 휴지통에 버린 블록들은 다시 꺼내 사용할 수 없다는 것으로 주의해서 삭제해야 한다.

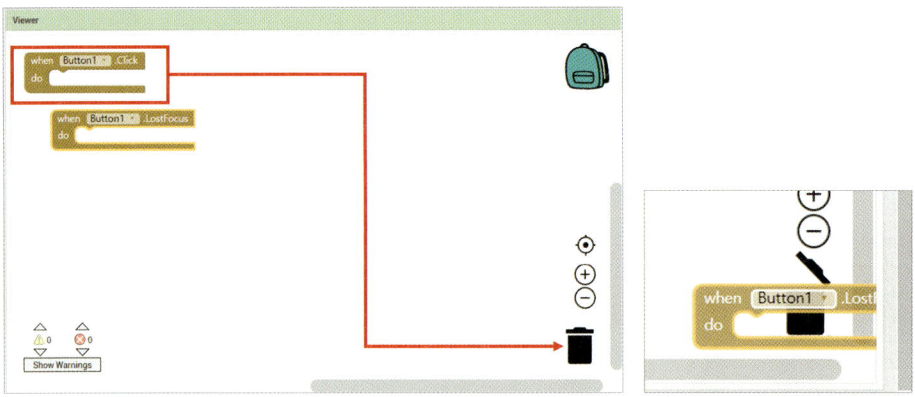

그림 9.11 잘못 코딩한 블록(들)을 휴지통에 버리는 예제

이제 옮겨 놓은 **Click 블록**의 형태를 살펴보고 의미를 알아보자.

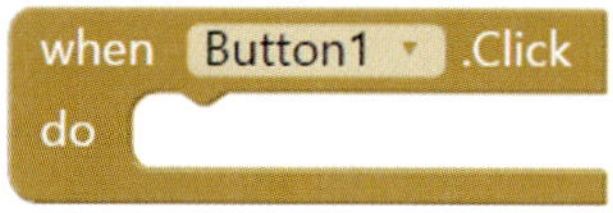

이 블록의 의미는 "Button1이 클릭되었을 때 무엇을 해라(do)"는 의미를 가진다. 여기서 우리는 "무엇"을 코딩해야 하고, 이는 Label1의 내용을 "홍길동님! 안녕하세요~"로 바꾸고 싶은 것이며, 이러한 변경 과정을 Click 블록의 홈 안에 코딩해 넣으면 된다.

이를 위해 우선 Label1을 선택한 후 이때 나타나는 블록 중에서 "set.Text.to" 블록을 드래그하여 Button1에 끼운다. 그림 9.12가 이 과정을 보여주며, 그림에서 보면 마치 레고를 조립하듯이 한 블록을 끌어 다른 블록의 홈에다 맞춘다. 이제 변경할 문자열(string)을 구성해야 하는데, 그림 9.13이 이 과정을 나타낸다. 먼저 Built-in 컴포넌트에 있는 Text 블록 중에서 빈 문자열(null string) 블록을 가져다 끼운다. 다음으로 빈 문자열에 "홍길동님! 안녕하세요~"를 타이핑한다. 이렇게 되면 Button1이 짧게 클릭되면 Label1을 "홍길동님! 안녕하세요~"로 변경하라는 의미의 블록 코딩이 완성된다.

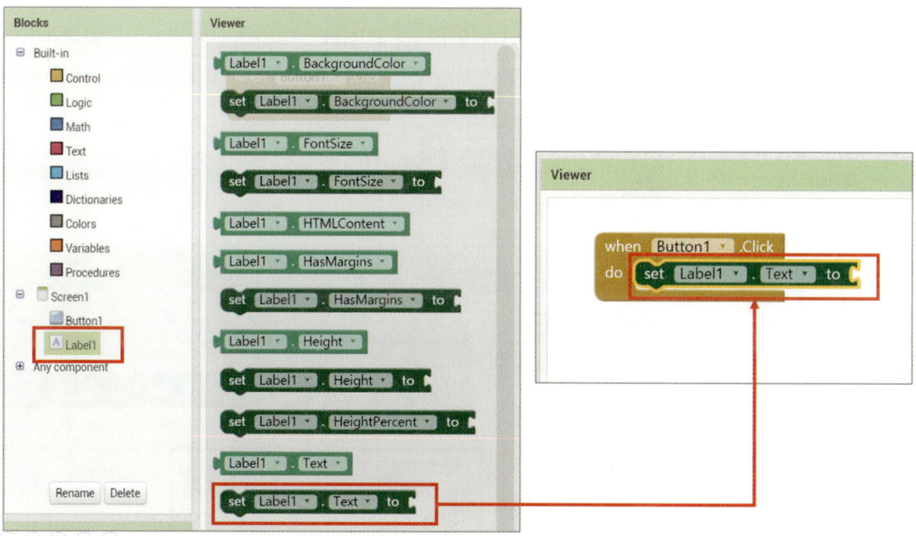

그림 9.12 Label1의 "set.Text.to" 블록을 Button1의 Click 블록에 맞추는 과정

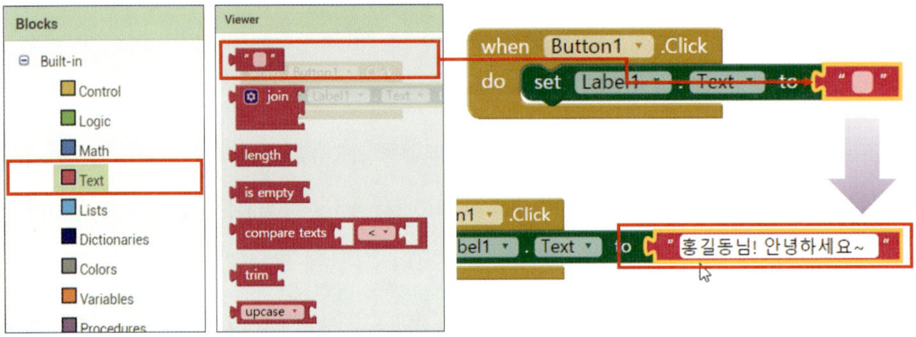

그림 9.13 Bulti-in 컴포넌트의 Text 블록 중 문자열 블록을 구성하는 과정

버튼을 길게 클릭하여 텍스트 바꾸기

이번에는 첫 번째 버튼을 길게 클릭하였을 때 첫 번째 라벨의 문자열 내용을 변경하고자 한다. 길게 클릭을 감지하기 위해서는 그림 9.14와 같이 Button1 블록 중에서 LongClick 블록을 사용한다. LongClick 블록을 드래그하여 Viewer 창에다 옮기면 되는데, 그 위치가 중요하진 않으나 일반적으로 앞서 코딩한 블록들(그림에서는 Click 블록) 아래에 위치시킨다. 이렇게 되면 "Button1이 길게 클릭 되었을 때 무엇을 해라(do)"는 준비가 된 것이다.

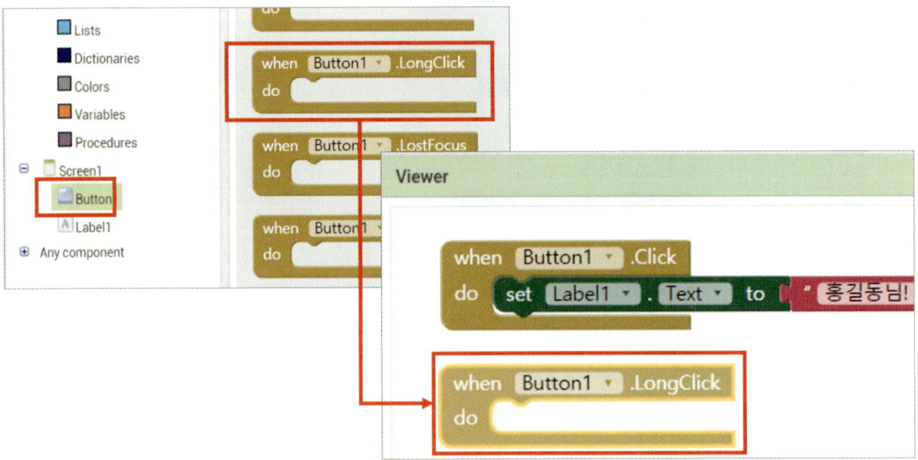

그림 9.14 Button1 컴포넌트를 선택하여 LongClick 블릭을 옮기는 과정

Label1의 내용을 바꾸기 위해서는 앞서와 동일하게 "set.Text.to" 블록을 사용한다. 그림 9.15와 같이 Label1을 선택한 후 이 블록을 드래그하여 LongClick 블록의 홈에 맞춘다. 그런 다음 그림 9.16과 같이 Built-in 컴포넌트의 Text 블록에서 빈 문자열을 옮겨 맞추고, 그 내용을 "앱 인벤터를 시작할까요"로 변경한다. 이 과정을 거치게 되면, Button1이 길게 클릭되었으면 Label1을 "앱 인벤터를 시작할까요"로 변경하는 코딩이 완료된다.

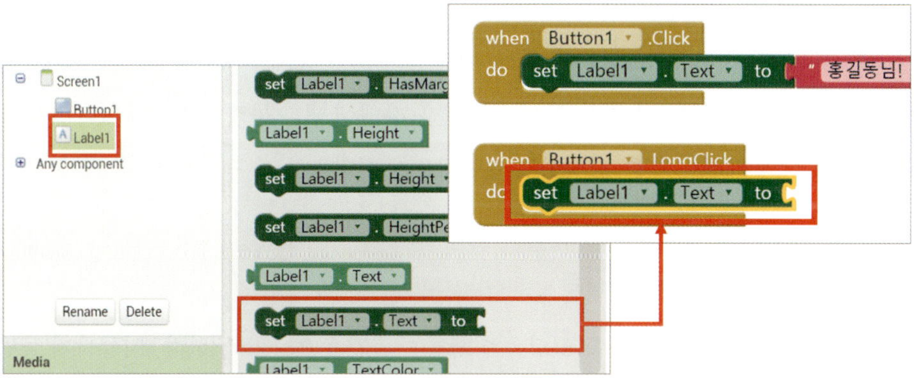

그림 9.15 Label1의 "set.Text.to" 블록을 Button1의 LongClick 블록에 맞추는 과정

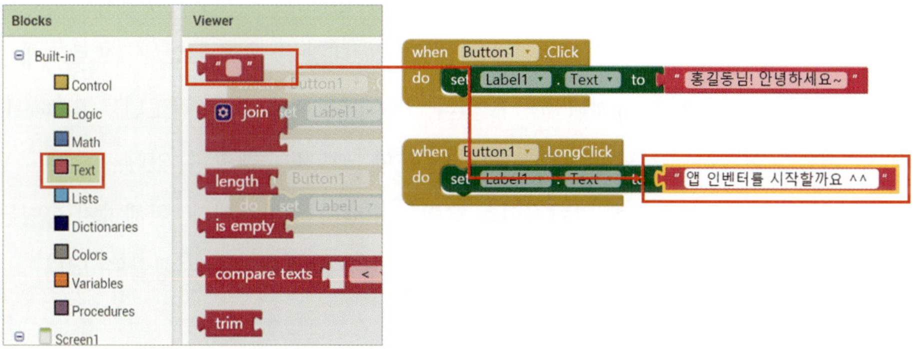

그림 9.16 빈 문자열 블록으로 LongClick을 위한 Label1 문자열을 구성하는 과정

첫 번째 버튼과 라벨 제대로 실행하기

Button1과 Label1에 대한 코딩을 완료했으므로 이제 작성한 홍길동 앱을 에뮬레이터나 핸드폰에 실행해 보자. 아직 완성되지 않은 앱이라 하더라도 중간에 실행하여, 지금까지 디자인하고 코딩한 내용이 바르게 동작하는지 확인하는 것이 매우 중요하다. 만일 바르게 동작하지 않는다면 디버깅(debugging) 과정을 통해서 잘못된 곳을 확인하고 수정해야 한다.

만일 지금까지의 디자인과 코딩이 바르게 되었다면, 그림 9.1의 (a)와 (b)가 바르게 동작할 것이다. 즉, 첫 번째 버튼인 Button1을 짧게 혹은 길게 클릭했을 때 각기 다른 문자열이 Label1에 나타날 것이다. 첫 번째 버튼과 라벨에 대한 동작이 성공하였다면 다음 두 번째 버튼과 라벨에 대한 코딩으로 진행하도록 한다.

Blocks에 있는 창의 기능

다양한 블록들을 조립하며 블록 코딩을 수행하는 공간을 Blocks라 한다. 지금까지 설명한 Blocks 창와 Viewer 창은 이 Blocks 공간에 존재한다. 그림 9.17은 Blocks 화면의 두 개의 창인 (a) Blocks 창과 (b) Viewer 창을 보여준다. 각 창에 대한 기능은 다음과 같다.

(a) Blocks: Built-in 컴포넌트와 Designer에서 만든 컴포넌트들이 나타난다. Built-in 컴포넌트는 앱 인벤터에서 기본적으로 제공하는 내장된 컴포넌트로서 프로그래밍할 때 다양한 블록을 가져다 쓸 수 있다. Designer에서 만든 컴포넌트(Button1, Label1)를 선택하면 해당 컴포넌트에 대한 블록 코딩을 수행할 수 있다.

(b) Viewer: 실제로 블록들을 위치시키며 코딩을 수행하는 공간이다. 현재까지 코딩된 블록들이 나타나며, 앞으로도 블록들을 이 공간에 옮겨 코딩을 수행할 수 있다.

그림 9.17(c)를 보면 휴지통( )과 확대/축소 기능이 있다. 먼저 휴지통은 잘못 코딩한 블록들을 삭제하는데 사용한다. 해당 블록들을 끌어다 휴지통에 넣으면 바로 삭제가

이루어진다. 더하기(+)와 빼기(−)는 각기 Viewer 창을 확대하거나 축소하기 위해 사용할 수 있다. 과녁 모양(◎)은 코딩 중에 상하좌우로 움직인 Viewer 창을 중간에 맞추는 역할을 한다. 이들 버튼은 한 번씩 클릭해 보면 그 기능을 쉽게 확인할 수 있다.

그림 9.17 Blocks 작업 공간과 구성 요소

9.4 두 번째 버튼과 라벨 디자인하고 코딩하기

두 번째 버튼과 라벨 디자인하기

앞서 만든 첫 번째 버튼과 라벨에 더해 버튼과 라벨 하나씩을 추가하고자 한다. 그 과정은 첫 번째 버튼, 라벨 만들기와 동일하며, 작업은 먼저 Designer 화면에서 시작한다. 그림 9.18에서 보듯이 Palette 창에서 Button과 Label 컴포넌트를 드래그하여 Viewer 창에 옮긴다. 각기 Button2, Label2의 이름으로 컴포넌트들이 생성되고, Text 속성은 "Text for Button2", "Text for Label2"가 디폴트 값으로 설정된다.

다음으로 추가된 Button2와 Label2의 Text 속성을 변경한다. 이 과정 또한 Button1, Label1과 동일하게 진행하되, 문자열 내용은 다르게 설정한다. 그림 9.19(a)를 보면, Components 창에서 Button2를 선택한 후 Properties 창에서 Text 속성을 "눌렀다 천천히 놓아보세요!"로 변경한다. 그림 9.19(b)에서는 Label2의 Text 속성을 "어떻게 변하는지 보세요!"라고 변경한다.

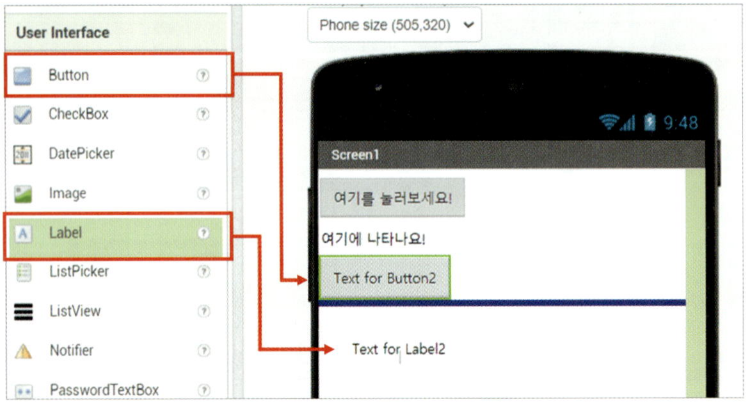

그림 9.18 두 번째 버튼(Button2)과 라벨(Label2)을 만드는 과정

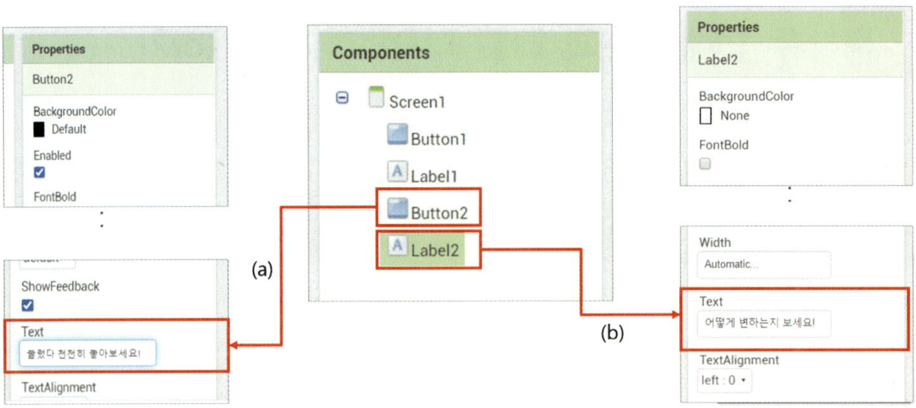

그림 9.19 Button2와 Label2의 Text 속성을 변경하는 과정

두 번째 버튼과 라벨 코딩하기

두 번째 버튼은 첫 번째 버튼과 다르게 동작시키고자 한다. 먼저 Designer 화면에서 Blocks 화면으로 전환하여 코딩 준비를 한다. 우리가 원하는 것은 Button2를 누른 상태가 되면 Label2의 내용이 변경되고, 다시 Button2를 놓은 상태가 되면 Label2의 내용이 변경되도록 하려는 것이다. 이를 위해서는 Button 컴포넌트의 TouchDown과 TouchUp 블록을 사용한다. 그림 9.20을 보면, Button2를 선택했을 때 오른편에 나나타는 TouchDown과 TouchUp 블록을 Viewer 창에 이동시켜서 버튼이 눌린 상태와 버튼이 놓인 상태를 코딩한다.

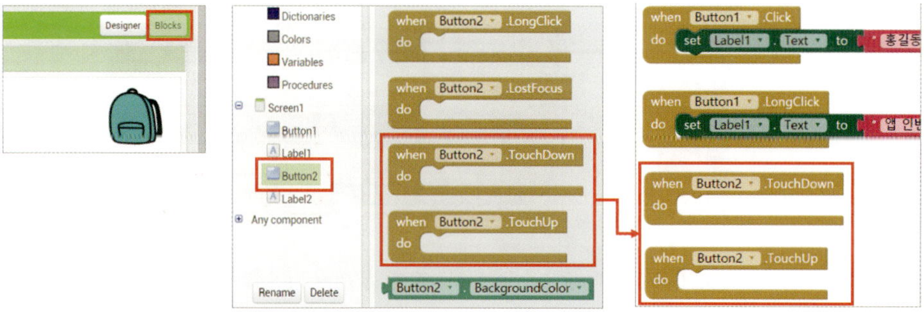

그림 9.20 Button2를 누른 상태와 놓은 상태를 코딩하는 TouchDown, TouchUp 블록

그림 9.21은 Button2를 눌렀을 때(TouchDown)와 놓았을 때(TouchUp) Label2의 내용을 변경하는 코딩이다. 먼저 Blocks 창에서 Label2를 선택했을 때 나오는 "set.Text.to" 블록을 가져다 TouchDown 및 TouchUp 블록의 홈에 각각 끼운다. 이는 각기 눌렀을 때 혹은 놓았을 때 Label2의 Text 속성을 변경하기 위함이다. 그런 다음 Built-in 컴포넌트의 Text 블록 중에서 빈 스트링을 앞서 끼운 set 블록의 홈에 각각 끼운다. 마지막으로 빈 스트링 대신에 각각 "홍길동님! 버튼을 눌렀네요!", "앗! 이번엔 버튼을 놓았네요!"로 Text 속성 내용을 변경한다.

지금까지의 코딩 결과를 에뮬레이터 혹은 휴대폰에 직접 실행해보자. 그러면 그림 9.1

의 (a)와 (b)에 덧붙여 (c)와 (d)가 동작할 것이다. 즉, 두 번째 버튼인 Button2를 누른 상태와 놓은 상태 각각에 대해서 Label2에 다른 문자열이 나타날 것이다. 여기까지 성공했다면 여러분은 앱 인벤터를 사용하여 첫 번째 앱인 KNUAI001을 성공적으로 개발한 것이다.

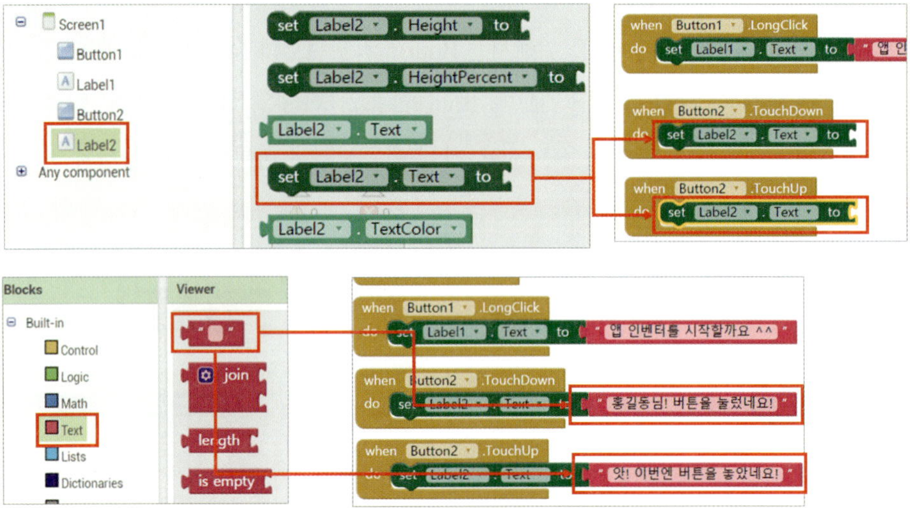

그림 9.21 Button2 동작에 의한 Label2 변화를 위한 블록 코딩

모바일 앱을 만드는 순서

지금까지 홍길동 앱을 개발하면서 그 과정에는 어떤 순서가 있음을 알 수 있다. 이는 비단 모바일 앱뿐 아니라 대부분의 소프트웨어 제품을 개발하는 과정이 유사하다. 앱 인벤터로 모바일 앱을 개발하는 일반적인 과정을 순서대로 나열하면 다음과 같다.

단계	내용/작업
구상	어떤 내용과 기능의 앱을 만들지 구상하고 종이에 그려본다.
디자인	Designer 화면에서 컴포넌트를 선택하고 배치한다.
코딩	Blocks 화면에서 컴포넌트들이 동작하도록 블록 코딩한다.
테스트	에뮬레이터, 휴대폰에서 실행하고 필요시 디버깅한다.

지금까지 코딩을 수행해 보았다. 앱을 개발하고 코딩하는 과정이 매우 어려운가? 아마도 블록 코딩이 있어서 쉽게 코딩할 수 있었을 것이다. 또한 앱을 만드는 과정도 앱 인벤터가 있어 그다지 어렵지 않다. 이제 자신감을 가지고 조금 더 복잡한 앱을 만들어 보도록 하자.

9.5 안녕하세요 앱 가꾸기

홍길동 앱(안녕하세요 앱) 다시 만들기

복습할 겸 앞서 만든 홍길동 앱을 간략한 형태로 다시 개발해보자. 그림 9.22는 간략하게 다시 만든 홍길동 앱의 디자인과 블록 코딩 결과를 나타낸다. 그림을 보면 첫 번째 앱과 마찬가지로 두 개의 버튼과 두 개의 라벨로 구성되어 있고, 대신 버튼과 라벨의 Text 속성이 간단함을 알 수 있다.

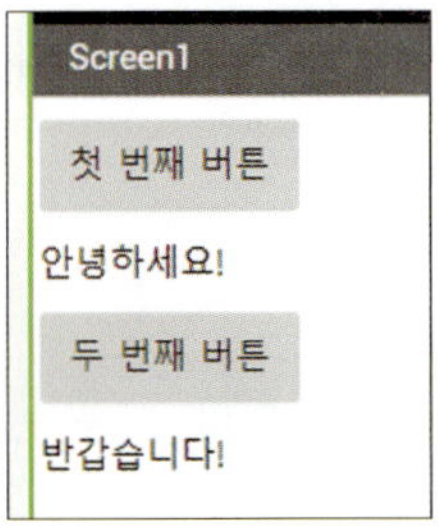

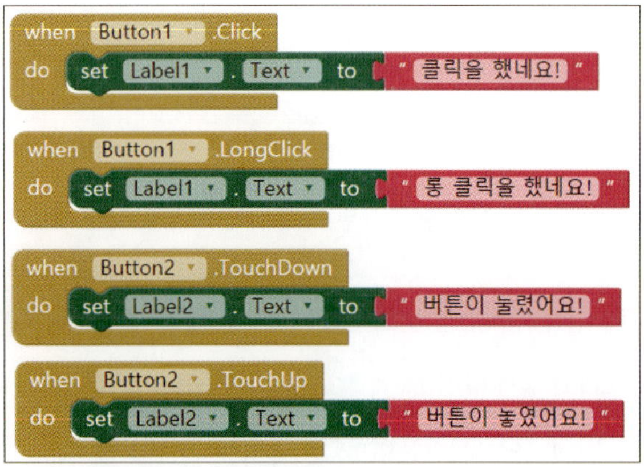

그림 9.22 두 번째 앱(KNUAI002)의 구조와 코딩 결과

두 번째 앱을 개발하기 위해서 새로운 프로젝트 KNUAI002를 만든다. 물론 프로젝트 이름은 여러분 스스로 정하면 된다. 그림 9.23은 KNUAI002 프로젝트를 만드는 과정을 나타내며, 각각에 대한 설명은 다음과 같다.

(a) Designer 화면에서 "Project → My project"를 선택한다.

(b) 새로운 프로젝트 생성을 위해 "Start new project"를 클릭한다.

(c) "Project name"에 KNUAI002를 입력하고 "Ok"를 클릭한다.

(d) 목록(My project)에 KNUAI002가 생성되었는지 확인한다.

(e) 목록에서 KNUAI002를 선택하면 새로운 프로젝트에 대한 작업을 시작할 수 있다.

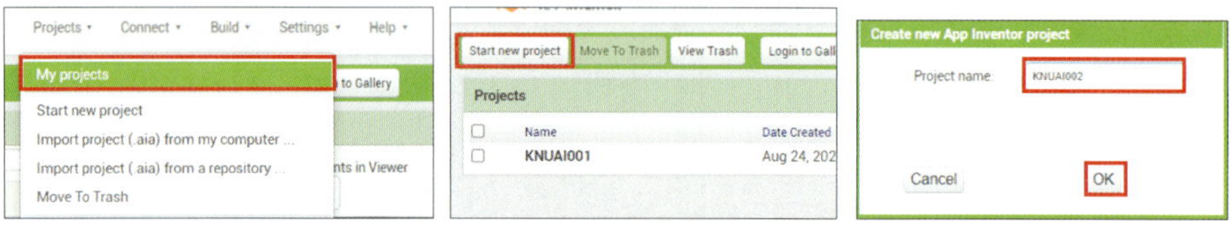

(a) Projects → My projects 선택 (b) Start new project 클릭 (c) KNUAI002 입력하고 OK 클릭

(d) My projects에서 KNUAI002 생성 확인 (e) 새로운 프로젝트(KNUAI002) 작업 준비

그림 9.23 두 프로젝트인 KNUAI002을 새롭게 생성하는 과정

이제 KNUAI002 프로젝트에 버튼 두 개와 라벨 두 개를 차례로 만든다. 그림 9.24와 같이 Palette 창에서 Button 컴포넌트와 Label 컴포넌트를 각각 두 차례 ①, ②, ③, ④의 순으로 드래그하여 Viewer 창에 만든다. 그런 다음 그림 9.25와 같이 버튼과 라벨의 Text 속성을 변경한다. 그림을 보면, 버튼은 각각 "첫 번째 버튼", "두 번째 버튼"으로, 라벨은 각각 "안녕하세요?", "반갑습니다!"로 변경하였다.

디자인이 끝났으면 Blocks 화면으로 전환하여 블록 코딩을 수행한다. 그림 9.26이 블록 코딩한 결과를 나타낸다. 그림을 보면, 첫 번째 앱과 마찬가지로 Button1에 대해서는 Click과 LongClick, Button2에 대해서는 TouchDown과 TouchUp 블록을 사용한다. 그리고 각 동작에서 대해서 Label1은 "클릭을 했네요!", "롱 클릭을 했네요!", Label2에 대해서는 "버튼이 눌렸어요!", "버튼이 놓였어요!"라고 변경되도록 코딩한다.

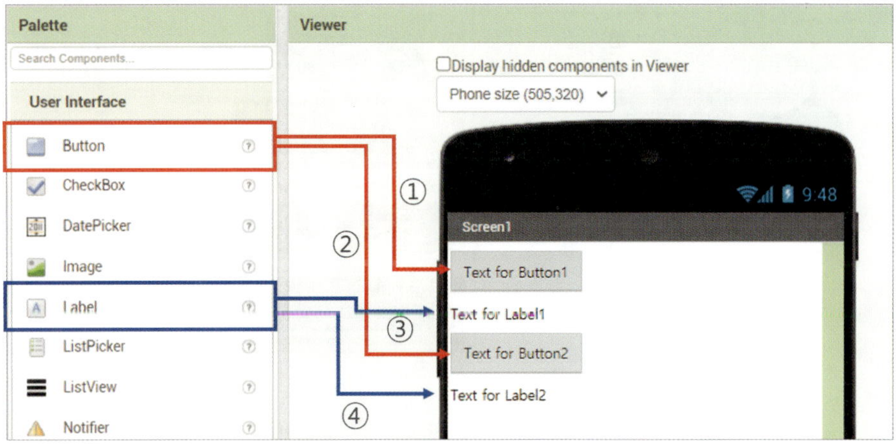

그림 9.24 KNUAI002에 버튼과 라벨 디자인하기

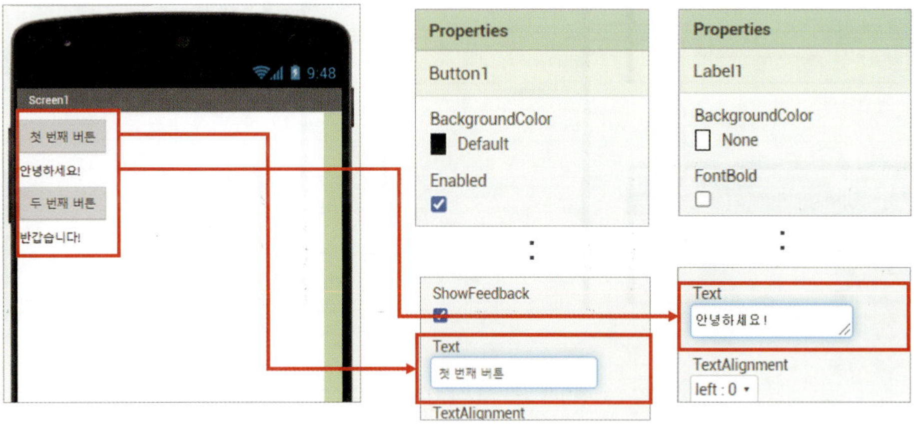

그림 9.25 KNUAI002 버튼과 라벨의 Text 속성 변경하기

두 번째 앱의 일차적인 개발이 끝났으면 에뮬레이터나 핸드폰을 통해서 그 기능이 잘 동작하는지 확인한다. 그림 9.27은 새롭게 개발한 KNUAI002 앱의 동작 절차를 나타낸다. 첫 번째 버튼은 짧게 혹은 길게 클릭함에 따라 반응하고, 두 번째 버튼은 버튼을 눌렀을 때 혹은 놓았을 때 각각에 따라 다르게 동작함을 확인할 수 있다.

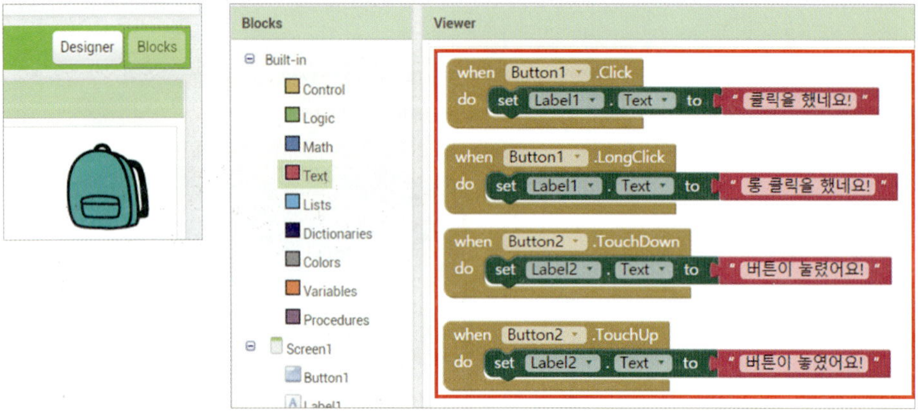

그림 9.26 KNUAI002의 버튼과 라벨에 블록 코딩하기

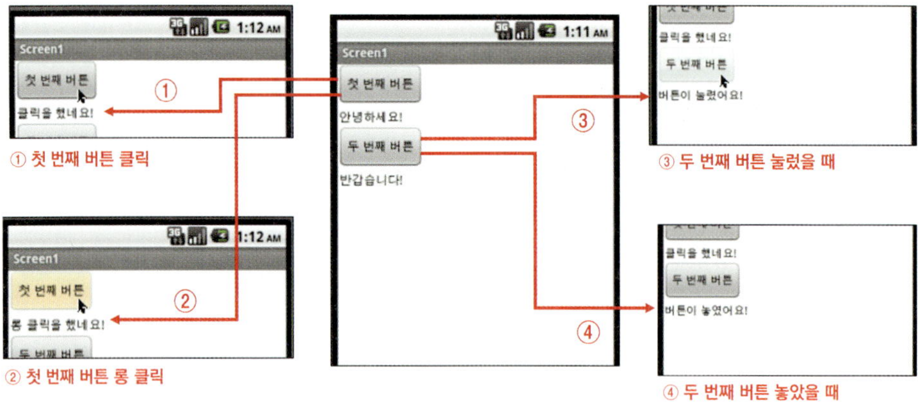

그림 9.27 두 번째 앱(KNUAI002의 에뮬레이터 실행 결과

컴포넌트 가꾸기 - 배경 화면

지금까지 개발한 앱에서는 컴포넌트의 속성으로 Text 속성만 설정하고 변경하였다. 이제 컴포넌트의 여러 가지 속성을 변경해 보자. 그림 9.28과 같이, 배경 화면의 색깔을 변경하고, 버튼과 라벨을 화면의 중앙에 위치시켜 본다. 더불어 화면의 제목(Title)을 "안녕하세요!"로 변경한다.

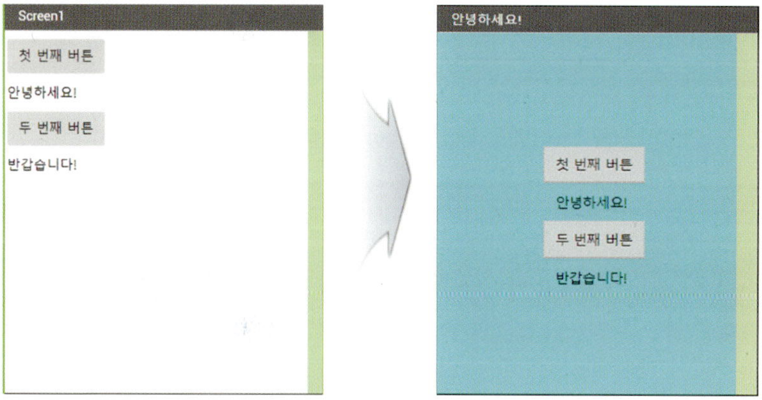

그림 9.28 KNUAI002 앱의 컴포넌트 속성 변경 계획

먼저 그림 9.29의 과정을 거쳐 앱의 배경 화면 색깔을 변경한다. Designer의 Components 창에서 Screen1 컴포넌트를 선택한다. 그런 다음, Properties 창에서 BackgroundColor 속성을 Default에서 Cyan으로 변경한다. 그렇게 되면 배경 화면의 색깔이 청록색으로 바뀌게 된다. 다음으로 그림 9.30의 과정을 거쳐 앱의 제목을 변경한다. 역시 Components 창에서 Screen1 컴포넌트를 선택하고, Properties 창에서 Title 속성을 Screen1에서 "안녕하세요!"로 변경한다.

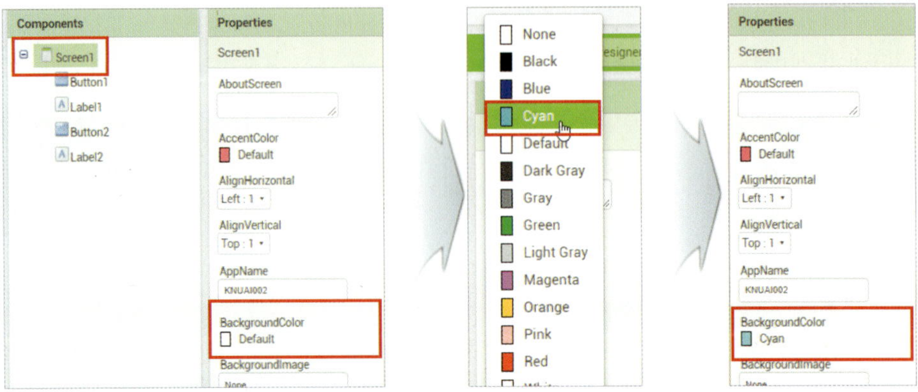

그림 9.29 BackgroundColor 속성 수정을 통한 배경 화면 색깔 변경

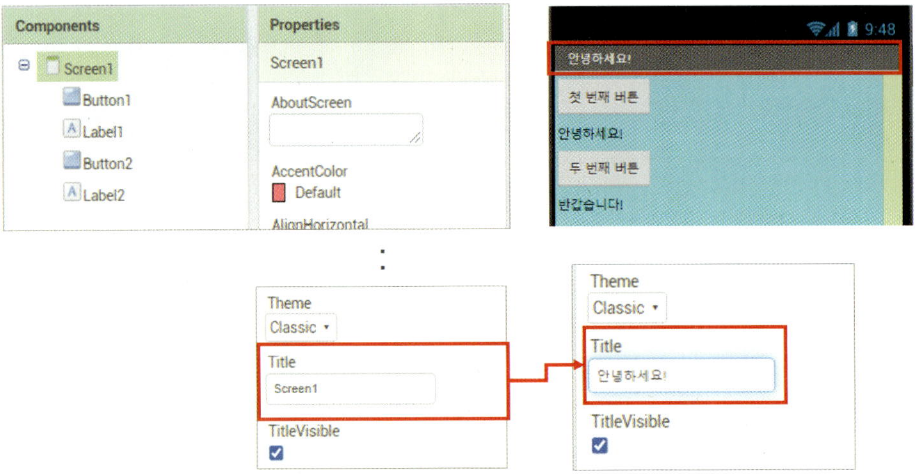

그림 9.30 Title 속성 수정을 통한 앱의 제목 변경

버튼, 라벨 등 기존 컴포넌트는 기본적으로 화면의 좌측, 상단에 위치한다. 이를 화면의 중앙에 위치하도록 변경하기 위해서는 Screen1의 AlignHorizontal 속성과 AlignVertical 속성을 변경하면 된다. 그림 9.31에서 보듯이, Components 창에서 Screen1 컴포넌트를 선택하고, Properties 창에서 AlignHorizontal을 Left에서 Center

로, AlignVertical을 Top에서 Center로 각각 변경한다. 지금까지의 작업은 모두 배경 화면의 속성에 관한 변경으로, 모두 작업하고 나면 그림 9.28의 오른편 그림과 같이 버튼과 라벨이 화면의 중앙에 위치하게 되고, 화면 색깔은 청록색으로, 앱의 제목은 "안녕하세요!"로 변경된다.

컴포넌트 가꾸기 - 버튼/라벨

배경 화면에 이어 이번에는 버튼 속성과 라벨 속성들을 변경해 본다. 그림 9.32와 같이 KNUAI002 앱의 버튼과 라벨의 색깔, 크기, 모양 등을 변경한다. 변경하려는 내용을 요약하면 다음과 같다.

- Button1: 볼드체, 20포인트
- Label1: 볼드체, 24포인트, 파란색
- Button2: 볼드체, 20포인트, 라운드 처리
- Label2: 볼드체, 24포인트, 빨간색, 바탕 연회색

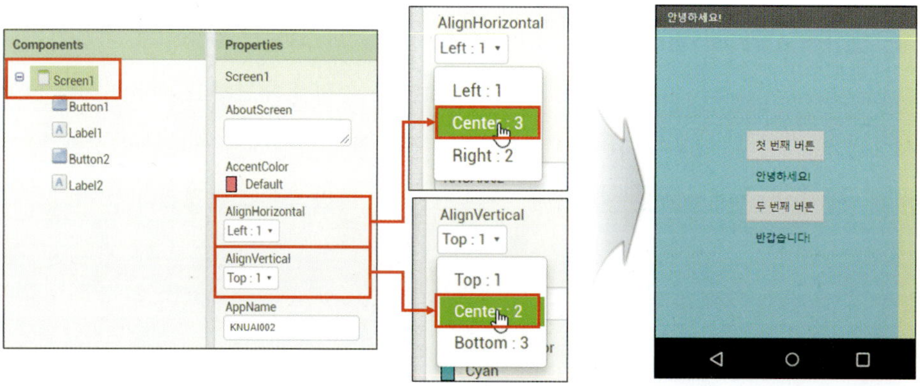

그림 9.31 AlignHorizontal과 AlignVertical 속성 수정을 통한 컴포넌트의 위치 변경

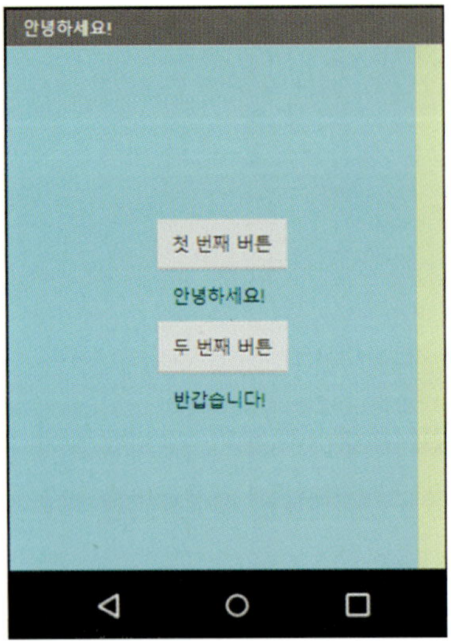

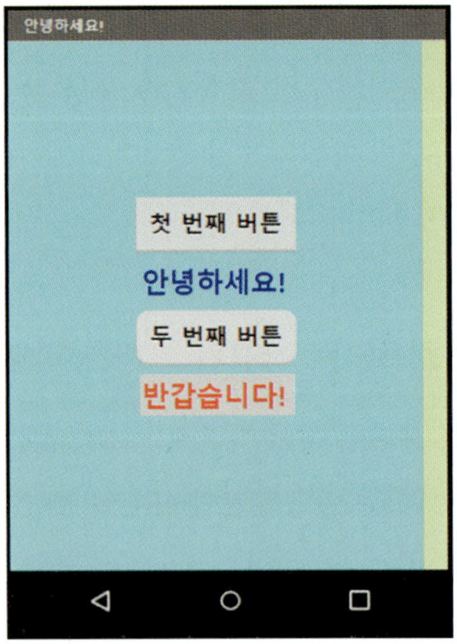

그림 9.32 KNUAI002 앱의 버튼과 라벨 속성 변경 계획

그림 9.33은 KNUAI002 앱의 첫 번째 버튼인 Button1의 폰트 속성을 변경하는 과정이다. Components 창에서 Button1을 선택한 후, FontBold 속성을 체크하여 볼드체로 변경한다. 또한 FontSize 속성의 디폴트인 14에서 20으로 변경하여 폰트의 크기를 키운다. 그림 9.34는 첫 번째 라벨인 Label1의 속성을 변경하는 과정이다. 마찬가지로 Components 창에서 Label1을 선택한 후, FontBold 속성을 체크하고, FontSize를 14에서 24로 변경한다. 덧붙여 TextColor 속성을 디폴트인 검정색에서 Blue로 변경한다. 그렇게 하면 Label1의 텍스트는 볼드체, 폰트 크기 24, 파란색으로 변경된다.

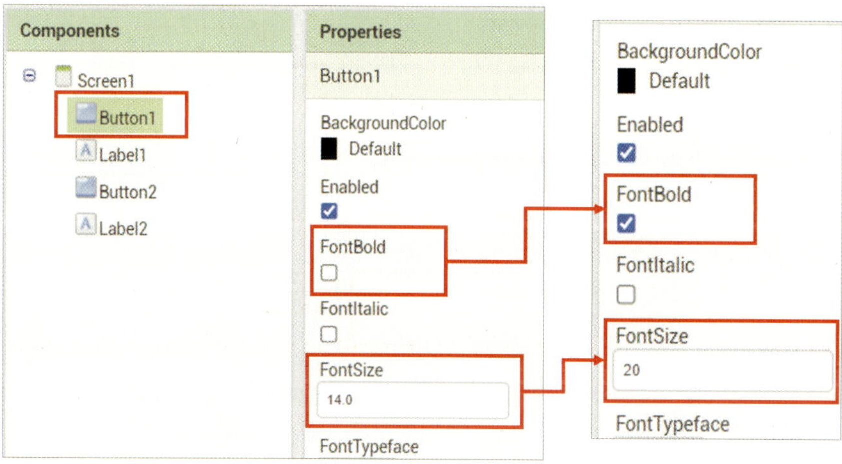

그림 9.33 KNUAI002의 첫 번째 버튼(Button1)에 대한 속성 변경

그림 9.35(a)는 두 번째 버튼인 Button2의 속성을 변경하는 과정이다. Components 창에서 Button2를 선택한 후, FontBold 속성을 체크하고, FontSize 속성을 20으로 변경한다. 그리고 Shape 속성을 디폴트에서 rounded로 변경하는데, 이를 통해 버튼의 모양을 직사각형 모서리가 라운드 처리가 되도록 변경할 수 있다. 그림 9.35(b)는 두 번째 라벨인 Label2의 속성 변경 과정이다. BackgroundColor 속성을 디폴트인 무색에서 Light Gray로 바꾸고, TextColor 속성을 디폴트에서 Red로 변경한다. 이렇게 하면, 라벨이 바탕색은 연회색, 문자열은 빨간색을 가지게 된다. 그리고 FontBold 속성을 체크하고, FontSize 속성은 24로 변경한다. 그 결과, 그림 9.32의 오른편 그림과 같이 버튼과 라벨의 속성이 변경됨을 확인할 수 있다.

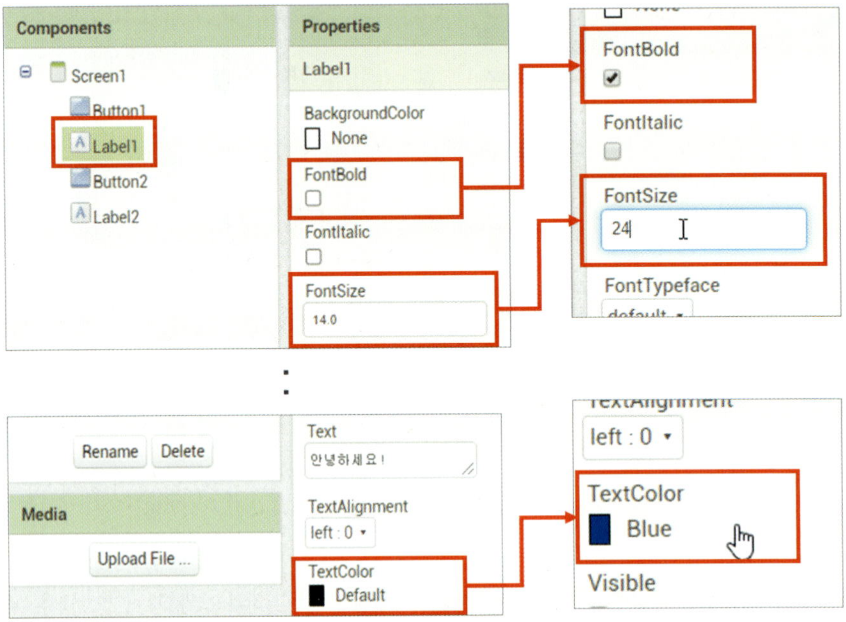

그림 9.34 KNUAI002의 첫 번째 라벨(Label1)에 대한 속성 변경

배경 화면 바꾸기

이제 모바일 앱의 배경 화면을 동적으로 변경해 보자. 그림 9.36과 같이 세 번째 버튼을 하나 만들어, 이 버튼을 짧게 클릭하면 배경 화면이 청록색(cyan)에서 노란색(yellow)으로 변경되고, 길게 클릭하면 노란색에서 다시 청록색으로 변경되게 하려 한다. 이를 위해서 Designer에서 버튼 하나를 더 만들어야 하고, 만들어진 세 번째 버튼에 동적 기능을 부여하기 위해서 Blocks에서 적절한 코딩을 수행해야 한다.

그림 9.35 KNUAI002의 두 번째 버튼(Button2)과 라벨(Label2)에 대한 속성 변경

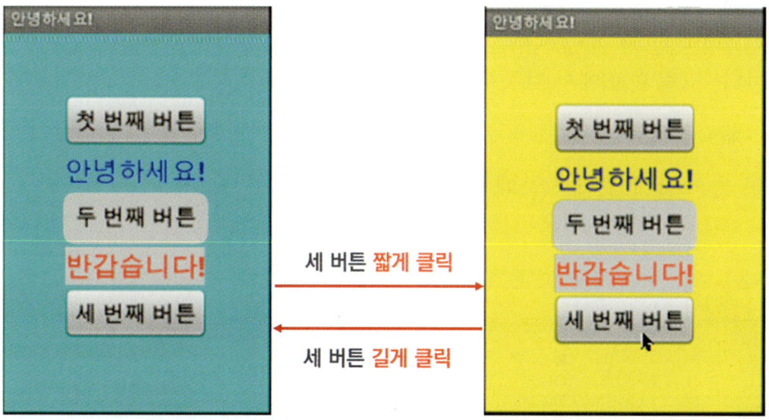

그림 9.36 KNUAI002의 세 번째 버튼(Button3)으로 배경 화면 변경

먼저 세 번째 버튼인 Button3을 Designer 화면에서 만든다. 이 과정은 앞서 버튼과 라벨들을 만드는 과정 같으며, 그림 9.37과 같이 Palette 창에서 Button을 드래그하여 Viewer 창의 핸드폰 화면에 가져다 놓으면 된다. Button3을 만든 후에는 FontBold 속성을 체크하고, FontSize 속성을 20으로, Text 속성을 "세 번째 버튼"으로 수정한다.

그림 9.37 KNUAI002의 세 번째 버튼(Button3) 생성 및 속성 변경

Button3에 동적 변경 기능을 부여하기 위해서 Blocks 화면으로 전환하고, 블록 코딩을 수행한다. 그림 9.38에서 보듯이 Blocks 화면으로 전환하고, Button3 컴포넌트를 선택한 후, Click 블록과 LongClick 블록을 Viewer 창에 드래그해 놓는다. 이는 Button3을 짧게 클릭 혹은 길게 클릭했을 때 동적인 변화를 주기 위함이다.

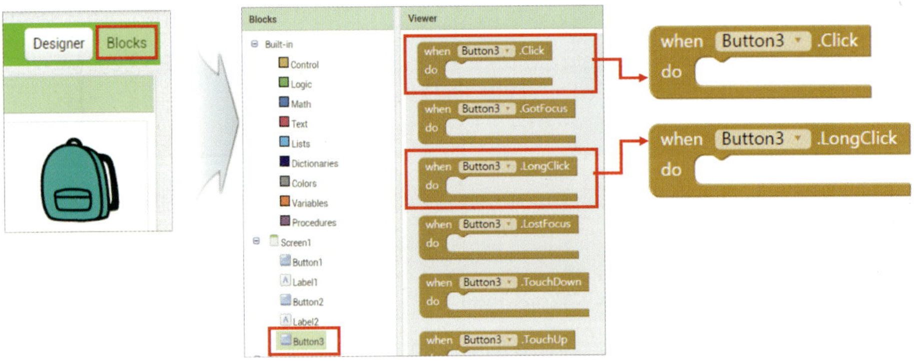

그림 9.38 Button3의 Click 블록과 LongClick 블록을 Viewer 창에 이동

그런 다음 배경 화면을 변경하기 위한 작업을 수행한다. 이를 위해, 그림 9.39와 같이 Screen1 컴포넌트를 선택하여 배경 화면(BackgroundColor 속성)을 변경하는 블록인 "set.BackgroundColor.to" 블록을 Click과 LongClick 블록의 홈에 끼워 맞춘다. 이처럼 코딩하는 이유는 짧게 혹은 길게 클릭하였을 때 배경 화면의 색깔을 변경하기 위해서다.

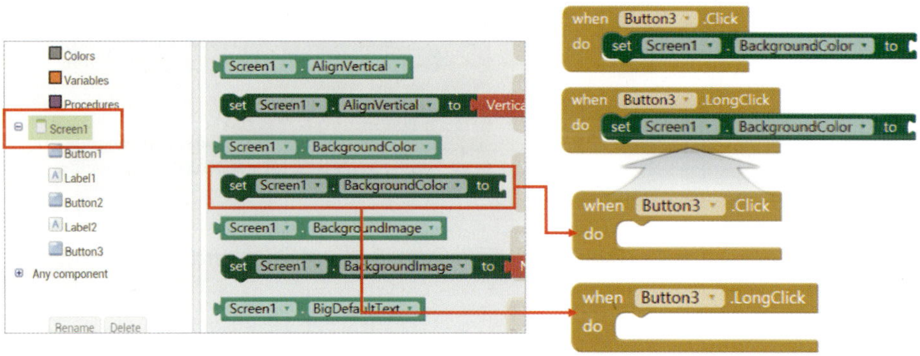

그림 9.39 Screen1의 배경 화면(BackgroundColor 속성) 변경을 위한 블록 코딩

마지막으로 색깔을 지정해 주어야 한다. 그림 9.40과 같이 Built-in 컴포넌트의 Colors를 선택하면 여러 가지 색깔들이 나온다. 이 중에서 노란색 블록은 Click 블록에 청록색 블록은 LongClick 블록의 set 블록에 각각 끼워 맞춘다. 이제 에뮬레이터나 핸드폰에 KNUAI002 앱을 다시 실행해 보자. 그러면 그림 9.36과 같이 배경 화면의 변화를 확인할 수 있을 것이다.

이번 장에서는 컴포넌트들의 속성을 변경해 보았다. 특히, 배경 화면, 버튼, 라벨 등에 대해 위치 속성을 변경할 수 있었고, 색깔, 크기, 모양 등의 속성을 변경할 수 있었다. 또한 블록 코딩을 통해서 속성을 동적으로 변경할 수도 있었다. 앞서 살펴 보았듯이 각 컴포넌트에는 매우 많은 속성이 제공되므로 여러분 스스로 여러 속성에 대한 다양한 변화를 주어 보기 바란다. 더불어 블록 코딩을 통해서 주요 속성에 대해 동적인 변화를 주며 코딩 연습을 하기 바란다.

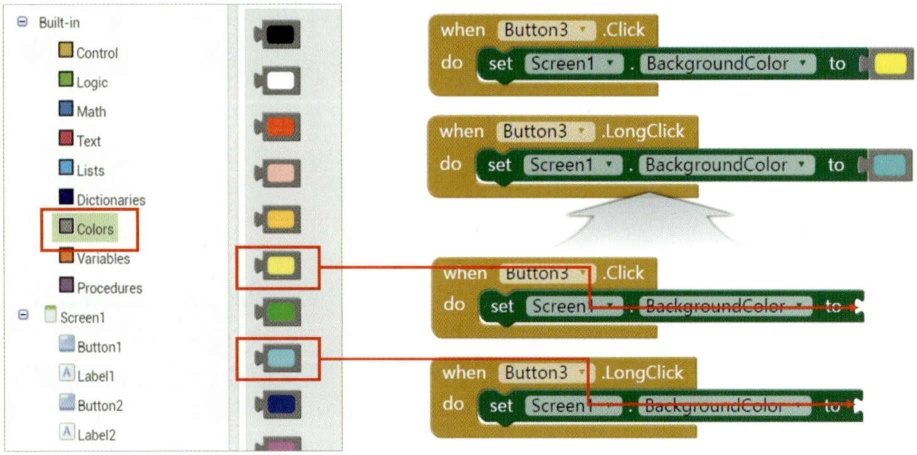

그림 9.40 Built–in 컴포넌트의 Colors에 있는 색깔 블록 이용

연습
문제

홍길동님! 안녕하세요?

9.1 첫 번째 앱(KNUAI001)과 두 번째 앱(KNUAI002)을 각각 코딩하고 그 실행 결과를 핸드폰 혹은 에뮬레이터로 확인하시오

9.2 Designer 화면은 네 개의 창으로 구성되어 있다. 네 개의 창을 나열하고 각각의 기능을 한 줄로 요약하시오.

9.3 Blocks 화면은 두 개의 창과 더하기/빼기/휴지통 버튼으로 구성되어 있다. 이들 창과 버튼을 나열하고 각각의 기능을 한 줄로 요약하시오.

9.4 다음 코딩에서 ㉮의 빈 문자열("") 블록은 ㉯ 컴포넌트 중 ㉰ 컴포넌트에서 가져와야 한다. ㉯와 ㉰에 들어갈 컴포넌트 이름을 쓰시오.

9.5 다음 중 Label 컴포넌트의 속성인 것과 아닌 것을 구분하시오. 그리고 속성인 것들에 대해서는 그 기능을 간략히 설명하시오.

BackgroundColor	FontSize
Image	Height
ScreenOrientation	Text
TextAlignment	AlighVertical
TextColor	Shape

9.6 두 번째 앱인 KNUAI002의 Button1과 Label1의 속성을 다음과 같이 변경하고 실행하여 확인하시오.

Button1	FontSize = 24, FontItalic = 체크, Shape = oval
Label1	BackgroundColor = Dark Gray, TextAlignment = center

9.7 라벨의 속성을 동적으로 변경하고자 한다. 두 번째 앱인 KNUAI002에서 Button1를 길게 눌렀을 때, Label1의 Text 속성 이외에 다음 속성도 함께 변경해 보시오.

- BackgroundColor 속성을 다른 색(예: Orange)으로 변경한다.
- TextColor 속성을 다른 색(예: Green)으로 변경한다.

9.8 화면(screen)의 색깔은 BackgroundColor 속성으로 변경할 수 있다. 반면에 화면에 배경 이미지를 넣고 싶을 때는 어떤 속성을 사용해야 하는가? 두 번째 앱인 KNUAI002에 버튼 하나를 추가한 후, 이 버튼을 눌렀을 때 배경 이미지가 전환되도록 코딩해 보시오.

9.9 모바일 앱을 만드는 순서는 구상, 디자인, 코딩, 테스트로 구성된다고 설명하였다. 일반적인 소프트웨어 개발에서는 전통적으로 폭포수 모형(waterfall model)을 따르는데, 폭포수 모형의 6단계를 조사하고, 각 단계를 한 줄로 요약하시오.

CHAPTER 10

체질량 지수 계산기

10.1 체질량 지수 계산기란?

체질량 지수(BMI: body mass index)는 키와 몸무게로 간단하게 비만 정도를 판단하는 수치이다. 그림 10.1과 같이 네이버 등 검색 엔진에서 "체질량 지수 계산"을 입력하면 자신의 키, 몸무게, 성별 등으로 체질량 지수를 계산하고 비만 정도를 확인할 수 있다. 본 장에서는 체질량 지수 계산기를 앱 인벤터로 개발한다.

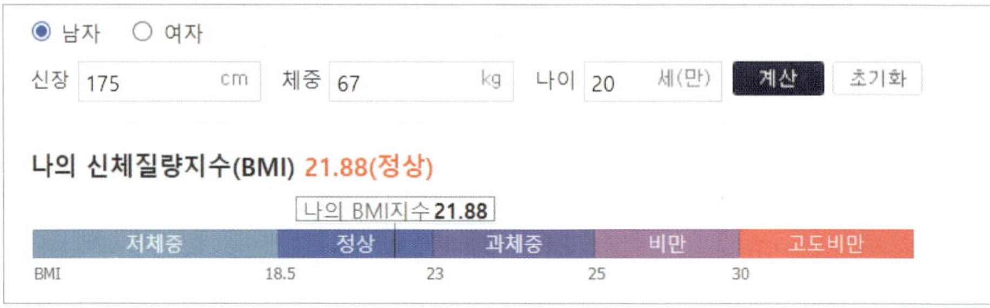

그림 10.1 네이버에서 "체질량 지수 계산"을 검색한 예제

그림 10.2는 우리가 만들고자 하는 앱의 최종적인 화면을 나타낸다. 그림에서 ①과 ②에 키와 몸무게를 각각 입력한다. 그런 다음 체질량 지수 계산을 위해 ③의 버튼을 누른다. 그러면 그 아래 ④와 ⑤에 각각 체질량 지수와 비만 정도가 출력된다. 즉, 사용자에게 키, 몸무게 정보를 받아들이고 체질량 지수와 비만 정도를 계산하여 보여주는 모바일 앱을 만들고자 한다.

이제 체질량 지수를 어떻게 계산하는지 그 방법을 알아보자. 체질량 지수는 성별, 나이 등에 따라서 다르게 계산할 수 있으며, 비만의 판단 기준도 상이하다. 우리는 키와 체중으로만 계산하는 가장 간단한 방법을 사용한다. 표 10.1을 보면 체질량 지수를 계산하는 수식과 체질량 지수인 BMI에 따른 비만 정도를 판단하는 기준(네이버 기준 활용)을 보여준다.

그림 10.2 개발하고자 하는 체질량 지수 계산기의 최종 화면

표 10.1 BMI 계산식과 비만 정도 판단 기준

BMI 계산식	BMI 비만 정도
= 체중(kg) / [키(m) × 키(m)] = [체중(kg) × 10000] / [키(cm) × 키(cm)]	• BMI < 18.5 저체중 • BMI < 23 정상체중 • BMI < 25 과체중 • BMI < 30 비만 • BMI ≥ 30 고도비만

그림 10.2의 체질량 지수 계산기 앱을 개발하기 위해서, 다음 세 가지 사항을 배우고 앱 개발에 활용한다.

- 키와 몸무게를 입력받아야 한다? → 변수(Variable) 사용
- 간단하지만 수학 계산을 해야한다? → 수식(Math) 사용
- BMI에 따른 비반 판단이 필요하다? → 조건문(if) 사용

10.2 앱 화면 디자인하기

세 번째 프로젝트 생성

체질량 지수 계산기를 개발하기 위해 먼저 새로운 프로젝트로 KNUAI003을 만든다. 그림 10.3을 보면 Designer 화면에서 새로운 프로젝트를 생성하는 과정을 나타낸다. 이 과정은 앞서 KNUAI001, KNUAI002를 만드는 과정과 동일하며, 현재까지 만든 프로젝트들은 My Project에서 확인할 수 있다.

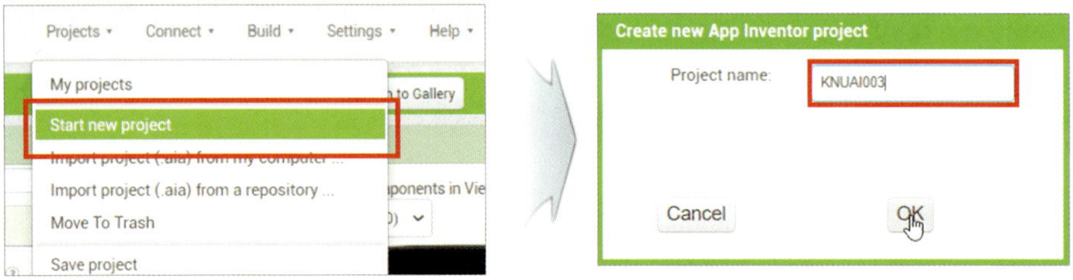

그림 10.3 체질량 지수 계산기를 위한 KNUAI003 프로젝트 생성 과정

텍스트 박스(TextBox) 만들기

BMI 계산을 위한 키와 몸무게는 텍스트 형식으로 입력받는다. 이를 위해 TextBox 컴포넌트를 사용한다. 그림 10.4를 보면 Palette 창의 User Interface에 TextBox 컴포넌트가 있으며, 이를 Viewer 창의 핸드폰 화면에 드래그하여 TextBox1 컴포넌트를 만든다. 그런 다음 Components 창에서 TextBox1을 클릭한 후, 이 컴포넌트의 이름을 tbHeight로 변경한다. 이렇게 변경한 이름은 추후 블록 코딩에서 사용하며, 꼭 tbHeight가 아니라 자신이 기억하기 쉬운 이름으로 변경해도 된다.

첫 번째 TextBox는 키를 입력받기 위한 속성이다. 따라서 그림 10.5에서와 같이,

tbHeight의 Hint 속성을 "키(cm)"로 변경한다. Hint 속성은 텍스트 박스에 연한 회색으로 나타나는 텍스트 정보로서, 사용자에게 입력 힌트를 제공하는 기능을 한다.

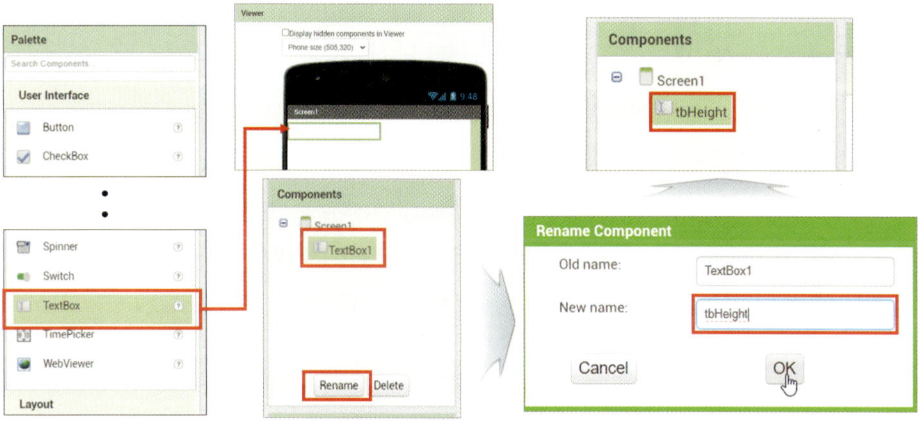

그림 10.4 키를 위한 TextBox 컴포넌트 생성과 이름 변경

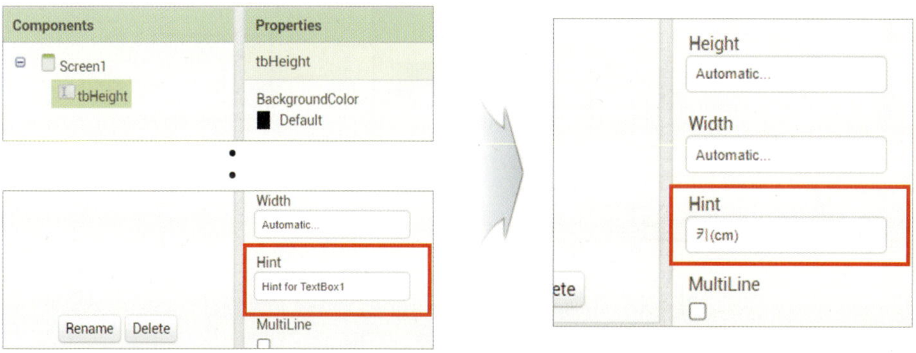

그림 10.5 텍스트 박스 tbHeight의 Hint 속성 변경 과정

몸무게를 입력받기 위한 두 번째 텍스트 박스를 생성한다. 그 과정은 tbHeight 컴포넌트를 만드는 과정과 유사하다. 그림 10.6과 같이, TextBox 컴포넌트를 드래그하여 TextBox2를 생성한 후, 그 이름을 tbWeight로 변경한다. 그리고 Hint 속성을 "몸무게(kg)"으로 변경한다.

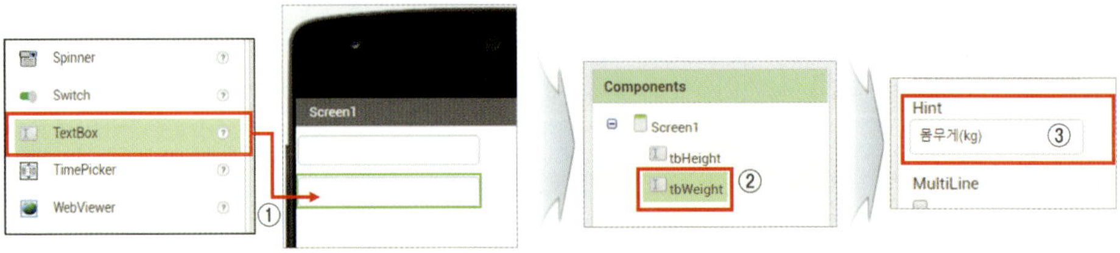

그림 10.6 몸무게를 위한 TextBox 컴포넌트 생성과 이름 및 속성 변경

앞서 만든 텍스트 박스에 대해 입력이 중앙 정렬되도록 TextAlignment 속성을 변경한다. 그림 10.7에서 보듯이, tbHeight와 tbWeight 모두에 대해 TextAlignment 속성을 디폴트인 left에서 center로 변경한다. 이렇게 하면 사용자가 입력하는 숫자 값들이 중앙 정렬되어 나타난다.

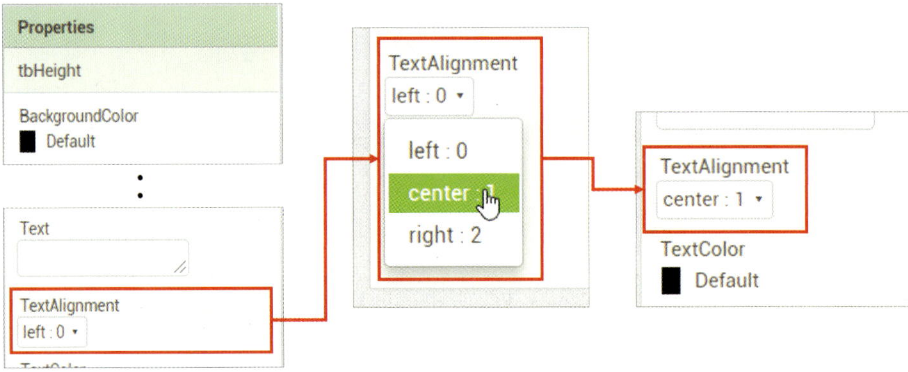

그림 10.7 TextBox 컴포넌트의 TextAlignment 속성 변경

버튼과 라벨 만들기

입력받은 키와 몸무게로 체질량 지수를 계산하기 위한 버튼을 하나 만든다. 그림 10.8과 같이 Button 컴포넌트를 생성한 후 그 이름을 bmiCalc로 변경한다. 이 이름은 추후 블록 코딩에서 사용하며, 이런 이름들 모두는 자신이 기억하기 쉬운 약어로 변경하면 된다. 버튼에 나타날 Text 속성은 "체질량 계산"으로 변경한다.

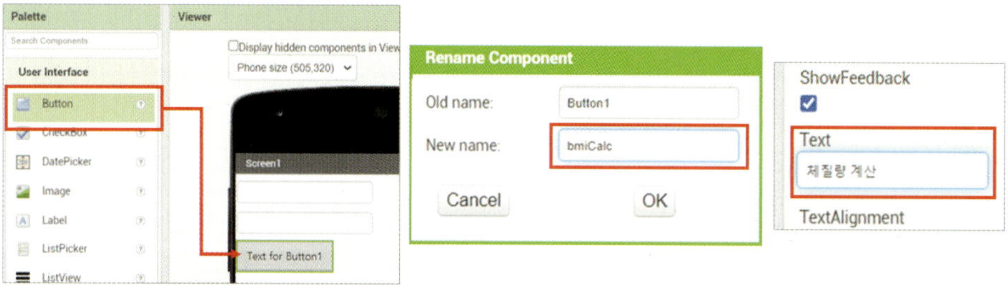

그림 10.8 체질량 계산을 실행하기 위한 버튼 bmiCalc 생성과 속성 설정

다음으로 체질량 지수와 비만 정도를 나타내기 위한 라벨 2개를 생성한다. 그림 10.9와 같이 Label 컴포넌트를 드래그하여 2개의 라벨을 만든 후, 이들 라벨의 이름을 각각 lbBMI, lbResult로 변경한다. 그런 다음 그림 10.10과 같이 lbBMI와 lbResult의 Text 속성을 각각 "당신의 체질량은?"과 "비만상태"로 변경한다. 또한 두 라벨의 TextAlignment 속성은 center로 변경하여 텍스트가 중앙 정렬되도록 한다.

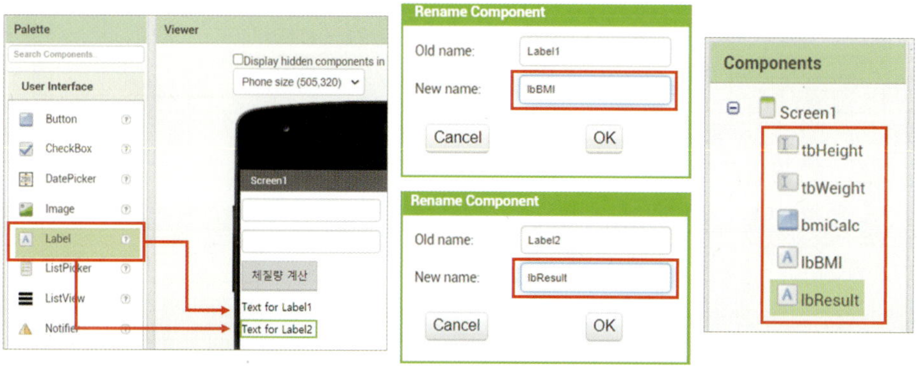

그림 10.9 체질량 지수와 비만정도를 나타낼 라벨 lbBMI와 lbResult 생성

스크린 속성 변경하기

마지막으로 스크린의 속성을 변경한다. 그림 10.11과 같이 Screen1을 선택한 후, AlignHorizontal 속성과 AlignVertical 속성을 모두 Center로 변경한다. 이렇게 하면 스

크린 내의 모든 컴포넌트들이 화면의 중앙에 정렬된다. 그리고 BackgroundColor 속성을 Pink로 변경한다. 이러한 변경의 결과에 따라 그림 10.2와 같은 디자인이 나타났는지 확인한다.

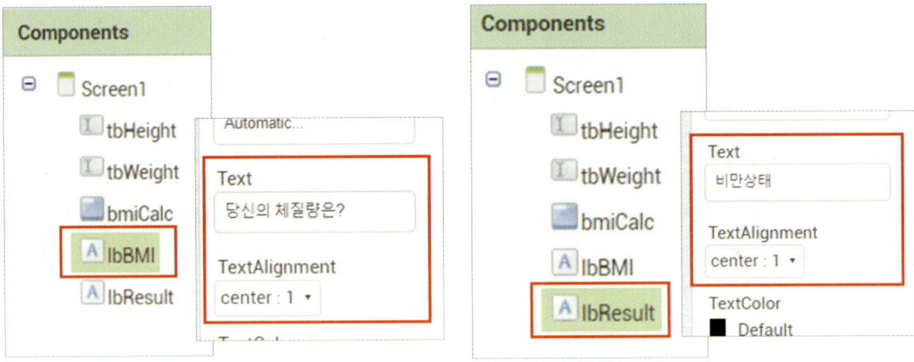

그림 10.10 라벨 lbBMI와 lbResult의 Text 및 TextAlignment 속성 변경

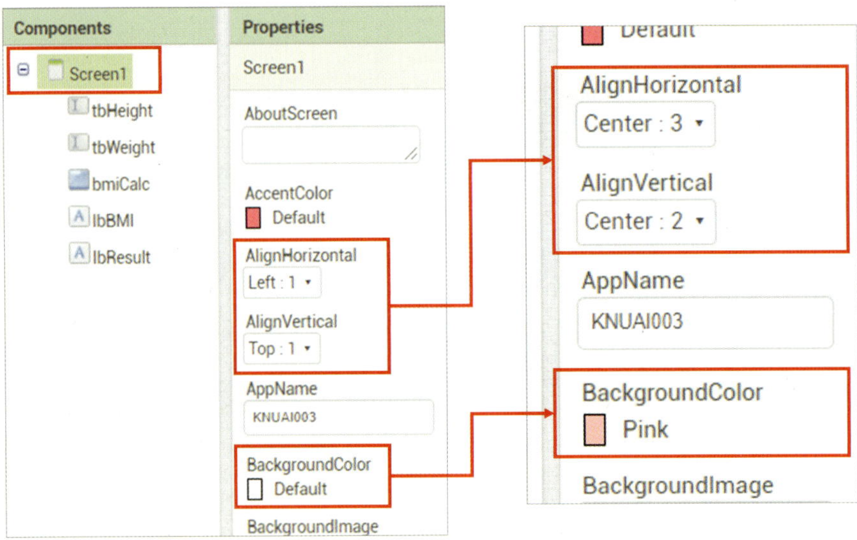

그림 10.11 스크린(Screen1)의 정렬 속성과 색깔 속성 변경

10.3 체질량 지수 계산하기

BMI 계산 순서

BMI(체질량 지수)를 계산하고 출력하기 위해서 표 10.2의 단계를 따른다. 표에서 변수(variable)란 사용자의 입력값 또는 중간/결과값을 넣어 놓기 위한 저장공간이다. 그리고 BMI 계산은 표 10.1의 수식을 이용한다.

표 10.2 BMI를 계산하고 출력하는 세부 단계

단계	BMI 비만 정도
1	버튼(bmiCalc)의 Click 블록을 사용한다.
2	키, 몸무게, BMI를 저장할 세 변수를 선언하고 초기화(=0)한다.
3	텍스트 박스(tbHeight, tbWeight)를 읽어 BMI를 계산한다.
4	계산한 BMI를 라벨(lbBMI)에 출력한다.

그림 10.2는 표 10.2의 단계 1에서 버튼 bmiCalc에 대한 Click 블록을 만드는 과정이다. 이 과정을 통해 bmiCalc가 클릭되었을 때 BMI를 계산하고자 한다. 단계 2~4의 과정은 이후 순차적인 블록 코딩을 통해 구현할 수 있다.

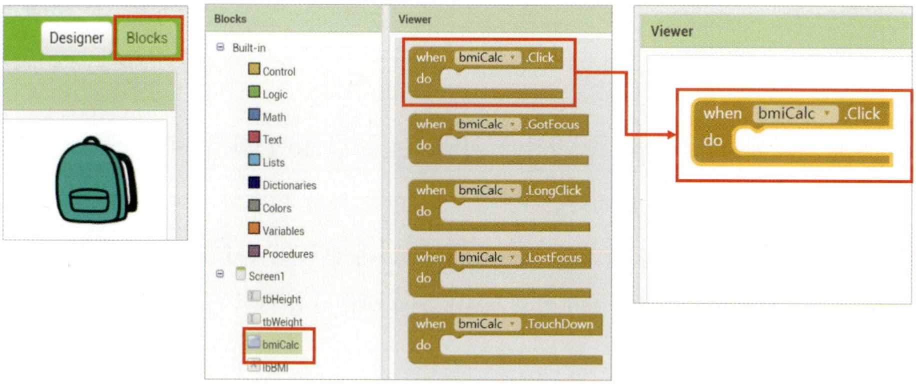

그림 10.12 버튼 bmiCalc에 대한 Click 버튼을 생성하는 과정

변수 선언과 초기화

BMI를 저장하기 위해 첫 번째 변수인 bmi를 선언하고 초기화한다. 그림 10.13에서 보듯이, Built-in 컴포넌트의 Variables를 선택하면 여러 가지 변수에 대한 블록들이 나타난다. 이 중에서 "initialize.local.to" 블록을 끌어다 Click 블록에 맞춘다. 변수에는 local(지역)과 global(전역)이 있는데, 일반적으로 블록 내에서는 local 변수를 사용한다. 이렇게 선언한 변수 이름을 name → bmi로 변경한다. 그런 다음 Math를 선택하여 숫자 0 블록을 끼워 맞추는데, 이는 bmi 변수를 0으로 초기화하란 의미이다.

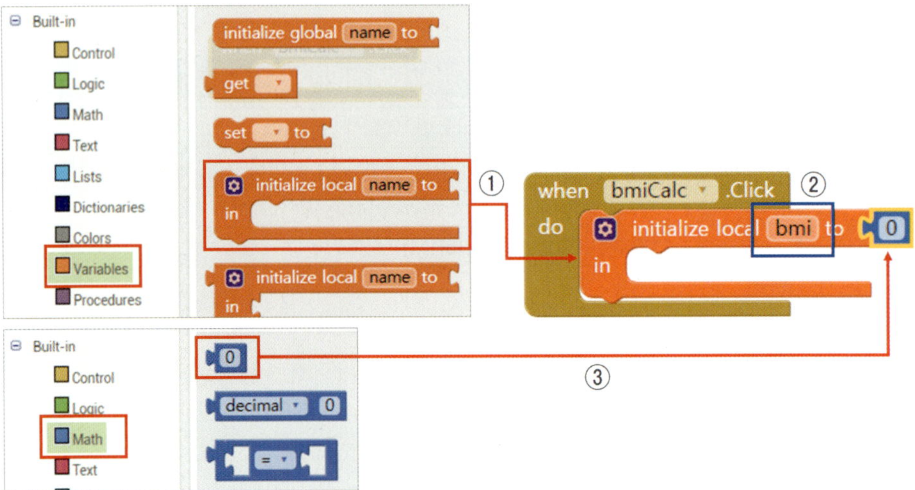

그림 10.13 Click 블록 내에 변수 bmi를 생성하고 초기화하는 과정

키와 몸무게를 입력받고 저장하기 위해서는 그림 10.14와 같이 각각 weight와 height 변수를 선언하고 초기화한다. 앞서 생성한 bmi 변수와 같이 Variables에서 "initialize.local.to" 블록을 끌어다 기존 bmi 블록 내에다 위치시킨 후, 각각의 이름을 weight, height라 변경한다. 그런 다음, Math 컴포넌트의 숫자 0 블록을 드래그하여 두 변수 모두 0으로 초기화한다.

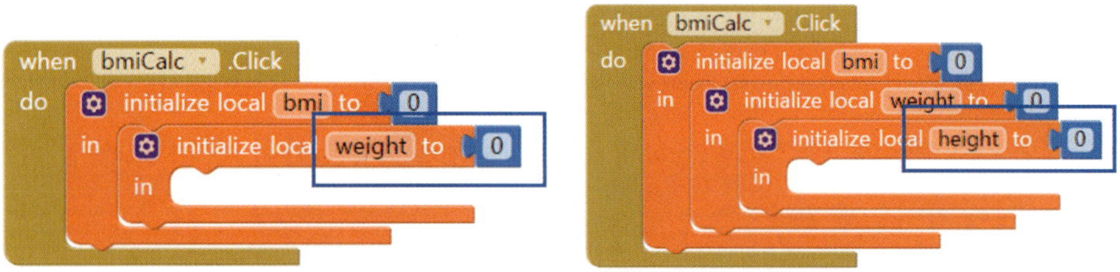

(a) 변수 weight 생성과 초기화　　　　(b) 변수 height 생성과 초기화

그림 10.14　변수 weight와 height의 생성과 초기화 과정

키와 몸무게 입력받기

이제 사용자가 입력한 키와 몸무게를 변수에 저장하는 과정을 코딩한다. 먼저 키는 텍스트 박스 tbHeight에 있는데 이를 변수 height에 가져온다. 그림 10.15와 같이, Variables에서 "set.to" 블록을 옮긴 후, 변수 이름으로 height를 선택한다. 그런 다음, tbHeight 컴포넌트를 선택해 나타나는 tbHeight.Text 블록을 앞서의 "set.to" 블록의 홈에 맞춘다. 이 과정을 통해 텍스트 박스 tbHeight의 내용이 변수 height에 저장된다.

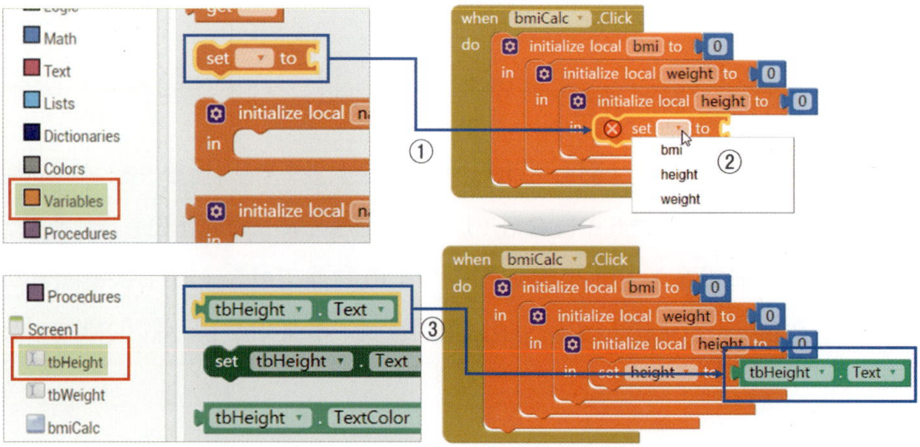

그림 10.15　텍스트 박스 tbHeight의 내용을 변수 height에 저장하는 과정

마찬가지로 텍스트 박스 tbWeight의 내용을 변수 weight에 가져오는 코딩을 한다. 그림 10.16과 같이 Variables의 "set.to" 블록을 가져오고, 변수 이름을 weight로 선택한다. 그런 다음 텍스트 박스 tbWeight의 tbWeight.Text 블록을 끼워 맞춤으로써 몸무게를 weight에 가져오게 된다.

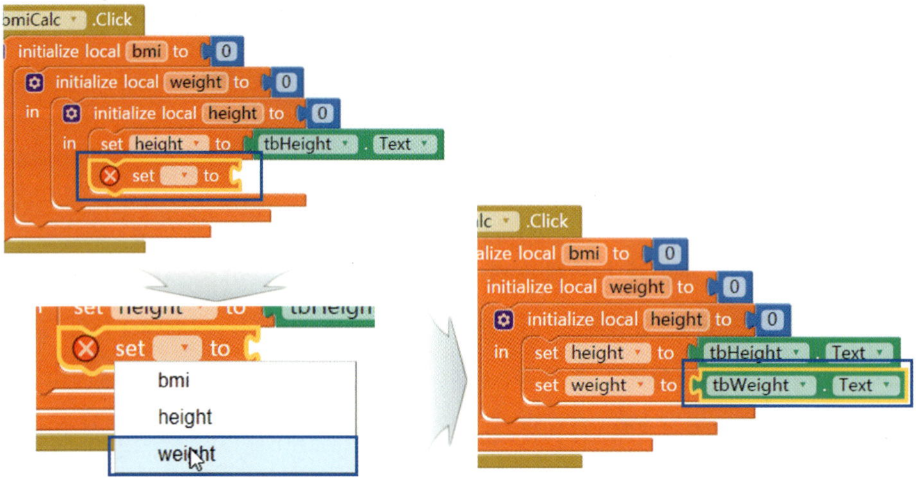

그림 10.16 텍스트 박스 tbWeight의 내용을 변수 weight에 저장하는 과정

키와 몸무게로 BMI 계산

키와 몸무게는 각각 변수 height, weight에 저장되어 있으므로, 이제 이를 사용하여 BMI를 계산한다. 계산하는 BMI는 그림 10.13에서 생성하고 초기화한 변수 bmi에 저장한다. 변수 bmi에 값을 저장하기 위해 먼저 그림 10.17과 같이 "set.to" 블록을 옮기고, 변수 이름을 bmi로 선택한다. 이는 앞으로 BMI를 계산하여 변수 bmi에 저장하겠다는 의미이다.

우리는 키를 cm로 입력받으므로, 표 10.1에서 소개한 두 번째 수식인 다음 식으로 BMI를 계산한다.

bmi = [체중(kg) × 10000] / [키(cm) × 키(cm)]

이를 위해 그림 10.18과 같이 먼저 Math에서 나누기(/) 블록과 곱하기(×) 블록을 가져다 앞서 만든 "set.to" 블록에 맞춘다. 그런 다음 그림 10.19와 같이 몸무게를 사용하기 위해 Variables에서 get 블록을 가져다 사용하고, 숫자를 사용하기 위해 Math의 숫자 0 블록을 가져다 10000으로 변경한다. 이렇게 하면 BMI 수식의 분자 부분이 (weight × 10000)으로 완성된다.

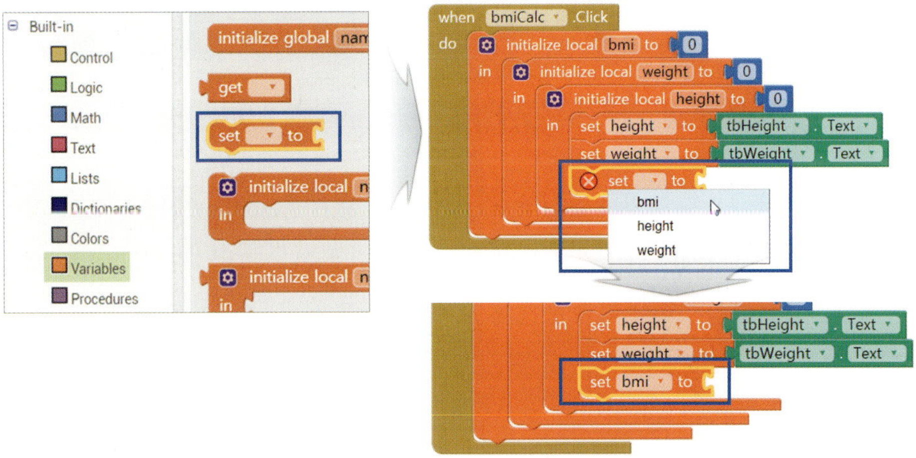

그림 10.17 BMI(체질량 지수)를 계산하여 저장할 변수 bmi의 "set.to" 블록 설정

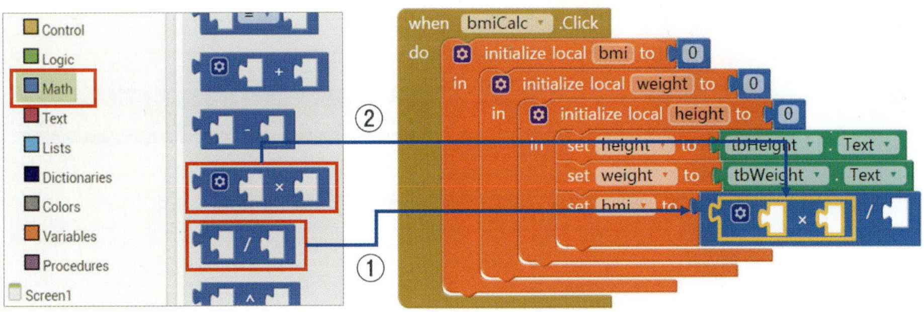

그림 10.18 BMI 수식 계산을 위한 나누기 블록과 곱하기 블록을 옮기는 과정

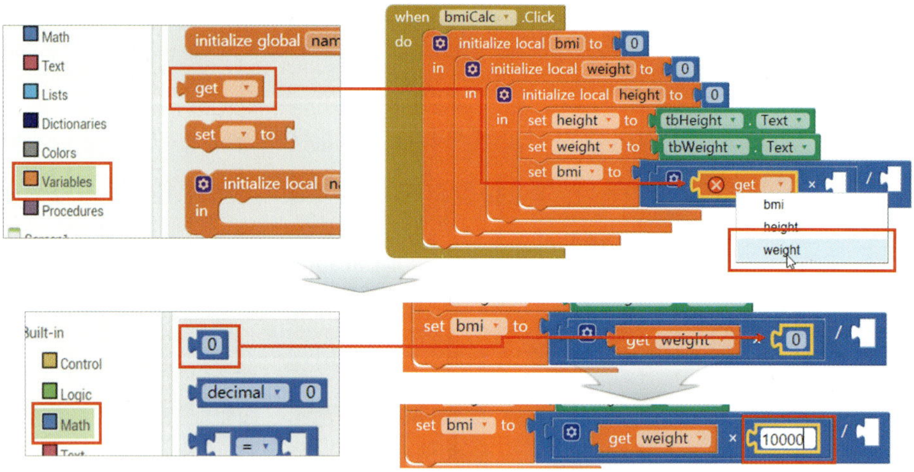

그림 10.19 BMI 수식의 분자 부분(weight×10000)을 완성하는 과정

BMI 수식의 분모도 분자와 유사하게 구성한다. 그림 10.20에서 보듯이, 먼저 Math의 곱하기 블록을 가져다 나누기 블록의 분모 홈에다 맞춘다. 그런 다음 Variables에서 get 블록을 곱하기의 양쪽에 각각 옮긴 후 모두 height를 선택한다. 이 결과로 (height × height)가 완성된다.

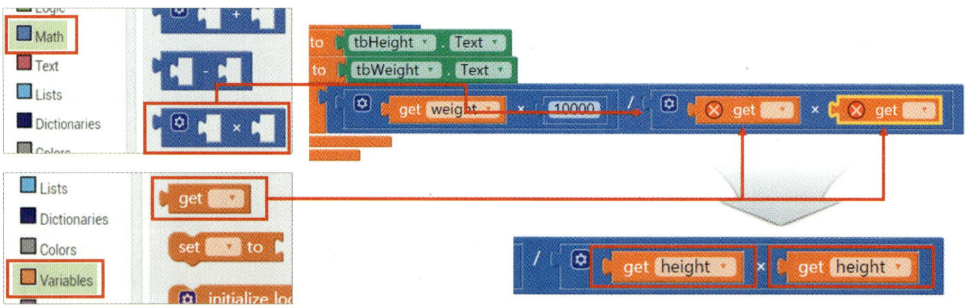

그림 10.20 BMI 수식의 분모 부분(height×height)을 완성하는 과정

그림 10.21은 지금까지의 코딩 내용을 전체적으로 보여준다. 그림을 보면 버튼 bmiCalc를 클릭하면, (1) 세 변수 bmi, weight, height가 지역변수로 선언되어 0으로 초기화되고, (2) 몸무게와 키를 변수 height와 weight에 각각 가져오며, (3) 수식을 사용하여 계산한 BMI를 변수 bmi에 저장한다. 이렇게 계산한 변수 bmi 값은 출력 과정을 거쳐 라벨 lbBMI에 나타낸다.

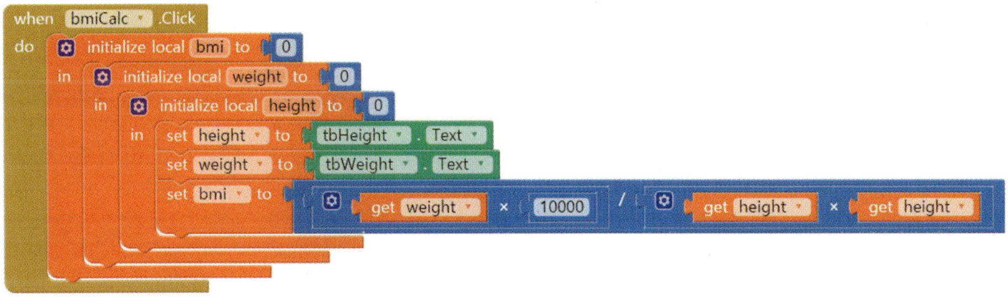

그림 10.21 키와 몸무게로부터 BMI를 계산하는 블록 코딩 결과

10.4 체질량 지수 출력하기

출력 라벨의 문자열 구성하기

계산한 체질량 지수 즉 BMI는 변수 bmi에 저장되어 있으며, 이를 앱의 화면에 출력해야 그 값을 사용자가 확인할 수 있다. 그림 10.2에서 앱을 설계할 당시 BMI는 라벨 lbBMI에 출력하고자 하였다. 따라서 그림 10.22에 보듯이 lbBMI 컴포넌트를 선택한 후 "set.Text.to" 블록을 "initialize.local.bmi.to" 블록 안에 끼워 넣는다. 이때 주의할 점은 변수 bmi를 출력하고자 하기 때문에, "set.Text.to" 블록을 반드시 bmi 블록 안에 넣어야 한다.

라벨에는 문자열을 출력하여야 하므로, lbBMI에 출력할 문자열을 구성해야 한다. 출력할 문자열 구성은

❶ 첫째 문자열: "당신의 체질량은 "

❷ 둘째 문자열: bmi (숫자를 문자열로 변환 필요)

❸ 셋째 문자열: "입니다."

로 하고자 한다. 이를 위해 그림 10.23과 같이 Text의 join 블록을 사용한다. 블록 join은 기본적으로 두 문자열을 합치는 것인데, 우리는 세 개를 합쳐야 하므로, join 블록의 설정을 눌러서 홈에 들어갈 string을 하나 늘려 세 개로 만든다. 그런 다음 첫 번째와 세 번째 문자열에 들어갈 내용을 그림 10.24와 같이 빈 문자열 블록을 가져다 맞춘 후 원하는 내용으로 바꾸어 넣는다.

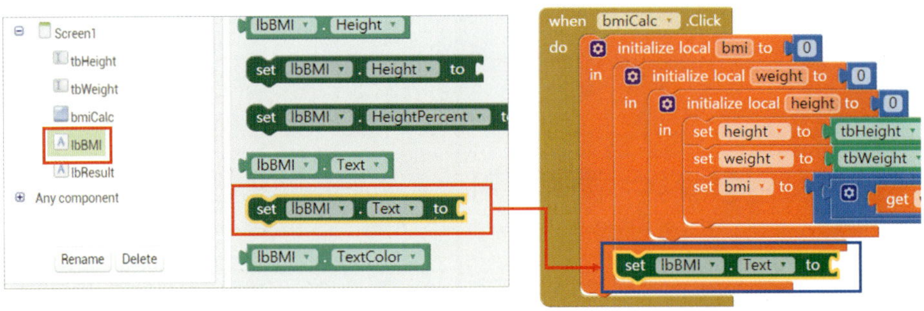

그림 10.22 변수 bmi 출력을 위해 라벨 lbBMI의 "set Text to" 블록 이용

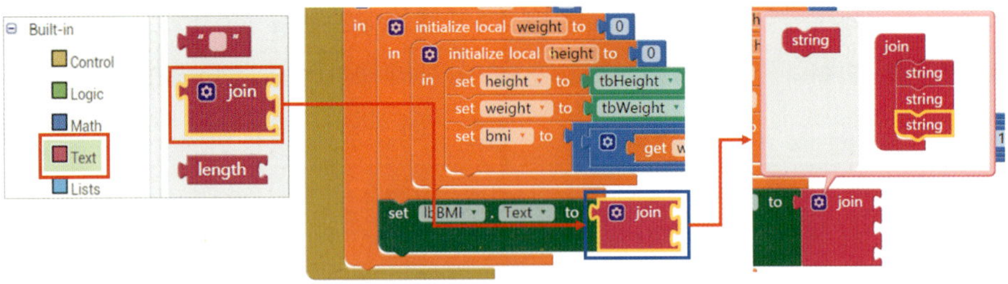

그림 10.23 문자열 세 개를 합치기 위해 join 블록 사용

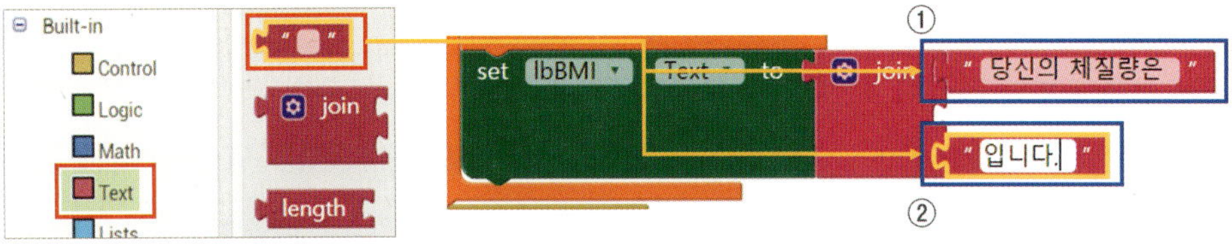

그림 10.24 라벨 lbBMI를 구성하는 첫 번째와 세 번째 문자열을 구성

▶ 숫자 변수의 문자열 변환

변수 bmi에는 숫자가 들어 있어서 이를 문자열로 변환하는 과정이 필요하다. 이는 그림 10.25와 같이 Math의 "format as decimal number" 블록을 사용하여 해결한다. 이 블록은 숫자 혹은 숫자 변수를 문자열로 변환한다. 그림에서 보듯이 이 블록을 join 블록의 두 번째 문자열 홈에 끼워 맞춘다.

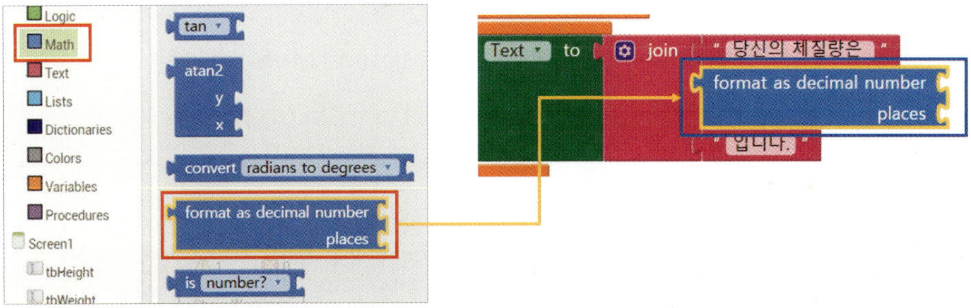

그림 10.25 숫자 변수를 문자열로 변환하는 "format as decimal number" 블록

변수 bmi를 문자열로 변환해야 하므로, 그림 10.26과 같이 Variables의 get 블록을 "format ... number" 블록의 첫 번째 홈에 맞춘다. 그리고 get 블록의 변수로 bmi를 선택한다. 그런 다음 두 번째 홈에는 Math의 0 블록을 옮기고 이를 1로 변경한다. 이는 소수점 이하 1자리까지만 출력하라는 의미이다. 그림 10.27은 라벨 lbBMI에 출력할 문자열을 구성한 코딩 결과이며, 이 내용을 그림 10.21의 BMI 계산 코딩 결과와 함께 전체적으로 확인한다.

체질량 지수 계산기 중간결과 확인

지금까지 코딩한 결과를 실제 앱 수행을 통해 확인해보자. 그림 10.28은 에뮬레이터를 통해 앱을 실행한 예제이다. 그림을 보면, 키와 몸무게로 각각 175, 67을 주고 버튼을 클릭하면 BMI가 21.9가 출력되었다. 또한 키와 몸무게로 각각 165, 56을 넣었더니 BMI가 20.6이 출력되었다. 여러분도 실제로 앱을 만든 후 실행하여 이 같은 결과가 나오는지 확인하기 바란다.

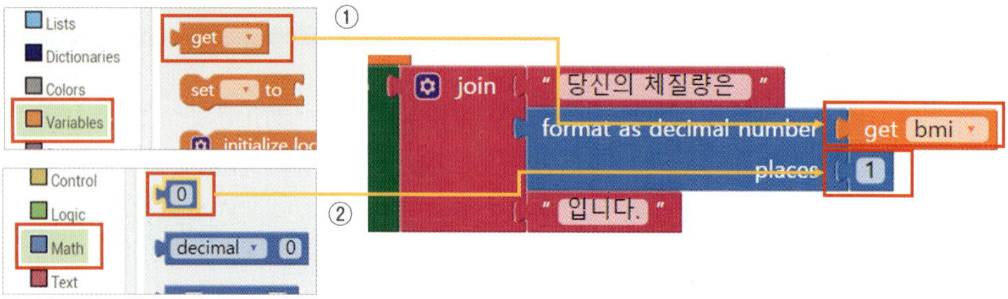

그림 10.26 변수 bmi를 사용한 "format as decimal number" 블록 완성

그림 10.27 라벨 lbBMI 출력을 위한 문자열 구성 코딩 결과

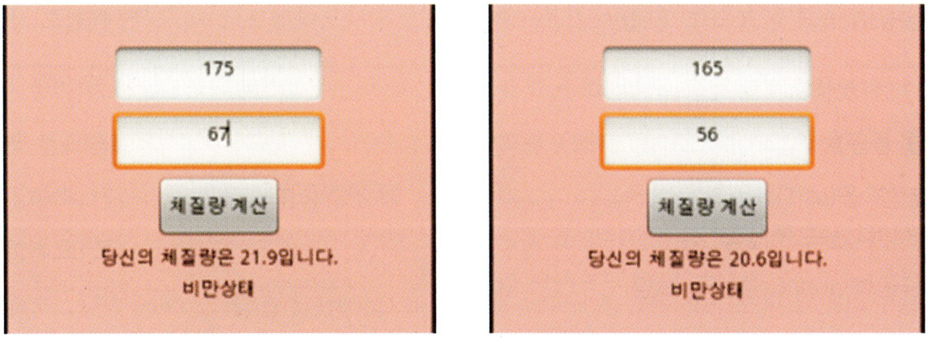

그림 10.28 체질량 지수 계산기의 실행을 통한 중간결과 확인

10.5 비만 판단 코딩하기

비만정도 판단은?

표 10.1을 보면 어떻게 비만 정도를 판단할지 그 기준이 제시되어 있다. 여러분은 이를 프로그래밍 언어로 표현하고 코딩해야 한다. 다시 말해, 표 10.1의 기준을 사용하여 다음과 같이 코딩하고자 한다. 앱 인벤터에서는 다음 코딩을 위해 if 블록과 else if 블록을 제공한다.

```
if BMI <18.5 then "저체중입니다."
else if BMI < 23 then "정상체중입니다."
else if BMI < 25 then "과체중입니다."
else if BMI < 30 then "비만입니다."
else "고도비만입니다."
```

코딩한 결과로 알아낸 비만 상태는 앱의 라벨에 출력한다. 그림 10.9에서 이미 라벨

lbResult을 만들고 그림 10.10에서 이 라벨의 속성을 변경하였므로 여러분은 이를 사용하면 된다. 즉, 위 코딩에 의해 문자열을 구성한 후에 이를 라벨 lbResult에 비만 상태로 출력하면 된다.

if 블록 작성하기

먼저 처음에 나오는 if 문장을 구현하기 위해서 Control의 if 블록을 사용한다. 그림 10.29에 보는 바와 같이 if 블록을 선택한 후 드래그하여 bmi 블록 내부로 옮긴다. 이때 주의할 점은 변수 bmi로 비만 정도를 판단하기 때문에, 반드시 bmi 블록 안에 if 블록을 위치시켜야 한다는 것이다. 그런 다음에 if 블록의 설정을 눌러서 else if 블록을 3개, else 블록을 1개 추가한다. 이렇게 함으로써 if 블록 1개, else if 블록 3개, else 블록 1개로 구성된 if-else if-else 블록 군을 형성한다.

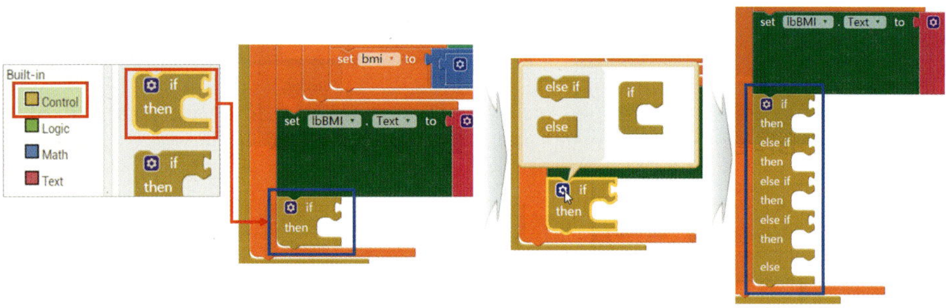

그림 10.29 Control의 if 블록을 이용한 if–else if–else 블록 군 생성

이제 "if bmi < 18.5 then" 형태를 코딩한다. 이를 위해 그림 10.30과 같이 Math의 비교(=) 블록을 가져다 if 블록에 끼운다. 이때 주의할 점은 Logic에도 비교 블록이 있으나, 여기서는 반드시 Math의 비교 블록을 사용해야 한다. 그런 다음 변수 bmi 값을 이용하기 위해서 Variables의 get 블록을 비교 블록의 왼쪽 홈에 맞춘 후 bmi로 변경한다. 이렇게 하면 "if bmi =" 부분이 완성되었다.

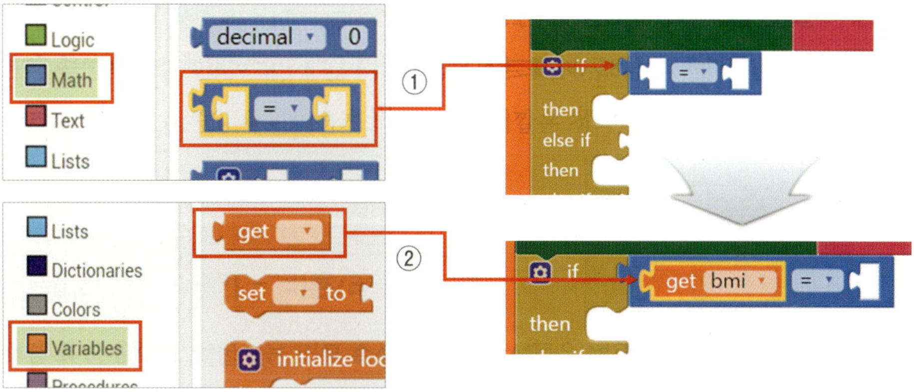

그림 10.30 Math의 비교(=) 블록과 Variables의 get 블록을 활용한 코딩

다음으로 비교식을 변경하고 숫자를 넣는 코딩을 수행한다. 그림 10.31과 같이, 비교 블록에서 등호(=) 대신에 "작다"는 부등호(〈)를 선택한다. 그런 다음에 Math에서 숫자 0 블록을 옮긴 후 0 대신 18.5를 타이핑하여 "if bmi 〈 18.5 then"를 완성한다.

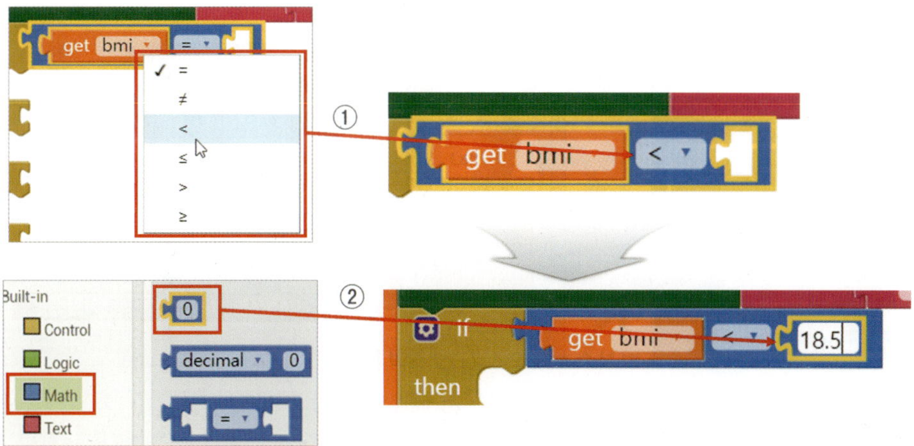

그림 10.31 부등호 변경과 숫자 입력을 통한 if 블록의 완성

변수 bmi 값이 18.5보다 작으면, 즉 "if bmi 〈 18.5 then"이 성립하면 "저체중입니다." 를 라벨 lbResult에 출력하고자 한다. 이를 위해 그림 10.32와 같이 lbResult를 선택한 후 나타나는 "set.Text.to" 블록을 끌어서 if 블록의 홈에 맞춘다. 그런 다음 Text의 빈 문자열을 옮겨 맞춘 후 "저체중입니다."를 입력한다.

else if 블록 완성하기

유사한 작업을 else if 블록에도 수행하면 된다. 이는 복사(^C), 붙여넣기(^V)를 사용하여 손쉽게 수행할 수 있다. 그림 10.33과 같이 if 블록의 수식을 선택한 후 복사, 붙여넣기를 한다. 그러면 동일한 수식 블록이 복사되는데, 이를 else if 블록의 홈에다 끼워 맞춘 후 숫자만 18.5에서 23으로 변경하면 else if 블록의 코딩이 완성된다. 유사한 방식으로 문자열 구성과 출력도 수행할 수 있다. 그림 10.34를 보면 "set.Text.to" 블록을 통째로 복사, 붙여넣기 한 후에 복사된 블록을 else if 블록의 then 부분에 맞춘다. 그리고 문자열을 원하는 내용인 "정상체중입니다."로 변경하면 된다.

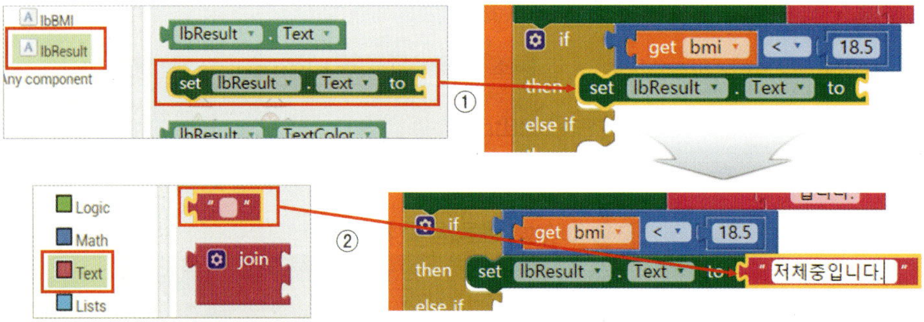

그림 10.32 라벨 lbResult에 "저체중입니다."를 출력하는 과정

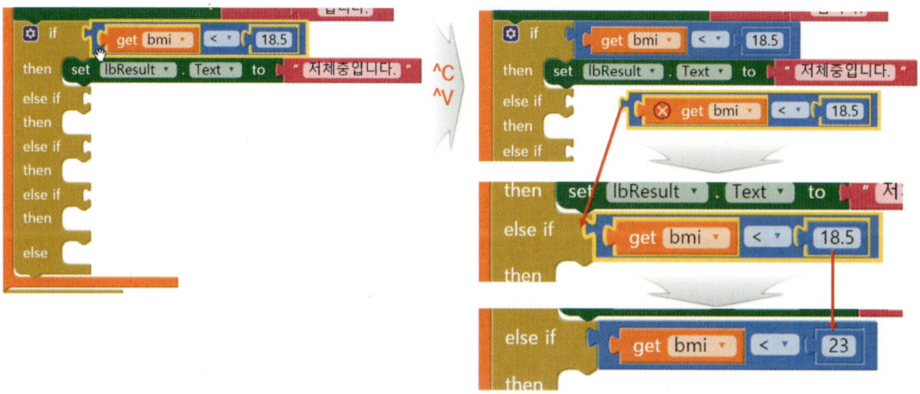

그림 10.33 복사, 붙여넣기를 이용한 수식의 복사와 변경

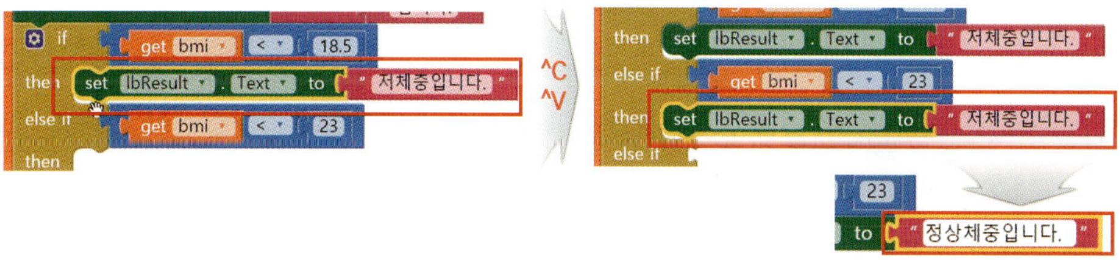

그림 10.34 복사, 붙여넣기를 이용한 문자열 복사와 재구성

복사, 붙여넣기를 반복적으로 사용하여 남은 else if 블록과 else 블록도 완성한다. 그림 10.35는 이 과정을 통해서 완성한 if-else if-else 블록 군을 나타낸다. 코딩 결과에서 부등호와 숫자가 정확한지 확인해야 한다. 그리고 문자열은 여러분의 취향대로 바꾸어도 된다.

그림 10.35 if–else if–else 블록 군의 코딩 결과 확인

10.6 체질량 지수 계산기 앱 수행하기

체질량 지수 계산기에 대해 지금까지 코딩한 내용을 전체적으로 확인해 보자. 그림 10.36은 전체 코딩 결과를 나타낸다. 그림을 보면 버튼 bmiCalc를 클릭하였을 때, 변수를 초기화하고, 텍스트 박스로부터 입력 값을 가져오는 과정이 있다. 또한 키와 몸무게를 저장한 변수 height, weight로부터 체질량 지수 bmi를 계산하는 수식과 이를 라벨 lbBMI에 출력하는 부분이 있다. 마지막으로 if-else if-else 블록 군을 사용하여 비만 상태를 판단하고 출력하는 과정이 있다. 실제로 앱을 수행하기 이전에 여러분이 코딩한 결과가 그림 10.37과 같은지 잘 확인할 필요가 있다.

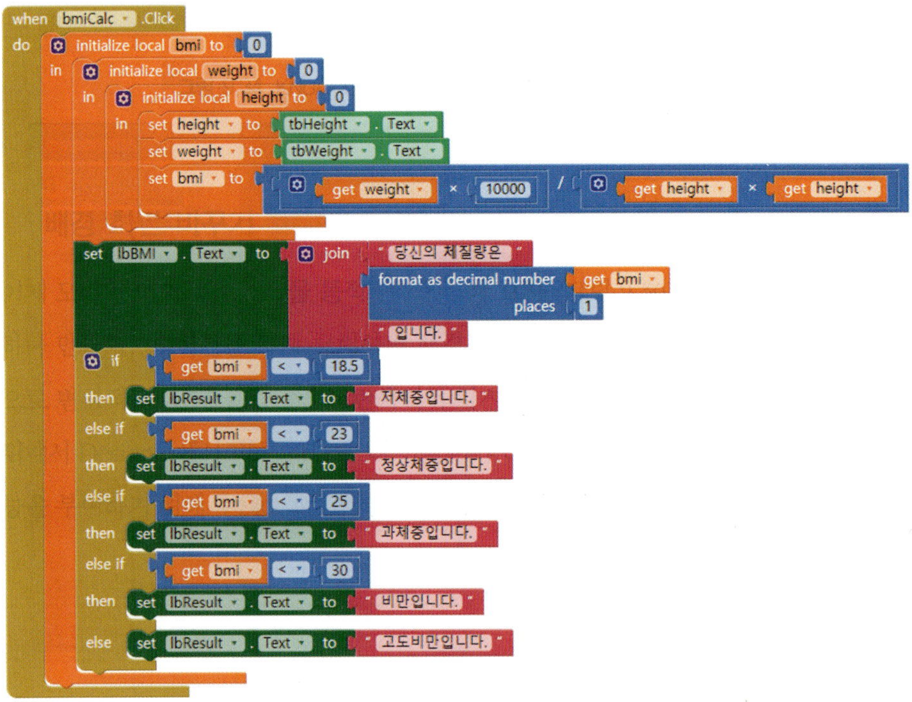

그림 10.36 체질량 지수 계산기 전체 코딩 결과

이제 핸드폰 혹은 에뮬레이터를 사용하여 디자인하고 코딩한 체질량 지수 계산기를 수행해보자. 디자인이 바르게 되었고, 또한 코딩이 바르게 되었다면 그림 10.37과 같이 키와 몸무게를 입력하였을 때 체질량 지수(BMI)가 출력되고 더불어 비만 상태가 출력될 것이다. 키와 몸무게에 여러 값을 변경하여 넣으면서 앱이 바르게 동작하는지 확인한다.

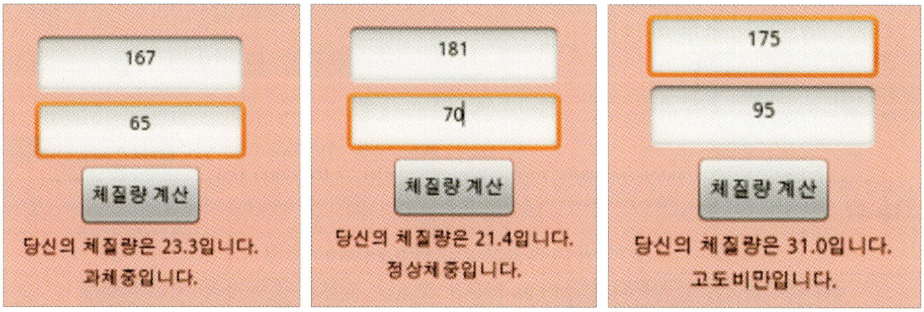

그림 10.37 체질량 지수 계산기 앱의 실행 결과 확인

체질량 지수 계산기를 만들면서 여러분은 (1) 변수(Variable)의 개념과 사용 방법을 익혔고, (2) 수식(Math)을 구성하는 방법과 이를 적용하는 과정을 배웠으며, (3) 조건문인 if–else if–else 블록들의 사용법을 학습하였다. 이제 여러분 스스로 체질량 지수 계산기를 조금 더 예쁘게 디자인해 보기 바란다. 더불어, 남녀 성별, 나이 등을 고려하는 체질량 지수 계산기를 디자인하고 코딩해 보기 바란다.

연습 문제

체질량 지수 계산기

10.1 체질량 지수 계산기 앱을 디자인하고 코딩한 후 그 실행 결과를 핸드폰 혹은 에뮬레이터로 확인하시오.

10.2 변수 ct1의 값이 50이라 할 때, 다음 if-else 블록들을 수행한 이후의 변수 ct1과 ct2의 값은 얼마인지 쓰고 그 이유를 설명하시오.

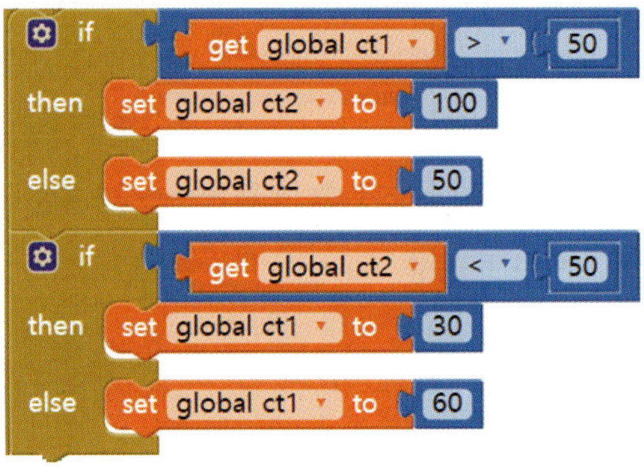

10.3 텍스트 박스(TextBox) 컴포넌트의 속성 중에 Hint가 있다. 이 Hint 속성의 역할이 무엇인지 설명하시오.

10.4 체질량 지수 계산기에서 BMI를 소숫점 두 번째 자리까지 출력하고 싶다고 할 때, 어느 부분을 어떻게 수정해야 하는가? 실제로 수정한 후 앱을 다시 수행해 보시오.

10.5 Built-in 컴포넌트의 Variables를 보면 get 블록과 set 블록이 있다. 이들 두 블록은 어느 때 사용하는지 각각의 사용법과 기능을 설명하시오.

10.6 비교문 "(a 〉 b)"를 사용하고자 할 때, 부등호 '〉' 블록은 Math와 Logic에 각각 존재한다. Math에 있는 비교 블록과 Logic에 있는 비교 블록의 기능과 동작을 차이점 위주로 설명하시오.

10.7 비만 상태를 표시하는데, 라벨 lbResult에 다음과 같이 출력하고자 한다. 앞서 구현한 체질량 지수 계산기 앱의 코딩 내용을 변경하고 실행 결과를 확인하시오.

> BMI 21.4은(는) 정상체중에 해당합니다.

10.8 변수에 대한 다음 설명에서, ㉮와 ㉯에 들어갈 용어를 영어로 쓰시오.

> 변수에는 ㉮, ㉯의 두 가지가 있으며, 일반적으로 블록 안에서는 ㉮을, 블록 전체에 걸쳐서는 ㉯을 사용한다.

10.9 복사, 붙여넣기를 하였을 때, 다음과 같이 에러(ⓧ) 표시가 있다. 이 에러는 왜 발생했는지 어떻게 해야 없어지는지 설명하시오.

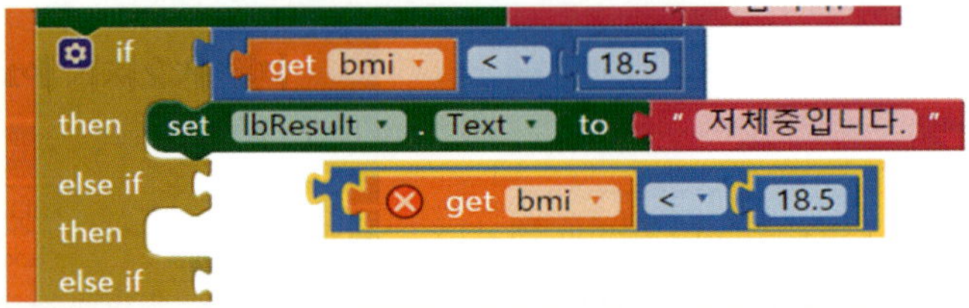

10.10 앞서 구현한 체질량 지수 계산기를 남녀 성별과 나이를 고려하도록 변경하여 구현하고 실행해 보시오.

CHAPTER 11

알람 시계

11.1 디지털 시계

시계는 일반적으로 아날로그와 디지털로 구분된다. 시침과 분침으로 구성되는 아날로그 시계와 달리, 디지털 시계는 날짜와 시간을 숫자로 나타낸다. 우리가 만들고자 하는 디지털 시계는 그림 11.1과 같이 단순하지만 오늘 날짜와 현재 시각을 표시하는 유용한 시계이다. 그림의 디지털 시계를 개발하기 위해 본 장에서는 다음 내용을 학습한다.

- 시간을 관장하는 센서가 필요하다. → Sensors – Clock 컴포넌트 사용
- 현재 시각 정보를 얻어야 한다. → call 블록 사용
- 날짜/시간을 표시해야 한다. → 포맷(format) 구성

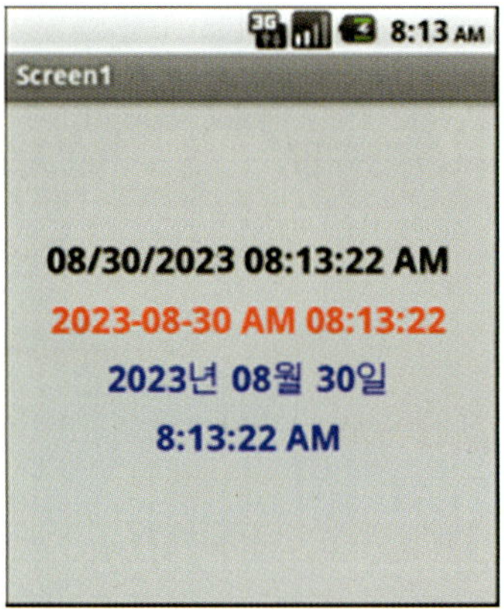

그림 11.1 개발하고자 하는 디지털 시계

디지털 시계 디자인

디지털 시계를 만들기 위해 먼저 네 번째 프로젝트로 KNUAI004를 생성한다. 프로젝트 생성은 앞서 제9장과 제10장의 KNUAI001~KNUAI003을 만드는 과정을 참조한다. 그

림 11.1에서 보듯이 날짜, 시간은 모두 라벨에 표현하고자 한다. 따라서 그림과 같이 네 개의 라벨을 차례로 만든다. 먼저, 그림 11.2와 같이 첫 번째 라벨을 Palette 창의 User Interface에서 끌어 Viewer 창에 이동시키고, 그 이름을 lbClk1로 변경한다. 이 이름은 추후 코딩에서도 사용하므로 잘 기억해 두어야 한다. 그런 다음 라벨 lbClk1의 속성을 변경하는데, FontBlod 속성을 체크하고, FontSize는 20으로 변경한다.

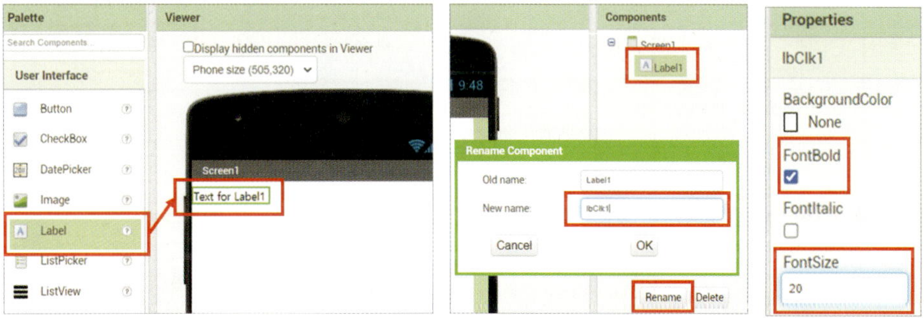

그림 11.2 디지털 시계의 첫 번째 라벨 lbClk1을 만드는 과정

두 번째부터 네 번째 라벨도 유사한 과정으로 생성한다. 그림 11.3과 같이 두 번째 라벨은 이름이 lbClk2로서, 속성은 FontBold를 체크하고, FontSize를 20, TextColor를 빨강으로 변경한다. 세 번째 라벨은 lbClk3으로, 속성은 FontBold를 체크하고, FontSize를 20, TextColor를 빨강으로 변경한다. 마지막 네 번째 라벨은 lbClk4로, 속성은 FontBold를 체크하고, FontSize를 20, TextColor를 파랑으로 변경한다.

시계가 나타내는 현재 시각 정보를 얻기 위해서는 Sensors 중에서 Clock 컴포넌트를 사용한다. 이를 위해서 그림 11.4와 같이 Sensors의 Clock 컴포넌트를 Viewer 창의 핸드폰 화면에 이동시킨다. 여기서 주목할 점은 Clock 컴포넌트는 눈에 보이지 않는 Non-visible components의 하나로, Viewer 창의 핸드폰에 나타나지 않고, 핸드폰 하단에 Clock1이란 이름으로 나타난다. Clock은 시간 정보를 가져오는 컴포넌트로 화면에는 보이지 않는 Non-visible component이다. 이렇게 Clock 컴포넌트를 생성한 이후에는 그 속성 중에서 TimerEnabled가 체크되어 있고 TimerInterval이 1000인지 확인한다. TimerEnabled 속성은 Clock의 타이머 기능을 사용하겠다는 의미이고, TimerInterval 속성이 1000인 것은 1000ms, 즉 1초마다 한번씩 타이머가 동작한다는 의미이다.

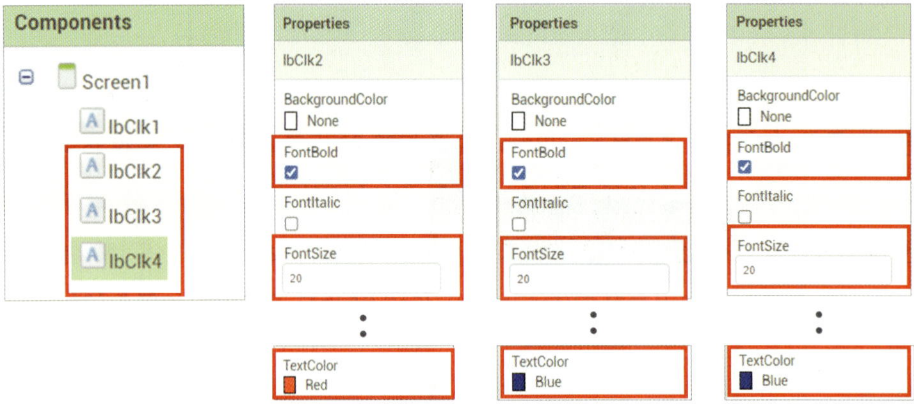

그림 11.3 디지털 시계의 라벨 lbClk2, 3, 4의 속성 설정 과정

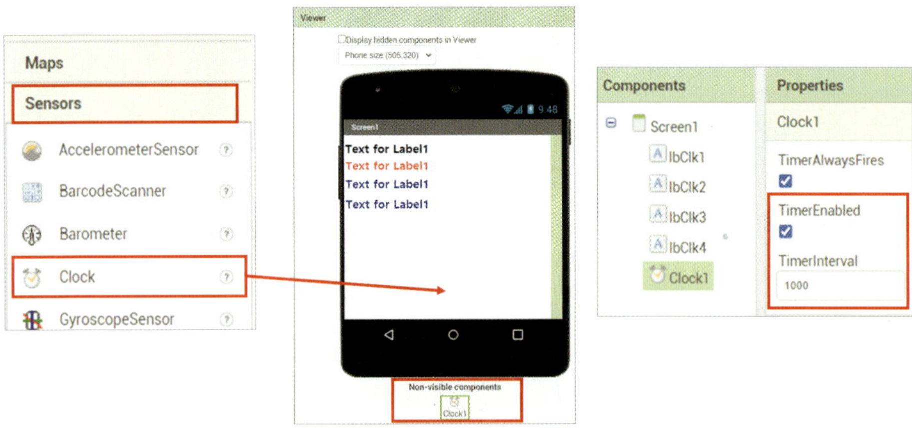

그림 11.4 Sensors의 Clock 컴포넌트를 사용하는 과정

마지막으로 스크린 내 컴포넌트를 배치하고, 배경색을 변경한다. 그림 11.5와 같이, 핸드폰 화면을 나타내는 Screen1의 AlignHorizontal, AlignVertical 속성을 모두 Center로 변경한다. 그런 다음 배경색을 나타내는 BackgroundColor 속성을 Light Gray로 변경한다. 이런 과정을 거쳐서, 네 개의 라벨을 중앙에 위치시키고 배경색을 연한 회색으로 변경한다.

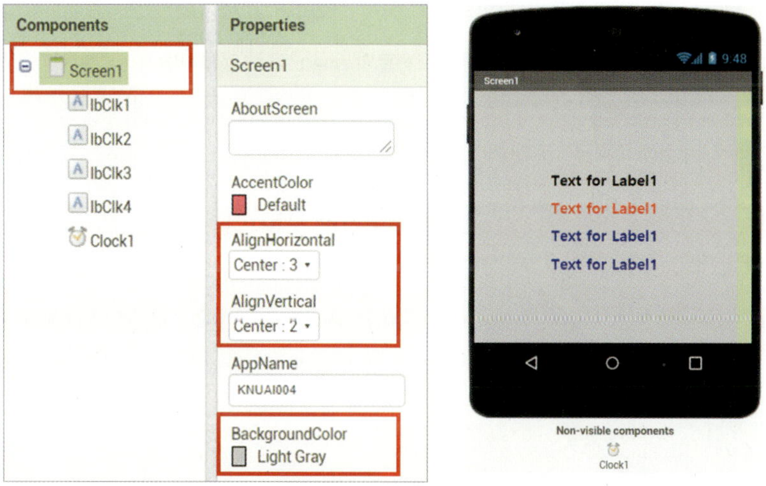

그림 11.5 화면(Screen1) 내 컴포넌트 배치와 배경색 변경

디지털 시계 코딩

디자인을 마쳤으므로, 이제 현재 시각을 가져다가 화면의 라벨들에 출력하는 코딩을 수행한다. 현재 시각을 가져오기 위해서는 Clock1의 when.Timer 블록을 이용한다. 즉, 그림 11.6과 같이 Clock1을 선택했을 때 나타나는 when.Timer 블록을 끌어 Viewer 화면에 옮긴다. 앞서 TimerInterval 속성을 1000으로 설정하였으므로, when.Timer 블록은 1초(1000ms)에 한 번씩 동작한다. 그런 다음, 그림 11.6에서 보듯이 라벨 lbClk1의 set.Text.to 블록을 끌어다 when.Timer 블록에 맞춘다. 이 의미는 Timer가 동작하면 lbClk1의 라벨 내용을 바꾸라는 것이다.

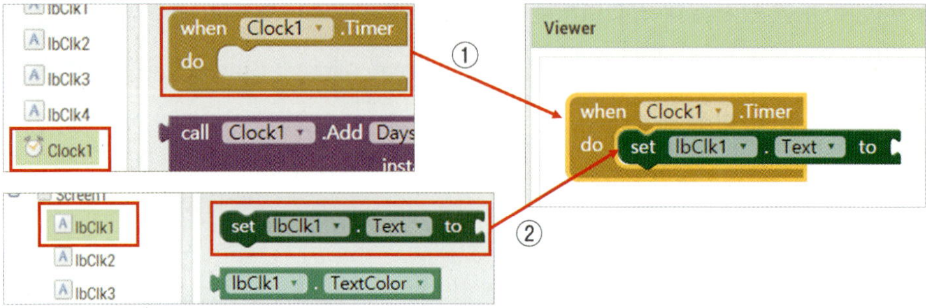

그림 11.6 Clock 컴포넌트의 when.Timer 블록 이용

이제 라벨 lbClk1에 기본 포맷의 날짜와 시간을 구성해보자. 이를 위해, 그림 11.7과 같이 Clock1 컴포넌트에 있는 call.FormatDateTime 블록을 이용한다. 이 블록은 날짜와 시간을 함께 나타내는 기본 블록으로, 이를 끌어다 lbClk1의 set.Text.to 블록에 끼워 맞춘다. 그리고 현재 시각을 가져오기 위해서 Clock1의 call.Now 블록을 가져다 FormatDateTime 블록의 instant 홈에 맞춘다. 이렇게 구성함으로써 라벨 lbClk1에 나타날 날짜와 시간 구성을 완료하였다.

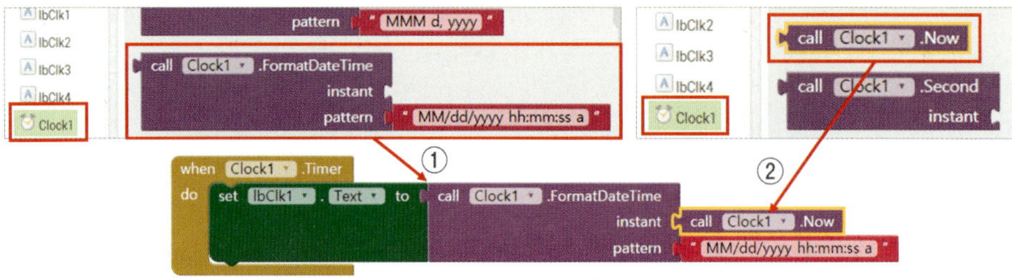

그림 11.7 Clock의 call.FormatDateTime과 call.Now를 이용한 lbClk1 구성

두 번째 라벨인 lbClk2에는 기본이 아닌 다른 형식으로 날짜와 시간을 표현해 본다. 그림 11.8은 lbClk2에 다른 형식의 날짜와 시간을 표시하는 코딩 과정을 보여준다. 먼저 lbClk2의 set.Text.to 블록을 when.Timer 블록에 끼운다. 그런 다음 lbClk1과 마찬가지로 call.FormatDateTime 블록을 set.Text.to 블록에 맞추고, call.Now 블록을 instant 홈에

끼운다. 날짜와 시간 형식을 다르게 하기 위해서 pattern을 "yyyy-MM-dd a hh:mm:ss"로 변경한다. 이렇게 하면, "년-월-일 오전/오후 시:분:초"의 형식으로 시계가 표시된다.

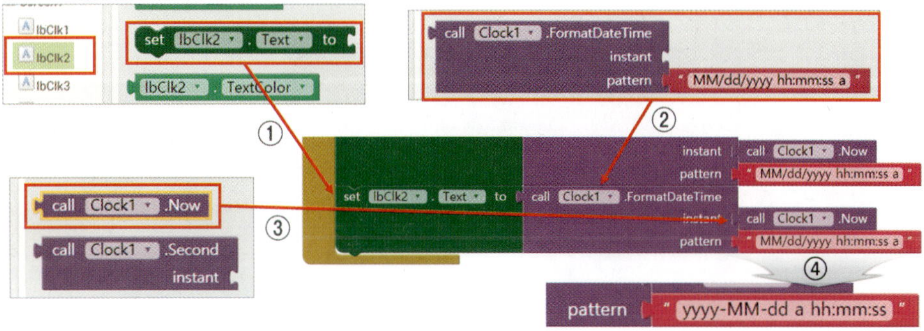

그림 11.8 다른 형식의 날짜와 시간으로 라벨 lbClk2 구성

세 번째와 네 번째 라벨인 lbClk3와 lbClk4에는 각각 날짜와 시간을 분리하여 출력하고자 한다. 그림 11.9를 보면, lbClk3에는 날짜를, lbClk4에는 시간을 각각 나타낸다. 먼저 lbClk3에는 call.FormatDate 블록을 옮기고, instant에는 call.Now 블록을 맞춘다. 그리고 format의 날짜 형식을 "yyyy년 MM월 dd일"로 변경한다. 다음으로 lbClk4에는 call.FormatTime 블록을 옮기고, call.Now 블록을 instant 홈에 맞춘다.

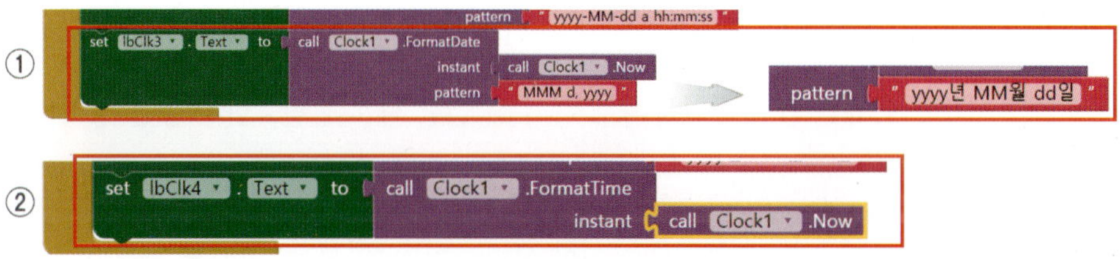

그림 11.9 라벨 lbClk3과 lbClk4에 날짜와 시간을 분리하여 구성

그림 11.10은 지금까지 코딩한 전체 결과를 나타낸다. when.Timer 블록 안에 네 개의 라벨을 구성하는 코딩이 바르게 되었는지 확인한다. 그런 다음 에뮬레이터나 핸드폰에 앱을 실행하여 그림 11.1과 같이 디지털 시계가 바르게 동작하는지 확인한다. 한 가

지 주목할 점은 일부 핸드폰, 특히 안드로이드폰의 경우에는 AM/PM 대신에 오전/오후로 나타날 수 있다.

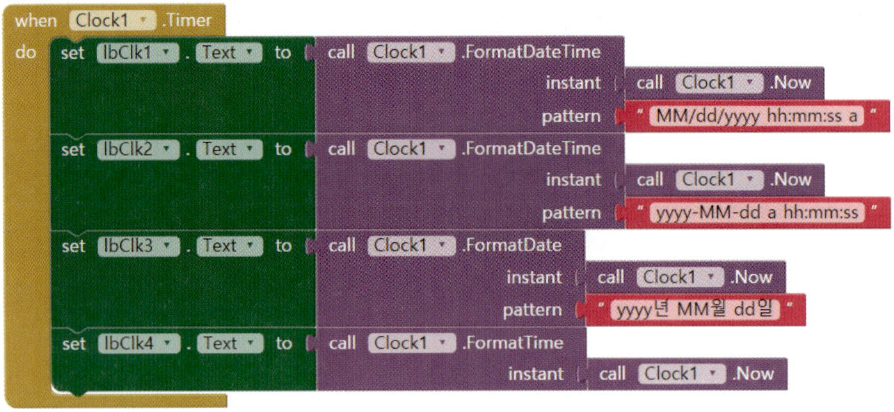

그림 11.10 디지털 시계의 전체 코딩 결과

11.2 알람 시계의 기능

디지털 시계에서 시간 정보를 얻는 방법과 표현하는 방법을 학습하였다. 이를 바탕으로 이제 알람 시계를 모바일 앱으로 만들어보자. 우선 알람 시계에 필요한 기능을 정리하면 다음과 같다.

- 현재 시각을 알아내는 시계 기능이 있어야 한다.
- 알람 시간을 설정하는 기능이 있어야 한다.
- 알람 시간이 되었는지 알람 여부 판단 기능이 있어야 한다.
- 알람(음악)을 플레이하는 기능이 있어야 한다.
- 알람을 종료하는 기능과 알람 시간을 초기화(리셋)하는 기능이 있어야 한다.

우리가 만들고자 하는 알람 시계의 화면은 그림 11.11과 같다. 그림을 보면, 상단에 오늘 날짜와 현재 시각이 나타난다. 그리고 현재 설정된 알람 시간이 나타난다. 하단에 세 가지 버튼이 있는데, SET을 눌러서 알람 시간을 설정할 수 있다. 그리고 STOP을 눌러서 알람을 끌 수 있고, 알람 시간을 초기화(RESET)하는 기능이 있다. 이에 덧붙여 내부적으로는 알람 음악을 플레이하는 기능이 있다.

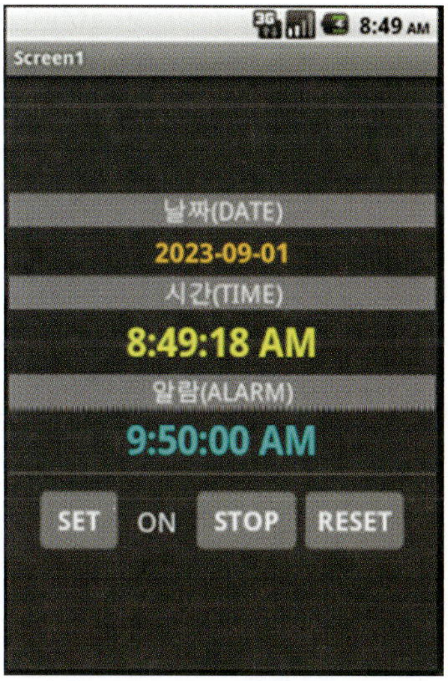

그림 11.11 개발하고자 하는 알람 시계 앱의 화면 구성

알람 시계 개발을 위해 다음의 여러 가지 내용을 이해하고 활용하여야 한다.

- 상하 혹은 좌우로 컴포넌트 배치 → xxxArrangement 컴포넌트
- 알람 시간 설정과 획득 → TimerPicker 컴포넌트
- 알람 플레이 여부 판단 → 복잡한 if 블록
- 알람 음악 플레이 → Player 컴포넌트
- 긴 프로그램의 모듈 분리 → procedure & call 블록

11.3 디자인 – 현재 시각과 알람 시간

프로젝트 생성과 스크린 속성 변경

알람 시계 작성을 위해 다섯 번째 프로젝트로 KNUAI005를 새롭게 만든 후, 앱 화면 설정을 위해 화면(Screen1)의 속성을 다음과 같이 변경한다.

- AlignHorizontal = Center
- AlignVertical = Center
- AppName = 알람시계
- BackgroundColor = Dark Gray

그림 11.12(a)는 프로젝트 KNUAI005를 생성하는 과정을, 11.12(b)는 화면(Screen1) 속성을 변경하는 과정을 각각 나타낸다.

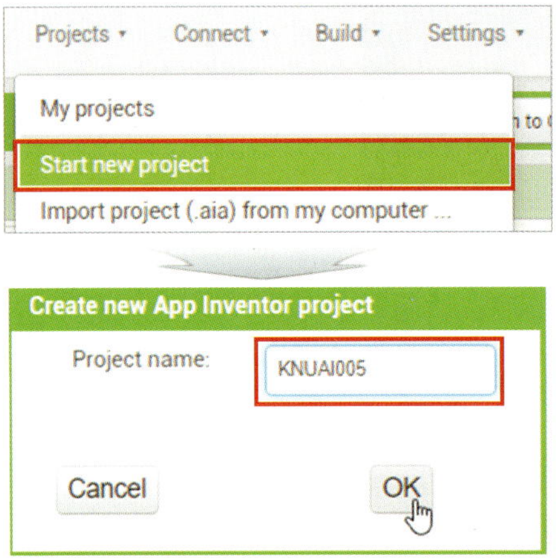

(a) 새로운 프로젝트(KNUAI005) 생성

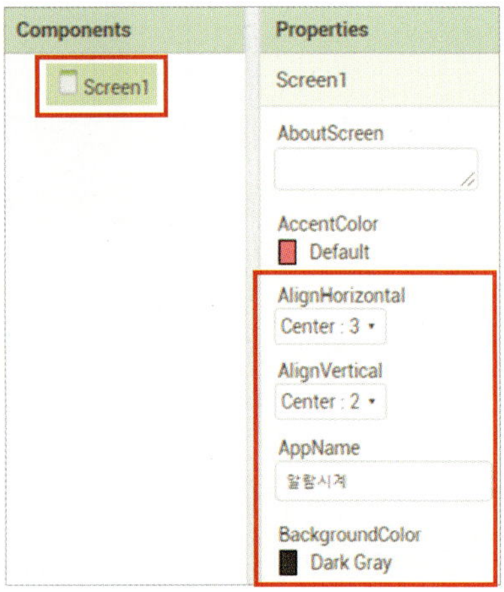

(b) 화면(Screen1)의 속성 설정

그림 11.12 다섯 번째 프로젝트 KNUAI005 생성과 스크린 속성 설정

날짜, 시간, 알람 시간을 위한 라벨 생성

이제 화면 안에 날짜, 시간, 알람 시간을 나타내는 라벨을 만들고자 한다. 그림 11.13에서 보듯이 먼저 만들어야 하는 라벨은 총 6개로서, 각 라벨은 다음 목적으로 사용된다.

- lbDateTxt: "날짜(DATE)" 문자열을 나타내기 위한 라벨
- lbDateVal: 실제 현재 날짜를 나타내는 라벨
- lbTimeTxt: "시간(TIME)" 문자열을 나타내기 위한 라벨
- lbTimeVal: 실제 현재 시각을 나타내는 라벨
- lbAlarmTxt: "알림(ALARM)" 문자열을 나타내기 위한 라벨
- lbAlarmVal: 알람이 설정된 시간을 나타내기 위한 라벨

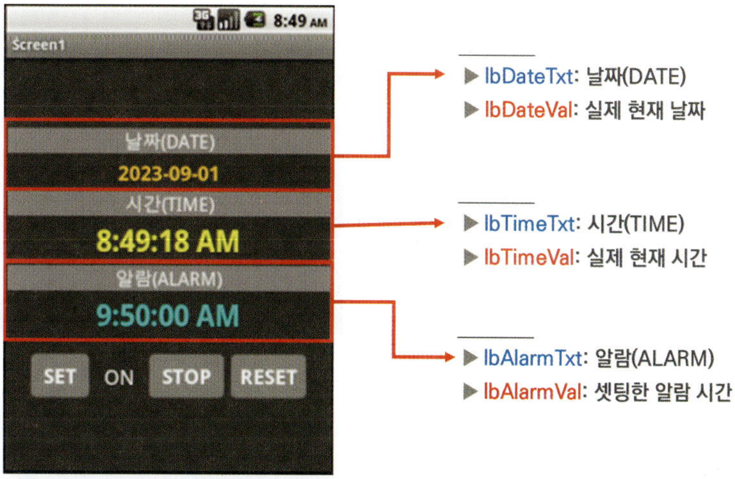

그림 11.13 날짜, 시간, 알람 시간을 표시하기 위한 라벨 생성

먼저 "날짜(DATE)"를 표시할 라벨 lbDateTxt를 생성한다. 그리고 그림 11.14와 같이 lbDateTxt의 속성을 다음과 같이 설정한다.

- BackgroundColor = Gray
- Width = Fillparent
- TextAlignment = Center
- FontSize = 18
- Text = 날짜(DATE)
- TextColor = White

속성 중에서 Width가 Fillparent인데, 이 의미는 부모 객체를 꽉 채운다는 것으로, 그림 11.14의 예에서는 라벨 lbDateTxt를 화면(Screen1)에 꽉 채워 나타나게 된다.

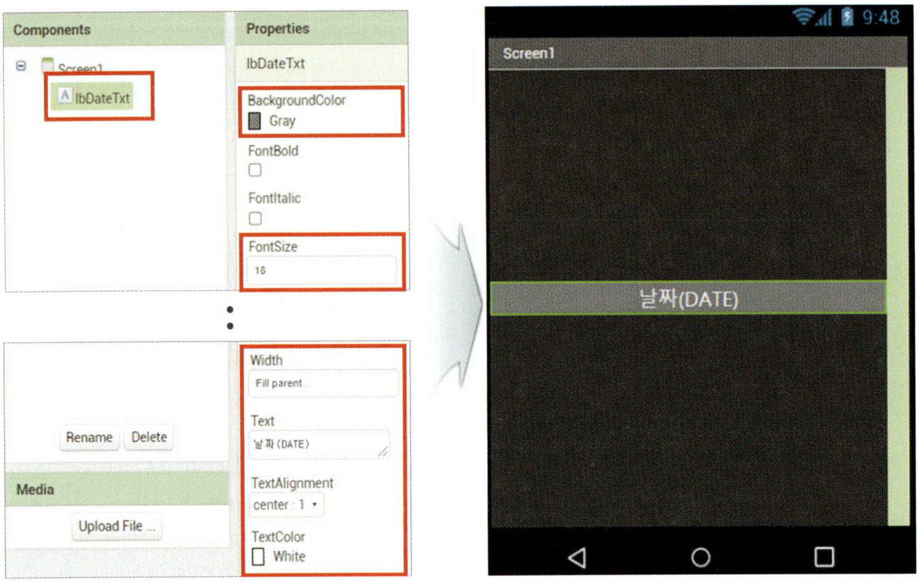

그림 11.14 라벨 lbDateTxt의 속성 값 설정

다음으로 오늘 날짜를 표시할 라벨 lbDateVal을 생성하고 다음과 같이 속성들을 설정한다.

- FontBold = 체크
- Width = Fillparent
- TextColor = White
- FontSize = 20
- TextAlignment = Center

계속해서 "시간(TIME)"을 나타내기 위한 라벨 lbTimeTxt를 생성하고, 속성들을 다음과 같이 변경한다.

- BackgroundColor = Gray
- Width = Fillparent
- TextAlignment = Center
- FontSize = 18
- Text = 시간(TIME)
- TextColor = White

이어서 현재 시각을 나타내기 위한 라벨 lbTimeVal을 생성하고, 속성들을 다음과 같이 변경한다.

- FontBold = 체크
- Width = Fillparent
- TextColor = Yellow
- FontSize = 28
- TextAlignment = Center

마지막으로 알람 시간을 위한 라벨 lbAlarmTxt와 lbAlarmVal을 각각 생성한다. 문자열 "알람(ALARM)"을 표시하기 위한 라벨 lbAlarmTxt는 속성을 다음과 같이 설정한다.

- BackgroundColor = Gray
- Width = Fillparent
- TextAlignment = Center
- FontSize = 18
- Text = 알람(ALARM)
- TextColor = White

현재 설정된 알람 시간을 나타내기 위한 라벨 lbAlarmVal을 속성들을 다음과 같이 변경한다.

- FontBold = 체크
- Width = Fillparent
- TextColor = Cyan
- FontSize = 28
- TextAlignment = Center

라벨로 수평선과 공간 두기

날짜, 시간 등을 나타내는 라벨 아래에는 알림을 설정하고 초기화하는 등의 버튼을 배열할 예정이다. 그런데 이들 버튼들이 라벨들과 바로 이어서 나타나면 보기에 어색하므로, 라벨들 아래에 수평선을 긋고 약간의 공간을 두고자 한다. 이를 위해 라벨을 사용하여 수평선과 공간을 만들어 보자.

먼저 수평선을 긋기 위해서 라벨 lbLine을 생성하고 속성을 다음과 같이 설정한다. Height 속성이 1이므로 수평선의 높이는 1 픽셀이고, Text 속성이 널("")이므로 아무런 문자열도 나타나지 않게 된다.

- BackgroundColor = Gray
- Height = 1 pixels
- Width = Fillparent
- Text = ""

다음으로 공간을 두기 위해 라벨 lbSpace를 생성하고 속성을 다음과 같이 설정한다. Height가 5이므로 상하 5픽셀의 공간이 생성되고, Text가 널("")이므로 문자열은 나타나지 않는다.

- BackgroundColor = Dark Gray
- Height = 5 pixels
- Text = ""

그림 11.15를 보면 이 같은 과정으로 생성된 라벨 lbLine과 lbSpace가 화면에 표시됨을 확인할 수 있다.

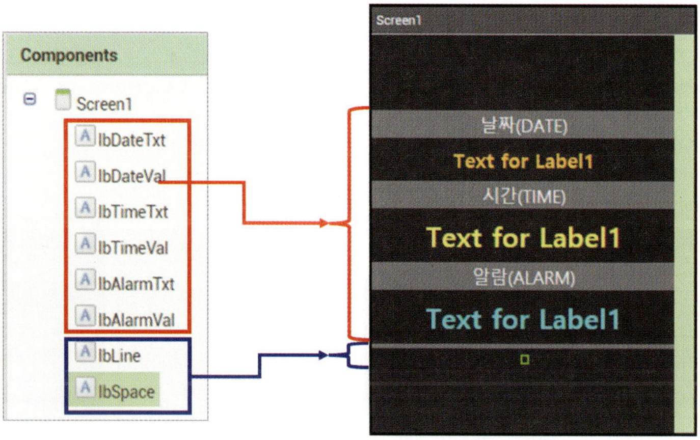

그림 11.15 라벨 lbLine과 lbSpace에 의한 수평선 긋기와 공간 두기

11.4 디자인 - 알람 셋팅과 해제

그림 11.11의 알람 시계를 보면 SET, ON/OFF, STOP, RESET의 버튼 혹은 라벨이 가로, 즉 수평으로 나열되어 있음을 볼 수 있다. 본 절에서는 이와 같이 컴포넌트들을 수평으로 배열하는 디자인을 수행한다. 또한 시계와 음악을 위한 Clock, Player 등 Non-visible components를 디자인한다.

수평 배열 컴포넌트

그림 11.11의 하단에서 나타난 바와 같이 컴포넌트를 수평으로 배열하기 위해서는 Layout 메뉴에서 HorizontalArrangement 컴포넌트를 사용한다. 그림 11.16을 보면 HorizontalArrangement 컴포넌트를 View 창에 이동시키면 빈 공간, 즉 레이아웃 하나가 생기는데, 앞으로 이 레이아웃에 생성되는 컴포넌트들은 수평으로 배열되게 된다. 그림

을 보면 컴포넌트의 속성을 다음과 같이 변경하여, 화면 좌우로 꽉 차도록 설정한다.

- AlignHorizontal = Center
- AlignVertical = Center
- BackgroundColor = Dark Gray
- Width = Fillparent

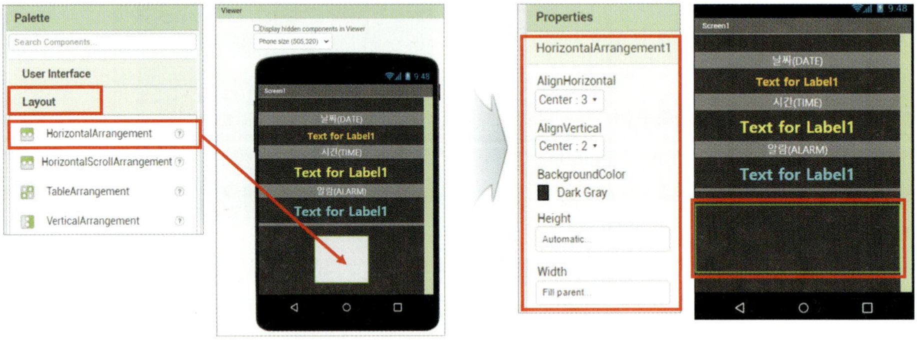

그림 11.16 HorizontalArrangement 컴포넌트의 생성과 속성 설정

알람 시간 설정, 종료, 리셋 디자인

이제 HorizontalArrangement 컴포넌트에 여러 컴포넌트들을 수평으로 배열한다. 먼저, 알람 시간 설정을 위한 TimePicker 컴포넌트를 생성한다. 그림 11.17을 보면, User Interface 메뉴에서 TimePicker 컴포넌트를 수평 박스 내에 이동시키고, 그 속성을 다음과 같이 설정한다. 속성 중에서 Width = 20%는 주어진 공간의 20%를 차지하라는 의미로, HorizontalArrangement 전체 공간의 20%를 차지하게 된다.

- BackgroundColor = Gray
- FontBold = 체크
- FontSize = 20
- Width = 20%
- Text = SET
- TextColor = White

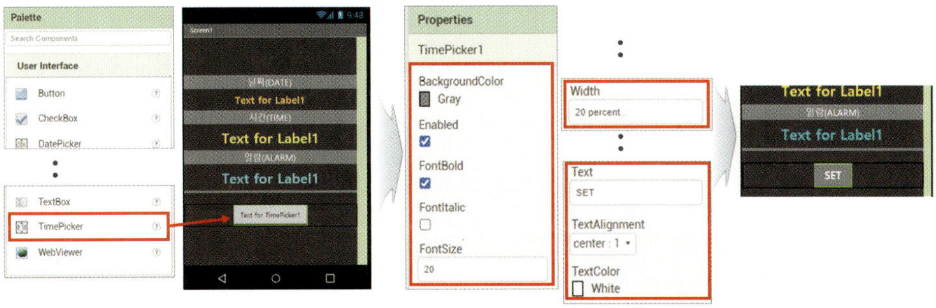

그림 11.17 알람 시간 설정을 위한 TimePicker 컴포넌트 생성과 속성 변경

TimePicker 컴포넌트에 이어 수평 박스 내에 라벨과 버튼을 차례로 생성한다. 먼저 알람 ON/OFF를 나타내기 위한 라벨 lbOnOff를 TimePicker, 즉 SET 옆에 생성하고, 그 속성을 다음과 같이 변경한다.

- FontSize = 20
- Text = OFF
- TextColor = White
- Width = 15%
- TextAlignment = Center

다음으로 알람이 울릴 때 이를 중지하기 위한 버튼으로 btnStop을 생성하고, 그 속성을 다음과 같이 설정한다.

- BackgroundColor = Gray
- FontSize = 20
- Text = STOP
- FontBold = 체크
- Width = 25%
- TextColor = White

마지막으로 설정된 알람 시간을 초기화(리셋)하는 버튼으로 btnReset을 생성하고, 그 속성을 다음과 같이 설정한다.

- BackgroundColor = Gray
- FontSize = 20
- Text = RESET
- FontBold = 체크
- Width = 25%
- TextColor = White

지금까지의 작업 결과에 따라 그림 11.18과 같이 HorizontalArranement 컴포넌트 내부에 여러 컴포넌트가 수평으로 배열된다. 먼저, 알람 설정을 위한 TimePicker 컴포넌트가 문자열 "SET"으로 나타나고, 알람의 ON, OFF를 표시하기 위한 라벨 lbOnOff가 뒤이어 나타난다. 다음으로 알람을 중단하는 버튼 lbStop이 문자열 "STOP"으로, 알람을 초기화하는 버튼 lbReset이 문자열 "RESET"으로 각각 위치함을 확인할 수 있다.

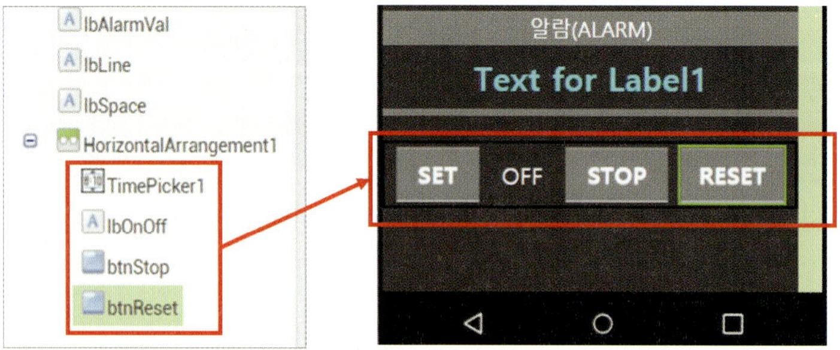

그림 11.18 수평 배열 컴포넌트인 HorizontalArrangement 내부의 컴포넌트 구성

Clock, Player의 Non-visible Components

앞서 디지털 시계에서 학습했듯이, 시간을 위해서는 Clock 컴포넌트를 사용한다. 그림 11.19와 같이 Sensors – Clock을 이동시켜서 추후 시간을 얻을 수 있도록 한다. 주의할 점은 Clock 컴포넌트는 눈에 보이지 않는 Non-visible components로서 화면 하단에 나타난다.

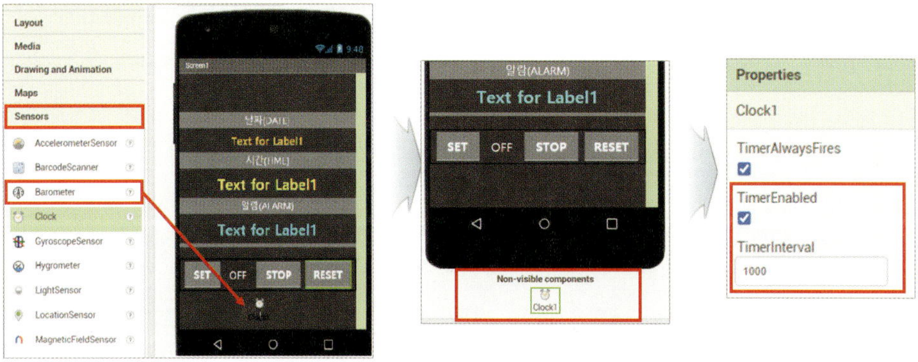

그림 11.19 현재 시각을 얻기 위한 Clock 컴포넌트 생성

알람을 울리기 위해서는 Media 메뉴에 있는 Player 컴포넌트를 사용한다. 그림 11.20에서 보듯이 Player 컴포넌트를 Viewer 창에 드래그하면 되는데, 이 컴포넌트 역시 Non-Visible components이 하나로 화면 하단에 나타난다. Player 컴포넌트의 Loop 속성을 체크하는데 이는 알람(음악)을 반복하여 플레이하라는 의미이다.

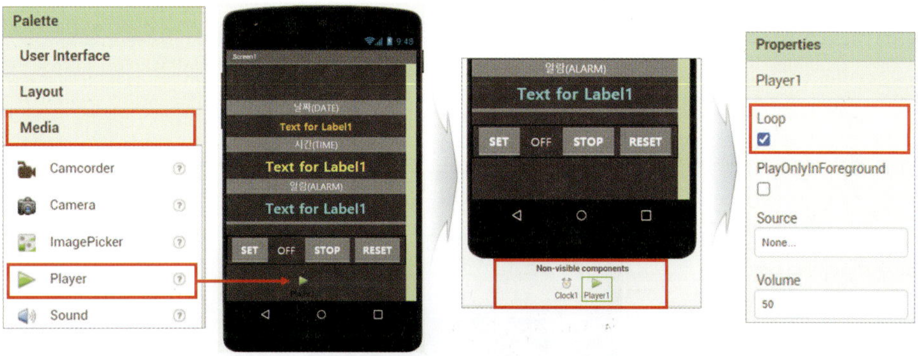

그림 11.20 알람 음악을 플레이하기 위한 Player 컴포넌트 생성

Player 컴포넌트가 정상적으로 동작하기 위해서는 실제 플레이할 음악 파일(주로 mp3 파일)을 업로드해야 한다. 그림 11.21이 이 과정을 보여주는데, Source 속성에서

"Upload File"을 선택한 후(①), "파일 선택"을 수행하고(②), 자신이 플레이하고자 하는 음악 파일을 선택하여(③) 업로드한다(④). 성공하면 Source 속성에 선택한 파일 이름이 나타난다.

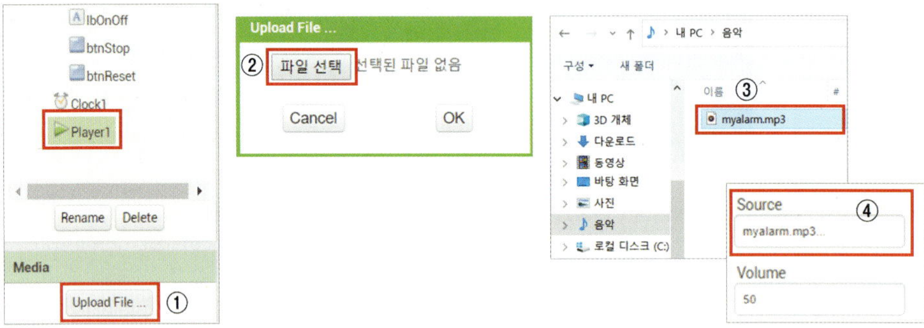

그림 11.21 Player 컴포넌트에 음악 파일을 업로드하는 과정

그림 11.22는 지금까지 작업한 Clock과 Player 컴포넌트가 Viewer 창에 나타난 결과이다. 두 컴포넌트 모두 Non-visible components로서 화면 내부에는 표시되지 않고, 하단에 별도로 표시된다. 여기까지 디자인 작업을 마쳤으면 이제 본격적으로 알람 시계를 코딩해 나간다.

그림 11.22 Non-visible components인 Clock과 Player의 디자인 결과 확인

11.5 코딩 - 현재 시각과 알람 시기 판단

그림 11.23과 같이 알람 시계는 기본적으로 오늘 날짜와 현재 시각이 표시되어야 한다. 그리고 현재 시각이 미리 설정한 알람 시간과 같아졌을 때 알람이 울리게 된다. 본 절에서는 현재 시각을 표시하는 기능과 알람 여부를 판단하는 코딩을 수행한다.

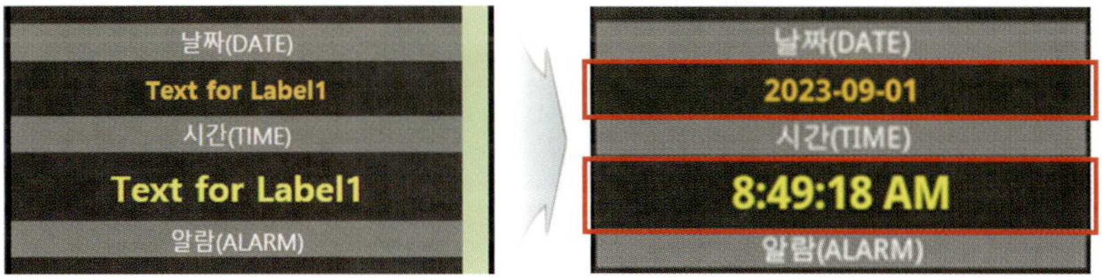

그림 11.23 알람 시계에 오늘 날짜와 현재 시각의 표시

오늘 날짜와 현재 시각 표시하기

날짜와 시간 정보를 가져오기 위해서는 앞서 만든 Clock 컴포넌트인 Clock1을 사용한다. 디지털 시계에서 학습한 바와 같이, Clock1을 선택하면 when.Timer 블록을 사용할 수 있으며, 이 블록은 설정에 의해 1초에 한 번씩 동작한다. 날짜를 위해서는 라벨 lbDateVal을, 시간을 위해서는 lbTimeVal을 각각 사용한다. 즉, 그림 11.24와 같이 lbDateVal과 lbTimeVal의 set.Text.to 블록을 이용하여 이들 라벨 내용의 변경을 준비 한다.

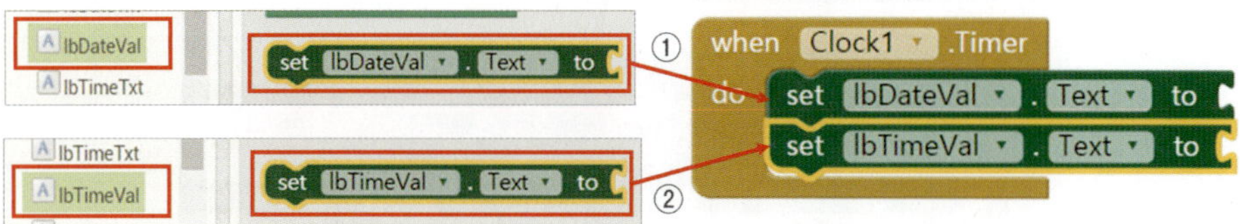

그림 11.24 날짜와 시간 표시를 위한 라벨 lbDateVal과 lbTimeVal의 변경 준비

오늘 날짜는 Clock1의 FormatDate 블록을 사용한다. 그림 11.25와 같이, ① Clock1에서 날짜를 나타내는 FormatDate 블록을 set.Text.to 블록에 옮겨 맞춘다. ② Clock1에서 현재 시각 정보를 가져오는 call.Now 블록을 instant 홈에 맞춘다. ③ 날짜를 나타내기 위한 형식(포맷)은 "yyyy-MM-dd"로 변경한다.

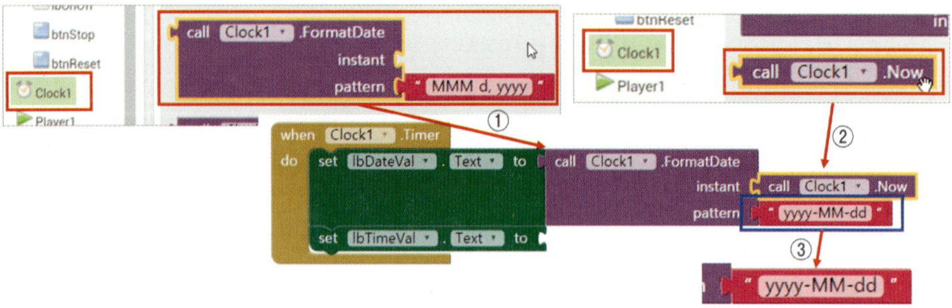

그림 11.25 라벨 lbDateVal에 오늘 날짜를 표시하는 코딩

현재 시각은 그림 11.26과 같이 Clock1의 FormatTime 블록을 사용한다. ① Clock1에서 시간을 나타내는 FormatTime 블록을 두 번째 set.Text.to 블록에 맞춘다. ② 현재 시각을 가져오는 call.Now 블록을 instant 홈에 맞춘다. 이때 간단하게 복사/붙여넣기를 사용할 수도 있다. 여기까지 코딩이 되었으면 앱을 실행하여 날짜와 시간이 잘 나타나는지 확인한다.

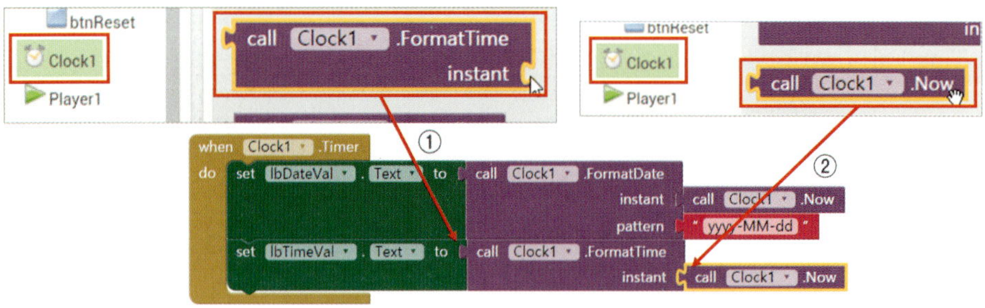

그림 11.26 라벨 lbTimeVal에 현재 시각를 표시하는 코딩

알람을 울리는 조건

알람은 언제 울려야 할까? 아직 알람 시간을 설정 하지는 않았지만, 알람 시간이 설정되었다 가정했을 때 다음 두 조건이 만족하면 알람을 울려야 한다. 이 두 조건이 만족하면 알람을 울리는(플레이하는) 코딩을 수행한다.

❶ 알람이 ON 상태여야 한다. (알람 = ON)

❷ 알람 시간과 현재 시각이 같아야 한다. (알람 시간 = 현재 시각)

알람이 울리는 두 가지 조건을 코딩한 결과를 미리 살펴보자. 그림 11.27을 보면, if 블록에 "알람 = ON"의 조건과 "알람 시간 = 현재 시각"의 조건이 모두 만족(and 블록)하는지 검사한다. 만일 두 조건이 모두 만족하면 앞서 음악을 업로드한 Player 컴포넌트를 이용하여 알람을 울리게 된다.

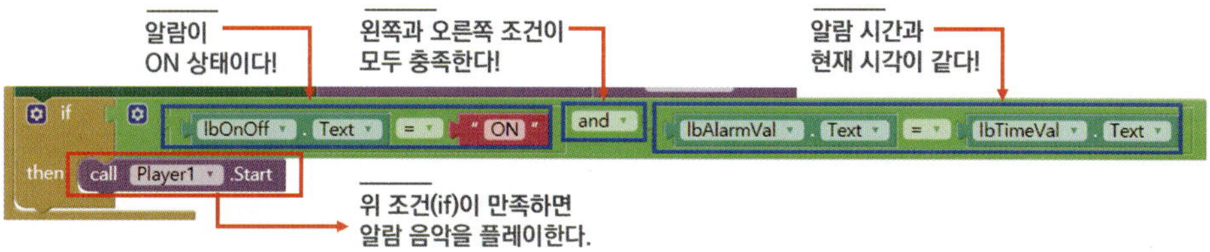

그림 11.27 알람 여부를 판단하여 알람을 울리는 코딩 미리 보기

알람 여부 판단하기

알람 여부 판단을 위해 그림 11.28과 같이 Control 메뉴의 if 블록을 사용한다. 그리고 두 가지 조건을 모두 만족해야 하므로 Logic 메뉴의 and 블록을 if 블록 안에 맞춘다. 여기서 and 블록은 왼쪽과 오른쪽 조건 모두를 만족해야 한다는 의미이다. 따라서 알람 시계에서는, 왼쪽에 "알람 = ON" 조건을, 오른쪽에 "알람 시간 = 현재 시각"을 코딩하면 된다.

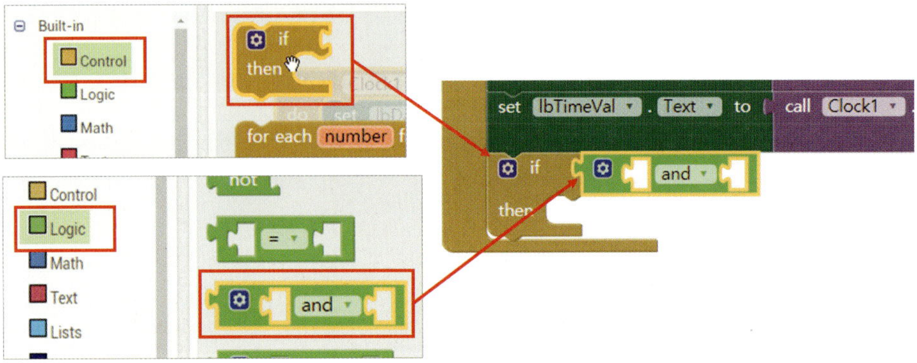

그림 11.28　두 가지 조건의 만족 여부를 확인하기 위한 if 블록과 and 블록 사용

첫 번째 조건을 코딩하기 위해서 Logic의 "=" 블록을 사용한다. "=" 블록은 두 변수(혹은 값)이 같은 지 여부를 판단하는데 사용한다. 그림 11.30과 같이, Logic 메뉴에서 "=" 블록을 and 블록의 왼쪽 홈에 맞춘다. 그런 다음, "=" 블록의 왼쪽 홈에는 라벨 lbOnOff의 Text 블록을 맞추고, 오른쪽 홈에는 문자열 "ON"을 구성한다. 이렇게 하면 lbOnOff = "ON"인지를 검사하여, 알람이 켜져있는지를 판단한다.

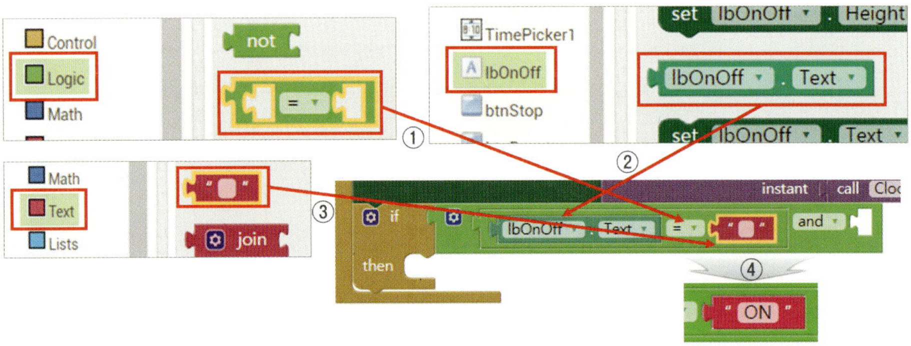

그림 11.29　알람이 켜져 있는지(lbOnOff = "ON") 확인하는 코딩

두 번째 조건의 코딩을 위해서도 Logic의 "=" 블록을 사용한다. 그림 11.30과 같이, "=" 블록을 and 블록의 오른쪽에 옮긴 후, 왼쪽 홈에는 라벨 lbAlarmVal의 Text 블록을,

오른쪽 홈에는 라벨 lbTimeVal의 Text 블록을 각각 맞춘다. 이렇게 하면 lbAlarmVal = lbTimeVal인지를 검사하여, 알람 시간과 현재 시각이 같은지를 판단한다.

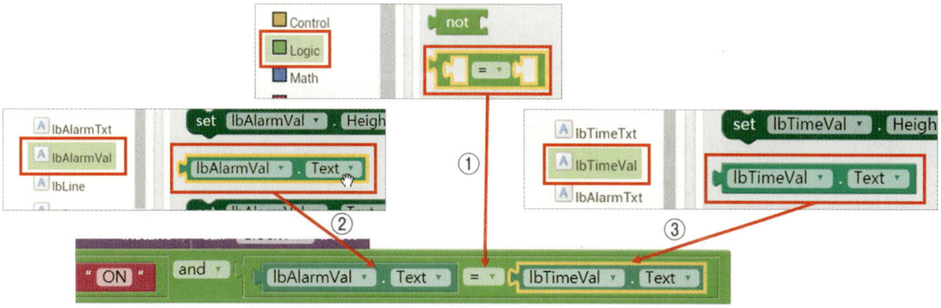

그림 11.30 알람 시간과 현재 시각이 같은지(lbAlarmVal = lbTimeVal) 확인하는 코딩

지금까지 코딩한 두 가지 조건이 만족하였다면 알람을 울려야 한다. 이는 그림 11.31에서와 같이 Player1 컴포넌트의 call.Start 블록을 사용하면 된다. 이렇게 하면 두 조건이 만족되었을 때 알람이 울리게 된다. 다만 아직 알람 시간 설정 기능이 없으므로 이 부분은 아직 실행하여 확인할 수는 없다.

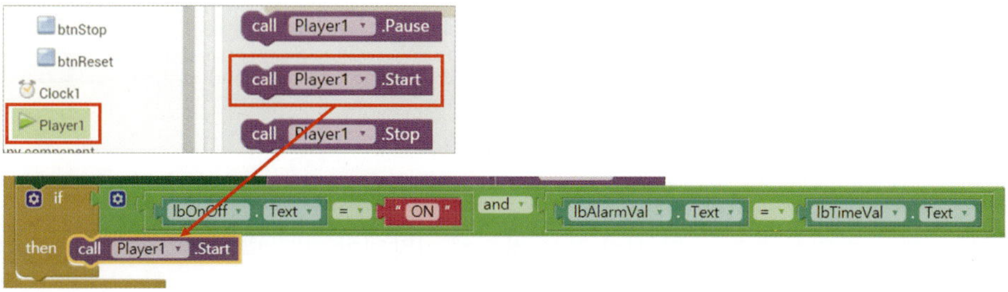

그림 11.31 알람을 울리는 기능의 코딩

11.6 코딩 – 알람 시간 설정

알람 시간 설정은 언제 알람을 울릴지 그 시간을 설정하는 것이다. 그림 11.32에서 보듯이 SET을 누르면 시간을 설정하는 팝업 창이 뜨고, 이 창에서 시간을 선택하면 이를 알람 시간으로 설정한다. 여기서 SET은 앞서 디자인 과정에서 생성한 TimePicker 컴포넌트에 해당한다.

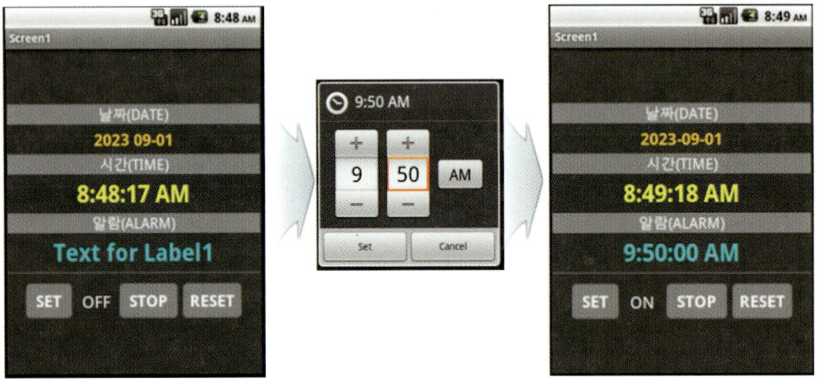

그림 11.32 TimePicker 컴포넌트를 이용한 알람 시간 설정 과정

전역변수 선언과 초기화

알람 시간을 설정하게 되면 그 시간 값을 변수에 저장해야 한다. 특히, 프로그램의 어디에서나 사용하려면 이를 전역 변수(global variable)에 저장하게 된다. 이를 위해 먼저 시간, 분, AM/PM을 나타내기 위한 전역 변수 세 개를 선언한다. 그림 11.33을 보면, ampm, vHour, vMin을 전역 변수로 선언하는데, 각각 AM/PM, 시간, 분을 저장하기 위한 변수이다.

선언한 전역 변수는 초기화가 필요하다. 그림 11.34를 보면 변수 ampm은 오전을 의미하는 문자열 "AM"으로 초기화하고, 시간과 분을 의미하는 vHour와 vMin은 각각 숫자 0으로 초기화한다. 이러한 초기 값은 설정과정을 거치면서 사용자가 지정한 값으로 바뀌게 된다.

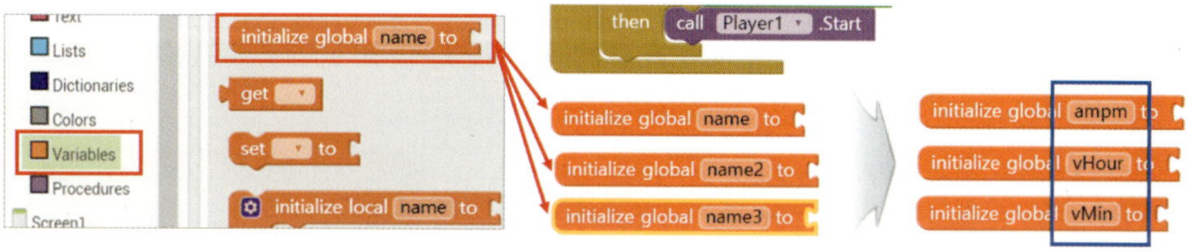

그림 11.33 TimePicker 컴포넌트를 이용한 알람 시간 설정 과정

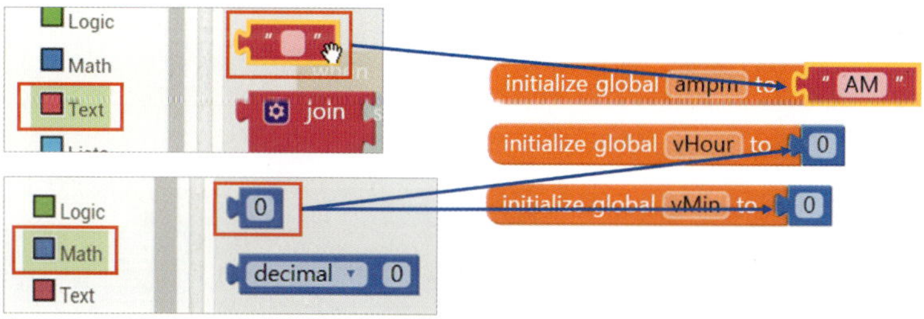

그림 11.34 전역 변수를 초기화하는 과정

TimePicker로 알람 시간 설정

이제 SET을 눌러서 나타나는 TimePicker의 시간 설정 기능을 코딩한다. 이를 위해 TimePicker의 AfterTimeSet 블록을 사용한다. AfterTimeSet 블록은 사용자가 TimePicker에 시간을 설정한 후에 "Set" 버튼을 눌렀을 때 동작한다. 즉 그림 11.32에서 "SET"을 선택하면 TimePicker가 팝업되어 나타나고, 팝업 창에서 시간을 설정한 후 "Set" 버튼을 누르면 AfterTimeSet 블록이 동작하는 것이다.

AfterTimeSet 블록 내에는 TimePicker에 설정된 알람 시간을 세 개의 변수에 저장하는 내용을 코딩한다. 이를 위해서는 Built-in 컴포넌트의 Variables에 있는 set.to 블록을 이용한다. 그림 11.36에서 보듯이, set.to 블록을 AfterTimeSet에 옮긴 후 변수 vHour를 선택한 후, TimePicker의 Hour 블록을 맞춰 넣는다. 동일한 과정으로, set.to 블록을 한 번 더 옮긴 후, 변수 vMin을 선택하고 TimePicker의 Minute 블록을 맞춰 넣는다. 이 과정을 거쳐서 알람이 설정된 시간과 분을 변수 vHour와 vMin에 저장하게 된다.

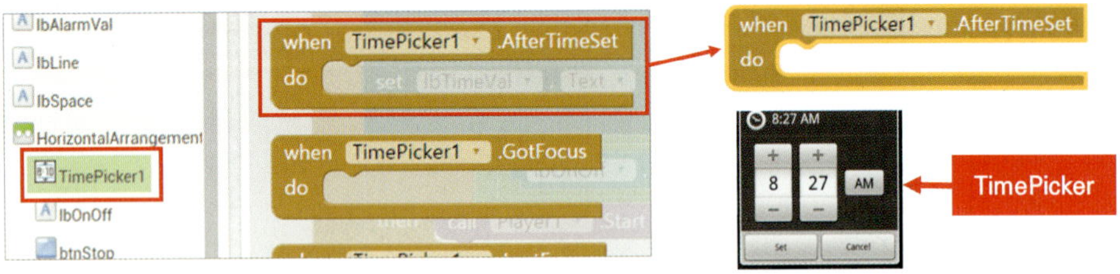

그림 11.35 TimePicker 컴포넌트의 AfterTimeSet 블록 이용

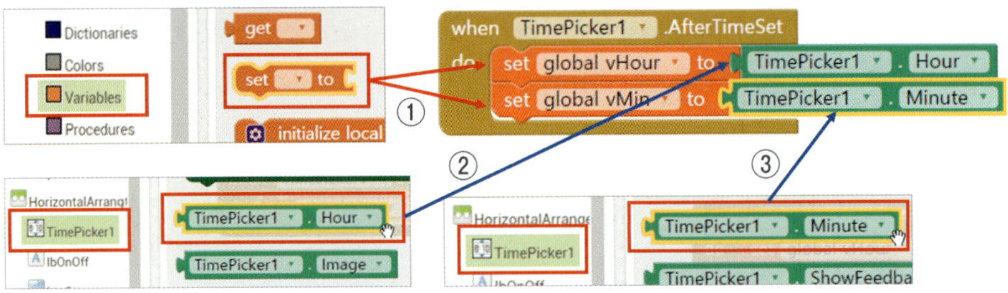

그림 11.36 TimePicker로 알람의 시간과 분 정보 저장하기

알람 시간 포맷 수정 (24시간제 → 12시간제)

TimePicker로부터 가져온 알람 시간에는 두 가지 문제가 있다. 첫째는 TimePicker 시간은 24시간 단위로 넘어오나, 앱에서는 이를 "12시간 + AM/PM"으로 표시하는 문제로, 이를 해결하기 위해서는 시간제 변환이 필요하다. 예를 들어, TimePicker에서 "22:35"로

시간이 넘어오면 이를 “10:35 PM”으로 변경해야 한다. 둘째는 “분” 정보 중에서 10분 미만에 0이 없이 넘어오는 문제로, 이의 해결을 위해서는 10분 미만의 “분”에 0을 추가해야 한다. 예를 들어, “11:8”으로 시간이 넘어오면 이를 “11:08”로 변경해야 한다.

먼저 시간제 변환을 코딩해 보자. 그 원리는 매우 간단한데, 시간 변수인 vHour가 12보다 크면, 변수 ampm을 “PM”으로 변경하고, 대신 vHour를 “vHour-12”로 변경하면 된다. 이를 의사 코드로 표현하면 다음과 같다.

```
if vHour 〉 12 then {ampm = “PM”;  vHour = vHour-12}
```

상기 의사 코드를 코딩하기 위해서 if 블록과 부등호 블록을 사용한다. 그림 11.37에서 보듯이, Control의 if 블록을 옮기고, 부등호 표현을 위해 Math의 “=” 블록을 맞추고 이를 “〉”으로 바꾼다. 다음으로 “〉” 블록 왼편에는 Variables의 get 블록을 이용하되 vHour를 선택하고, 오른편에는 0 블록을 사용해 숫자 12을 만든다. 그렇게 하면 “if vHour 〉 12 then”이 코딩된다.

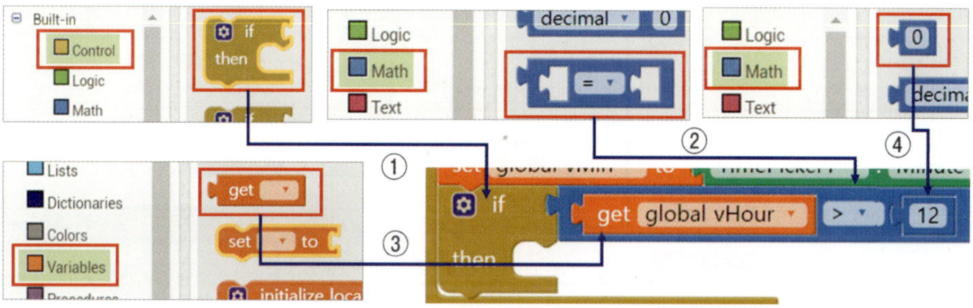

그림 11.37 시간제 변환을 위한 if 블록 코딩

다음으로 [ampm = “PM”] 부분을 그림 11.38과 같이 코딩한다. 그림을 보면, Variables의 set 블록을 if 블록 내에 옮기고 변수로 ampm을 선택한다. 그런 다음 Text의 널(“”) 블록을 set 블록에 맞춘 후 문자열 “PM”을 입력한다. 이 과정을 거치면 변수

vHour가 12를 초과할 경우, 변수 ampm이 "PM"으로 설정된다.

유사한 방법으로 [vHour = vHour−12] 부분을 코딩한다. 그림 11.39에서 보듯이, 변수 vHour 변경을 위해 set 블록을 먼저 옮겨 맞춘다. 그리고 숫자 뺄셈을 위해 Math의 "–" 블록을 옮긴다. 그런 다음, "-" 블록 왼편에 get 블록을 옮긴 후 변수로 vHour를 선택하고, 오른편에 숫자 0 블록을 옮긴 후 12로 변경한다. 이 과정을 거치면 변수 vHour가 12를 초과할 경우, ampm을 "PM"으로 바꿈과 동시에 vHour는 vHour-12로 변경된다.

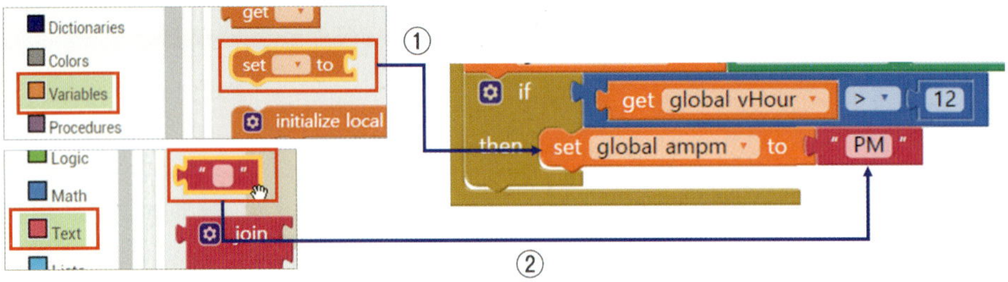

그림 11.38 시간제 변환을 위한 변수 ampm 변경 코딩

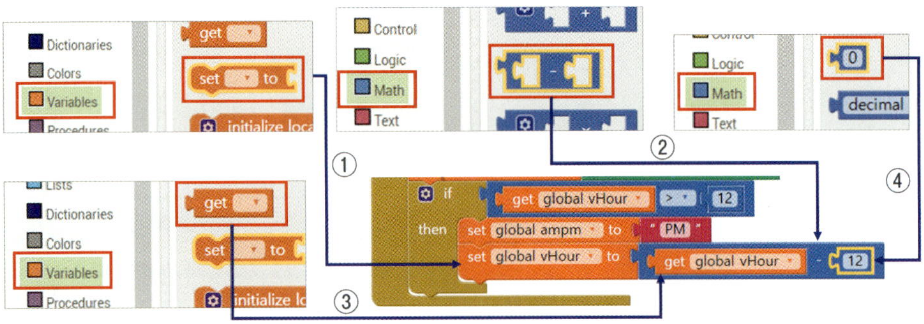

그림 11.39 시간제 변환을 위한 변수 vHour 변경 코딩

알람 시간 포맷 수정 (10분 미만 해결)

두 번째의 10분 미만 문제를 해결해 보자. 즉, 분을 저장한 vMin이 10 미만이면 앞에 0을 추가해야 한다. 이를 의사 코드로 표현하면 다음과 같다.

```
if vMin 〈 10 then vMin = join("0", vMin)
```

앞서 시간제 변환과 마찬가지로, 먼저 if 블록과 부등호 블록을 사용한다. 그림 11.40과 같이, Control의 if 블록을 옮기고, 조건문을 만들기 위해 Math의 "=" 블록을 이용하여 "〈" 블록을 만든다. 다음으로, "〈" 블록 왼편에는 get 블록을 넣고 변수 vMin을 선택하고, 오른편에는 숫자 0 블록을 이용하여 숫자 10 블록을 만든다. 이 과정을 거쳐 "if vMin 〈 10 then"이 완성된다.

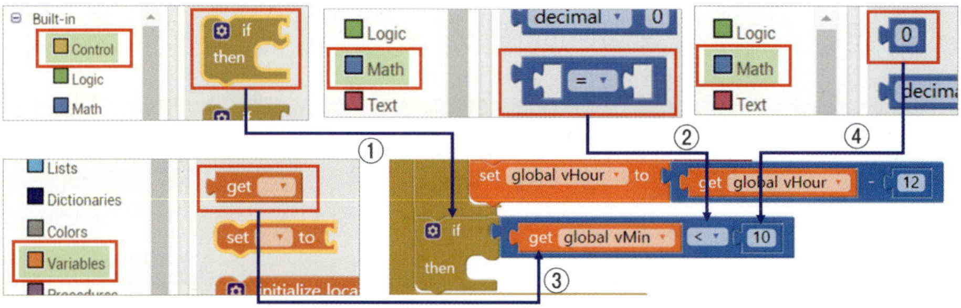

그림 11.40 10분 미만 문제 해결을 위한 if 블록 조건문 코딩

변수 vMin이 10 미만이면 그 앞에 0을 붙이기 위해서 Text의 join 블록을 사용한다. 그림 11.41과 같이, 먼저 변수 변경을 위해 Variables의 set 블록을 if 블록에 넣고, 변수로 vMin을 선택한다. 그리고 0과 vMin을 합치기 위해 Text의 join 블록을 set 블록에 넣는다. 그런 다음 join 블록의 첫 번째 홈에 Text의 널 블록을 옮겨 "0"으로 변경하고, 두 번째 홈에 get 블록을 사용하여 변수 vMin을 설정한다. 이를 통해 문자열 "0"이 변수 vMin 앞에 붙게 된다.

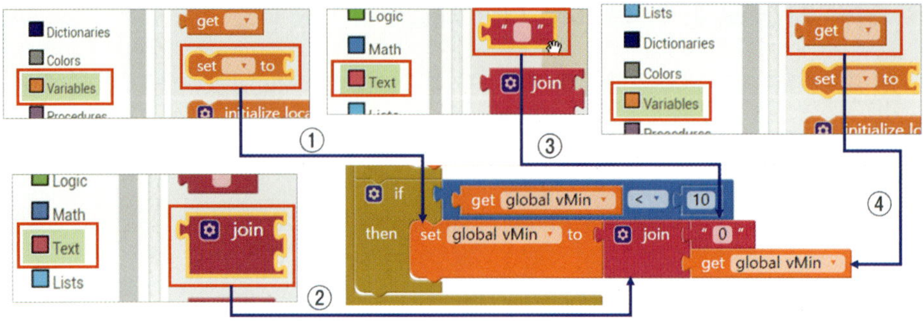

그림 11.41 10분 미만 문제 해결을 위한 if 블록 내부 코딩

프로시저 호출과 알람 라벨 설정

TimePicker로 설정한 알람 시간 정보는 세 변수 ampm, vHour, vMin에 저장되어 있으며, 이제 이를 알람 시간 라벨인 lbAlarmVal에 나타내야 한다. 그런데, 이 과정이 제법 길어서 기존 코딩에 추가하면 코드가 너무 복잡해지게 된다. 따라서 알람 시간 라벨을 구성하는 코드를 별도의 프로시저(procedure)로 구성하고, 현재 코드에서는 단순히 이를 호출(call)하고자 한다. 그림 11.42를 보면, Procedures 메뉴에서 procedure 블록을 선택하고, 그 이름을 makeAlarmLabel로 변경한다. 그런 다음 기존의 AfterTimeSet 블록에는 이 프로시저를 호출하는 call.makeAlarmLabel 블록을 추가한다. 주목할 점은 프로시저 makeAlarmLabel은 현재 아무런 내용이 없다는 것으로, 추후 이 프로시저에 대한 추가적인 코딩이 필요하다.

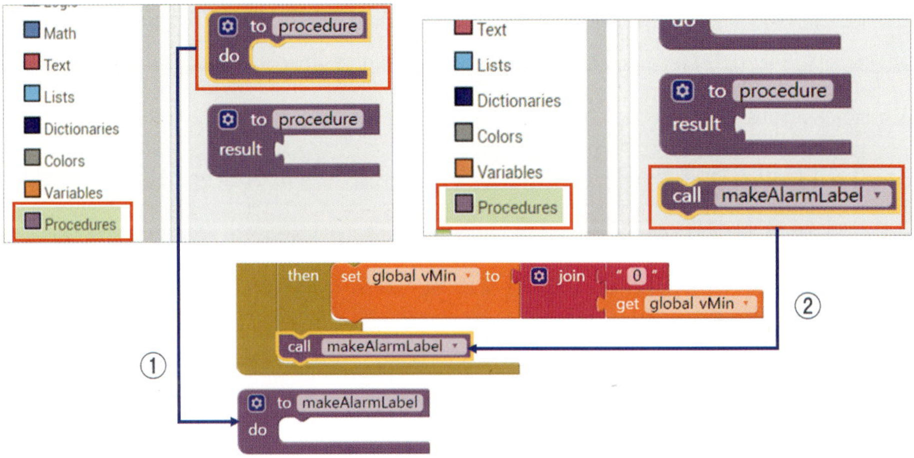

그림 11.42 알람 시간 라벨 설정을 위한 프로시저 makeAlarmLabel 선언과 호출

알람 설정이 완료되면 알람 설정 여부를 표시하는 라벨 lbOnOff를 디폴트인 "OFF"에서 "ON"으로 변경해야 한다. 그림 11.43이 라벨 lbOnOff를 "ON"으로 만드는 과정을 나타낸다. 먼저 라벨 lbOnOff를 선택한 후, set.to 블록을 AfterTimeSet 블록 맨 아래에 옮겨 맞춘다. 그런 다음 Text의 널 블록을 옮겨 맞추고, 그 내용으로 "ON"을 넣으면 코딩이 완료된다.

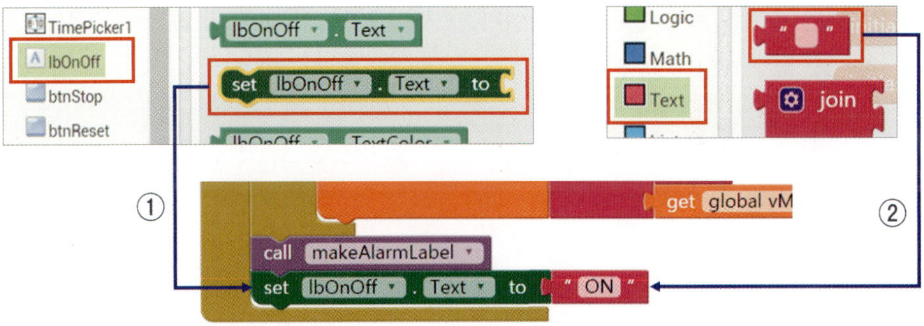

그림 11.43 알람 설정 여부를 나타내는 라벨 lbOnOff를 "ON"으로 변경하는 코딩

지금까지의 코딩 결과를 중간 점검해 보자. 그림 11.44가 현재까지 코딩한 결과로, 첫 부분에는 Clock 컴포넌트를 사용하여 알람을 울릴지 여부를 판단하고, 실제 알람 음악을 플레이하는 코드가 있다. 중간 부분에는 세 가지 전역 변수를 선언하고 초기화하는 코드가 있다. 마지막 부분에는 TimePicker 컴포넌트를 사용하여 알람 시간을 설정하고, 24시간제 등의 문제를 해결하는 코딩이 있다. 지금까지 본인이 수행한 코드가 그림 11.44와 동일한지 잘 확인한 후 다음 단계로 넘어가도록 한다.

11.7 코딩 - 알람 시간 문자열 구성

프로시저 makeAlarmLabel 작성

TimePicker로 알람 시간을 설정한 내용은 라벨인 lbAlarmVal에 나타나야 하고, 이는 프로시저인 makeAlarmLabel에서 코딩하기로 했다. 이제 변수 vHour, vMin, ampm을 사용하여 프로시저 makeAlarmLabel을 완성해 보자. 먼저 그림 11.45에서와 같이 라벨 lbAlarmVal에 대한 set.Text.to 블록을 makeAlarmLabel에 옮긴다. 그런 다음 Text의 join 블록을 옮겨 7개의 문자열을 결합할 준비를 한다. 여기서 7개인 이유는 알람 시간이 "시:분:초 AM/PM"으로 구성되기 때문이다. 구체적으로는 ① vHour, ② ":", ③ vMin, ④ ":", ⑤ "00", ⑥ " "(공백 문자열), ⑦ ampm의 7개를 결합해야 한다.

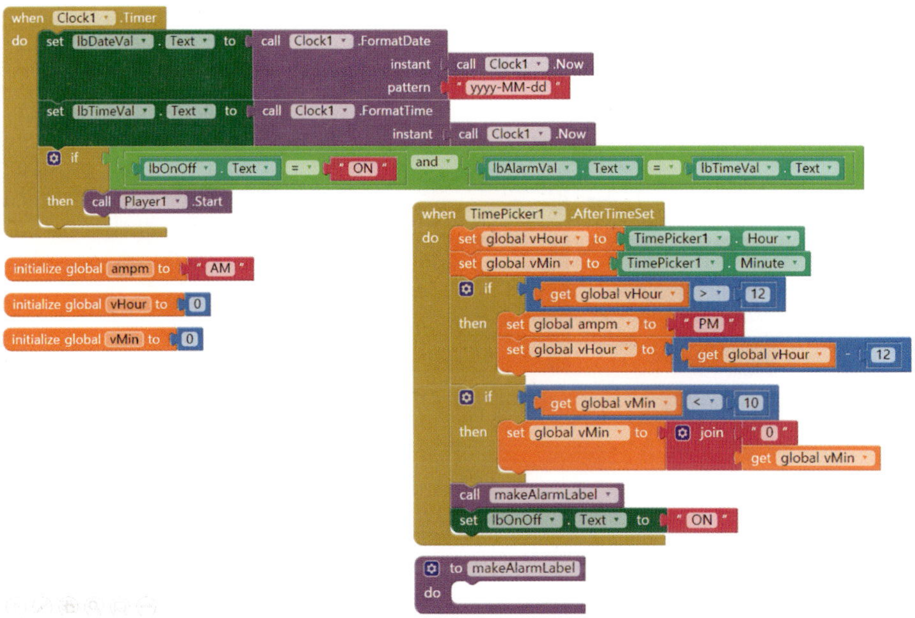

그림 11.44 알람 시계 중간 코딩 결과 점검

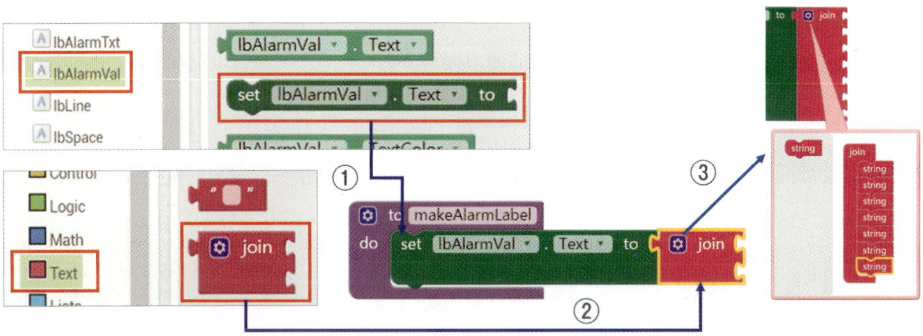

그림 11.45 라벨 lbAlarmVal의 알람 시간 구성을 위한 join 블록 사용

다음으로 변수 세 개와 문자열 네 개를 순서에 맞게 7개의 홈에 맞춘다. 그림 11.46을 보면 get 블록을 사용하여 변수 vHour, vMin, ampm을 각각 첫 번째, 세 번째, 일곱 번째 홈에 맞춰 옮긴다. 그런 다음, 문자열 ":"을 두 번째와 네 번째 홈에, 문자열 "00"을

다섯 번째 홈에, 공백 문자열 " "을 여섯 번째 홈에 맞춰 넣는다. 이 과정을 거치면 프로시저 makeAlarmLabel의 알람 시간 구성, 즉 라벨 lbAlarmVal 구성이 완료된다.

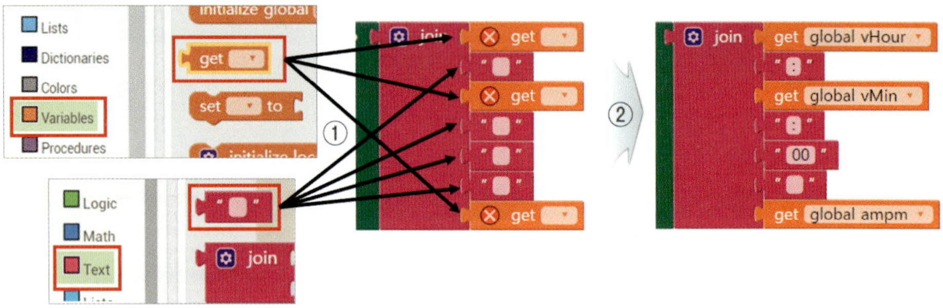

그림 11.46 변수 세 개, 문자열 네 개를 사용한 라벨 lbAlarmVal 구성

알람 기능 확인하기

알람 시간이 구성되었으므로 이제 알람이 제대로 동작하는지 핸드폰이나 에뮬레이터를 통해 확인해 보자. 그림 11.32와 같이 TimePicker를 사용하여 알람 시간을 설정하면 알람 상태가 "ON"으로 변경된다. 이후 현재 시각이 알람 시간과 같아지면, 알람이 울리게 된다. 에뮬레이터의 경우 컴퓨터의 스피커를 켜고 핸드폰의 경우 볼륨을 올리고 현재 시각이 알람 시간이 되기를 기다린다. 코딩을 올바르게 했다면 알람이 제때 울릴 것이다. 이때 알람 시간을 현재 시각보다 1-2분 후로 설정하면 금방 그 기능을 확인할 수 있다.

아이폰 사용자의 경우는 알람이 제대로 울리지 않을 수도 있다. 이는 아이폰에서 Player 컴포넌트가 바르게 동작하지 않을 수 있기 때문인데, 이 경우는 Player 대신에 Sound 컴포넌트를 사용해 본다. 그림 11.47과 같이, 디자인할 때 Designer 메뉴에서 Player 대신에 Sound 컴포넌트를 옮겨 이용하고, 코딩할 때 Blocks에서 Player1 대신에 Sound1을 선택하여, call.Play 블록을 이용하여 음악을 재생한다. 물론 음악 파일을 올리는 등의 작업(그림 11.22 참조)은 동일하게 수행하여야 한다.

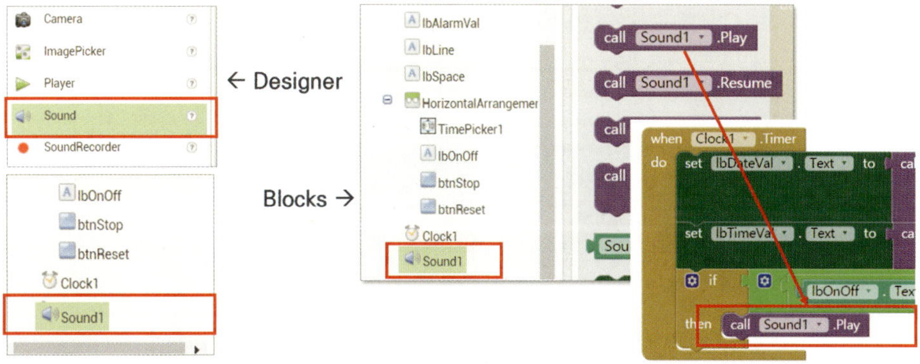

그림 11.47 아이폰에서 Player 컴포넌트 대신 Sound 컴포넌트 이용

11.8 코딩 – 알람 종료와 리셋

알람 종료하기

알람이 울리면 화들짝 놀라서 알람을 꺼야 한다. 그런데 앱의 STOP 버튼을 열심히 눌러도 알람이 꺼지지 않을 것이다. 이는 알람 끄는 기능을 코딩하지 않았기 때문으로, 이제 STOP 버튼을 누르면 알람을 종료하는 기능을 코딩하자. 그림 11.48과 같이, 버튼 btnStop을 선택하여 when.Click 블록을 옮긴다. 그런 다음 이 블록 안에 Player1의 call.Stop 블록을 옮긴다. 매우 단순한 코딩으로, btnStop이 눌리면 Player1의 음악 재생이 멈추게 된다.

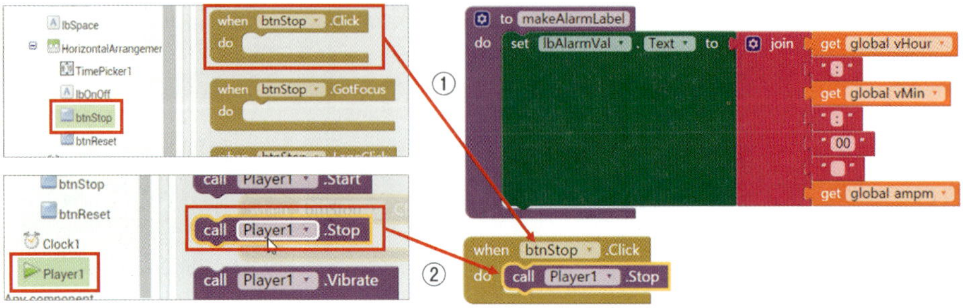

그림 11.48 버튼 btnStop을 눌렀을 때 알람 재생을 종료하는 코딩

알람 초기화(리셋)하기

알람 초기화는 RESET 버튼을 눌렀을 때 일어난다. 초기화를 위해서는 알람 시간을 "00:00:00 AM"으로, 알람 상태를 "OFF"로 변경한다. 그림 11.49에서 보듯이, 먼저 버튼 btnReset의 when.Click 블록을 옮긴다. 그런 다음 알람 시간을 나타내는 라벨 lbAlarmVal을 "00:00:00 AM"으로 변경하고, 알람 상태를 나타내는 라벨 lbOnOff를 "OFF"로 변경한다. 이제 RESET 버튼을 누르면 알람 시간이 초기화되고 알람이 꺼지게 될 것이다.

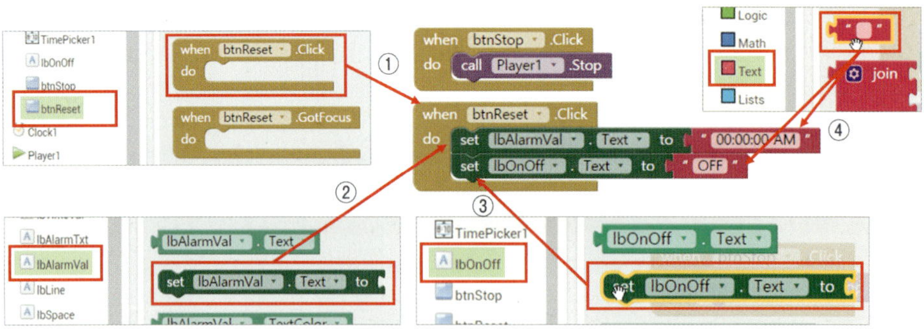

그림 11.49 버튼 btnReset을 눌렀을 때 알람을 초기화하는 코딩

11.9 앱 수행하여 확인하기

코드 후반부 확인

알람 시계 앱의 기능을 최종적으로 확인하기 전에 코딩 내용을 전체적으로 점검하자. 먼저 그림 11.44의 중간 점검까지의 코딩 결과가 올바른지 확인한다. 다음으로 알람 시간 구성, 알람 종료/초기화 기능을 수행하는 후반부가 그림 11.50과 같이 올바르게 코딩되었는지 확인한다.

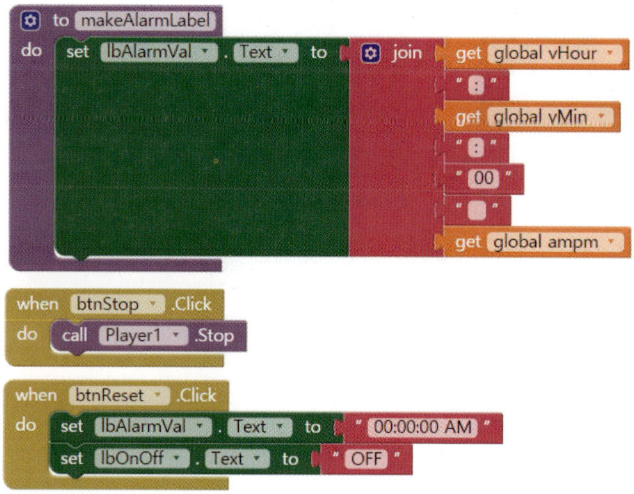

그림 11.50 알람 시간 구성, 알람 종료/초기화 코딩 결과 확인

알람 작동/정지/리셋 기능 확인

코딩 결과가 올바른 것으로 확인되었으면, 에뮬레이터나 핸드폰에 알람 시계 앱을 실행해 보자. 그림 11.51에서와 같이, 첫째 알람 시간을 셋팅하고 알람이 제대로 울리는지

확인한다(①, ②). 둘째 현재 시각이 알람 시간이 되어 알람이 제대로 울리면 STOP 버튼을 눌러서 알람을 종료한다(③). 셋째 RESET 버튼을 눌러서 알람 시간과 상태가 올바르게 초기화되는지 확인한다(④). 이 과정을 반복하면서 알람 시계 앱의 기능을 최종 점검한다.

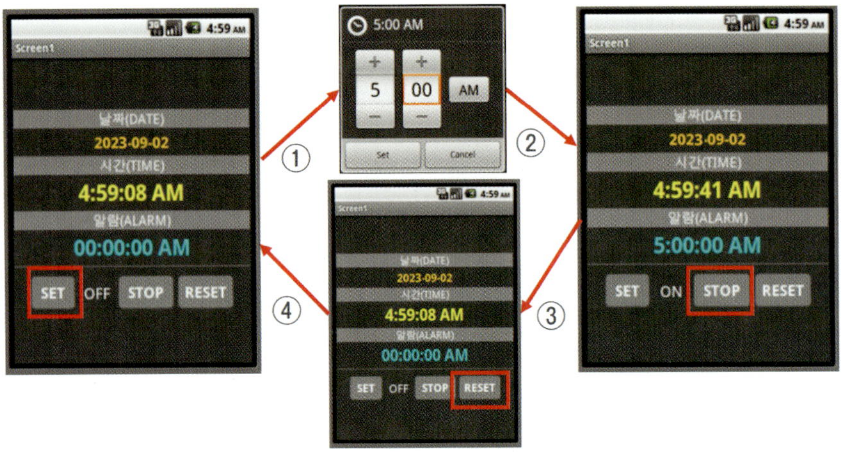

그림 11.51 알람 시계 앱의 동작 결과 확인

한 가지 주의할 점은 핸드폰, 특히 안드로이드 폰에서 동작시킬 경우에 AM/PM 표현 방법에 따라 알람 시계가 올바르게 동작하지 않을 수 있다. 즉, 일부 안드로이드 폰에서는 "AM/PM"이 "오전/오후"로 나타나고, 이는 앞서의 코딩 결과를 반영하지 못하여 알람이 제때 울리지 않는다. 이를 해결하는 방법은 다음 절에서 자세히 다룬다.

11.10 안드로이드 폰 고려하기

변경할 내용 미리 보기

안드로이드 폰에서는 문자열 "AM/PM" 대신에 "오전/오후"를 사용해야 한다. 이에 따라 변수 ampm에 들어갈 내용도 "오전/오후"로 표현해야 한다. 더 나아가, 현재 시각을 "오전/오후 시:분:초"와 같이 표시하므로, 알람 시간의 구성 순서도 달리해야 한다.

그림 11.52는 안드로이드 폰을 위해 변경해야 하는 코딩 내용을 나타낸다. 그림을 보면, 변수 ampm을 "오전"으로 초기화하고, 12시간제에 따라 12시가 넘는 경우에는 변수 ampm을 "오후"로 변경한다. 그리고, 알람 시간을 나타내는 라벨 lbAlarmVal을 "오전/오후 시:분:초"으로 구성한다. 마지막으로, 알람을 초기화하였을 때 초기값으로 "오전 00:00:00"을 설정한다.

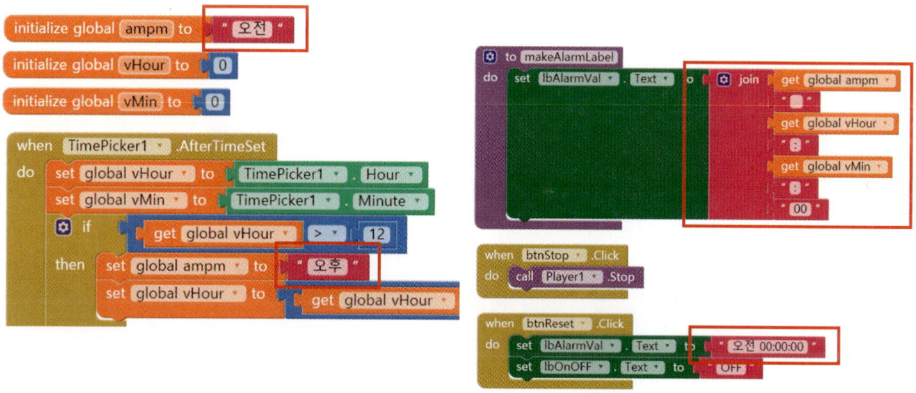

그림 11.52 안드로이드 폰을 위한 알람 시간 표기법 변경 코딩 미리 보기

오전/오후 표현에 따른 코딩 변경

그림 11.52의 내용을 차례로 코딩해 보자. 먼저, 변수 ampm을 "오전/오후"로 변경해야 한다. 그러기 위해, 그림 11.53과 같이 전역변수 ampm의 초기화 블록(initialize 블록)에서 변수 ampm을 AM → 오전으로 변경한다. 12시간제 관리 부분에서 변경 블록(set 블록)의 값을 PM → 오후로 변경한다.

다음으로 시간을 나타내는 순서를 변경한다. 이는 알람 시간의 표현 방식을 현재 시각과 일치시키기 위함이다. 그림 11.54에서 보듯이 7개의 기존 블록들을 분리해낸 다음에, 순서를 "시:분:초 ampm" → "ampm 시:분:초"의 순서로 변경한다. 마지막으로, 알람을 초기화했을 때, 즉 버튼 btnReset을 눌렀을때의 알람 시간도 "오전 00:00:00"이 되도록 변경한다. 이는 그림 11.55와 같이 라벨 lbAlarmVal의 문자열 내용을 직접 변경하면 된다.

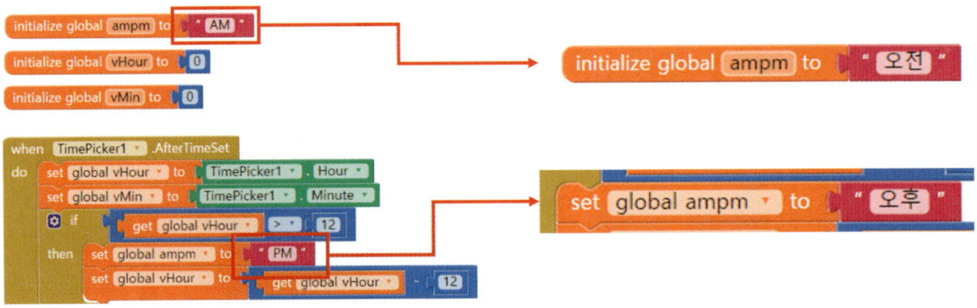

그림 11.53 전역변수 ampm을 오전/오후로 변경

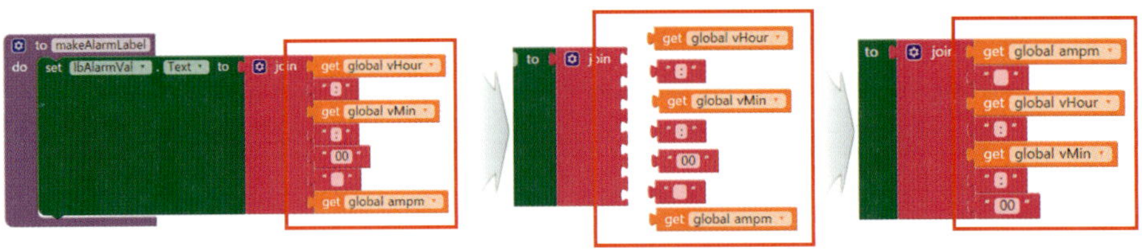

그림 11.54 라벨 lbAlarmVal의 알람 시간을 나타내는 순서 변경

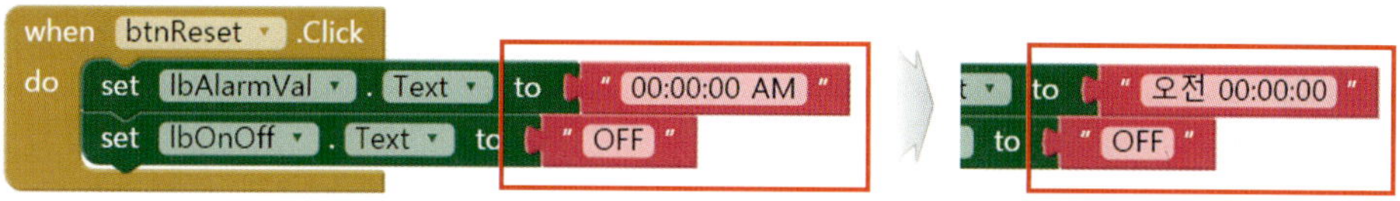

그림 11.55 라벨 lbAlarmVal과 lbOnOff의 초기화 과정 변경

이번 장에서 배운 내용 요약

디지털 시계와 알람 시계를 작성하며 이번 장에서 학습한 주요 내용을 요약하면 다음과 같다.

- 시간을 관장하는 센서인 Clock 컴포넌트
- 컴포넌트들을 수평 배열하는 HorizontalArrangement 컴포넌트
- 알람 시간을 설정하는 TimePicker 컴포넌트
- 알람(음악)을 플레이하는 Player 컴포넌트
- 긴 코딩을 묶어서 표현하는 procedure/call 블록

알람 시계는 생각보다 많은 기능을 가지고 있다. 여러분이 알람 시계 앱을 올바르게 코딩했다면 벌써 상당한 수준에 이른 것이다. 더욱 실력을 기르기 위해 알람 시계가 바르게 동작한다면, 여러분 스스로 다음 기능을 추가하고 확인해 보기 바란다.

- 다양한 음악 파일을 사용하여 알람 소리 변경해 보기
- 변수 이름을 변경하고, 추가적인 프로시저 사용해 보기
- 자신의 개성을 살려서 알람 시계의 디자인 변경해 보기
- 스누즈(SNOOZE) 기능 추가해 보기

연습 문제

알람 시계

11.1 디지털 시계와 알람 시계 앱을 디자인하고 코딩한 후 그 실행 결과를 에뮬레이터 혹은 핸드폰으로 확인하시오.

11.2 Clock 컴포넌트의 블록 중에서 call.FormatDateTime, call.FormatDate, call.FormatTime의 기능을 공통점과 차이점을 중심으로 설명하시오.

11.3 Clock 컴포넌트의 속성 중에서 TimeInterval의 단위는 무엇인가? 만일 TimeInterval이 2000이라면 이는 무엇을 의미하는가?

11.4 Clock 컴포넌트의 다음 네 가지 블록에 대해 각각이 어떤 기능을 수행하는지 설명하시오.

11.5 Button 컴포넌트의 속성 중에서 "Width = 20%" 혹은 "Height = 20%"의 의미가 무엇인지 설명하시오.

11.6 Layout 컴포넌트에는 HorizontalArrangement, VerticalArrangement, TableArrangement 등이 있다. 이들 Layout 컴포넌트는 내부 컴포넌트들을 어떤 방식으로 배열하는지, 언제 사용하는지, 사용한 예에는 어떤 것이 있는지 설명하시오.

11.7 라벨의 속성(Properties)이 다음과 같이 설정되었다 하자. 이 라벨은 어떤 효과를 나타내는지, 즉 어떤 목적으로 다음과 같이 속성을 설정하였는지 설명하시오.

- BackgroundColor = Red
- Height = 2 pixels
- Width = Fillparent
- Text = ""

11.8 다음 왼편은 Logic에서의 "=" 블록을, 오른편은 Math에서의 "=" 블록을 각각 나타낸다. 이들 두 블록의 차이점이 무엇인지 설명하시오.

11.9 Logic에는 and, or, not 블록이 있다. 이들 블록의 기능을 설명하시오.

11.10 전역변수 myvar가 다음과 같이 초기화되었다 하자. 변수 myvar에 10을 더하는 기능을 블록 코딩으로 표현하시오.

11.11 다음 조건을 블록 코딩으로 표현하고자 한다. Logic의 어느 블록을 사용해서 어떻게 코딩해야 하는지 설명하시오.

만일 변수 a가 10보다 크거나 변수 b가 10보다 작다면, ...

11.12 날짜를 2023-09-23과 같은 형식으로 표현하고자 한다. 이럴 경우, 다음 FormatDate 블록에서 pattern을 어떻게 설정해야 하는지 설명하시오.

11.13 다음은 알람시계에서 24시간제를 12시간제로 변경하기 위한 코드이다. 즉, 시간이 12시를 넘으면, 이를 오전(AM)에서 오후(PM)로 바꾸고 시간을 12시 미만으로 변경하는 코드이다. 이 기능을 하는 아래 코드의 ㉮~㉱ 중에서 잘못된 부분은 어느 곳이고, 왜 잘못되었는지, 어떻게 고쳐야 하는지 설명하시오.

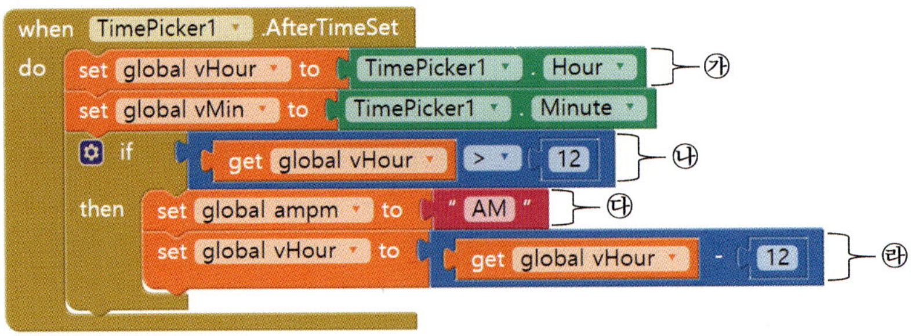

11.14 다음은 알람 시계에서 어떤 기능을 수행하는 코딩인가? 또 이 코딩에서 어느 부분이 잘못되었는지, 어떻게 고쳐야 하는지 설명하시오.

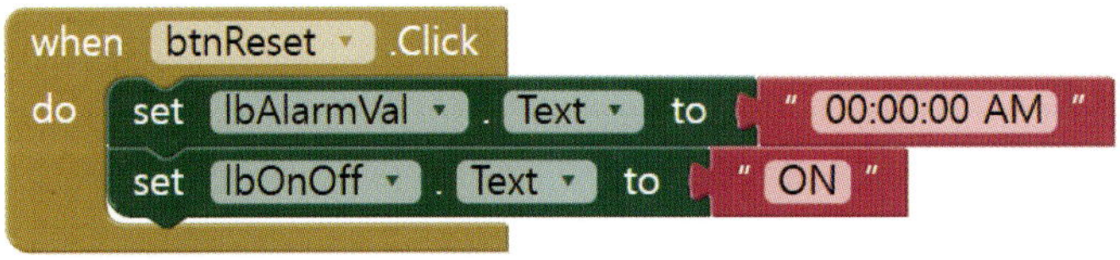

CHAPTER 12

멀티미디어 플레이어

12.1 음악 플레이어 디자인

알람 시계를 만들면서 알람 음악을 재생하는 기능을 사용해 보았다. 이제 보다 다양하게 음악 파일을 재생하는 방법을 코딩해 보자. 그림 12.1에 소개된 바와 같이, 만들고자 하는 앱은 버튼을 누르면 사운드나 음악이 플레이되고, 어떤 경우에는 진동까지 발생하는 기능을 한다. 일반적으로 사운드는 수 초 이내의 짧은 소리를 플레이하는데 사용하고, 음악은 수 분 이상 긴 노래를 플레이하는 데 사용된다.

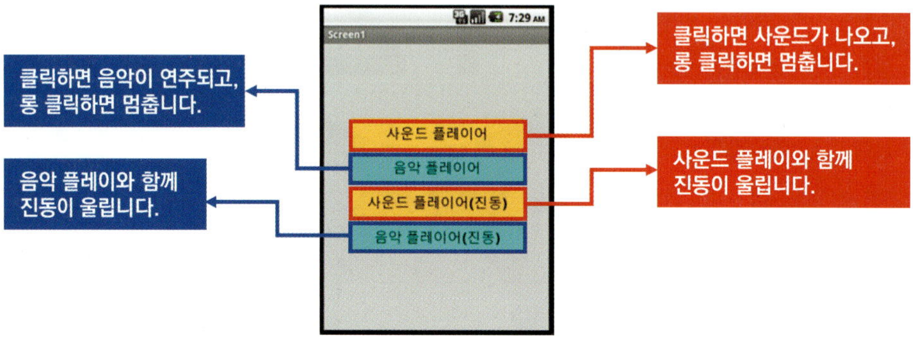

그림 12.1 사운드 혹은 음악을 플레이하는 음악 플레이어

프로젝트 생성과 스크린 구성

먼저 여섯 번째의 프로젝트인 KNIAI006을 새롭게 만든다. 프로젝트를 만드는 과정은 앞서 KNUAI001~KNUAI005를 만드는 과정과 동일하다. 프로젝트를 만든 후에는 전체 화면을 나타내는 스크린(Screen1)의 속성을 다음과 같이 변경한다. 그림 12.2는 스크린의 속성을 변경하는 과정과 변경이 반영된 빈 화면을 보여준다.

- AlignHorizontal = Center
- AlignVertical = Center
- AppName = 음악 플레이어
- BackgroundColor = Light Gray

그림 12.2 프로젝트 KNUAI006의 스크린(Screen1) 속성 변경

버튼 만들기

음악 플레이어에는 총 네 개의 버튼을 생성한다. 그림 12.3에서 보듯이, 이들 버튼의 명칭과 기능은 각각 다음과 같다.

- btnSound1 : 첫 번째 사운드 버튼으로, 사운드 플레이만 수행한다.
- btnMusic1 : 첫 번째 음악 버튼으로, 음악 플레이만 수행한다.
- btnSound2 : 두 번째 사운드 버튼으로, 사운드를 플레이함과 동시에 진동도 함께 울린다.
- btnMusic2 : 두 번째 음악 버튼으로, 음악을 플레이함과 동시에 진동도 함께 울린다.

먼저, 첫 번째 사운드 버튼을 만들기 위해 버튼 btnSound1을 생성한다. 그리고 다음과 같이 btnSound1의 속성을 설정한다. 그림 12.4는 btnSound1에 대해 아래 속성을 설정하는 과정을 나타낸다.

- BackgroundColor = Orange
- FontBold = 체크
- FontSize = 20
- Width = 80%
- Text = 사운드 플레이어
- TextAlignment = Center

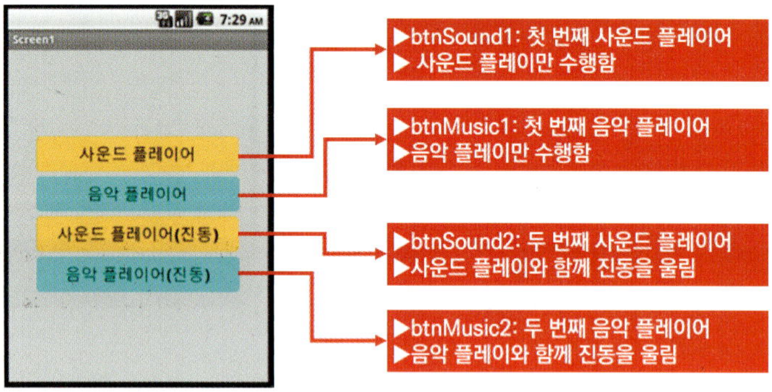

그림 12.3 음악 플레이어를 구성하는 네 가지 버튼과 기능

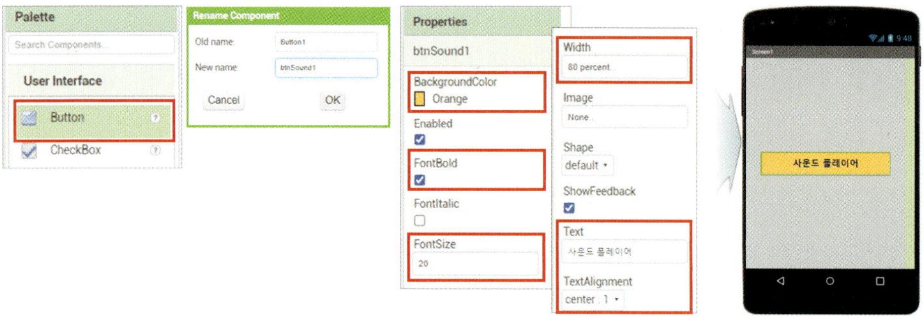

그림 12.4 첫 번째 사운드 버튼(btnSound1) 생성과 속성 설정 과정

다음으로, 첫 번째 음악 버튼을 만들기 위해 버튼 btnMusic1을 생성하고, 다음과 같이 btnMusic1의 속성을 설정한다.

- BackgroundColor = Cyan
- FontBold = 체크
- FontSize = 20
- Width = 80%
- Text = 음악 플레이어
- TextAlignment = Center

이어서 두 번째 사운드(+ 진동) 버튼 btnSound2를 생성하고, 그 속성을 다음과 같이 설정한다.

- BackgroundColor = Orange
- FontSize = 20
- Text = 사운드 플레이어(진동)
- FontBold = 체크
- Width = 80%
- TextAlignment = Center

마지막으로 두 번째 음악(+ 진동) 버튼 btnMusic2를 생성하고, 그 속성을 다음과 같이 설정한다.

- BackgroundColor = Orange
- FontSize = 20
- Text = 음악 플레이어(진동)
- FontBold = 체크
- Width = 80%
- TextAlignment = Center

Non-visible Components 만들기

버튼이 총 네 개로 이 중 두 개는 사운드를, 다른 두 개는 음악을 플레이하는데 사용된다. 따라서 사운드를 다루기 위한 Sound 컴포넌트 두 개와 음악을 다루기 위한 Player 컴포넌트 두 개를 생성해야 한다. 이들 컴포넌트는 스크린에 나타나지 않는 Non-visible components이다.

그림 12.5는 첫 번째 Sound 컴포넌트를 생성하고, 여기에 소리 파일을 업로드하는 과정을 나타낸다. 그림을 보면, Media에서 Sound를 선택해서 Viewer 화면에 옮기면, 아래 Non-visible components에 Sound1이 나타난다. 그런 다음 "Upload File"을 선택하여 소리 파일을 업로드한다. 일반적으로 Sound 컴포넌트는 수초 이내의 소리 파일을 재생하는데 사용한다.

다음으로 음악을 재생하기 위한 첫 번째 Player 컴포넌트인 Player1을 생성한다. 그림 12.6을 보면, Media에서 Player를 Viewer 화면에 옮기면 역시 Non-visible components에 Player1이 나타난다. 그런 다음. "Upload File"을 선택하여 음악 파일을 업로드하고, 음악을 반복 재생하기 위해서 속성에서 Loop을 체크한다. 일반적으로 Player 컴포넌트는 수 분 내외의 음악 파일을 플레이하기 위해 사용하며, 파일이 큰 경우에는 업로드 과정에서 다소 시간이 걸릴 수 있다.

그림 12.5 첫 번째 Sound 컴포넌트인 Sound1 생성과 소리 파일 업로드 과정

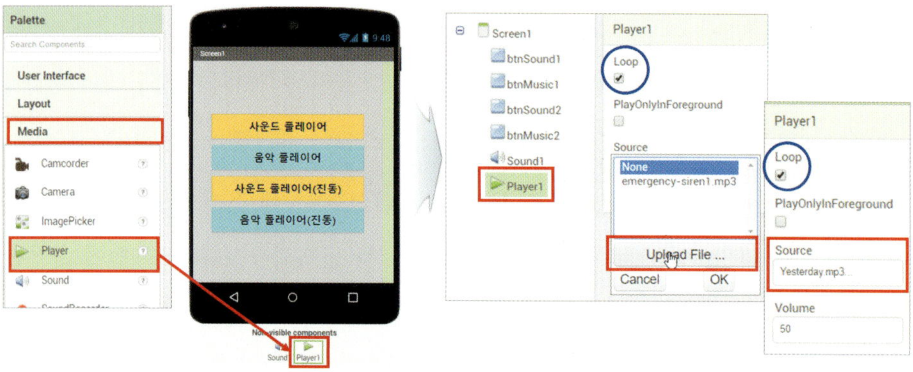

그림 12.6 첫 번째 Player 컴포넌트인 Player1 생성과 음악 파일 업로드 과정

이어서 두 번째 Sound 컴포넌트인 Sound2, 두 번째 Player 컴포넌트인 Player2를 각각 생성한다. Sound2는 그림 12.5의 Sound1의 생성과 동일한 과정을 거쳐 생성하되,

업로드하는 소리는 가급적 다른 파일을 이용한다. 마찬가지로, Player2도 그림 12.6의 Player1의 생성과 동일한 과정으로 생성하되, 플레이할 음악은 가급적 다른 파일을 이용한다. 그림 12.7은 지금까지 디자인된 전체 화면을 보여준다. 그림을 보면, 네 개의 Button, 두 개의 Sound, 두 개의 Player 컴포넌트로 구성되어 있다. 그리고, 오른쪽 아래를 보면 업로드된 두 개의 사운드 파일과 두 개의 음악 파일을 확인할 수 있다.

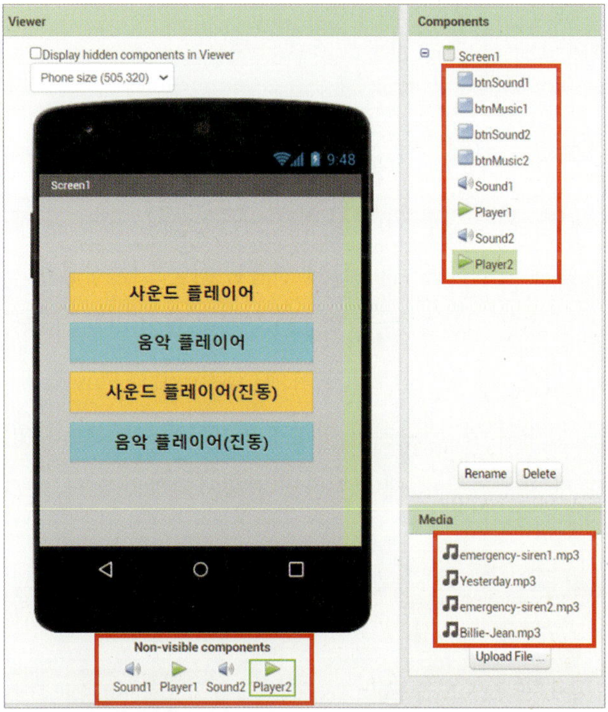

그림 12.7 음악 플레이어의 디자인 최종 결과

12.2 음악 플레이어 코딩

그림 12.7에서 보듯이, 음악 플레이어에서 두 개의 Sound 컴포넌트 Sound1, Sound2와 두 개의 Player 컴포넌트 Player1, Player2를 만들었다. 이제 이들 네 컴포넌트에 대해 각자 사운드 혹은 음악을 플레이하는 기능을 코딩한다. 더불어 Sound2와 Player2에 대해서는 진동(vibration)을 함께 울리는 기능을 코딩한다.

Sound와 Player 코딩

먼저 Sound1 컴포넌트의 동작을 위해 첫 번째 버튼인 btnSound1을 코딩한다. 이는 버튼 btnSound1을 짧게 클릭하면 Sound1에 연결된 사운드를 재생하고, 길게 클릭하면 재생을 멈추는 코딩이다. 이를 위해, 그림 12.8에서와 같이 버튼 btnSound1의 Click 블록과 LongClick 블록을 이용한다. Click 블록에는 Sound1의 Play 블록을, LongClick 블록에는 Stop 블록을 각각 끼워 맞춘다. 이렇게 함으로써 btnSound1이 짧게 클릭되면, Sound1의 사운드가 재생되고, 길게 클릭하면 재생이 멈추게 된다.

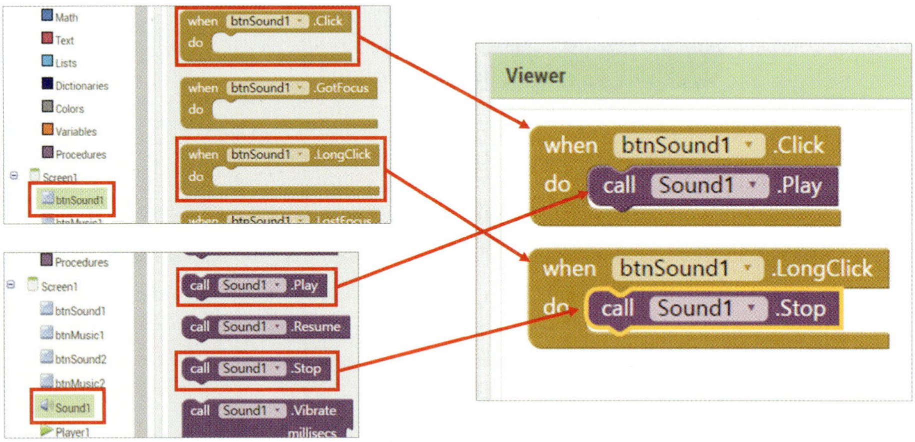

그림 12.8 버튼 btnSound1에 대한 블록 코딩

다음으로 Player1 컴포넌트의 동작을 위해 버튼 btnMusic1을 코딩한다. 코딩 내용은 버튼 btnSound1과 유사하나, Sound1 대신 Player1을 사용한다는 점이 다르다. 그림 12.9를 보면, 버튼 btnMusic1의 Click과 LongClick 버튼을 옮긴다. 그런 다음, Player1의 Start 블록과 Stop 블록을 이용하여 Player1에 연결된 음악 파일을 재생 혹은 멈추게 된다. Sound 컴포넌트의 Play/Stop 블록과 달리, Player 컴포넌트는 Start/Stop 블록을 사용하는 점에 유의해야 한다.

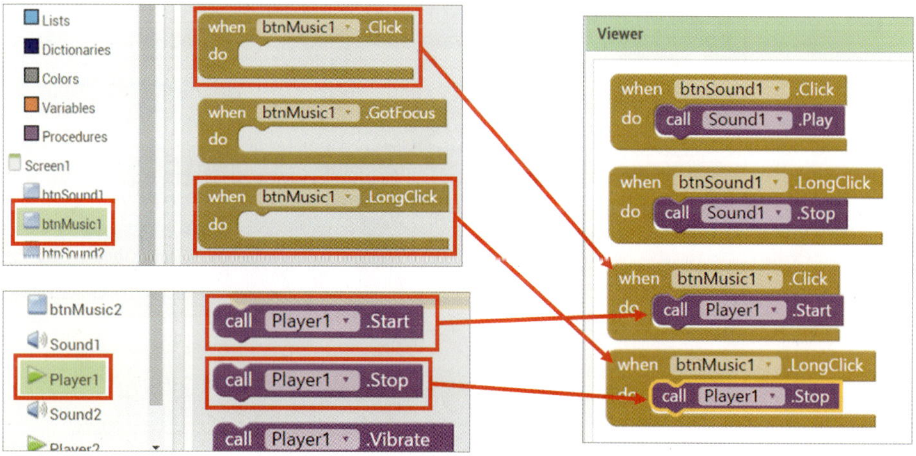

그림 12.9 버튼 btnMusic1에 대한 블록 코딩

버튼 btnSound2는 Sound2 컴포넌트를 제어한다. 기본적으로 btnSound1의 동작과 이에 연결된 Sound1의 코딩과 동일하나, 진동 기능이 추가된다. 그림 12.10을 보면 버튼 btnSound2의 Click, LongClick 블록을 사용하고, 여기에 Sound2의 Play, Stop 블록을 맞춰 넣는다. 진동을 위해서, Sound2의 Vibrate 블록을 추가로 끼워 넣고, 진동 시간으로 숫자 2000 블록을 맞춰 넣는다. 숫자 2000의 의미는 2초 동안 진동하라는 의미이다. 이렇게 하면, 버튼을 짧게 눌렀을 때 사운드와 동시에 진동이 울리게 되고, 버튼을 길게 클릭하면 사운드와 진동이 멈추게 된다.

마지막으로 버튼 btnMusic2와 이에 연결된 Player2의 기능을 코딩한다. 버튼 btnMusic2의 기능은 버튼을 짧게 눌렀을 때 Player2에 연결된 음악을 재생하고 더불어 진동을 울리며, 길게 눌렀을 때 재생과 진동을 멈춰야 한다. 그림 12.11을 보면, btnMusic2의 Click, LongClick 블록을 사용하고, Music2의 Start, Stop 블록을 이용한다. 이에 덧붙여, Music2의 Vibrate 블록을 옮기고, 여기에 숫자 2000 블록을 넣어서 2초 동안 진동이 울리게 한다. 이를 통해 음악이 재생됨과 동시에 진동이 울리게 된다.

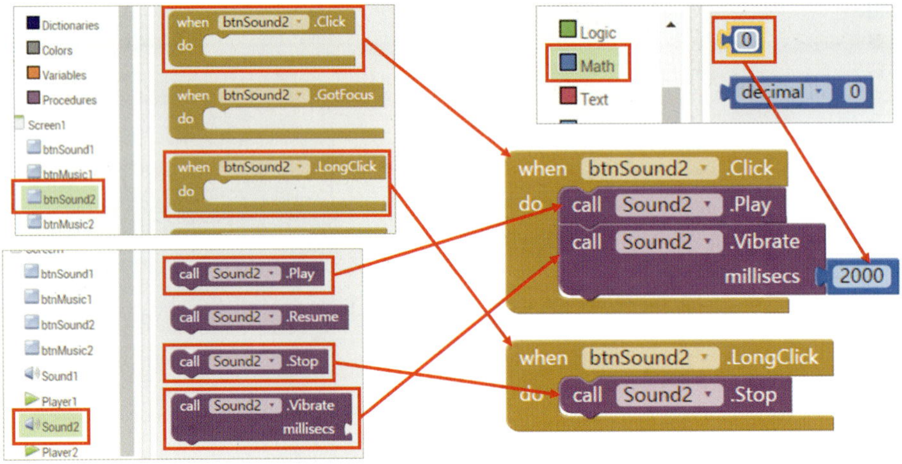

그림 12.10 버튼 btnSound2에 대한 블록 코딩

음악 플레이어 기능 확인

그림 12.12는 지금까지의 음악 플레이어 코딩 결과를 나타낸다. 네 개의 버튼에 대해서 각각 짧게 혹은 길게 클릭했을 때, 사운드/음악을 재생하고 멈추는 코딩이 되어 있다. 더불어 btnSound2와 btnMusic2의 경우에는 진동 기능이 추가되어 코딩되었음을 알 수 있다.

코딩이 끝났으므로 이제 에뮬레이터나 핸드폰을 이용하여 음악 플레이어를 실행해 보자. 에뮬레이터의 경우에는 컴퓨터의 스피커를 켜고 기능을 확인해야 한다. 실행 순서는 그림 12.3을 참조하여, 각 버튼을 짧게 클릭하여 플레이하고, 길게 클릭하여 멈추면 된다. 코딩을 바르게 했다면 사운드나 음악이 플레이되고 멈추는 기능을 확인할 수 있을 것이다. 한 가지 주의할 점은 진동 기능의 경우 에뮬레이터에서는 확인할 수 없고, 핸드폰을 이용해서 확인해야 한다. Media에 보면 Sound, Player 컴포넌트 이외에 Camcorder, Camera 등의 다양한 컴포넌트가 있다. 이들 다른 Media 컴포넌트에 대해서도 하드웨어가 지원된다면 그 기능을 확인해 보길 권장한다.

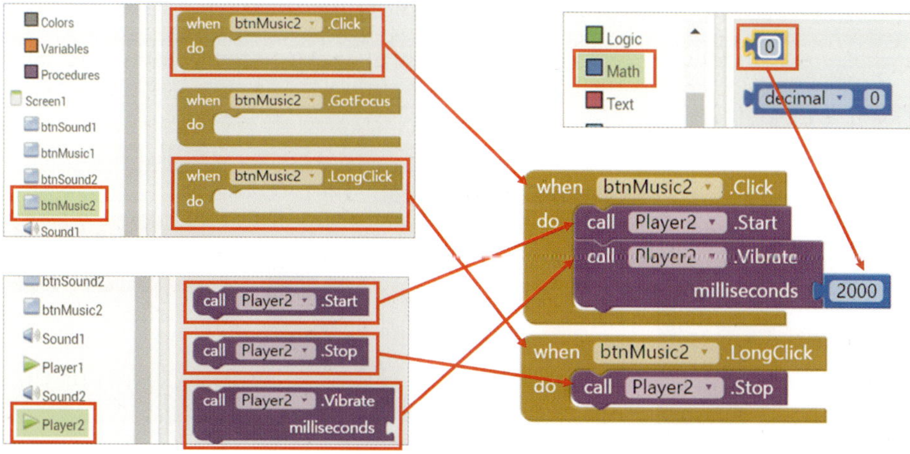

그림 12.11 버튼 btnMusic2에 대한 블록 코딩

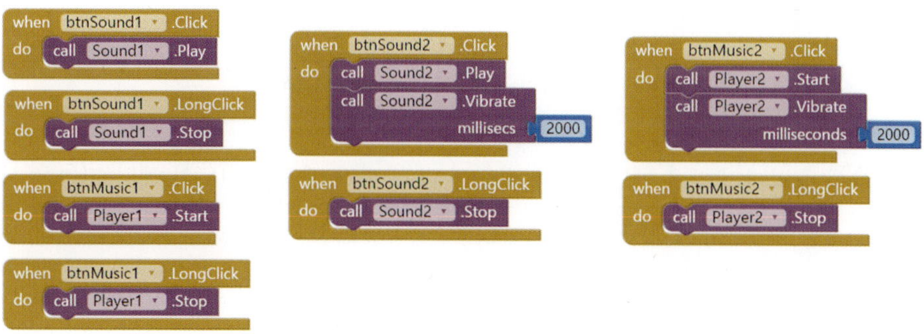

그림 12.12 음악 플레이어의 전체 코딩 결과

12.3 고양이 소리내기 디자인

고양이 소리내기 앱이란?

고양이 소리내기 앱은 화면에 나타난 고양이 사진을 누르면 "야옹"하는 고양이 우는 소리가 난다. 또한 핸드폰을 흔들었을 때도 이를 감지하여 고양이 소리가 나도록 한다. 그림 12.13은 개발하고자 하는 고양이 소리내기 앱의 화면을 나타낸다. 그림에 보듯이, 스마트폰을 흔들면 "야옹" 소리가 나며, 화면의 고양이 사진을 누르면 "야옹" 소리와 함께 진동이 울리게 된다.

그림 12.13 고양이 소리내기 앱의 화면과 동작 절차

고양이 소리내기 앱을 개발하기 위해서는 다음 세 가지 컴포넌트와 해당 기능을 사용한다.

- 흔들림(가속) 감지 → AccelerometerSensor 컴포넌트 사용
- 사진 눌림 감지 → Button 컴포넌트 사용
- "야옹" 소리 재생 → Sound 컴포넌트 사용

고양이 버튼 만들기

먼저 새로운 프로젝트 KNUAI007을 생성한다. 프로젝트 생성은 앞서 KNUAI001~KNUAI006 프로젝트 생성 과정과 동일하다. 다음으로 중앙 정렬 등을 위해 화면(Screen1)의 속성을 다음과 같이 변경한다.

- AlignHorizontal = Center
- AlignVertical = Center
- AppName = 알람시계

고양이를 누르는 동작을 구현하기 위해서는 버튼을 사용한다. 즉, 버튼을 만들고 이 버튼에 고양이 사진을 올리는 방식으로 컴포넌트를 디자인한다. 이를 위해 그림 12.14와 같이, 버튼을 하나 만들고 그 이름을 btnCat으로 변경한다. 버튼 이름인 btnCat은 나중에 코딩 과정에서 사용한다.

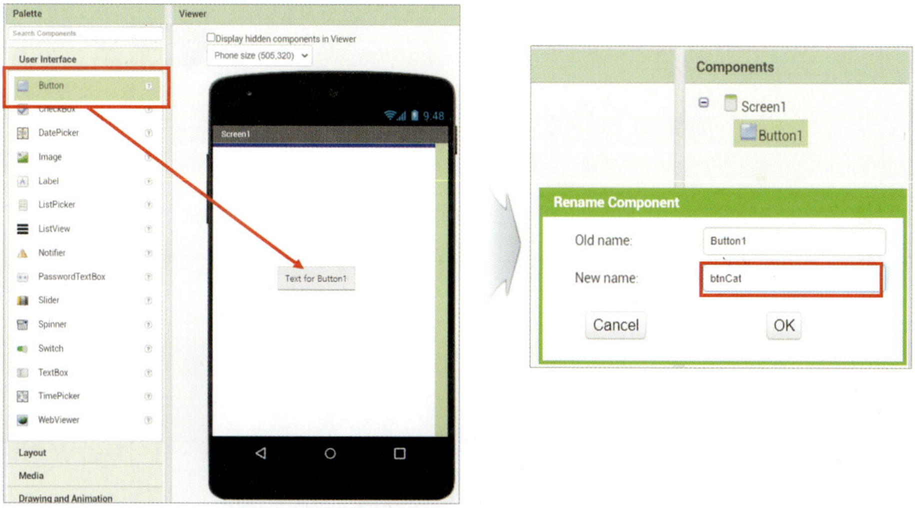

그림 12.14 고양이 사진을 올릴 버튼 btnCat 생성

이제 버튼 btnCat에 고양이 사진을 올려 보자. 이 과정은 버튼의 속성을 변경하는 과정에 해당한다. 그림 12.15에 보듯이, 버튼 btnCat을 선택하고 그 속성을 다음과 같이

변경한다.

- Image = kitty.png
- Text = "" (빈 문자열)

이때 주의할 점은 Image 속성에 들어가는 고양이 사진 파일인 "kitty.png"가 미리 컴퓨터에 준비되어 있어야 한다는 점이다. 그리고 Text 속성을 빈 문자열("")로 하는 이유는 고양이 이미지에 아무런 문자열이 나타나지 않도록 하기 위함이다.

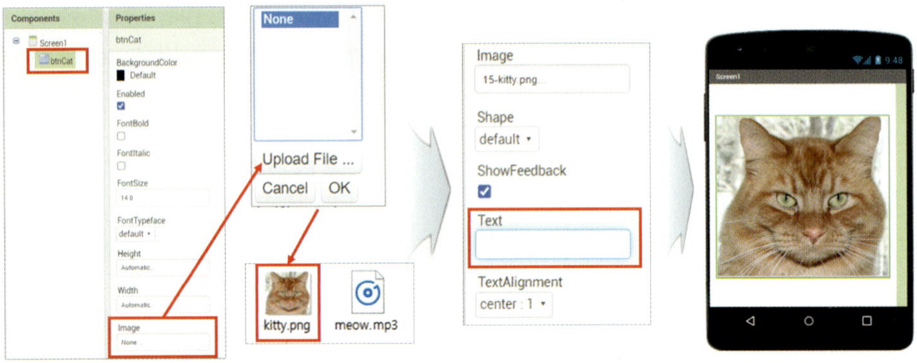

그림 12.15 버튼 btnCat에 고양이 사진을 올리는 과정

고양이 사진은 본인이 원하는 파일을 사용해도 되며, 그림에 나오는 고양이 사진은 다음 사이트에서 다운로드 받아 사용할 수 있다.

http://appinventor.mit.edu/explore/content/hellopurr.html

그림 12.16은 고양이 사진 파일인 "kitty.png"를 다운로드할 수 있는 사이트를 보여준다. 이 사이트에서는 이미지와 함께 고양이 울음 소리 파일인 "meow.mp3" 파일도 다운로드 받을 수 있다.

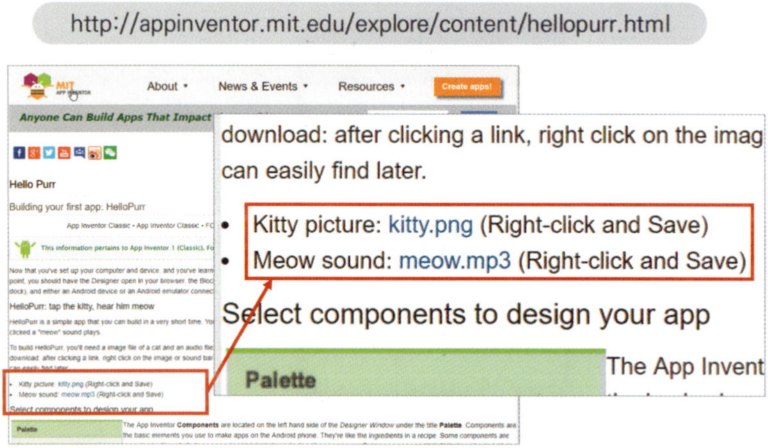

그림 12.16 고양이 사진(kitty.png)과 울음 소리(meow.mp3) 다운로드 사이트

사운드와 가속도 센서

고양이의 "야옹" 소리를 위해 Sound 컴포넌트를 생성한다. 그림 12.17과 같이 Media에서 Sound를 옮기면 Non-visible components에 Sound1이 생성된다. 그런 다음 Sound1의 Source 속성에 고양이 소리 파일인 "meow.mp3"를 선택하여 업로드 한다. 그림 12.16에서 소개한 다운로드 사이트에서 "meow.mp3" 파일을 다운로드하여 사용할 수 있다.

마지막으로 핸드폰의 흔들림 감지를 위해 가속도 센서를 만든다. 가속도 센서는 Sensors의 AccelerometerSensor 컴포넌트를 끌어 사용한다. 그림 12.18은 가속도 센서를 끌어 이동시키는 과정을 나타내는데, 이 센서 역시 Non-visible components로 Viewer 창의 핸드폰 하단에 나타난다. 가속도 센서는 핸드폰이 가속 혹은 감속되는 상황을 감지하는데, 우리는 이를 핸드폰을 흔드는 동작을 감지하는데 활용한다.

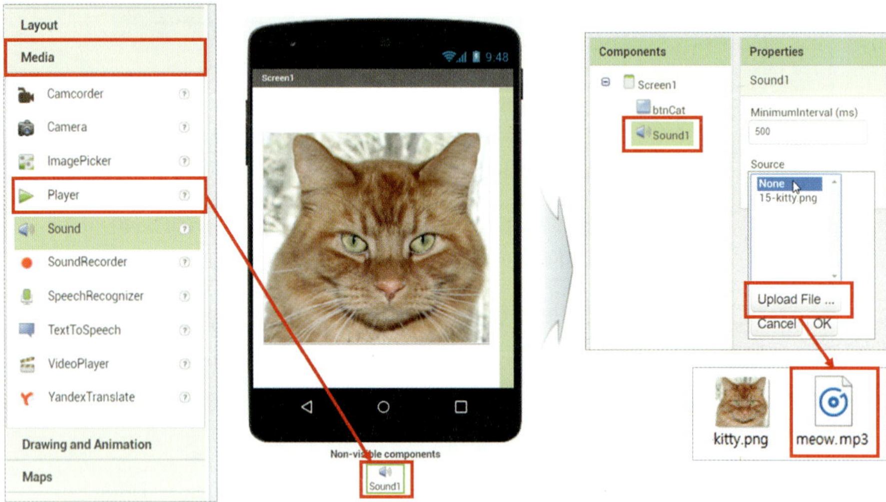

그림 12.17 사운드 컴포넌트 생성과 울음 소리(meow.mp3) 연결 과정

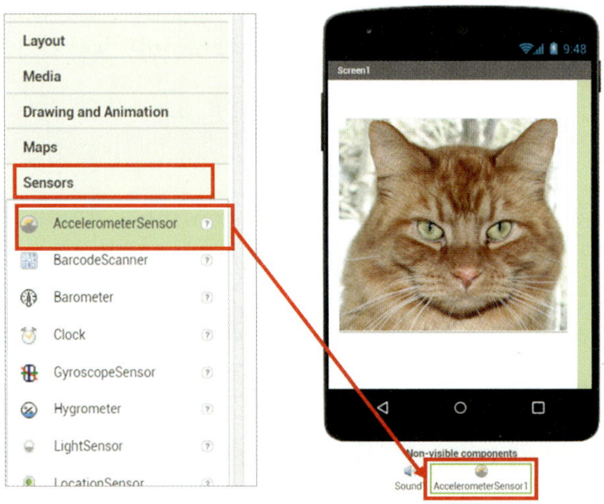

그림 12.18 가속도 센서 AccelerometerSensor의 생성 과정

그림 12.19는 지금까지 디자인한 화면과 컴포넌트들을 나타낸다. 그림의 핸드폰 화면을 보면, 버튼(btnCat)에 고양이 이미지가 있고, Non-visible components에 Sound1과 AccelerometerSensor1이 있음을 확인할 수 있다. 그리고 이들 컴포넌트가 오른쪽 Components 창에 나타나 있고, 아래쪽에는 업로드된 파일인 "kitty.png"와 "meow.mp3"가 있음을 알 수 있다.

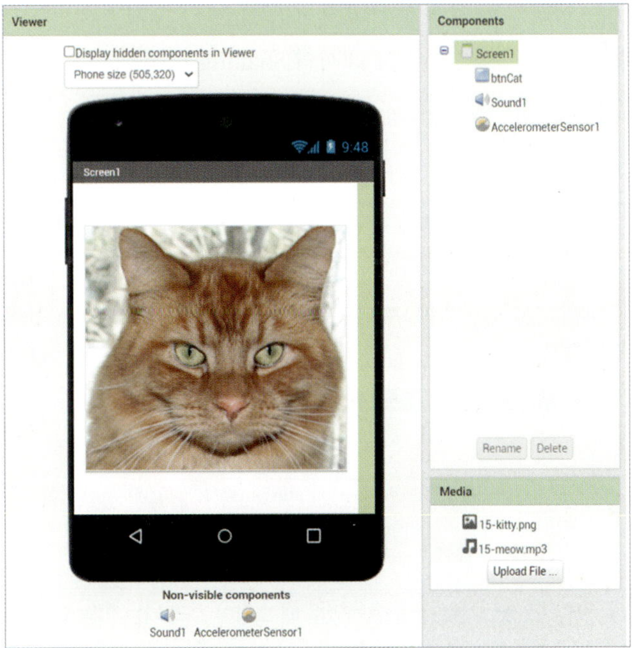

그림 12.19 고양이 소리내기 앱의 최종 디자인 결과

12.4 고양이 소리내기 코딩

가속도 센서 코딩하기

가속도 센서인 AccelerometerSensor1의 흔드는 동작 감지를 위해서는 Shaking 블록을 사용한다. 그리고 흔듦이 감지되면 고양이 소리를 울리기 위해 Sound1의 Play 블록을 이용한다. 그림 12.20를 보면, 가속도 센서의 Shaking 블록을 먼저 옮긴 후, 그 내부에 사운드의 Play 블록을 옮긴다. 이렇게 하면, 핸드폰을 흔드는 동작을 감지하여 "야옹" 소리가 나게 된다.

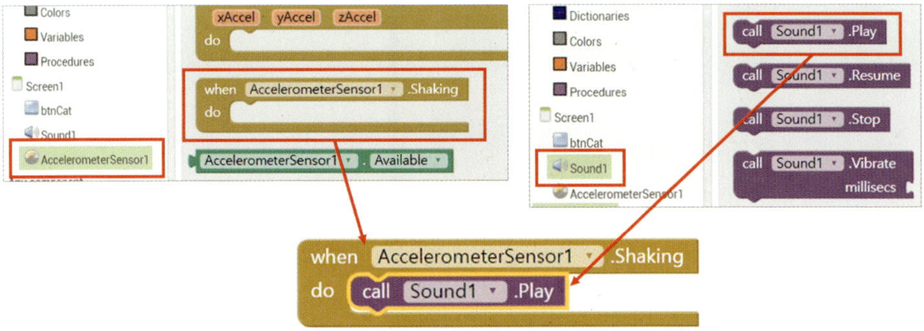

그림 12.20 핸드폰을 흔들었을 때 고양이 소리 나는 기능 코딩

고양이 눌러 소리내기

고양이를 누르는 동작은 버튼을 누르는 동작에 해당한다. 따라서 고양이가 올라간 버튼인 btnCat의 Click 블록으로 코딩한다. 그림 12.21과 같이, btnCat을 선택하여 Click 블록을 옮긴 후, Sound1의 Play 블록을 넣는다. 그런 다음, 진동을 함께 울리기 위해 Vibrate 블록을 옮기고 숫자 2000 블록을 맞추어 2초 동안 진동이 울리도록 한다.

마지막으로 고양이 소리가 나는 과정 중에 이를 멈추는 기능을 버튼 btnCat의 LongClick 블록으로 구현한다. 그림 12.22와 같이, btnCat의 LongClick 블록을 옮기고, 그 내부에 Sound1의 Stop 블록을 넣는다. 이렇게 하면, 길게 클릭하므로서 고양이 울음을 멈출 수 있다.

코딩 결과 확인 및 앱 실행

그림 12.23은 지금까지 코딩한 결과를 나타낸다. 그림의 설명과 같이, 핸드폰을 흔들면 "야옹" 소리가 나며, 고양이를 클릭하면 "야옹" 소리와 함께 진동이 울린다. 고양이를 길게 클릭하면 소리가 멈추게 된다.

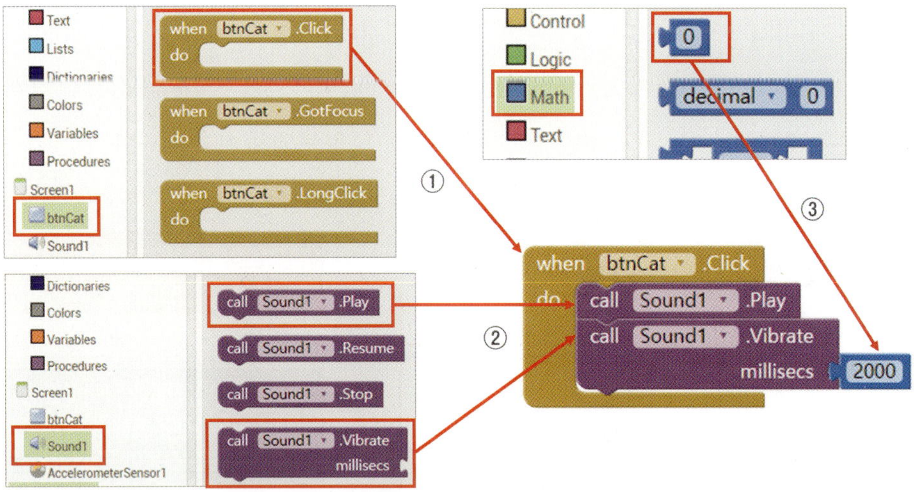

그림 12.21 고양이 버튼을 눌러 사운드와 진동을 울리는 코딩 과정

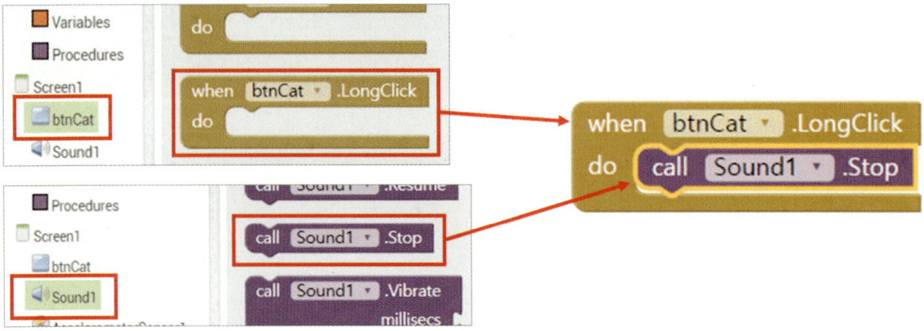

그림 12.22 고양이 울음과 진동을 멈추는 과정 코딩

이제 에뮬레이터나 핸드폰을 사용하여 실제로 앱을 실행해보자. 에뮬레이터의 경우 버튼을 눌러 소리를 내는 기능만 확인이 가능하고, 흔드는 기능과 진동 기능은 확인할 수 없다. 따라서 핸드폰으로 기능 확인을 적극 권장한다. 더불어, 고양이 대신 강아지나 앵무새 등의 이미지, 소리 등을 찾아서 코딩해 보기 바란다. 그리고 Sound 대신에 긴 음악 파일을 재생하는 Player 컴포넌트를 사용하여 코딩을 변경해 보기 바란다.

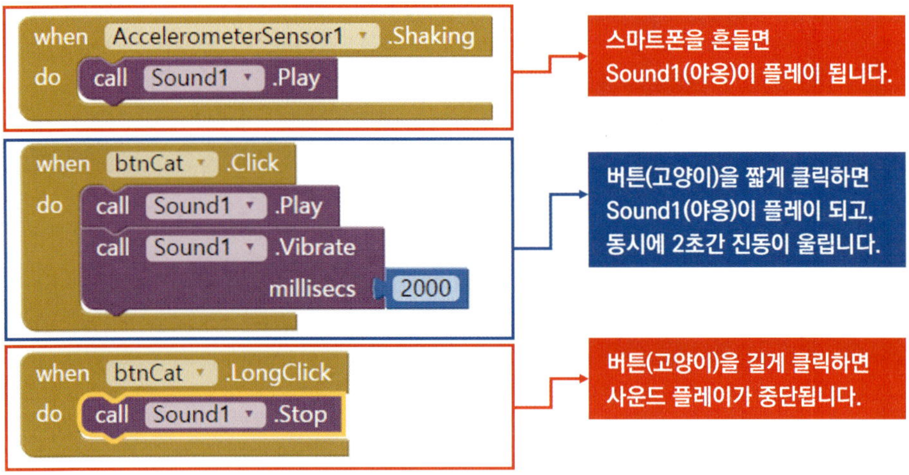

그림 12.23 고양이 소리내기 앱의 최종 코딩 결과

연습문제 멀티미디어 플레이어

12.1 음악 플레이어와 고양이 소리내기 앱을 디자인하고 코딩한 후 그 실행 결과를 에뮬레이터 혹은 핸드폰으로 확인하시오.

12.2 고양이 소리내기 앱에서 고양이 대신 강아지, 앵무새 등 다른 동물로 사진이나 이미지를 대체하고, 울음소리도 해당 동물로 대체하여 그 기능을 확인하시오.

12.3 센서(Sensors)를 보면 다음과 같이 다양한 컴포넌트가 있다. 이중 네 개의 컴포넌트를 선택하여 기능과 사용법을 조사하시오. 단, Clock과 AccelerometerSensor는 제외한다.

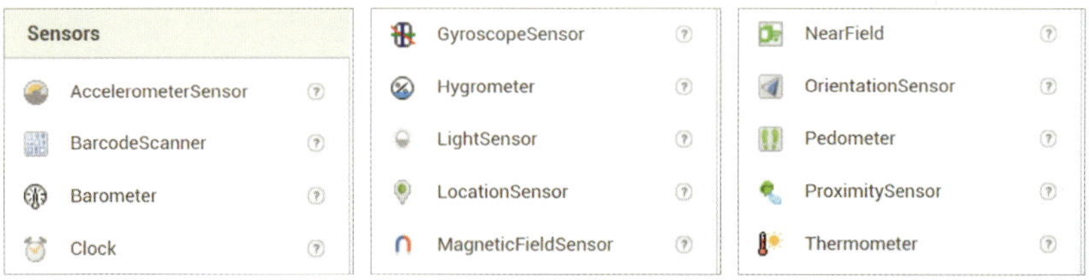

12.4 다음 컴포넌트 중에서 성격이 다른 하나는 무엇인가? 왜 그 성격이 다르다고 생각하는지 설명하시오.

Player	Sound
Clock	Camera

12.5 Non-visible components를 네 개 이상 나열하고, 각 컴포넌트의 기능을 설명하시오.

12.6 디자이너 화면에서 그림과 같이 Media에 있는 파일들의 의미가 무엇인지 설명하시오.

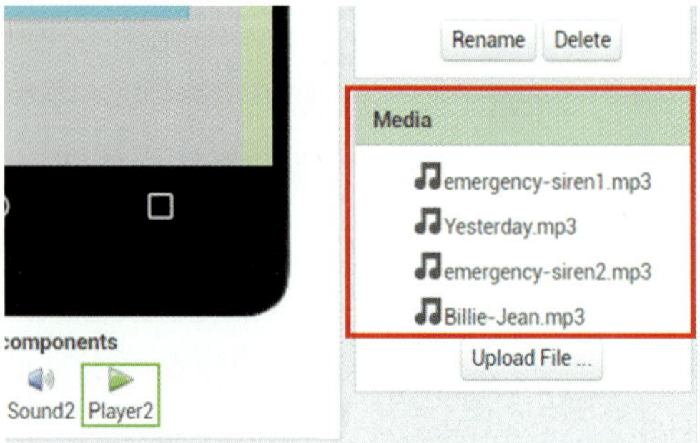

12.7 Sound 컴포넌트에 있는 Pause와 Resume 블록의 기능과 사용법을 조사하여 설명하시오.

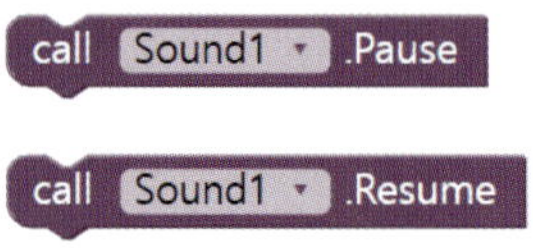

CHAPTER 13

두더지 잡기 게임

13.1 두더지 잡기 게임이란?

두더지(mole) 잡기 게임은 화면에서 움직이는 두더지를 손으로 터치하거나 마우스로 클릭하여 잡는 게임이다. 그림 13.1은 두더지 잡기 게임의 에뮬레이터 화면을 나타낸다. 그림에 설명된 바와 같이, 두더지는 지정된 공간에서 0.5초 간격으로 임의로 이동하며, 터치 혹은 클릭을 통해 두더지를 잡는다. 두더지를 잡을 때마다 점수가 1점씩 올라가고, RESET 버튼을 누르면 점수가 초기화된다.

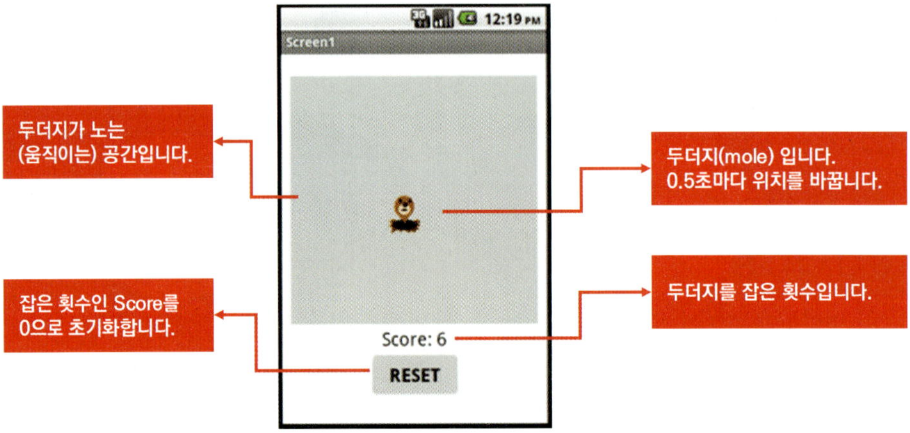

그림 13.1 두더지 잡기 게임의 에뮬레이터 화면과 게임 설명

그림 13.2는 두더지 잡기 게임을 안드로이드폰과 아이폰에서 각각 시연하는 모습이다. 두더지는 화면의 지정된 공간에서 계속해서 움직이며, 손으로 터치하여 잡을 수 있다. 두더지를 잡을 때마다 "빕(beep)"하는 소리가 나고 짧은 진동이 울리도록 코딩한다.

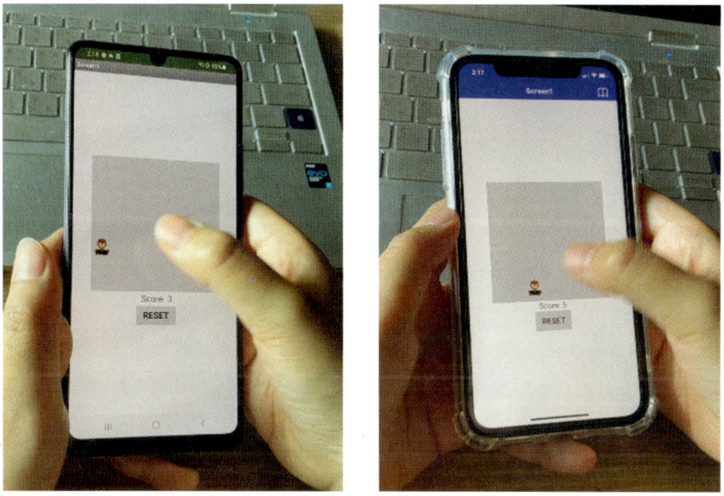

그림 13.2 두더지 잡기 게임의 핸드폰 시연 모습(좌: 안드로이드폰, 우: 아이폰)

13.2 보이는 컴포넌트 디자인

스크린과 캔버스 구성

두더지 잡기 게임을 위해 새로운 프로젝트 KNUAI008을 만든다. 그리고 이 프로젝트의 스크린(Screen1) 속성을 다음과 같이 변경한다.

- AlignHorizontal = Center
- AlignVertical = Center
- AppName = 두더지 잡기

다음으로 두더지가 놀 공간을 만들어야 한다. 두더지는 스크린 전체에서 놀 수도 있지만, 스크린에는 다른 컴포넌트도 있어야 하므로 놀 공간을 별도로 정의하는 것이 바람직하다. 이러한 별도의 공간을 만들기 위해 Canvas 컴포넌트를 사용한다. 그림 13.3을 보면, Drawing and Animation 메뉴에 Canvas 컴포넌트를 Viewer 창에 옮기면 된다.

이러한 Canvas 컴포넌트는 다음 목적과 특징을 갖는다.

- 전체 스크린(Screen1)이 아닌 특정 영역만을 지정하고 싶을 경우에 사용한다.
- 스크린 내부에 특정 영역을 Canvas 컴포넌트로 지정할 수 있으며, 이번 앱에서는 두더지가 전체 스크린이 아닌 지정된 Canvas 내에서만 움직이도록 한다.

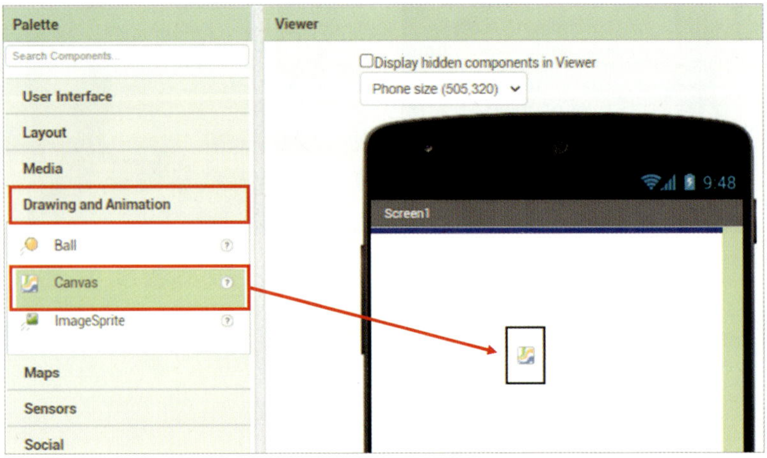

그림 13.3 Drawing and Animation의 Canvas 컴포넌트 이용

생성한 Canvas 컴포넌트의 이름을 MoleCanvas로 변경한다. 그리고 이 MoleCanvas의 속성을 다음과 같이 변경한다.

- BackgroundColor = Light Gray
- Height = 300 pixels
- Width = 300 pixels

이 같은 변경을 통해 좌우, 상하 300 픽셀 크기의 연한 회색 캔버스가 생성된다. 핸드폰의 해상도가 높은 경우에는 Height, Width 속성의 픽셀을 300보다 크게 사용해도 된다. 그림 13.4는 이와 같이 이름, 속성을 변경하는 과정과 변경된 스크린과 캔버스 모양을 나타낸다.

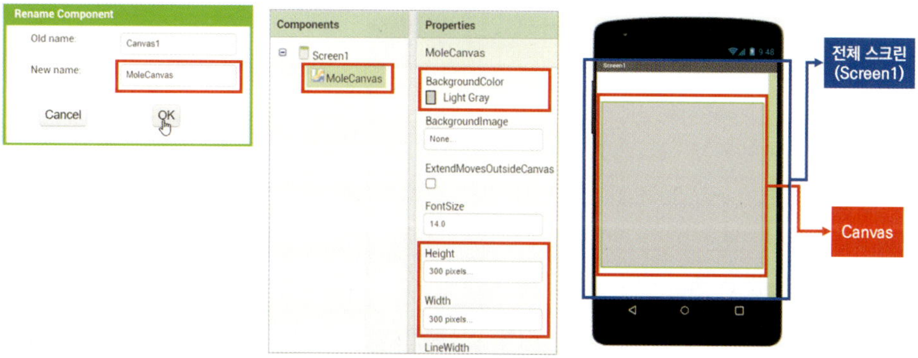

그림 13.4 Canvas 컴포넌트의 이름과 속성을 변경하는 과정

스코어 라벨과 리셋 버튼

두더지 잡기 게임에는 하나의 라벨과 하나의 버튼이 필요하다. 라벨은 두더지를 잡은 횟수를 점수(Score)로 나타내기 위해 사용하고, 버튼은 점수를 리셋(RESET)하는데 사용한다. 먼저 그림 13.5(a)는 라벨 lbScore를 만들고 속성을 변경하는 과정이다. 라벨 lbScore는 MoleCanvas 바로 아래에 위치시키고, 라벨의 이름과 속성은 다음과 같이 설정한다. 처음에는 점수가 0이므로, Text 속성을 "Score: 0"으로 설정함에 유의한다.

- 이름 = lbScore
- Text = "Score: 0"
- FontSize = 20
- TextAlignment = Center

다음으로 점수를 리셋하기 위한 버튼 btnReset을 라벨 lbScore 아래에 만든다. 그리고 이 버튼의 이름과 속성은 다음과 같이 변경한다. 그림 13.5(b)는 버튼 btnReset을 생성하고 속성을 변경하는 과정이다. 버튼의 색깔, 크기 등은 자유롭게 설정할 수 있다. 다만 버튼의 이름인 btnReset은 추후 코딩 과정에서 사용하므로 일단은 같은 이름으로 유지하기를 권장한다.

- 이름 = btnReset
- FontBold = 체크
- Width = 100 pixels
- BackgroundColor = Light Gray
- FontSize = 20
- Text = "RESET"

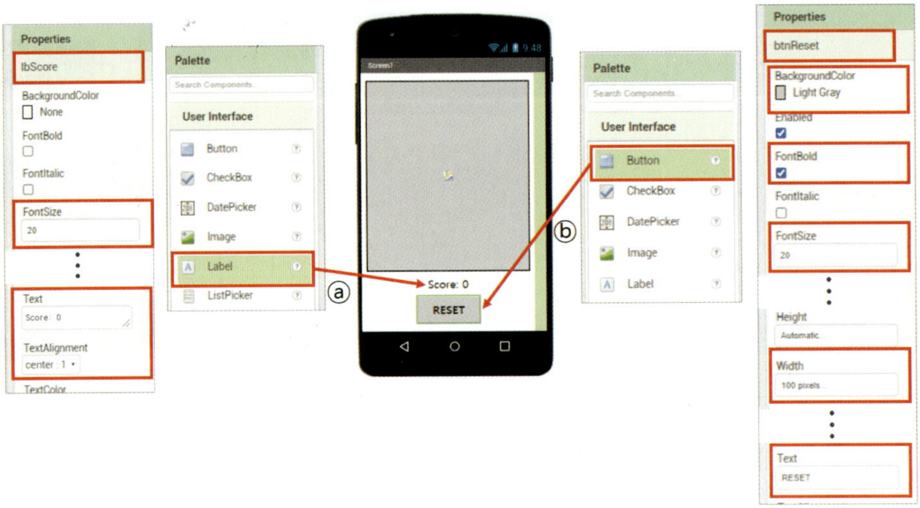

그림 13.5 라벨 lbScore와 버튼 btnReset의 생성과 속성 설정

ImageSprite로 두더지 만들기

이제 캔버스 위에서 놀 두더지를 만들어야 한다. 두더지는 ImageSprite 컴포넌트를 사용한다. Sprite란 원래 도깨비, 요정의 의미를 가지며, ImageSprite 컴포넌트는 작은 이미지를 생성할 때 주로 사용한다. 즉 작은 두더지 이미지를 ImageSprite에 올려서 캔버스 위에서 움직이고자 한다.

그림 13.6은 두더지를 위한 ImageSprite 컴포넌트를 MoleCanvas 위에 생성하는 과정을 나타낸다. ImageSprite의 이름은 Mole로 변경하는데, 이 이름은 추후 코딩 과정에서 사용하게 된다. 두더지의 이미지는 다음 사이트에서 다운로드할 수 있으며, 적절한 이름(예: mole.png)으로 컴퓨터에 변경하여 저장한 뒤 Mole의 이미지로 사용한다.

http://appinventor.mit.edu/explore/ai2/molemash.html

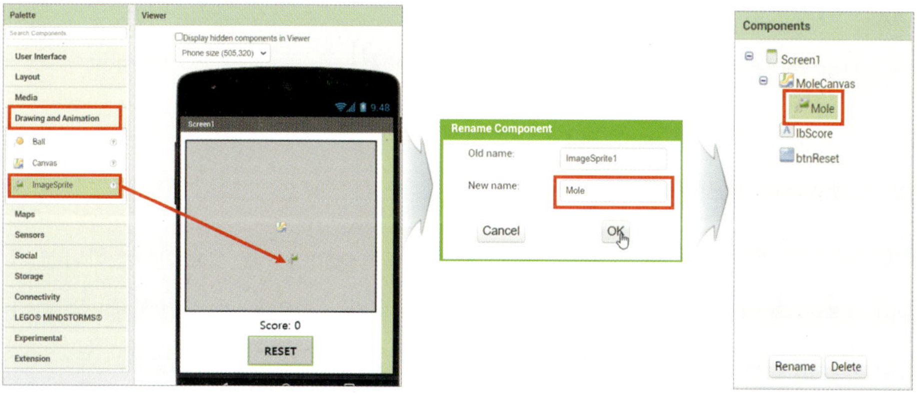

그림 13.6 ImageSprite로 두더지 생성 및 이름 변경 과정

두더지 이미지를 ImageSprite인 Mole에 올리는 과정은 그림 13.7과 같다. Mole의 속성 중에서 Picture를 선택하여 파일 업로드 기능을 사용한다. 그림에서와 같이 다운로드 받은 mole.png 파일을 선택하면 두더지가 캔버스 위에 나타난다. 그림을 보면, 캔버스인 MoleCanvas 내부에 두더지인 Mole이 생성되고, 별도로 라벨 lbScore와 버튼 lbReset으로 화면이 구성된다.

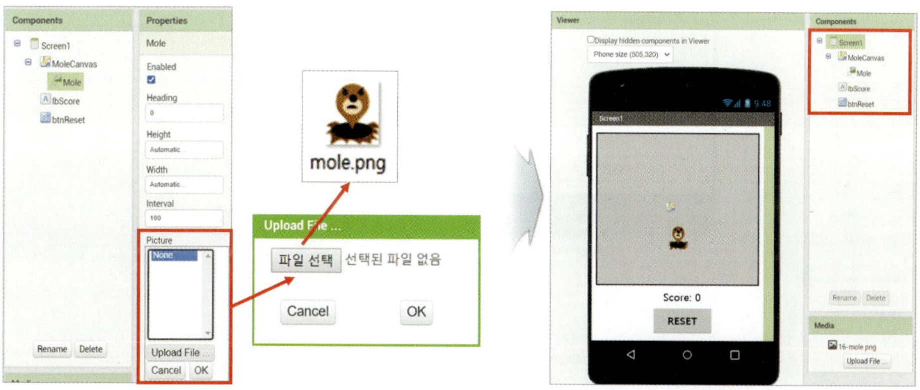

그림 13.7 ImageSprite에 이미지 파일(mole.png)을 업로드하는 과정

13.3 보이지 않는 컴포넌트 디자인

빕(beep) 소리 만들기

두더지 잡기 게임에서는 두 개의 Non-visible components를 사용한다. 하나는 빕(beep) 소리를 내기 위한 Sound 컴포넌트로서, 두더지를 잡았을 때 소리를 플레이한다. 다른 하나는 타이머로 동작하는 Clock 컴포넌트로서, 주어진 시간(0.5초)마다 두더지가 움직이도록 제어한다.

먼저 두더지를 잡으면 빕 소리가 나도록 하는 Sound 컴포넌트를 만든다. 그림 13.8에서와 같이, Media의 Sound 컴포넌트를 Viewer 창에 옮기면 된다. 그런 다음, 그 이름을 Noise로 변경한다. 이 이름은 나중에 코딩 과정에서 사용하므로 잘 기억해 두도록 한다.

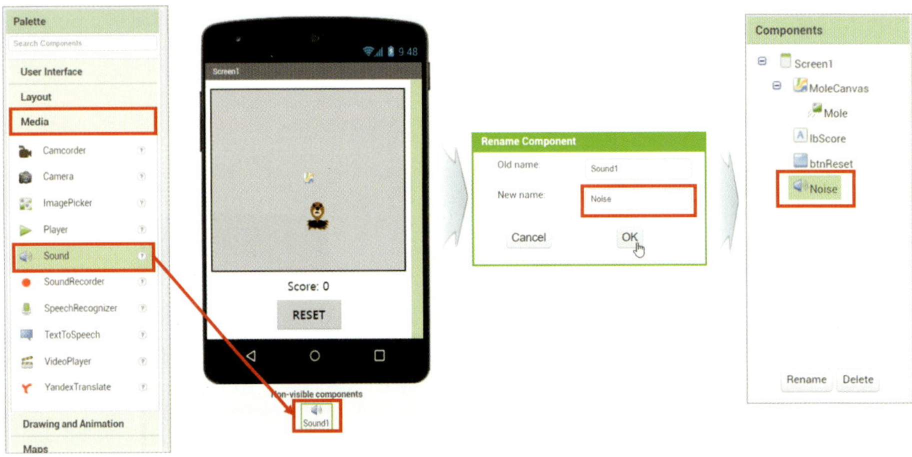

그림 13.8 Sound 컴포넌트의 생성과 이름(Noise) 변경

Sound 컴포넌트가 소리를 내기 위해서는 실제 사운드 파일(주로 mp3 파일)을 연결하여 업로드해야 한다. 그림 13.9는 Sound 컴포넌트인 Noise에 사운드 파일인

beep.mp3를 업로드하는 과정이다. 일반적으로 사운드 파일로는 수초 이내의 짧은 소리를 내는 파일을 사용한다. 그림에서 사용한 빕 소리 파일은 검색 사이트(예: 구글)에서 "beep sound mp3"를 입력한 후 다운로드 받으면 된다. 그림 13.10은 구글에서 검색한 후 Sound Jay 사이트의 빕 소리를 다운로드하는 과정이다. 두더지를 잡을 때 내는 소리이므로, 자신이 원하는 적당한 소리 파일을 찾아서 사용하면 된다.

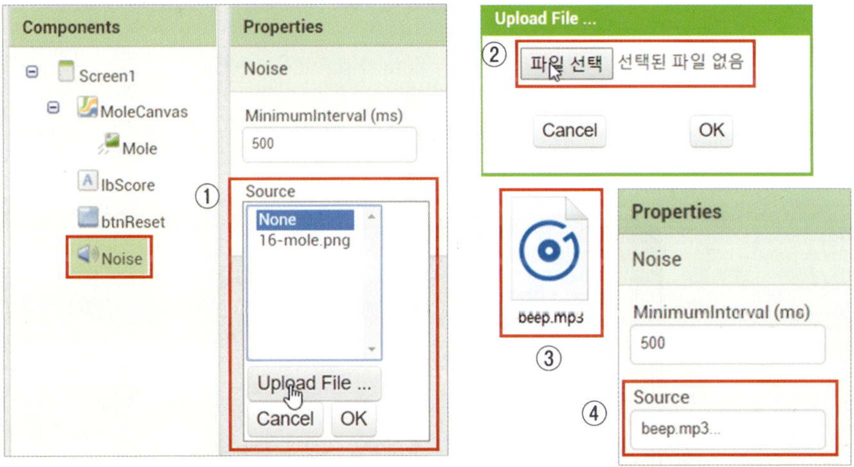

그림 13.9 Sound 컴포넌트 Noise에 사운드 파일(beep.mp3) 업로드 과정

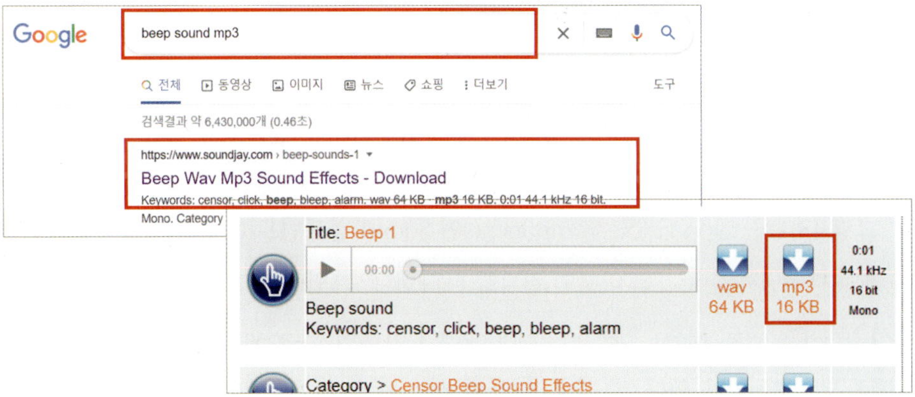

그림 13.10 구글에서 beep 소리를 검색하고 다운로드하는 예제

Timer 만들기

두더지는 지정된 시간마다 위치를 옮겨야 한다. 이를 위해서는 지정된 시간마다 타이머(timer)가 동작해야 하는데, 이를 위해 Clock 컴포넌트를 사용한다. 그림 13.11과 같이, Sensors에서 Clock 컴포넌트를 Viewer 창에 이동시킨다. 그런 다음, 이 컴포넌트의 속성을 다음과 같이 변경한다. Clock 컴포넌트 이름은 MoleTimer로서 코딩에서 이 이름을 사용하며, TimerInterval 속성이 500이므로 0.5초마다 두더지가 움직이게 된다.

- 이름 = MoleTimer
- TimerEnabled = 체크
- TimerInterval = 500

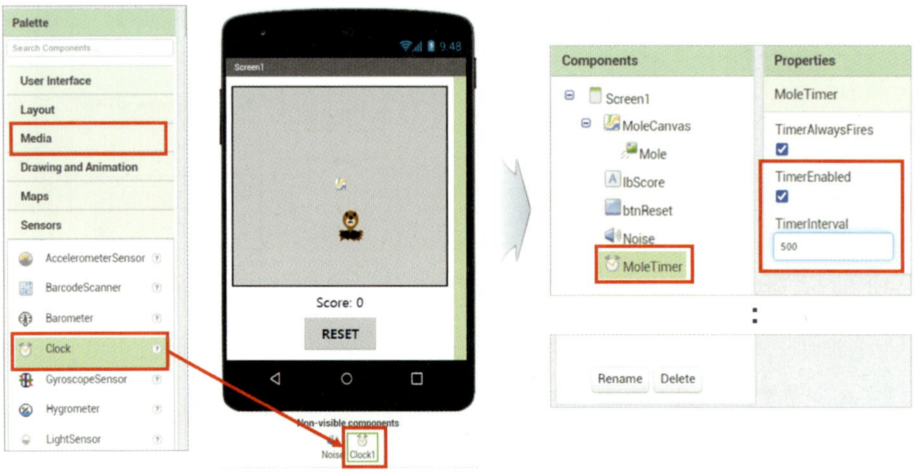

그림 13.11 두더지를 움직이기 위한 Clock 컴포넌트(MoleTimer) 생성

그림 13.12는 Non-visible components인 Sound 컴포넌트(Noise)와 Clock 컴포넌트(MoleTimer)까지 추가된 디자인 결과를 나타낸다. 그림을 보면, Visible components로서 MoleCanvas, Mole, lbScore, btnReset이 있으며, Non-visible components로서 Noise, MoleTimer가 있다. 그리고 Mole에 사용된 mole.png 파일과 Noise에 사용된 beep.mp3 파일이 우측하단 Media에 있음을 확인할 수 있다. 이 상태에서 에뮬레이터

나 핸드폰에 앱을 실행하면 두더지는 나오지만 아무런 움직임이 없으며 두더지를 잡을 수도 없다. 이들 동적인 기능은 다음의 코딩을 통해서 가능하다.

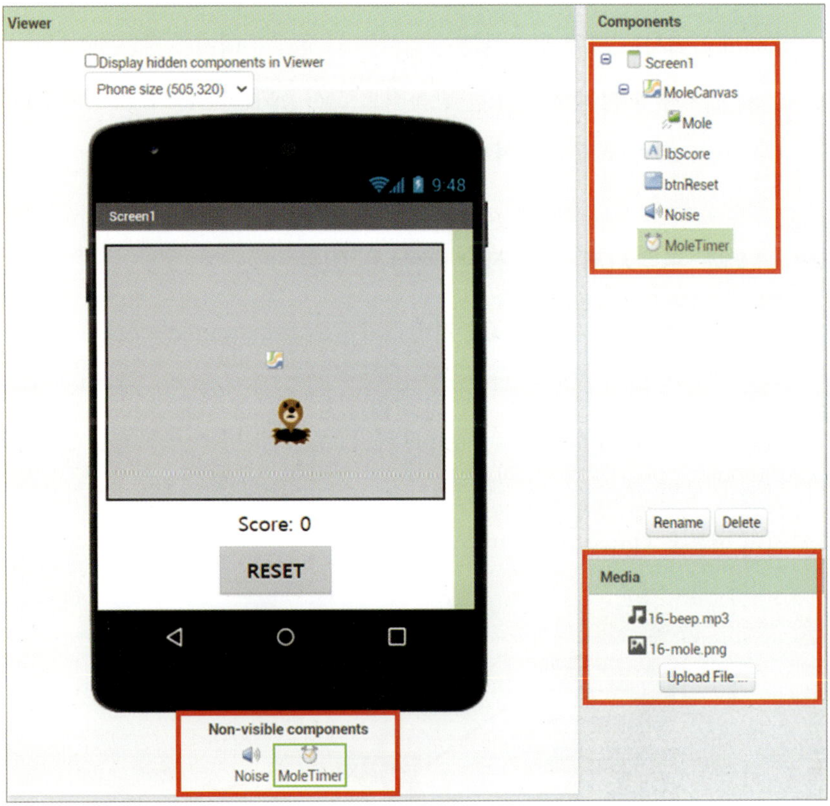

그림 13.12 두더지 잡기 게임의 최종 디자인 결과

13.4 두더지 움직이기 코딩

두더지 잡기 게임에서는 크게 두더지를 움직이는 과정과 두더지를 잡는 과정을 나누어 코딩한다. 코딩 내용이 길어지고, 또한 반복적으로 사용되는 부분이 있어서 주요 부분은 프로시저(procedure)로 분리하여 코딩한다.

MoveMole 프로시저 – X 좌표 계산과 이동

MoveMole 프로시저는 두더지(Mole)를 캔버스의 임의 위치(random position)에 이동시키는 기능을 한다. 두더지 위치를 변경하는 작업은 지정된 시간인 0.5초마다 이뤄지기 때문에 별도 프로시저를 구성한다. 그림 13.13은 프로시저인 MoveMole을 생성하는 과정이다. 그림을 보면, Procedures 메뉴에서 to.procedure 블록을 Viewer 창으로 옮기고, 프로시저 이름을 MoveMole로 변경하면 된다.

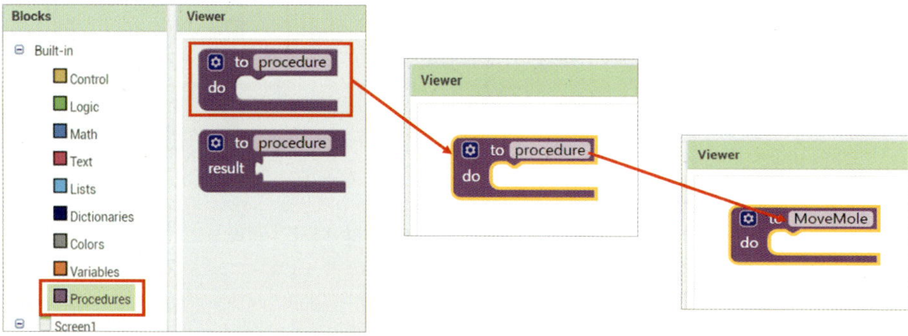

그림 13.13 두더지를 움직이기 위한 MoveMole 프로시저 생성

두더지를 이동시킨다는 의미는 Mole 컴포넌트의 X 좌표와 Y 좌표를 변경한다는 의미이다. 임의 위치로 이동시켜야 하므로, 랜덤 숫자(random number)를 사용한다. 그림

13.14는 Mole의 X 좌표가 가질 수 있는 범위를 나타내며, 이 값의 범위는 다음과 같다.

- 가장 작은 값 = 0
- 가장 큰 값 = 캔버스 가로 크기 - 두더지 가로 크기

이에 따라 두더지가 가질 수 있는 X 좌표는 다음과 같이 계산할 수 있다.

가능한 X 좌표 = (0-1 사이의 랜덤 숫자) × (캔버스 가로 크기 - 두더지 가로 크기)

또한 이를 코딩 형식으로 표현하면 다음과 같다. 여기서 random_fraction은 0-1 사이의 임의 숫자를 제공하는 블록이다. 이제 이 내용을 앱 인벤터의 블록 코딩으로 구현해 나간다.

X = random_fraction × (MoleCanvas.Width - Mole.Width)

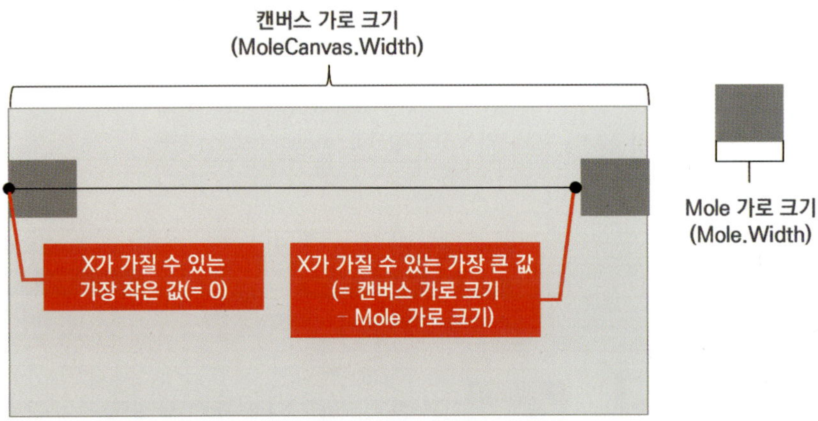

그림 13.14 두더지의 X 좌표가 가질 수 값의 있는 범위

그림 13.15는 Mole의 X 좌표를 변경하는 코딩을 나타낸다. X 좌표 변경을 위해 먼저

Mole의 set.X.to 블록을 옮긴다. 그런 다음 곱하기 연산을 위해 Math의 곱하기(×) 블록을 옮겨 맞춘다. 곱하기 블록의 왼편 홈에는 Math의 random_fraction 블록을 맞춰 넣는데, 이 블록은 0과 1 사이의 임의 숫자를 반환한다. 즉, random_fraction은 0-1 사이의 매번 다른 숫자를 실수(real number)로 제공한다.

다음으로 곱하기 블록의 오른쪽 홈을 채워 넣는다. 그림 13.16에서 보듯이, 먼저 Math의 빼기(−) 블록을 오른쪽 홈에 옮긴다. 그런 다음, 빼기 블록의 왼쪽 홈에는 MoleCanvas의 Width 블록(MoleCanvas.Width)을, 오른쪽 홈에는 Mole의 Width 블록(Mole.Width)을 각각 옮겨 넣는다. 이와 같은 코딩을 통해, Mole은 임의의 X 좌표로 이동하게 된다.

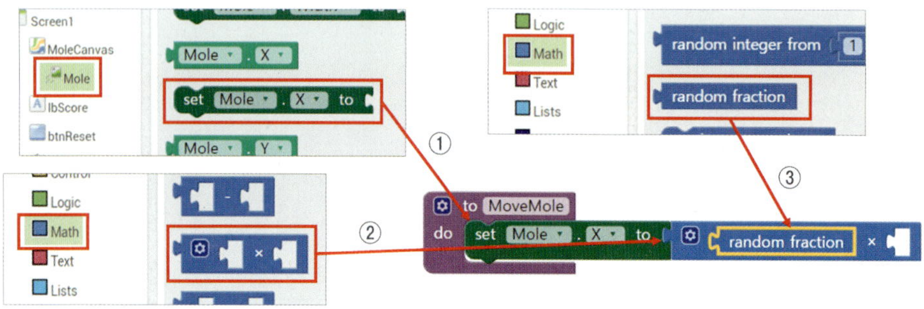

그림 13.15 Mole의 X 좌표 설정과 random_fraction 사용

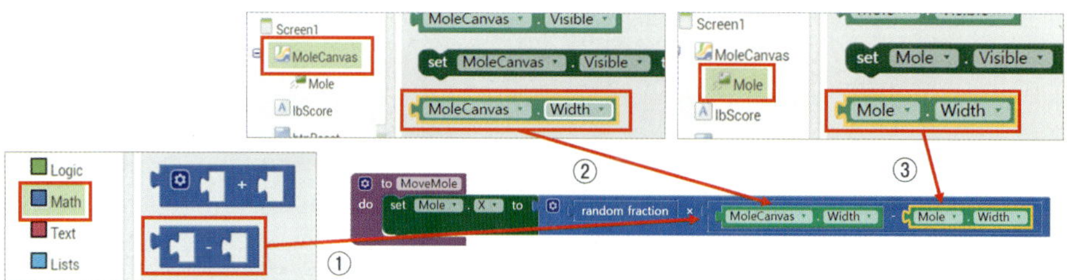

그림 13.16 MoleCanvas와 Mole의 Width 블록을 이용한 X 좌표 설정

MoveMole 프로시저 – Y 좌표 계산과 이동

두더지의 Y 좌표도 X 좌표와 유사한 과정으로 임의 위치를 설정한다. 그림 13.17은 Mole의 Y 좌표가 가질 수 있는 범위를 나타낸다. X 좌표에서는 가로 크기(Width)를 사용한 반면에 Y 좌표에서는 세로 크기(Height)를 사용하는 점이 다르다. 이에 따라 Y 좌표는 다음과 같이 계산할 수 있다.

> 가능한 Y 좌표 = (0-1 사이의 랜덤 숫자) × (캔버스 세로 크기 – 두더지 세로 크기)
> Y = random_fraction × (MoleCanvas.Height – Mole.Height)

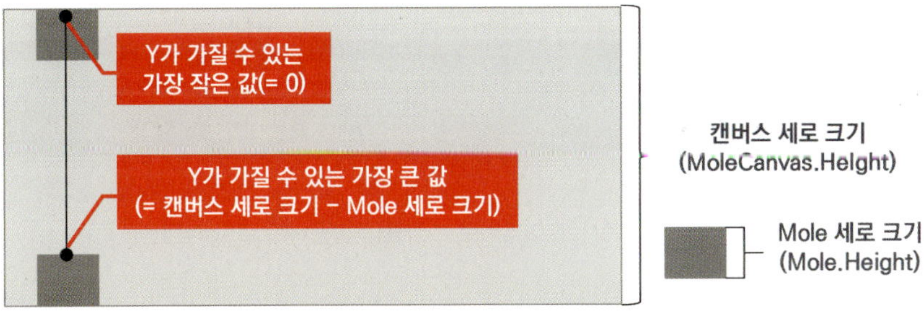

그림 13.17 두더지의 Y 좌표가 가질 수 값의 있는 범위

Mole의 Y 좌표 코딩도 X 좌표 코딩과 동일하게 수행할 수 있다. 그런데 둘의 코딩 내용이 매우 유사하므로 복사, 붙여넣기를 사용해 보기로 한다. 그림 13.18과 같이, Ctrl–C, Ctrl–V를 사용하여 X 좌표 설정 블록을 통째로 복사하여 붙여 넣는다. 그런 다음 이를 기존 X 좌표 블록 아래에 맞춘다. 마지막으로, X 대신 Y로, Width 대신 Height로 변경하면 Y 좌표 설정에 대한 코딩이 완료된다.

UpdateScore 프로시저

이제 점수 관리 부분을 코딩한다. 점수 관리를 위해서는 전역 변수(global variable)로 score를 만든다. 그리고 변수 score를 0으로 초기화한다. 그림 13.19는 전역 변수 score

를 만들고 초기화하는 과정을 나타낸다. Variables 메뉴에서 initialize.global.to 블록을 옮기고, 변수 이름을 score로 변경한다. 그런 다음, Math의 숫자 0 블록을 맞춰서 변수 score를 0으로 초기화한다.

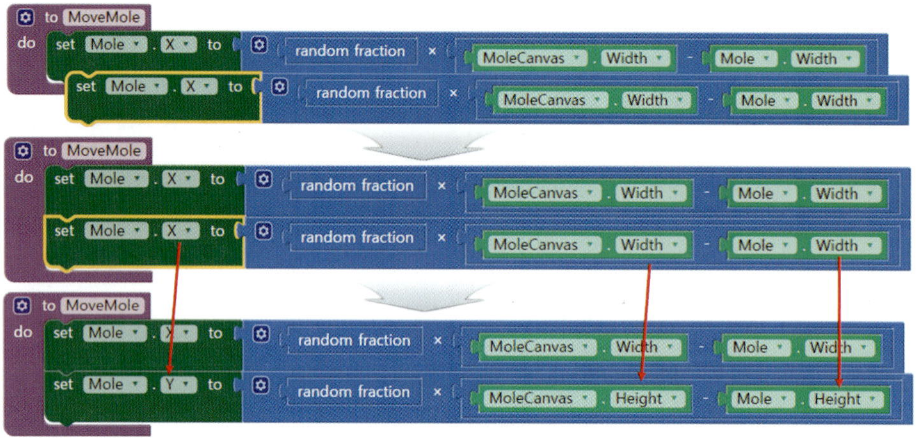

그림 13.18 복사, 붙여넣기로 Y 좌표를 설정하는 코딩 과정

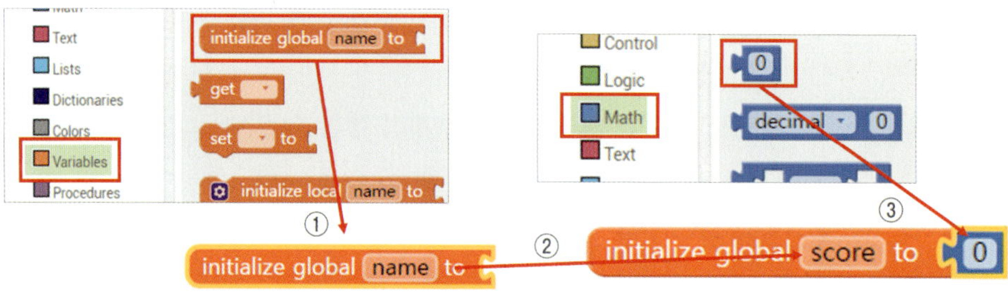

그림 13.19 점수 관리를 위한 전역 변수 score 생성 및 초기화 과정

다음으로 점수 변경을 수행하는 UpdateScore 프로시저를 코딩한다. 그림 13.20을 보면, 먼저 Procedures 메뉴를 통해 새로운 프로시저 UpdateScore를 만든다. 점수 변경이란 실제로 라벨 lbScore를 변경하는 것을 의미한다. 따라서 lbScore의 set.Text.to 블

록을 UpdateScore 블록에 맞춰 넣는다. 즉, UpdateScore 내에서는 현재 점수인 변수 score를 라벨 lbScore에 문자열로 표현하는 코딩을 수행하면 된다.

그림 13.21은 라벨 lbScore에 Text 메뉴의 join 블록을 사용하는 코딩을 보여준다. 먼저 Text의 join 블록을 옮긴다. 그럼 다음, 첫 번째 홈에는 문자열 "Score: "을 넣고, 두 번째 홈에는 변수 score를 옮겨 넣는다. 이때 변수 값을 가져오기 위해서는 Variables 메뉴의 get 블록을 이용한다.

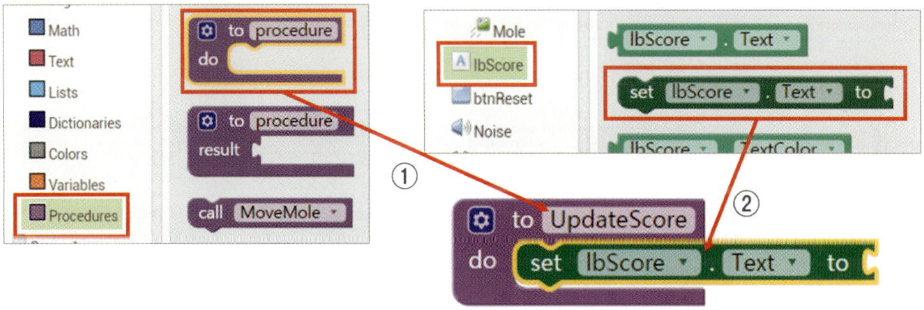

그림 13.20 점수 변경을 수행하는 UpdateScore 코딩 과정

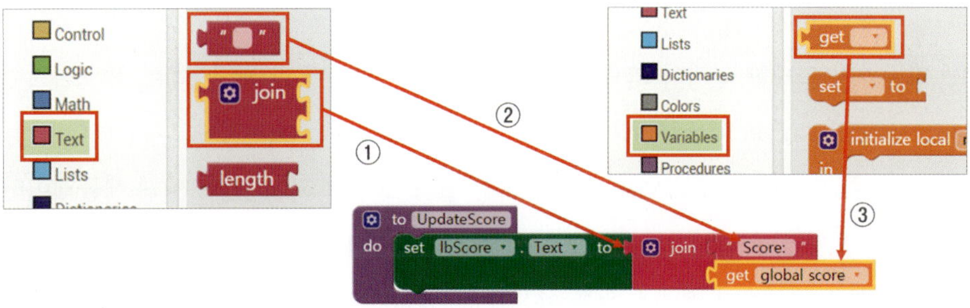

그림 13.21 프로시저 UpdateScore에서 현재 점수를 구성하는 과정

0.5초 마다 두더지 움직이기

두더지를 주기적으로 움직이기 위해서는 프로시저 MoveMole을 주기적으로 호출해야 한다. 주기적인 호출을 위해 Clock 컴포넌트인 MoleTimer를 이용한다. MoleTimer는 앞서 0.5초(500 ms)마다 타이머가 동작하도록 설정하였다. 그림 13.22와 같이, MoleTimer의 when.Timer 블록을 이용하면 0.5초마다 두더지를 이동시킬 수 있다. 그림에서 보듯이, when.Timer 블록을 옮기고, 그 안에 Procedures의 call.MoveMole 블록을 넣는다. 이렇게 되면, 0.5초마다 프로시저 MoveMole이 호출되고, 이에 따라 두더지는 0.5초마다 X 좌표와 Y 좌표의 위치를 변경하게 된다.

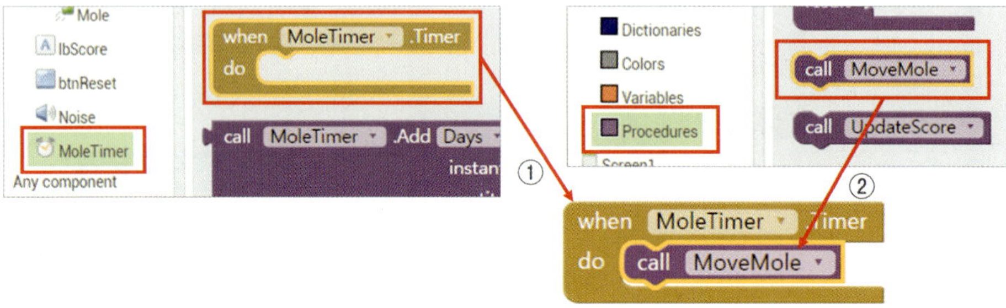

그림 13.22 MoleTimer의 when.Timer 블록을 이용한 두더지의 주기적 이동

지금까지 코딩한 결과가 그림 13.23과 같은지 확인한다. 그림을 보면, 프로시저인 MoveMole과 UpdateScore가 있으며, 전역 변수인 score를 초기화하고, MoleTimer를 사용하여 주기적으로 MoveMole을 호출하는 블록 코딩이 되어 있다. 이제 에뮬레이터나 핸드폰에 지금까지의 디자인하고 코딩한 게임을 실행해보자. 코딩이 바르게 되었다면, 두더지는 0.5초마다 캔버스 위를 이동할 것이다. 하지만 움직이는 두더지를 잡을 수는 없으며, 두더지 잡기와 점수 올리기를 위해서는 다음 절에서 별도의 코딩을 수행해야 한다.

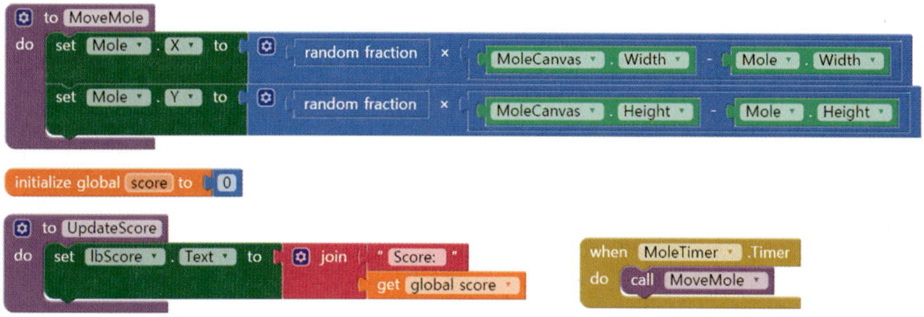

그림 13.23 두더지 움직이기의 전체 코딩 결과

13.5 두더지 잡기 코딩

움직이는 두더지를 잡기 위해서는 Mole의 Touched 블록을 이용한다. 즉, 화면 속의 두더지가 터치(touch)되었다면 잡았다고 인식하는 것이다. 그림 13.24는 Mole의 Touched 블록 이용을 보여준다.

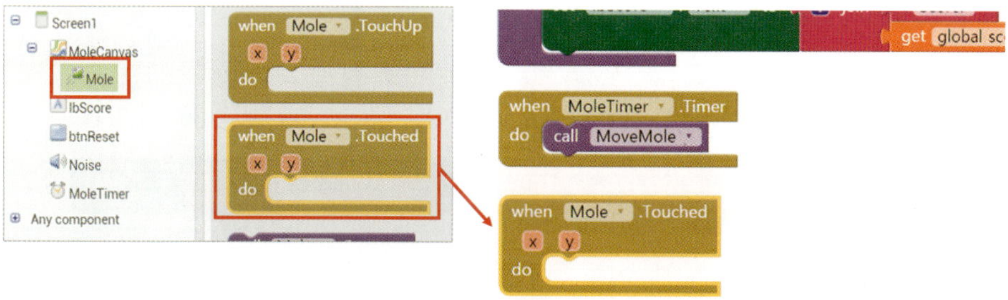

그림 13.24 Mole 컴포넌트의 Touched 블록 이용

그런데 Mole의 Touched 블록이 동작했다면, 즉 두더지를 잡았다면, 어떤 작업을 진행해야 할까? 다음은 두더지를 잡았을 때 수행해야 하는 작업을 단계별로 나타낸다.

- Step ①: 변수 score의 값을 1 증가시킴 (score = score + 1)
- Step ②: 빕(beep) 소리를 냄 (Noise.Play)
- Step ③: 진동을 울림 (Noise.Vibrate)
- Step ④: 라벨 lbScore의 점수를 변경함 (call.UpdateScore)
- Step ⑤: 두더지를 다시 이동시킴 (call.MoveMole)

위 다섯 단계의 기능을 Touched 블록안에 차례로 코딩해 나간다.

첫째, Step ①의 점수 증가를 코딩한다. 그림 13.25와 같이, 먼저 변수 score에 대해 set.to 블록을 이동시킨다. 그런 다음, 이 블록에 Math의 더하기(+) 블록을 옮겨 맞춘다. 더하기 블록의 왼쪽 홈에는 변수 score 블록을 넣고, 오른쪽 홈에는 숫자 1 블록을 넣어 맞춘다. 이렇게 하면 변수 score의 값이 1 증가하게 된다.

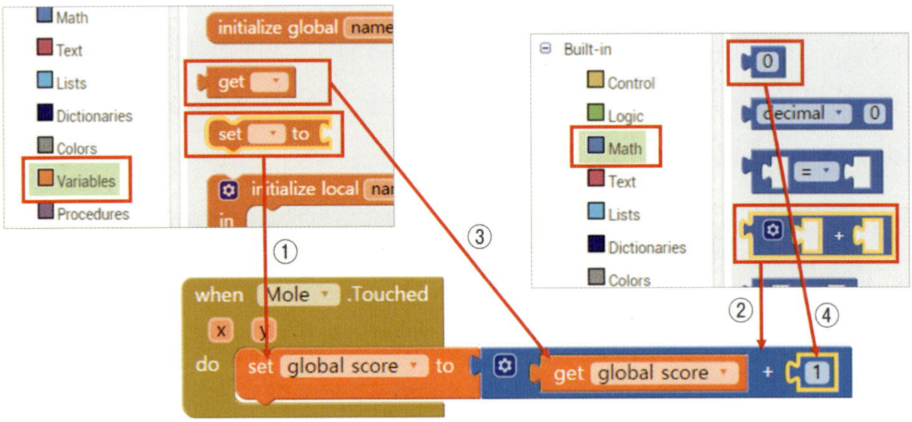

그림 13.25 점수를 나타내는 변수 score 증가 코딩

둘째 Step ②의 소리 내기와 셋째 Step ③의 진동 울리기 기능을 코딩한다. 그림 13.26을 보면, 먼저 Noise 컴포넌트의 Play 블록을 옮긴다. 이렇게 하면 Noise에 업로드된 빕 소리가 플레이된다. 그런 다음, 바로 아래에 Noise의 Vibrate 블록을 옮기고, 숫자

200 블록을 맞춰 넣는다. 이렇게 하면 0.2초의 짧은 진동이 울리게 된다.

넷째 Step ④의 점수 라벨 변경하기와 다섯 째 Step ⑤의 두더지 움직이기를 차례로 코딩한다. 이는 그림 13.27과 같이 두 프로시저를 연달아 호출(call)함으로써 가능하다. 즉, Procedures 메뉴에서 call.UpdateScore 블록을 이동시키고, 이어서 call.MoveMole 블록을 옮겨 맞추면 된다. 이렇게 하면 Step ①에서 증가된 점수가 라벨 lbScore에 반영되고, 두더지는 다른 위치로 이동하게 된다.

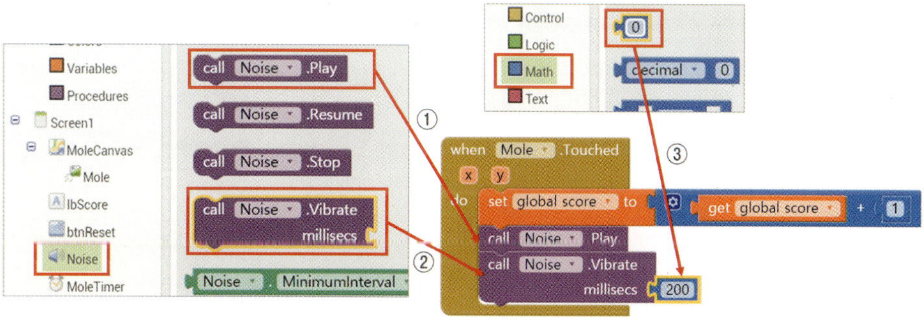

그림 13.26 빕 소리 내기와 진동 울리기 코딩

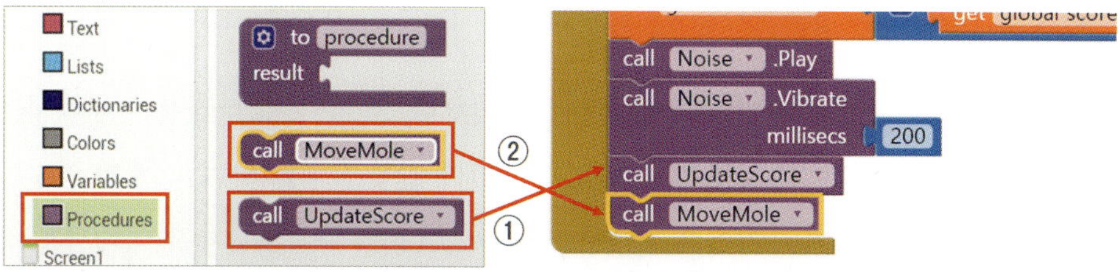

그림 13.27 점수 라벨 변경과 두더지 움직이기를 위한 프로시저 호출

Reset 버튼 코딩

RESET 버튼을 누르면, 지금까지 두더지를 잡은 점수를 0으로 초기화해야 한다. 다시 말해, 버튼 btnReset이 클릭되면 라벨 lbScore를 0으로 변경해야 한다. 그림 13.28을 보면,

먼저 버튼 btnReset의 Click 블록을 옮긴다. 그런 다음, 전역 변수 score의 set.to 블록을 Click 블록 안에 맞추고, Math의 숫자 0 블록을 넣어 초기화한다. 이렇게 하면 점수를 저장하는 변수 score가 0으로 초기화된 것이고, 마지막으로 이를 라벨 lbScore에 반영시키기 위해서는 앞서 작성한 프로시저 UpdateScore를 호출하면 된다. 이를 위해서는 Procedures 메뉴에서 call.UpdateScore 블록을 Click 블록 안에 옮겨 맞추면 프로시저가 호출된다.

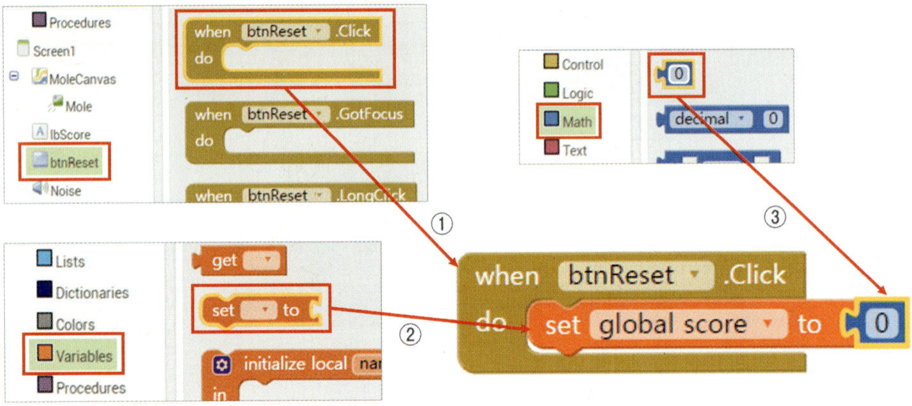

그림 13.28 버튼 btnReset이 클릭되었을 때 점수를 초기화하는 과정 코딩

그림 13.29는 두더지 잡기의 코딩 결과를 나타낸다. Mole.Touched 블록 내에서는 다섯 단계에 걸쳐서 점수를 증가시키고, 소리 내기와 진동 울림을 하며, 라벨의 점수를 변경하고 두더지를 옮기는 작업을 진행한다. 그리고 btnReset.Click 블록 내에서는 점수를 초기화하고 이를 라벨에 나타내는 작업을 진행한다. 코딩 내용이 올바르다고 판단되면, 에뮬레이터나 핸드폰에 연결하여 두더지 잡기 게임을 실행해 본다. 코딩이 올바르다면, 그림 13.2와 같이 두더지 잡기 게임을 즐길 수 있을 것이다. 두더지의 움직임이 너무 느리거나 혹은 너무 빠르다면 Mole의 TimeInterval을 500보다 작게 혹은 크게 변경하여 게임을 즐길 수 있다.

13.6 두더지 한 마리 더 넣기

두더지 한 마리 잡기는 게임이 조금 싱거울 수 있다. 그래서 이번에는 두더지 한 마리를 더 추가하여 게임을 조금 더 어렵고 복잡하게 만들어 보자. 앞서와 마찬가지로 먼저 두더지 한 마리를 더 넣는 디자인 작업을 진행하고, 이어서 추가된 두더지에 대해 움직이기와 잡기의 코딩을 차례로 수행한다.

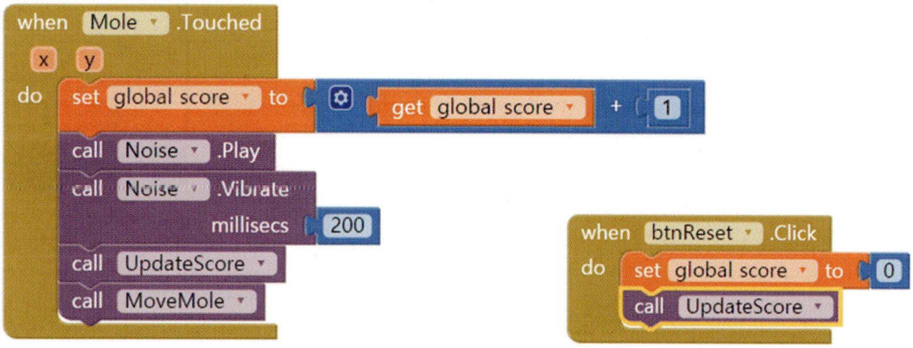

그림 13.29 두더지 잡기와 점수 초기화 과정의 전체 코딩 결과

두 번째 두더지 디자인

두더지 한 마리 추가를 위해서는 먼저 Designer 화면에서 디자인 작업을 수행한다. 첫 번째 두더지와 마찬가지로 두 번째 두더지 또한 Drawing and Animation의 ImageSprite 컴포넌트를 사용한다. 그림 13.30과 같이, ImageSprite 컴포넌트를 Viewer 창에 추가하고, 그 이름을 Mole2로 변경한다. 그런 다음, 추가된 Mole2의 Picture 속성에 이미지 파일을 연결(업로드)한다. 그림에서는 기존의 mole.png 파일을 사용하였다. 이렇게 하면 화면에 두더지 두 마리가 나타난다.

두더지를 잡게 되면 빕 소리가 나야한다. 두 번째 두더지에 대해서도 빕 소리가 나도록 Sound 컴포넌트를 하나 더 생성한다. 그림 13.31을 보면, Sound 컴포넌트를 만든 후, 이름을 Noise2로 변경한다. 그런 다음 Noise2에 플레이할 소리 파일을 Source 속성에 연결한다. 이때 사용하는 소리 파일은 앞서 첫 번째 Sound 컴포넌트인 Noise에 연결한 것을 그대로 사용해도 되나, 두더지를 구별하기 위해 다른 소리 파일을 사용하기를 권장한다. 그림에서는 beep2.mp3 파일을 사용하였다.

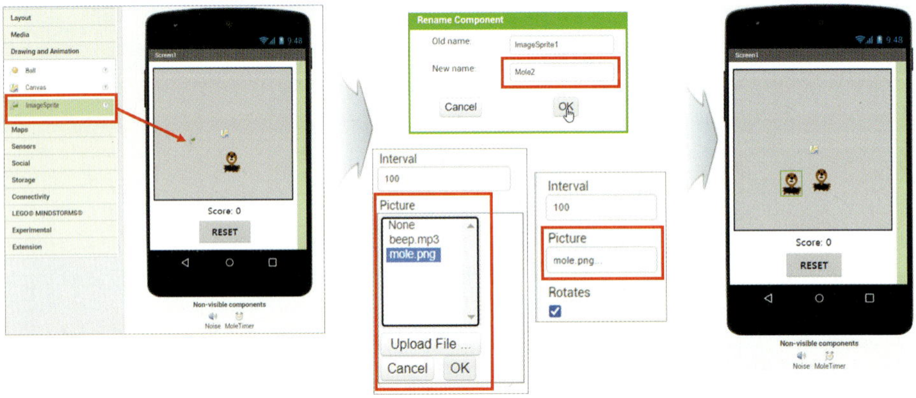

그림 13.30 두 번째 두더지(Mole2)의 디자인 과정

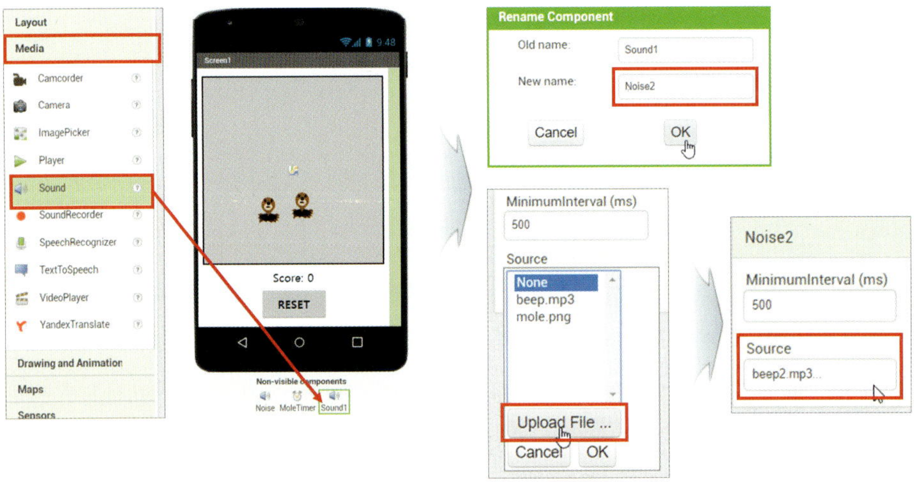

그림 13.31 두 번째 두더지에 대한 Sound 컴포넌트(Noise2) 디자인 과정

두 번째 두더지 움직임 코딩

두 번째 두더지인 Mole2의 경우 첫 번째인 Mole과 같이 하나씩 하나씩 블록을 움직여 차례로 코딩할 수 있다. 그런데 두 번째 두더지의 움직이기와 잡기 기능은 첫 번째 두더지와 매우 유사하다. 따라서 Mole의 코딩 결과를 복사, 붙여넣기하여 Mole2를 보다 쉽게 코딩할 수 있다.

먼저 MoveMole 프로시저에 Mole2의 X 좌표를 변경하는 코딩을 복사, 붙여넣기로 수행한다. 그림 13.32에서 보듯이, Mole의 X 좌표 움직임 블록 전체를 복사, 붙여넣기 한다. 그런 다음, 각 블록에서 Mole을 Mole2로 변경하면 된다. 비슷한 과정으로, Mole2의 Y 좌표 변경도 복사, 붙여넣기로 코딩한다. 그림 13.33에서와 같이, Mole의 Y 좌표 움직임 블록 전체를 복사, 붙여넣기하고, 마찬가지로 Mole을 Mole2로 변경한다. 이와 같이, 복사, 붙여넣기를 사용하여 Mole2에 대한 움직이기 코딩을 쉽게 마칠 수 있다.

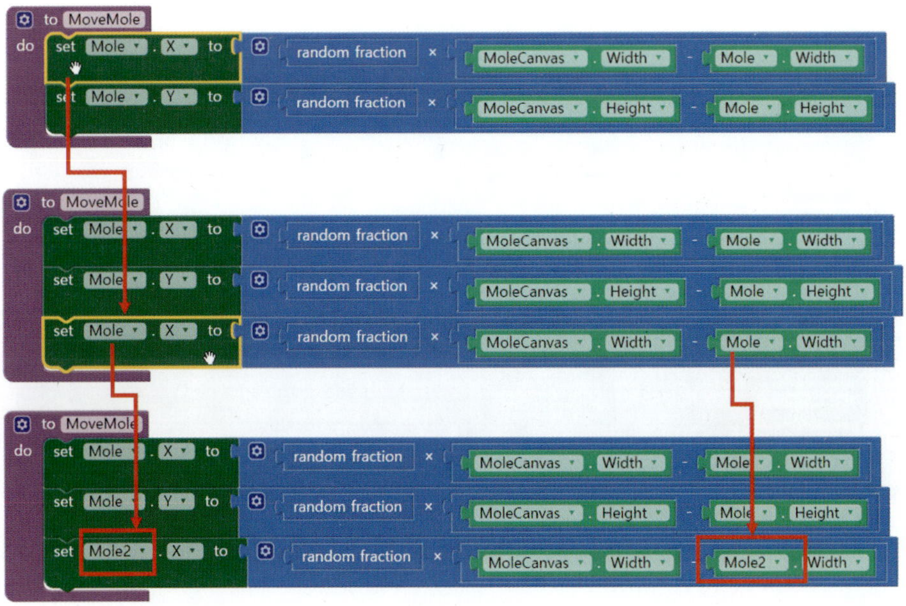

그림 13.32 복사, 붙여넣기를 이용한 Mole2의 X 좌표 움직임 코딩

두 번째 두더지 잡기 코딩

두 번째 두더지를 잡는 과정 또한 첫 번째 두더지의 코딩 결과를 복사, 붙여넣기 하여 쉽게 코딩할 수 있다. 그림 13.34를 보면, 먼저 Mole의 Touched 블록 전체를 복사, 붙여넣기한다. 그런 다음, 복사된 Touched 블록에서 Mole을 Mole2로 변경한다. 그리고 Touched 블록 내의 Play와 Vibrate 블록에서 Noise를 Noise2로 변경한다. 필요한 경우에 점수(변수 score)를 조정(예를 들어, 2점씩 증가, 혹은 1점씩 감소)할 수 있다. 또한 진동 시간을 200ms 보다 길게 혹은 짧게 조정할 수도 있다.

그림 13.33 복사, 붙여넣기를 이용한 Mole2의 Y 좌표 움직임 코딩

코딩 결과 확인 및 실행

지금까지 코딩한 전체 결과를 확인해보자. 그림 13.35는 두 번째 두더지까지 추가된 전체 코딩 결과를 나타낸다. 그림을 보면, MoveMole 프로시저에서 Mole과 Mole2에 대한 X 좌표, Y 좌표를 변경하는 내용이 있다. 전역 변수 score는 0으로 초기화하며, UpdateScore 프로시저에는 변수 score의 값으로 라벨 lbScore에 현재 점수를 표시한다. 두 개의 Touched 블록에서는 각각 Mole과 Mole2를 잡았을 때의 다섯 단계(score 증가, 빕 소리, 진동, 라벨 lbScore 변경, 두더지 이동)가 차례로 수행된다. 마지막으로 Timer 블록에서 주기적으로 MoveMole 프로시저를 호출하는 기능과 리셋 버튼에 따른 점수 초기화 기능이 구현되어 있다.

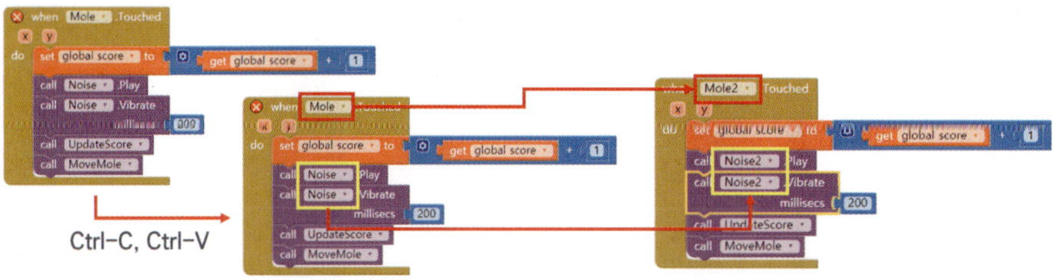

그림 13.34 복사, 붙여넣기를 이용한 Mole2의 잡기 코딩

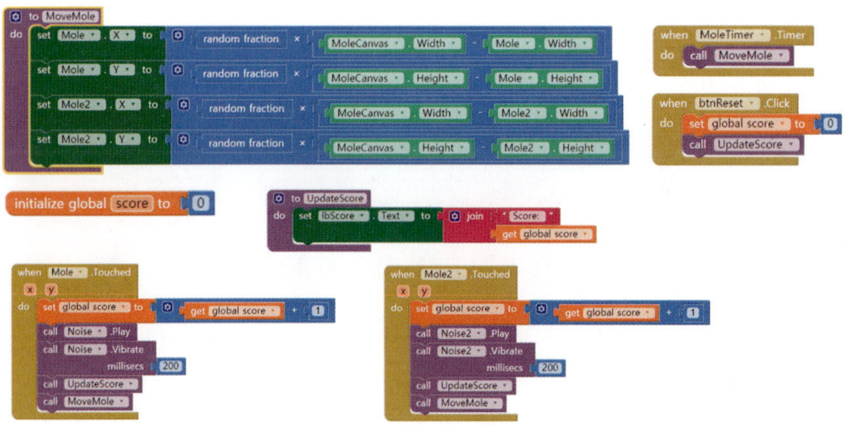

그림 13.35 두 번째 두더지가 추가된 전체 코딩 결과

코딩 결과가 그림 13.35와 같이 바르게 되었다면, 이제 에뮬레이터나 핸드폰을 사용하여 앱을 실행해본다. 터치와 진동 기능을 확인하기 위해서는 핸드폰에서 실행하기를 적극 권장한다. 그림 13.36은 두 마리 두더지가 움직이는 환경에서 에뮬레이터, 안드로이드폰, 아이폰의 실행 화면을 각각 보여준다. 두 마리 두더지 모두에 대해, 움직이기, 잡기, 소리, 진동, 점수 변경이 바르게 동작하는지 확인한다.

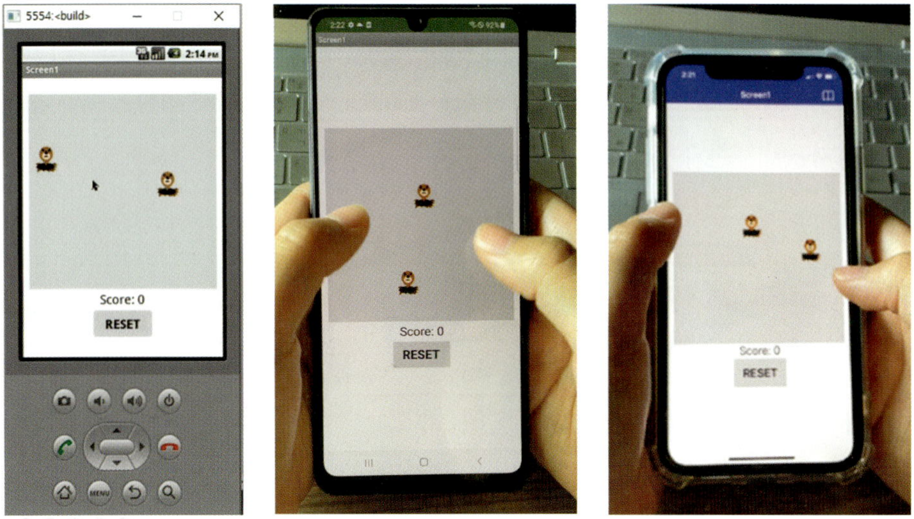

그림 13.36 두 마리 두더지가 움직이는 실행 화면(에뮬레이터, 안드로이드폰, 아이폰)

두더지 잡기 게임을 코딩하면서 학습한 주요 내용은 다음과 같다.

- Canvas와 ImageSprite 컴포넌트의 기능과 동작
- Clock 컴포넌트로 Timer 기능을 구현하는 방법
- Sound/Vibrate 기능과 관련된 컴포넌트와 블록 활용
- 랜덤 숫자를 생성하고 이를 두더지 위치 계산에 이용

이제 여러분 스스로 두더지 잡기 게임을 변경해 보자. 예를 들어, 두 마리의 두더지 모양을 각각 다르게 설정해 보거나, 두더지마다 움직이는 시간과 점수를 달리해볼 수 있다.

또한 두더지의 크기나 소리를 변경해 본다.

두더지 잡기 게임은 앱 인벤터 튜토리얼 사이트를 참조하여 만든 것이다. 이 튜토리얼 사이트 주소는 다음과 같다.

http://appinventor.mit.edu/explore/ai2/tutorials.html

그림 13.37에서 보듯이 이 사이트에는 두더지 잡기 게임을 비롯하여, 그림 그리기, 인공지능 챗봇 등 다양한 앱에 대한 제작 과정을 튜토리얼로 제공한다. 지금까지 학습한 내용을 바탕으로 여러분 스스로 이들 앱을 개발하고 실행해 볼 수 있을 것이다. 더불어 여러분 자신의 전공을 살려 독창적인 앱을 만들어 보도록 권장한다. 예술, 건축, 경영, 인문, 사회문화, 자연과학 등 어느 전공이든 자신의 분야에 적합한 독창적인 앱을 생각해내고, 이를 앱 인벤터로 디자인하고 코딩하여 자신만의 포트폴리오로 포함시키기 바란다.

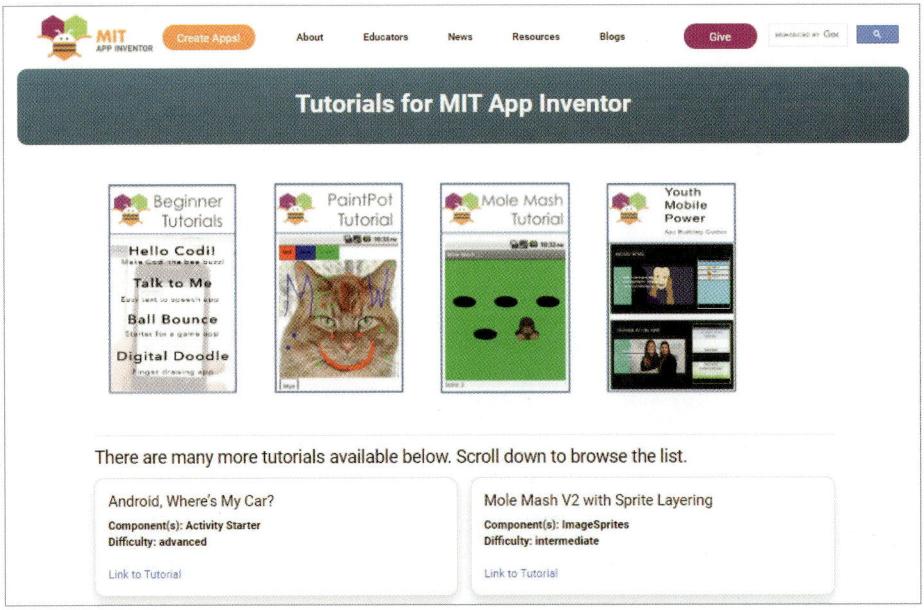

그림 13.37 앱 인벤터 튜토리얼 사이트 화면

연습
문제

두더지 잡기 게임

13.1 다음은 두더지 잡기 게임에서 두더지를 0.5초마다 이동시키기 위한 MoleTimer의 속성을 나타낸다. 이러한 MoleTimer를 구현하기 위한 컴포넌트는 무엇인지 쓰고, 이 컴포넌트의 각 속성에 대해 설명하시오.

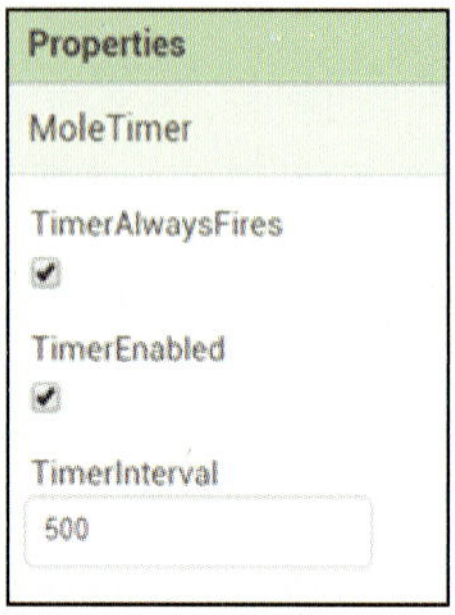

13.2 두더지가 노는 공간인 Canvas 컴포넌트는 Designer의 어떤 메뉴에서 찾아 사용해야 하는지 쓰고, 이 메뉴에 Canvas 이외에 어떤 컴포넌트가 있는지 조사하시오.

13.3 Math 블록 중에서 "random fraction" 블록의 기능을 설명하고, 두더지 잡기 게임에서 이 블록을 어떤 목적으로 사용했는지 설명하시오.

13.4 다음 그림은 두더지 잡기 게임의 두 번째 두더지(Mole2)에 대한 점수를 계산하고 갱신하는 블록 코드이다. 먼저 Ⓐ에 들어갈 블록 이름을 쓰시오. 그리고 두더지를 잡았을 때 1점이 아닌 2점을 올리고자 한다. 그림의 ㉮~㉱ 중에서 어느 부분을 어떻게 변경해야 하는지 설명하시오.

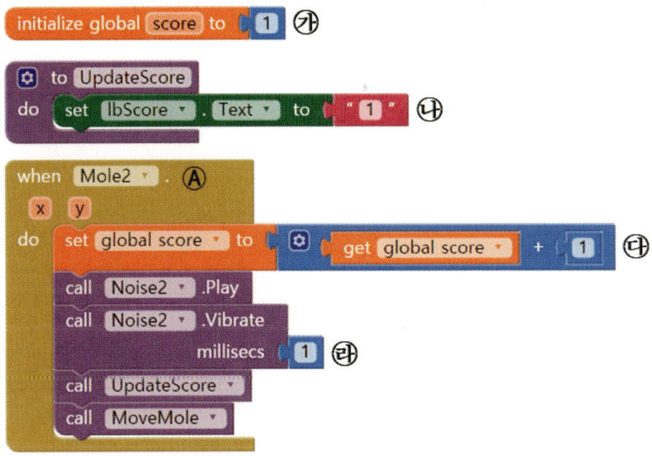

13.5 캔버스(MoleCanvas)와 두더지(Mole)의 가로 크기와 세로 크기를 나타내는 표현이 무엇인지 각각 쓰시오.

13.6 두더지 잡기 게임에서 두더지(Mole) 이미지 대신에 자신의 이모티콘 이미지를 넣고자 할 때, Mole의 어떤 속성을 어떻게 변경해야 하는지 설명하시오.

13.7 다음은 두더지 잡기 게임에서 컴포넌트들을 구성하는 과정이다. 여기에 두더지(mole)을 넣어야 한다면 어느 위치에 넣어야 하는지와 그 이유를 설명하시오.

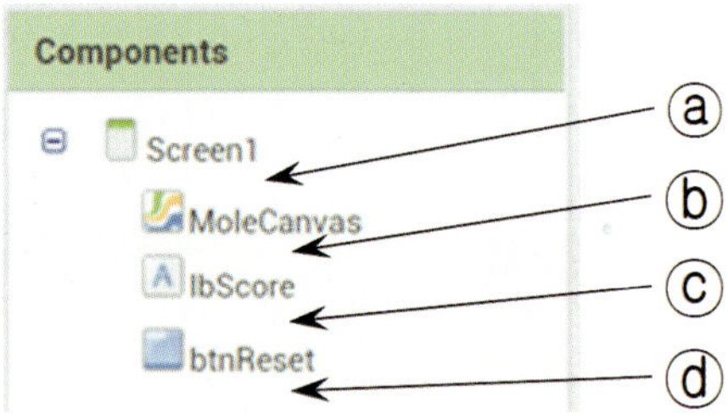

13.8 두더지를 잡았을 때(터치했을 때) 수행해야하는 다섯 가지 작업을 나열하고, 왜 그 작업이 필요한지 설명하시오.

13.9 다음 그림은 복사/붙여넣기의 결과로 에러가 발생한 상태이다. 이 같은 에러가 발생한 이유를 설명하고, 이를 해결하려면 어떻게 해야 하는지 설명하시오.

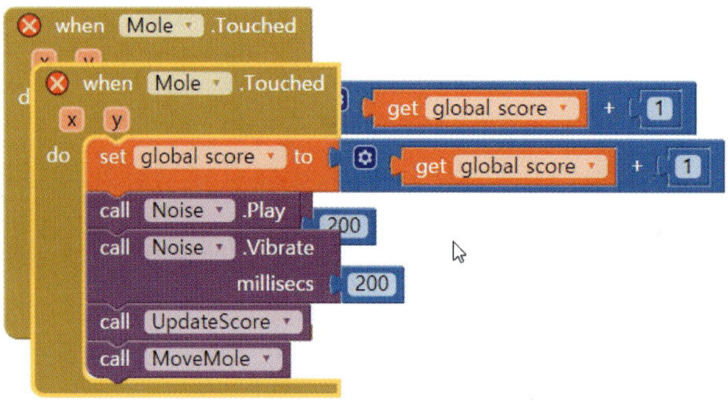